myBook+

Ihr Portal für alle Online-Materialien zum Buch!

Arbeitshilfen, die über ein normales Buch hinaus eine digitale Dimension eröffnen. Je nach Thema Vorlagen, Informationsgrafiken, Tutorials, Videos oder speziell entwickelte Rechner - all das bietet Ihnen die Plattform myBook+.

Und so einfach geht's:

- Gehen Sie auf **https://mybookplus.de**, registrieren Sie sich und geben Ihren Buchcode ein, um auf die Online-Materialien Ihres Buchs zu gelangen
- **Ihren individuellen Buchcode finden Sie am Buchende**

Wir wünschen Ihnen viel Spaß mit myBook+ !

https://mybookplus.de

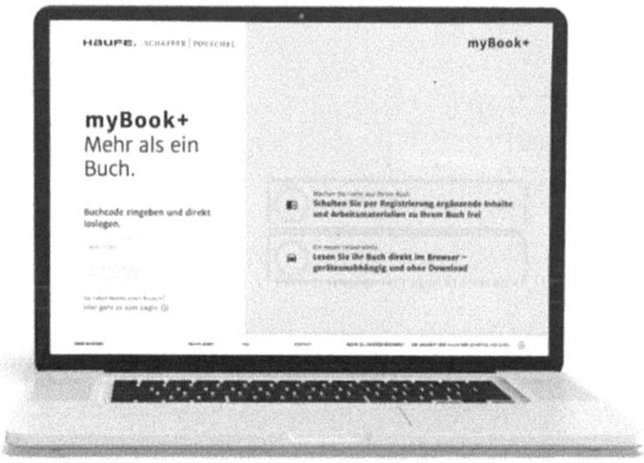

Umsatzsteuer auf Export und Import von Waren

Bibliografische Information der Deutschen Nationalbibliothek
Die Deutsche Nationalbibliothek verzeichnet diese Publikation in der Deutschen Nationalbibliografie; detaillierte bibliografische Daten sind im Internet über http://dnb.dnb.de abrufbar.

Print: ISBN 978-3-648-17325-1 Bestell-Nr. 13211-0001
ePDF: ISBN 978-3-648-17326-8 Bestell-Nr. 13211-0150

Rüdiger Weimann
Umsatzsteuer auf Export und Import von Waren
1. Auflage, Januar 2024

www.haufe.de
info@haufe.de

Bildnachweis (Cover): © CHUNYIP WONG, iStock

Produktmanagement: Dipl.-Kfm. Kathrin Menzel-Salpietro
Redaktionsassistenz: Christine Rüber
Satz: Agentur: Satz & Zeichen, Karin Lochmann, Buckenhof

Aus Gründen der besseren Lesbarkeit wird bei Personenbezeichnungen und personenbezogenen Hauptwörtern entsprechend den Empfehlungen des Rats für Deutsche Rechtschreibung und gemäß dem Amtlichen Regelwerk der deutschen Rechtschreibung in diesem Buch die männliche Form im Sinne des generischen Maskulinums verwendet. Entsprechende Begriffe beziehen sich ausdrücklich auf Personen jeglichen Geschlechts. Die verkürzte Sprachform hat nur redaktionelle Gründe und beinhaltet keine Wertung.

Inhaltsverzeichnis

»Lassen Sie uns doch einfach drüber reden!« – Die bewährte Autoren-Hotline

Sicher wird manchmal auch ein persönliches Gespräch dazu beitragen können, »Licht« in das Gelesene zu bringen und »Denkblockaden« zu beseitigen. Sollte das bei Ihnen der Fall sein, zögern Sie bitte nicht! Gern können Sie Ihre Fragen in einem kurzen **Telefonat mit dem Autor** zu klären versuchen – für Sie nur zu den üblichen Telefongebühren ins Handy-Netz.

Aus berufs- und haftungsrechtlichen Gründen sowie auf Grund der Komplexität und des ständigen Wandels der Rechtsmaterie erlauben Sie aber bitte den Hinweis, dass der Autor Ihre Fragen zwar wissenschaftlich und mit größter Sorgfalt bearbeiten wird, jedoch jegliche Haftung und Gewähr für die Richtigkeit ausschließen muss. Insbesondere bleibt die Hilfe in Steuersachen im Sinne des Steuerberatungsgesetzes ausschließlich Ihrem/n Steuerberater/n oder Wirtschaftsprüfer/n vorbehalten (§§ 1 ff. StBerG). **Insbesondere dann, wenn sich Empfehlungen nicht mit denen Ihres Beraters decken, sollten Sie dem Berater die Antworten vorlegen und mit ihm gemeinsam die zukünftige Vorgehensweise abstimmen.**

Verweis auf die Autoren-Hotline

Die **Rufnummer** der hierzu vom Autor speziell eingerichteten Hotline sowie die **Sprechzeiten** entnehmen Sie bitte der Homepage ➲ www.umsatzsteuerpraxis.de > Autoren-Hotline.

1 Einführung

Wo »steht« die deutsche Umsatzsteuer?

1.1 Keine Doppelbesteuerungsabkommen zur USt

Die Besonderheiten der Umsatzsteuer verdeutlicht am ehesten ein Vergleich der Umsatzsteuer mit der Ihnen in der Regel wesentlich geläufigeren Einkommensteuer/Lohnsteuer:

Beispiel

In Dortmund arbeitet ein Türke (T), dessen Familie in Ankara wohnt. Monat für Monat schickt der Mann einen Großteil seines Geldes in die Türkei; dort ist auch weiterhin sein Lebensmittelpunkt.

Die deutsche Finanzverwaltung will, unabhängig von der Nationalität des T, die Einkünfte besteuern, da sie in Deutschland erzielt wurden. Die türkische Finanzverwaltung will, unabhängig vom Ort der Einkünfteerzielung, die Einkünfte ebenfalls besteuern, da die Türkei für ihre Bürger, wie die Bundesrepublik Deutschland auch, das Welteinkommensprinzip kennt.

Die Einkünfte des T würden damit doppelt besteuert. Damit es dazu nicht kommt oder aber zumindest die Folgen einer doppelten Besteuerung gemildert werden, schließen die Staaten Doppelbesteuerungsabkommen.

Deutschland hat Doppelbesteuerungsabkommen mit sehr vielen Staaten – insbesondere zu den Ertragsteuern und den Besitzsteuern. **Weltweit gibt es aber kein Doppelbesteuerungsabkommen zur Umsatzsteuer!** Das verdeutlicht nicht zuletzt die aktuelle **Übersicht des BMF[2] per 1.1.2023:** es gibt viele DBAs – aber kein einziges zur Umsatzsteuer!

Beratungskonsequenzen

1. Bei der Umsatzsteuer kann bei **Umsätzen mit Drittlandsbezug** – zur Abgrenzung Inland/Ausland/Gemeinschaftsgebiet/Drittlandsgebiet[3] – eine **doppelte Besteuerung niemals ausgeschlossen** werden!
2. Tätigt der Unternehmer grenzüberschreitende Umsätze in Drittländer, muss er sich damit **immer auch die Frage stellen, wie das Ausland** den Fall umsatzsteuerlich beurteilt ➲ Kapitel 56.

---

2 BMF, Schreiben vom 18.1.2023, IV B 2 – S 1301/21/10048 :002, 2023/0023000, Stand der Doppelbesteuerungsabkommen und anderer Abkommen im Steuerbereich sowie der Abkommensverhandlungen am 1.1.2023 ➲ mybookplus.de > Wichtiges aus dem BMF.

3 Vgl. Abschn. 1.9 und 1.10 UStAE.

	Verwaltungskosten		Befolgungskosten (Steuerzahler)		Vollzugskosten (insgesamt)	
	in Mrd. €	in Prozent	in Mrd. €	in Prozent	in Mrd. €	in Prozent
USt	0,613	0,5	3,118	2,6	3,731	3,1
ESt	3,731	2,2	5,725	3,4	9,456	5,6
KöSt	0,460	5,0	0,460	5,0	0,920	10,0
GewSt	0,255	1,2	0,817	3,8	1,072	5,0
KfzSt	0,204	2,9	0,102	1,4	0,306	4,3
Summe	5,263	1,6	10,222	3,1	15,485	4,7

Aktuell: Zahlen der EU-Kommission zur beabsichtigten Mehrwertsteuerreform

Die vorgeschlagene Reform der Mehrwertsteuer (➲ Kapitel 9) soll das System für Unternehmen einfacher machen. Das neue Mehrwertsteuersystem soll es den europäischen Unternehmen ermöglichen, alle Vorteile des Binnenmarktes zu nutzen und auf den Weltmärkten zu bestehen. **Grenzüberschreitend tätige Unternehmen haben derzeit um 11 % höhere Kosten** für die Vorschrifteneinhaltung als nur im Inland tätige Unternehmen (s. o.). Diese Kosten dürften durch die Vereinfachung und Modernisierung des Mehrwertsteuersystems **um schätzungsweise 1 Milliarde € verringert** werden können.

Die Selbstveranlagung zur Umsatzsteuer erweist sich also trotz erhöhter Kontrollkosten als besonders günstig für die Finanzverwaltung; in diese Richtung könnten daher auch Überlegungen zur Kostensenkung bei den anderen Steuerarten gehen. Ein weiterer Denkansatz könnte sich aus einem Übergang zu **relativ autonomen (dezentralen) Steuerbehörden** ergeben – also einer mehr oder weniger strikten Trennung von Politik und operativer Ebene, wie sie Neuseeland, Schweden oder Finnland und zuletzt Italien vollzogen haben.

1.4.3 Nationaler Normenkontrollrat

1.4.3.1 Jahresbericht 2021

Rechtsgrundlagen

- Nationaler Normenkontrollrat, Zukunftsfester Staat – weniger Bürokratie, praxistaugliche Gesetze und leistungsfähige Verwaltung
  ➲ mybookplus.de > Wichtiges aus anderen Behörden > Sonstige

Auch vermeintliche Entlastungsgesetze entpuppen sich für die Mandanten häufig als finanzieller Bumerang, da sie erheblichen **Umsetzungsaufwand (die sog. »Befolgungskosten«)** provozieren. Denken Sie bitte nur an die steuerlichen und handelsrechtlichen Vorgaben, an die Datenschutz-Grundverordnung, das Geldwäschegesetz, die Hygienevorschriften, das Lieferkettengesetz oder das Transparenzregister.

Das moniert auch der aktuelle Jahresbericht 2021 des Nationalen Normenkontrollrats (NKR). Die unabhängige Kontrollinstanz legte wieder einmal den Finger in die Wunden. Die **Belastung der Wirtschaft** hat im letzten Jahr per Saldo zugenommen. Der einmalige Aufwand (Neustrukturierungen, Investitionen) war mit **5.800.000.000 €** (= 5,8 Milliarden Euro) so hoch wie nie zuvor!

Dieses ›Aus-dem-Ruder-Laufen‹ verlangt eine effektivere, ganzheitliche Kostenbegrenzung!

Dazu unterbreitet der Jahresbericht praktische Vorschläge – ebenso wie für die Gewährleistung ausreichender Beteiligungen von Vollzugsbehörden und Betroffenen bei der Vorbereitung gesetzlicher Regelungen. Ein zentraler Punkt der Regierungsarbeit, der im Verlauf der Legislaturperiode immer mehr an den Rand gedrängt worden ist!

Doch auch zu einem weiteren Aspekt sind die Erwartungen an die nächste Legislaturperiode hoch. Die Bedeutung schnellerer Planungs- und Genehmigungsverfahren wird zunehmend erkannt – nicht zuletzt mit Blick auf notwendige Klimaschutzinvestitionen[14].

1.4.3.2 Jahresbericht 2022

§ **Rechtsgrundlagen**

- Nationaler Normenkontrollrat, Bürokratieabbau in der Zeitenwende – Bürger, Wirtschaft und Verwaltung jetzt entlasten
  ➲ mybookplus.de > Wichtiges aus anderen Behörden > Sonstige

Die Folgen von Krieg, Pandemie und Klimawandel haben den Druck auf Deutschland zusätzlich erhöht, innovativ und wirtschaftlich stark zu sein. Gerade jetzt müssen Unternehmen von unnötiger Bürokratie entlastet werden, um in der Krise bestehen zu können.

Der Erfüllungsaufwand ist im Berichtszeitraum 2021/22 **um rund 6,7 Mrd. Euro auf insgesamt rund 17,4 Mrd. Euro gestiegen** und fällt noch einmal damit deutlich höher aus als in den vergangenen Jahren.

1.5 Betrugsanfälligkeit der USt

Das Recht zum Vorsteuerabzug macht die Umsatzsteuer in erhöhtem Maße betrugsanfällig. Der Gesetzgeber versucht hiergegen im derzeitigen Umsatzsteuersystem durch Einzelmaßnahmen anzukämpfen Nunmehr beabsichtigt der EU-Gesetzgeber das komplette System gegen ein weniger betrugsanfälliges System zu ersetzen[15].

---

14 *Weimann*, Umsetzung neuer Gesetzesvorgaben kostet die Wirtschaft 5,8 Mrd. EUR, AStW 2022, 47.

15 Hinweis auf die ➲ Kapitel 9und Kapitel 46 bis Kapitel 49.

des Umsatzsteuergesetzes auf Maßnahmen der deutschen Bundesbahn nach dem Eisenbahnkreuzungsgesetz vom 14.8.1963.

1.6.2 Alljährliche Folgeschreiben

Aktuell hat das BMF den Zeitraum bis zum 9.3.2023 überprüft. Bereits zum Schreiben vom 29.3.2007 machte das BMF in der Pressemitteilung vom 30.3.2007 Hoffnung auf eine Steuervereinfachung:

»... Auf Bundesebene sind ca. 3.500 BMF-Schreiben auf ihre Aktualität geprüft worden. In Abstimmung mit den Ländern wurde festgestellt, dass von den rd. 3.500 Bundesanweisungen lediglich rund 1.000 BMF-Schreiben – also rund 28 Prozent – über den 31. Dezember 2004 hinaus Gültigkeit behalten. ... Der Bund reduziert damit im Ergebnis seinen aktuellen Bestand von Verwaltungsanweisungen für die Jahre ab 2005 auf einen Schlag von 3.500 auf 1.000 – also um 72 Prozent. Auf Landesebene kommen die Erlasse der Länder und die Verfügungen ihrer nachgeordneten Behörden hinzu, die auf diese BMF-Schreiben Bezug genommen haben und nicht bereits im Rahmen eigener Rechtsbereinigungsverfahren aufgehoben wurden. ... Dies ist ein weiterer Schritt zu einem umfassenden Bürokratieabbau, der mittels einer spürbaren Reduzierung der Normenflut von Steuer-Verwaltungsvorschriften erreicht wird.«

Die nunmehr bereits 14 Folgeschreiben des BMF[17] **gleichen in Text und Aufbau dem ersten Schreiben vom 7.6.2005**. Insbesondere enthalten sie ebenfalls eine Positivliste der BMF-Schreiben, die weiterhin ihre Gültigkeit behalten sollen. Alle Verwaltungsanweisungen des Bundes, die nicht auf dieser Liste stehen, sollen für Steuertatbestände, die später verwirklicht werden, nicht mehr angewendet werden. Ländererlasse, die auf diesen nicht mehr anwendbaren BMF-Schreiben beruhen, sollen damit ebenfalls außer Kraft gesetzt sein[18].

Das aktuelle BMF-Schreiben vom 10.3.2023 stellt insoweit auf den **Stichtag 31.12.2021** ab:

- Die nicht in der Positivliste aufgeführten BMF-Schreiben werden für nach dem 31.12.2021 verwirklichte Steuertatbestände aufgehoben.
- Für vor dem 1.1.2022 verwirklichte Steuertatbestände bleibt die Anwendung der nicht in der Positivliste aufgeführten BMF-Schreiben unberührt, soweit sie nicht durch ändernde oder ergänzende BMF-Schreiben überholt sind

Auffällig ist jedoch, dass alle Folge-Schreiben anders als das erste Schreiben vom 7.6.2005 **zusätzlich folgende Regelung** treffen: *»... Die Aufhebung der BMF-Schreiben bedeutet keine Aufgabe der bisherigen Rechtsauffassung der Verwaltung, sondern dient der Bereinigung der Weisungslage ...«*

---

17 ➲ mybookplus.de > Wichtiges aus dem BMF.

18 BMF, Pressemitteilung vom 30.3.2007.

1.6.3 Was heißt »Bereinigung der Weisungslage«?

Es drängt sich der Verdacht auf, dass die »Ministeriellen« damit weniger den Bürgern oder deren Steuerberatern als vielmehr sich selbst helfen wollen, scheint ihnen doch nicht mehr präsent zu sein, was sie so alles an Verwaltungsanweisungen produziert haben. Allen Schreiben hängt daher eine **Positivliste** an; nur die nicht in die Listen aufgenommenen Schreiben werden außer Kraft gesetzt. Das Verfahren hat für das BMF z. B. den Vorteil, dass es darauf verzichten kann, genau zu dokumentieren, welche BMF-Schreiben aufgrund von Gesetzes- und/oder Rechtsprechungsänderungen ohnehin längst bedeutungslos sind. Zur Euphorie jedenfalls gibt dieses Vorgehen keinen Anlass[19]:

- Wenn die Aufhebung der bis zum 9.3.2023 ergangenen BMF-Schreiben keine Aufgabe der bisherigen Rechtsauffassung der Verwaltung bedeutet, heißt dies – positiv ausgedrückt –, dass die vermeintlich aufgehobenen BMF-Schreiben auch weiterhin die Verwaltungsauffassung wiedergeben. **Damit bleiben die formell aufgehobenen Schreiben materiell weiter gültig!**
- Für die Praxis folgt daraus, dass der einzelne Finanzbeamte auch die bis zum 9.3.2023 ergangenen BMF-Schreiben weiter anwenden und der **Steuerberater diese wie gehabt berücksichtigen muss!**
- Damit wird (wissenschaftlich) genau **wie folgt zu zitieren** sein:
  - BMF-Schreiben, die vor dem 9.3.2023 ergangen und **weiter in der Positivliste** enthalten sind: BMF, Schreiben vom 28.2.2014, IV D 3 – S 7117-a/10/10002, 2014/0197080, BStBl. I 2014, 279; weiter gültig BMF-Schreiben vom 10.3.2023, IV A 2 – O 2000/22/10003 :001, 2023/0169552, Anlage 1 (Positivliste) Nr. 1533, BStBl. I 2023.
  - BMF-Schreiben, die vor dem 9.3.2023 ergangen sind, in der Positivliste vom 18.3.2021 enthalten waren und **ab sofort nicht mehr in der Positivliste** enthalten sind: BMF, Schreiben vom 30.6.2020, III C 2 – S 7030/20/10009 :004, 2020/0610691, Befristete Absenkung des allgemeinen und ermäßigten Umsatzsteuersatzes zum 1.7.2020, , BStBl. I 2020, 584; formell aufgehoben, materiell aber weiter gültig lt. BMF, Schreiben vom 10.3.2023, IV A 2 – O 2000/22/10005 :001, 2023/0169552, Anlage 2 (Negativliste) Nr. 98, BStBl I 2023.
  - BMF-Schreiben, die vor dem 9.3.2023 ergangen sind und **schon in der Positivliste vom 18.3.2021 nicht enthalten waren**: BMF, Schreiben vom 16.5.1994, IV C 4 – S 7118b – 17/94, BStBl I 1994, 321, formell aufgehoben, materiell aber weiter gültig lt. BMF, Schreiben vom 10.3.2023, IV A 2 – O 2000/22/10005 :001, 2023/0169552, BStBl I 2023.
- Da die Zitate der bis zum 10.3.2022 ergangenen Schreiben damit **unnötig »aufgebläht«** werden, wird die Praxis wie schon bei den Vorgängerschreiben dazu übergehen, sich den Hinweis auf das Schreiben vom 11.3.2022 zu sparen.

---

19 *Weimann*, AStW 5/2020, 374.

Der Steuerberater hielt dem entgegen, der **geschäftserfahrene Mandant** sei zum einen gar nicht belehrungsbedürftig gewesen, da dieses Thema ohnehin »in aller Munde« gewesen sei. Darüber hinaus habe er seine Belehrungspflichten durch Übersendung von Mandantenrundschreiben und Merkblättern erfüllt.

Nach Ansicht des OLG Düsseldorf sei auch von einem geschäftserfahrenen Mandanten **nicht zu erwarten, dass dieser in der Lage und auch bereit sei, derlei allgemein theoretische Ausführungen auf ihre Erheblichkeit auf seine eigenen Angelegenheiten zu überprüfen.** Vielmehr sei davon auszugehen, dass sich der Mandant gerade nicht selbst um seine Probleme kümmern wolle und deshalb den Steuerberater beauftragt habe.

Beratungskonsequenzen

1. So aufwendig und inhaltlich hochwertig Mandantenrundbriefe auch sein mögen: **primär** wird jeder Mandant diese Informationen als Marketingmaßnahme betrachten, die das Know-how der Kanzlei demonstrieren und **Kundenbindung** erzeugen soll[29].
2. Die **vertragsmäßig geschuldeten Beratungs- und Informationspflichten** können durch derartige Informationen jedoch nicht ersetzt werden[30]!

29 *Weimann*, StB 2014, 324.
30 Steuerberater-Verband e. V. Köln, a. a. O.

2 Steuertatbestände und Besteuerungsgrundlagen im Überblick

Entscheidungsmatrix zur Prüfung in Grundfällen

2.1 Grundtatbestand: Leistungsaustausch

Der umsatzsteuerliche Grundtatbestand ergibt sich aus **§ 1 Abs. 1 Nr. 1 Satz 1 UStG**. Danach unterliegen der Umsatzsteuer die Lieferungen und sonstigen Leistungen, die ein Unternehmer im Inland gegen Entgelt im Rahmen seines Unternehmens ausführt.

Checkliste

Der Grundtatbestand hat danach **5 Merkmale**:

1. Lieferungen oder sonstige Leistungen (§ 3 Abs. 1 UStG, § 3 Abs. 9 UStG)
2. Unternehmer (§ 2 Abs. 1 Satz 1, Abs. 2, Abs. 3 UStG)
3. im Rahmen seines Unternehmens (§ 2 Abs. 1 Satz 2, Abs. 2 Nr. 2 UStG)
4. gegen Entgelt (= im Leistungsaustausch, § 10 UStG)
5. im Inland (§ 1 Abs. 2 UStG)

Es muss ein **Leistungsaustausch** stattfinden. Der Leistende und der Leistungsempfänger dürfen nicht identisch sein. Leistungsaustausch ist das Erbringen einer Leistung an einen Anderen um der Gegenleistung willen.

Kein Leistungsaustausch und damit auch kein steuerbarer Umsatz liegt demnach vor, wenn es an einer Gegenleistung fehlt, wie z. B beim **echten Zuschuss**. Von einem solchen ist auszugehen, wenn Zahlungen nicht an bestimmte Umsätze anknüpfen, sondern unabhängig von einer bestimmten Leistung gewährt werden[31]. Gleiches gilt bei der Leistung von **Schadensersatz**. Die Zahlung erfolgt hier nicht aufgrund einer gewollten Lieferung oder sonstigen Leistung, sondern wegen gesetzlicher oder vertraglicher Verpflichtung zum Schadensersatz[32].

2.2 Sondertatbestände

Neben dem Grundtatbestand sieht das UStG Sondertatbestände vor:

- **Einfuhr von Gegenständen aus dem Drittlandsgebiet in das Inland (§ 1 Abs. 1 Nr. 4 UStG):** Die Erhebung der Einfuhrumsatzsteuer wird vom Zoll vorgenommen.

---

31 Vgl. Abschn. 10.2 UStAE.

32 Vgl. Abschn. 1.3 UStAE.

3 Kein Anspruch auf gleichlautende Entscheidung der Finanzämter

Was beim Händler zur USt führt, muss beim Kunden noch lange keine Vorsteuer auslösen!

3.1 Die Grundsatzentscheidung des EuGH

Leistender Unternehmer und Leistungsempfänger machen leider immer wieder die Erfahrung, dass die jeweils für sie zuständigen Finanzämter ein und dieselbe Leistungsbeziehung – z. B. hinsichtlich des Vorsteuerabzugs oder der Steuerschuldnerschaft nach § 13b UStG – umsatzsteuerlich unterschiedlich beurteilen. Hierzu lag dem FG Hamburg folgender Sachverhalt zur Entscheidung vor:

Sachverhalt

Unternehmer U vermittelte selbstständig tätige Lkw-Fahrer an Speditionen im In- und Ausland insbesondere für kurzfristige Einsätze wie Urlaubs- oder Krankheitsvertretung. Bei der Fakturierung und in der Umsatzsteuererklärung ging U hier von einer »Personalgestellung« i. S. v. § 3a Abs. 4 Nr. 7 UStG aus und rechnete daher gegenüber auslandsansässigen Leistungsempfängern i. S. v. § 3a Abs. 3 UStG a. F. netto – also ohne deutsche Umsatzsteuer – ab.

Im Zuge einer Außenprüfung entschied das **Finanzamt** jedoch, der Leistungsort bestimme sich nach **§ 3a Abs. 1 UStG**, da eine »Personalgestellung« nur abhängig Beschäftigte, nicht jedoch selbstständige Unternehmer betreffen könne. U wies daher ab sofort auch gegenüber auslandsansässigen Unternehmern **deutsche Umsatzsteuer** aus.

Das **BZSt** dagegen **verwehrte** den auslandsansässigen Leistungsempfängern des U die **Vergütung dieser Umsatzsteuer** mit der Begründung, es handele sich – wie ursprünglich von U angenommen – doch um eine »Personalgestellung« i. S. v. **§ 3a Abs. 4 Nr. 7 UStG**, sodass ein nicht zum Vorsteuerabzug berechtigender »unrichtiger Steuerausweis« vorliege.

Die ausländischen Leistungsempfänger verweigerten dem U daraufhin die Zahlung der in Rechnung gestellten Umsatzsteuer, sodass U – da das für ihre Besteuerung zuständige Finanzamt die Umsatzbesteuerung gleichwohl forderte – die Geschäftstätigkeit letztlich einstellen musste.

Das FG Hamburg sah darin einen Verstoß gegen das **Gebot widerspruchsfreien Verwaltungshandelns**; es sei völlig inakzeptabel, dass unterschiedliche für den Leistenden und den Leistungsempfänger zuständige Finanzbehörden in sich divergierende Rechtsauffassungen zum Nachteil der Steuerpflichtigen vertreten. Das Gericht legte dem EuGH daher die Frage vor, das Gemeinschaftsrecht die Mitgliedstaaten im Hinblick auf den **Neutralitätsgrundsatz** und die **unternehmerische Planungssicherheit** dazu verpflichtet, verfahrensrechtliche Voraussetzungen zu schaffen, die eine einheitliche Rechtsbeurteilung auch in solchen Fällen zu gewährleisten. Das FG verweist auch darauf, dass nach derzeitiger Rechtslage zwar eine zum einen Beteiligten ergangene

Rechtsmittelentscheidung letztlich auch gegenüber dem anderen Beteiligten Wirkung entfalten könne (§ 174 Abs. 5 AO), dies aber ausschließlich die Steuerpflichtigen und nicht die Steuerbehörden binde[33].

In das EuGH-Urteil hat die Praxis **hohe Erwartungen** gesetzt – **leider vergebens**! Der EuGH hat im 2. Leitsatz nämlich erkannt[34]:

»Art. 17 Abs. 1, 2 Buchst. a und 3 Buchst. a sowie Art. 18 Abs. 1 Buchst. a der Sechsten Richtlinie 77/388 sind dahin auszulegen, dass sie den Mitgliedstaaten nicht vorschreiben, ihr nationales Verfahrensrecht so zu gestalten, dass die Steuerbarkeit und die Mehrwertsteuerpflicht einer Dienstleistung beim Leistungserbringer und beim Leistungsempfänger in kohärenter Weise beurteilt werden, auch wenn für sie verschiedene Finanzbehörden zuständig sind. Diese Bestimmungen verpflichten die Mitgliedstaaten jedoch, die zur Sicherstellung der korrekten Erhebung der Mehrwertsteuer und zur Wahrung des Grundsatzes der steuerlichen Neutralität erforderlichen Maßnahmen zu treffen.«

Der EuGH betont, dass es nach ständiger Rechtsprechung mangels einer entsprechenden EU-rechtlichen Regelung den Mitgliedstaaten überlassen bliebe, die zuständigen Behörden zu bestimmen und die Verfahrensmodalitäten zu regeln. Letztere müssen den Schutz der dem Einzelnen aus dem Unionsrecht erwachsenden Rechte gewährleisten und dürfen

- nicht weniger günstig ausgestaltet sein als die entsprechenden innerstaatlichen Rechtsbehelfe (**Äquivalenzgrundsatz**) und
- die Ausübung der durch die Unionsrechtsordnung verliehenen Rechte nicht praktisch unmöglich machen oder übermäßig erschweren (**Effektivitätsgrundsatz**)[35].

Während der Äquivalenzgrundsatz außer Zweifels stand, hatte das FG Hamburg **Bedenken hinsichtlich des Effektivitätsgrundsatzes**. Mangels spezieller Vorschriften im deutschen Verfahrensrecht würde das vom EuGH im Urteil vom 13.12.1989[36] anerkannte Recht des Dienstleistungserbringers und des Dienstleistungsempfängers, hinsichtlich der Steuerbarkeit und der Mehrwertsteuerpflicht ein und derselben Leistung gleich behandelt zu werden, **de facto jede praktische Wirksamkeit verlieren**.

Diese Auffassung teilt der EuGH nicht und erinnert daran, dass der Effektivitätsgrundsatz nur dann als verletzt gilt, wenn sich erweist, dass die Ausübung eines durch die Unionsrechtsordnung verliehenen Rechts **unmöglich gemacht oder übermäßig erschwert** wird. Dies sei im Urteilsfall aber gerade nicht so. Dienstleistungserbringer und -empfänger haben – so der EuGH – die Möglichkeit, ihre Rechte nicht nur gegenüber den Verwaltungsbehörden, sondern auch vor den für Mehrwertsteuersachen zuständigen Gerichten **im Rahmen von Verfahren** geltend zu machen, deren **grundsätzliche**

33 FG Hamburg, Beschluss vom 20.4.10, 3 K 3/09, EFG 2010, 1170.

34 EuGH, Urteil vom 26.1.2012, Rs. C-218/10, ADV Allround Vermittlungs AG in Liquidation, DB 2012, 384.

35 EuGH, Urteil vom 26.1.2012, a. a. O., Rz. 35.

36 EuGH, Urteil vom 13.12.1989, Rs. C-342/87, Genius Holding BV, NJW 1991, 632.

§ **Rechtsgrundlagen**

OFD Hannover, Vfg. vom 9.10.2009[41]

(Hinweis: ➲ Hervorhebungen durch **Fett**druck sind vom Autor.)

»Es kann nur einheitlich entschieden werden, ob eine Geschäftsveräußerung oder ein Organschaftsverhältnis vorliegt. Weder die Abgabenordnung noch das Umsatzsteuergesetz stellen eine einheitliche Entscheidung sicher. Beurteilen die beteiligten Finanzämter und/oder Unternehmer den jeweiligen Sachverhalt unterschiedlich, wird gebeten, zunächst eine Abstimmung mit dem anderen FA herbeizuführen. Erreichen Sie dabei keine einvernehmliche Beurteilung, ist ***verwaltungsintern*** *bei einer* ***Geschäftsveräußerung*** *die steuerliche Beurteilung des Finanzamtes maßgebend, das für den veräußernden Unternehmer zuständig ist, und bei einer umsatzsteuerlichen* ***Organschaft*** *die steuerliche Beurteilung des Finanzamtes maßgebend, das für den potentiellen Organträger zuständig ist.* ***Die Regelung ist bundeseinheitlich abgestimmt und gilt auch, wenn Finanzämter verschiedener Bundesländer zuständig sind.***

Die Regelung begründet **keine ausschließliche Zuständigkeit.** *Es ist nicht erforderlich, dass Sie in allen Fällen Anfragen bzw. Kontrollmitteilungen an das andere beteiligte FA richten. Die Veranlagungen des Betriebserwerbers bzw. der potentiellen Organgesellschaft sind nur in den Fällen zurückzustellen, in denen Sie Anfragen an das andere beteiligte FA gerichtet haben.«*

➔ **Beratungskonsequenzen**

1. Noch einmal: In derartigen Fällen sollte im Vorfeld auf die verwaltungsinterne Sonderzuständigkeit hinwirkt werden. Denn die Regelung begründet keine ausschließliche Zuständigkeit; ihre Anwendung wäre **gerichtlich kaum durchzusetzen.**
2. Die Sonderzuständigkeit gilt zunächst nur für die erwähnten Tatbestände (Geschäftsveräußerung im Ganzen und Organschaft) und z. B. schon nicht mehr für den Urteilsfall des FG Hamburg (➲ Kapitel 3.1). Hier sollte ggf. eine **entsprechende Anwendung** angeregt werden.

41 S 7500 – 466 – StO 171, SIS 09 37 50.

4 Vorsteuerprobleme der EU-Kunden bei steuerpflichtiger Abrechnung

So reagieren Sie schnell und sicher durch den Einsatz von Musterschreiben

Beispiel

Der niederländische Unternehmenskunde NL (mit niederländischer USt-IdNr.) hat im Jahr 2010 ein Fahrzeug beim deutschen Autohaus D erworben. Da das Fahrzeug in Deutschland zugelassen wurde, hat D die Rechnung unter Ausweis deutscher Umsatzsteuer aufgemacht. NL hat versucht, sich die Vorsteuer vergüten zu lassen, und darauf vom BZSt folgende Antwort erhalten:

Beantragte Vergütung: 1.915,97 €
Ihr Antrag auf Vergütung der Umsatzsteuer wird abgelehnt.

(Die in der nachfolgenden Tabelle verwendeten Schlüsselzahlen sind am Ende des Bescheides erläutert.)

Pos.	Grund	Art	Belegnummer	Schlüsselzahl
1	99	RECHN	1110521664	482

Die Ablehnung erfolgt aus folgenden Gründen:

474 Die Gründe für die abweichende Festsetzung sind im Bescheid benannt.
482 Die Voraussetzung für eine steuerfreie innergemeinschaftliche Lieferung gemäß § 6a Umsatzsteuergesetz (UStG) lagen vor. Vom Rechnungsausteller hätte daher keine Umsatzsteuer in Rechnung gestellt werden dürfen.
Nach dem Urteil des Bundesfinanzhofes vom 2.4.1998 (V R 34/97) setzt der Vorsteuerabzug nach § 15 Abs. 1 Nr. 1 UStG voraus, dass die Steuer gesetzlich geschuldet wird.
Wird die Steuer nur geschuldet, weil sie zu Unrecht ausgewiesen worden ist, so ist der Vorsteuerabzug unzulässig. In diesem Fall haben Sie gegebenenfalls einen zivilrechtlichen Anspruch gegenüber dem Rechnungsaussteller zur Berichtigung der Rechnung und zur Gutschrift der Umsatzsteuer.

NL verlangt nun von D die Erstattung des Umsatzsteuerbetrags in Höhe von 1.915,97 €.
Wer hat Recht? Muss D dem NL die Mehrwertsteuer erstatten?
Wenn nein: Wie sollte sich der Händler gegenüber dem Kunden verhalten?

4.1 Die Antwort auf die aufgeworfenen Fragen

Der Fahrzeugverkauf war ein »normales« Inlandsgeschäft und erfolgte damit zu Recht umsatzsteuerpflichtig. D darf dem NL die Steuer auf keinen Fall erstatten. Wenn D den Kunden behalten und nicht verärgern will, sollte er diesem die Rechtslage kurz erläutern.

4.2 Warenbewegung »von EU nach EU« erforderlich

Voraussetzung für die Annahme einer steuerfreien innergemeinschaftlichen Lieferung ist, dass das Fahrzeug von einem EU-Mitgliedstaat in einen anderen EU-Mitgliedstaat gelangt (§ 4 Nr. 1 Buchst. b, § 6a Abs. 1 Satz 1 Nr. 1 UStG ➲ Kapitel 21).

Bitte beachten Sie!

Es kommt **nicht** darauf an, dass das Fahrzeug »**irgendwann**« in das EU-Ausland gelangt. Die Warenbewegung muss vielmehr in Erfüllung des zu beurteilenden Umsatzes stattfinden![42]

4.3 Objektiven Beurteilungsmaßstab anlegen

Bei der Beurteilung der Frage, ob steuerpflichtig oder steuerfrei abzurechnen ist, kommt es immer auf den **Zeitpunkt der Lieferung** und damit auf die Kundenübergabe des Fahrzeuges an. Der **Kunde hat es selbst in der Hand,** durch entsprechende Erklärungen im Zeitpunkt der Lieferung festzulegen, ob die Lieferung steuerfrei oder steuerpflichtig erfolgen soll.

Bitte beachten Sie!

Nach der Rechtsprechung sind so weit wie möglich die Absichten zu berücksichtigen, die der Kunde zum Zeitpunkt des Erwerbs hat, sofern diese durch **objektive Gesichtspunkte** gestützt werden[43]. Zum Glück, denn der Kfz-Händler muss sich ja auf die Kundenangaben verlassen dürfen! Er kann insbesondere nicht wissen, welche Vereinbarungen sein Kunde wiederum mit seinem Folgekunden getroffen hat.

4.4 Aussagekraft der Kfz-Zulassung

In Fällen der innergemeinschaftlichen Lieferung von Fahrzeugen soll nach Auffassung des BMF aus Vereinfachungsgründen bei innergemeinschaftlichen Lieferungen zukünftig die Gelangensbestätigung durch einen Nachweis über die Zulassung des Fahrzeugs für den Straßenverkehr im Bestimmungsmitgliedstaat der Lieferung des Fahrzeugs erbracht werden können (siehe Ausführungen zur »Gelangensbestätigung« ➲ Kapitel 15). Dies lässt Umkehrschluss zu, dass die Zulassung in Deutschland gegen ein steuerfreies und damit für ein steuerpflichtiges Geschäft spricht.

---

42 *Weimann,* ASR 2012/06, 10.

43 EuGH, Urteil vom 18.12.2010, Rs. C-430/09, Euro Tyre Holding, Rz. 34 und Rz. 37, UR 2011, 176 und 269; BFH, Urteil vom 11.8.2011, V R 3/10, BStBl. II 2011, 769 ➲ Kapitel 13.

4.5 Kein Rechnungshinweis auf igL

Letztlich ist ein formales Argument anzuführen. Gegen die Annahme einer steuerfreien innergemeinschaftlichen Lieferung spricht nämlich auch die Tatsache, dass eine Bruttoabrechnung ohne Hinweis auf eine igL ergangen ist[44].

4.6 Kundenanschreiben

Den Kunden will ein Unternehmer ja grundsätzlich behalten und daher ihn nicht verärgern. Daher sollte man die Problematik natürlich kurz erläutern und dem Kunden so eine Hilfestellung geben[45]:

Musterschreiben

Sehr geehrte Damen und Herren,

mit Schreiben vom ..... *[Datum]* berichteten Sie uns über Ihre Probleme, die von uns abgerechnete Umsatzsteuer vom deutschen Bundeszentralamt für Steuern – BZSt – als Vorsteuer vergütet zu erhalten, und bitten uns, Ihnen die Umsatzsteuer wieder zu erstatten.

So sehr wir die Probleme auch bedauern, sehen wir uns doch außer Standes, Ihrem Anliegen zu entsprechen. Die uns beim Fahrzeugkauf bekannten Umstände ließen nur den Schluss zu, dass das Fahrzeug in Deutschland verbleiben soll. Letzteres bekräftigt auch die Zulassung des Fahrzeugs in Deutschland (EuGH, Urteil vom 18.12.2010, Rs. C-430/09, Euro Tyre Holding, UR 2011, 176; BFH, Urteil vom 11.8.2011, V R 3/10, BStBl. II 2011, 769). Zudem haben Sie von uns eine Rechnung ohne Hinweis auf eine innergemeinschaftliche Lieferung erhalten (BFH, Urteil vom 12.5.2011, V R 46/10, BStBl. II 2011, 957).

Danach mussten wir steuerpflichtig abrechnen und diese Abrechnung auch beibehalten. Wir empfehlen Ihnen, dies so noch einmal dem BZSt vorzutragen. Letzteres sollte zeitnah unter Beachtung der dortigen Einspruchsfristen geschehen.

Mit freundlichen Grüßen

Beratungskonsequenzen

Auf keinen Fall darf die Umsatzsteuer dem Kunden erstattet werden. Auch wenn das BZSt von einer Steuerfreiheit ausgeht, muss das Finanzamt des Autohauses nach derzeitiger Rechtsauffassung dem nicht folgen und darf damit auch weiter auf einer steuerpflichtigen Abrechnung des Autohauses bestehen!

Beispiel

- Verkauf des Fahrzeugs für 50.000 € zzgl. 9.500 € USt
- Erstattung der 9.500 € an den Kunden
- Rechnung des Finanzamts dann: 50.000 € : 1,19 = 7.983 € USt

Das Autohaus hätte derzeit damit ein Risiko in Höhe von 7.983 Euro!

---

44 BFH, Urteil vom 12.5.2011, V R 46/10, BStBl. II 2011, 957; vgl. *Schönmann*, ASR 2011/12, 9.

45 *Weimann*, ASR 2012/06, 10.

5 Prüfung von Unternehmereigenschaft und Seriosität des Geschäftspartners

Bescheinigung der Unternehmereigenschaft/ Prüfung der Umsatzsteuer-Identifikationsnummer/ Zertifizierter Steuerpflichtiger/ Gewerbliche Unternehmensauskünfte

5.1 Das Grundproblem

Insbesondere beim **Waren- oder Dienstleistungseinkauf von einem neuen Zulieferer/Dienstleister** besteht häufig Unsicherheit darüber, ob der leistende Unternehmer auch tatsächlich – wie von ihm behauptet – ein Unternehmer i. S. v. § 2 UStG ist und damit eine von diesem ausgestellte Bruttoeingangsrechnung akzeptiert werden kann.[46]

Ebenso steht **auch der leistende Unternehmer** häufig vor dem Problem, gesicherte Erkenntnisse zur Unternehmereigenschaft des Kunden haben zu wollen, z. B. für die Anwendung der B2B-Regel des § 3a Abs. 2 UStG oder eine mögliche Steuerbefreiung des Warenexports (§§ 4 Nr. 1, 6, 6a UStG).

5.2 Innerdeutsches Geschäft

5.2.1 Bescheinigung der Unternehmereigenschaft als Praxislösung

Quasi als »Geheimtipp« für Kreditoren(buchhalter) gilt eine vom leistenden Unternehmer beizubringende **»Bescheinigung der Unternehmereigenschaft« seines Finanzamts.**

> **Bitte beachten Sie!**
> Die Bescheinigung muss der Geschäftspartner des Mandanten **von sich aus** beibringen. Auch wenn der Mandant um das zuständige Finanzamt des Geschäftspartners weiß, stünde das Steuergeheimnis (§ 30 AO) der Beantwortung einer dahingehenden Anfrage Ihres Mandanten entgegen.

5.2.2 Die Finanzverwaltung versucht gegenzusteuern

Dies führt zu einer **unerwünschten Arbeitsmehrbelastung für die Finanzämter,** der die OFD Frankfurt einen Riegel vorschieben will[47]:

---

46 *Weimann,* StB 2014, 360.

47 OFD Frankfurt/Main, Vfg. v. 29.2.2021, S 7340 A-94-St 112.

§ **Rechtsgrundlagen**

OFD Frankfurt/Main, Vfg. v. 5.6.2013[48]

(Hinweis: Hervorhebungen durch **Fett**druck sind vom Autor.)

»Umsatzsteuerlich geführte Firmen beantragen häufig bei dem für sie zuständigen FA die Ausstellung einer Bescheinigung, die – sei es formlos, sei es in Form einer sogenannten Unbedenklichkeitsbescheinigung, sei es als ›Nachweis der Eintragung als Steuerpflichtiger (Unternehmer)‹ für das Vorsteuer-Vergütungsverfahren – bestätigen soll, dass sie Unternehmer i. S. d. § 2 UStG sind.

Die Unternehmerbescheinigung wird von den Firmen gegenüber ihren ›Vertragspartnern‹ als Nachweis dafür verwendet, dass es sich bei ihnen nicht um ein Schein- oder Strohmannunternehmen handelt, aus dessen Rechnungen ein Vorsteuerabzug nicht zulässig wäre.

Die Ausstellung solcher Unternehmerbescheinigungen erweist sich insbesondere in den Fällen als problematisch, in denen der Rechnungsaussteller die berechnete Leistung – wie es bei ›**Subunternehmern**‹ **in der Baubranche** (soweit § 13b UStG keine Anwendung findet) oder bei in **Karussellgeschäfte** eingebundenen Firmen vorkommt – tatsächlich nicht selbst erbringt oder nur zum Schein bewirkt hat. Die Unternehmerbescheinigung soll in diesen Fällen der Verschleierung von Umsatzsteuerbetrügereien dienen.

Ich bitte, zur Ausstellung solcher Unternehmerbescheinigungen folgende Auffassung zu vertreten:

Nach ständiger **Rechtsprechung des BFH** trägt der den Vorsteuerabzug begehrende Unternehmer die **objektive Beweislast** für das Vorhandensein der den Anspruch begründenden Tatsachen, also auch für die Unternehmereigenschaft des Rechnungsausstellers. Steht fest, dass der Rechnungsaussteller kein Unternehmer ist, entfällt grundsätzlich der Vorsteuerabzug. Einen Schutz des guten Glaubens daran, dass die Voraussetzungen für den Vorsteuerabzug erfüllt sind, sieht das UStG nicht vor (vgl. BFH vom 8.7.2009, XI R 51/07).

Zu den Aufgaben der Finanzämter gehört es demnach nicht, im Rahmen eines Verfahrens zur Erteilung von Unternehmer- oder Unbedenklichkeitsbescheinigungen etwa die Zuverlässigkeit von steuerlich geführten Personen oder ihre tatsächliche Unternehmereigenschaft zu prüfen.

Die Ausstellung von Unternehmerbescheinigungen nach dem Muster USt 1 TN ist daher abzulehnen, soweit diese nicht

- zur Vorlage bei zentralen Erstattungsbehörden im Vorsteuer-Vergütungsverfahren in Drittstaaten dienen oder
- für Zwecke der umsatzsteuerlichen Registrierung im Ausland benötigt werden.

Die Zulässigkeit der Erteilung einer »**Bescheinigung in Steuersachen**« wird hierdurch nicht berührt[49]. Durch die »Bescheinigung in Steuersachen« wird nicht die Unternehmereigenschaft bescheinigt, sondern nur die steuerliche Erfassung erklärt und ggf. eine Aussage über Steuerrückstände bzw. das Zahlungsverhalten des

48 ➲ mybookplus.de > Wichtiges aus dem BMF.

49 Zur Bescheinigung in Steuersachen ausführlich OFD Frankfurt/Main, Vfg. v. 6.5.2015, S 0270 A-7-St 23.

5.3.2 Vorläufig zurückgestellt: der zertifizierte Steuerpflichtige

Auch mit dem Ziel der Betrugsbekämpfung soll das Besteuerungsverfahren mittelfristig EU-weit umgestellt werden. Da für die Umstellung ein zeitlicher Vorlauf unabdingbar ist, werden **ab 2020 Sofortmaßnahmen** greifen. Eine der ursprünglich angedachten Maßnahmen war sofortige die Einführung eines »zertifizierten Steuerpflichtigen« (ZS). Darunter werden **besonders vertrauenswürdige Unternehmen** verstanden, die von einfacheren und zeitsparenden Vorschriften profitieren sollen. Die Einführung des ZS wurde wegen des damit verbundenen Diskussionsbedarfs zurückgestellt und soll **spätestens bei der Umstellung auf ein endgültiges MwSt-System** erfolgen (➲ Kapitel 9.4.6 und Kapitel 9.6).

5.4 Drittlandsgeschäft

Vermehrt machen sich **Unternehmensberater** die beschriebene Unsicherheit zu Nutze und bieten dem Mandanten »Expertisen« an, die insbesondere für das Drittlandsgeschäft Gewissheit über die Seriosität von Geschäftspartnern geben sollen[55].

Beratungskonsequenzen

Vom Mandanten darauf angesprochen, sollte der Berater folgendes zu bedenken geben:

Die nämlichen Unternehmensberater können insoweit nichts, was der Mandant nicht auch selbst – im Zweifel vielleicht sogar besser – könnte, nämlich Internetauftritte auswerten, Handelsregisterauszüge einholen, Adresseinträge abfragen usw.

- Obwohl die Unternehmensberater ein **recht hohes Entgelt** – pro Abfrage in der Regel mehrere hundert € – verlangen, ...
- ... **schließen sie jedwede Haftung für ihre Empfehlungen aus.**

5.5 Positive Erfahrungen der Mandanten mit Bureau von Dijk

Die in Kapitel 5.4 geäußerten Vorbehalte mahnen zur lediglich Vorsicht und sollen nicht etwa so verstanden werden, dass jegliche kostenpflichtige Informationsbeschaffung abgelehnt wird. Ganz im Gegenteil: Letztere wird sogar empfohlen, sollte aber auch Sinn machen. Vermehrt berichten Mandanten insoweit von positiven Erfahrungen mit Bureau von Dijk (kurz: BvD).

BvD ist der weltweit wohl führende Anbieter von Unternehmensinformationen. BvD bietet Daten zu rund **400 Millionen börsennotierten und nicht-börsennotierten Unternehmen** in allen Ländern weltweit und kombiniert diese Daten auf Wunsch mit spezieller Such- und Analysesoftware.

---

55 Vgl. z. B. ASR 6/2013, 7.

Das Konglomerat von Unternehmensinformationen, Finanzdaten, Ratings und Beteiligungsstrukturen gibt der Geschäftspartnerprüfung ein **hohes Maß an Transparenz und Sicherheit**.

Beratungskonsequenzen

Im Gegensatz zu den (meisten) konkurrierenden Anbietern werden die

- **Quellen offengelegt** und
- **Quelldaten angezeigt**.

Dadurch bietet sich den Benutzern die Möglichkeit, auf der Grundlage der Primärdaten und Berichte ihre **eigenen Analysen, Prognosen und Einschätzungen** zu erstellen.

Ansprechpartner für deutsche Unternehmen ist vorzugsweise das Büro in Frankfurt: Bureau von Dijk Frankfurt, Hanauer Landstraße 175–179, 60314 Frankfurt am Main, Tel.: +49 69 963 665 0, E-Mail: frankfurt@bvdinfo.com.

6 Innergemeinschaftlicher Erwerb – Innergemeinschaftliches Verbringen

Rechtsgrundlagen

- UStG: § 1a–c
- UStAE: Abschn. 1a.1, 1a.2, 1b.1, 1c.1
- MwStSystRL: Art. 2–4, 20 ff., 131, 141

6.1 Grundsätzliches zum innergemeinschaftlichen Erwerb und Verbringen

Hinweis

➲ mybookplus.de > Vertiefende Informationen > Kapitel 6.1

6.2 Vorsicht vor einem »falschen« innergemeinschaftlichen Erwerb!

Aktuell: EuGH, Urteil vom 8.12.2022

Aufgrund der neuen Rechtsprechung von EuGH und BFH ergibt sich für den Käufer unerwartet ein **Vorsteuer- und Zinsrisiko** bei Verwendung einer anderen USt-IdNr. als der des Bestimmungslandes. Zuletzt wurde dies deutlich im EuGH-Urteil vom 8.12.2022 zum misslungenen innergemeinschaftlichen Dreiecksgeschäft[56] ➲ Kapitel 36.

6.3 Anwendung des § 3 Abs. 8 UStG war bis zum 31.12.2018 möglich

Bis zum 31.12.2018 war immer auch eine entsprechende Anwendung des § 3 Abs. 8 UStG zu erwägen!

Befördert oder versendet der Lieferer den Gegenstand unmittelbar aus dem übrigen Gemeinschaftsgebiet an den inländischen Abnehmer, liegt ein innergemeinschaftlicher Erwerb seitens des Abnehmers vor.

Aus Gründen der Vereinfachung konnte auch in diesen Fällen ein **innergemeinschaftliches Verbringen i. S. v. § 1a Abs. 2 UStG** angenommen werden, wenn

56 EuGH, Urteil vom 8.12.2022, Rs. C-247/21, Luxury Trust Automobil.

- Abgangsstaat und
- Bestimmungsstaat

mit dieser Behandlung einverstanden waren.

Die Regelung betraf vor allem Unternehmer, die vor Inkrafttreten des UStG 1993 Gegenstände unter den Lieferbedingungen »versteuert« eingeführt hatten. Diese Unternehmer konnten den Ort der Lieferung ins Inland verlagern und Schuldner der EUSt werden[57]. Diese nach Art. 32 Unterabs. 2 MwStSystRL zulässige Verlagerung des Umsatzes ist ab 1.1.1993 nur mehr bei Einfuhren aus einem Drittland möglich.

Da die der Praxis entgegenkommende Regelung ohne ersichtlichen Grund auf den Drittlandsverkehr beschränkt wurde, hatten sich die EG-Mitgliedstaaten auf eine Beibehaltung dieser Regelung im innergemeinschaftlichen Verkehr unter bestimmten Voraussetzungen verständigt.

Beispiel 1

Ein niederländischer Gemüsegroßhändler (NL) beliefert in 2018 Einzelhandelsgeschäfte (E) im Ruhrgebiet. NL arbeitet ausschließlich auf Vorbestellung; die E müssen dem NL am Abend vorher mitteilen, von welcher Ware sie welche Mengen wünschen.

➲ **Folge:**

Da für NL die Abnehmer jeweils schon bei Beginn des Transports feststehen, tätigt NL eigentlich aus den Niederlanden heraus steuerfreie inngemeinschaftliche Lieferungen an die E (➲ Kapitel 21.3.1). Konsequenterweise hätten die E damit innergemeinschaftliche Erwerbe zu besteuern. Da die E damit verwaltungstechnisch (buchhalterisch) im Zweifel überfordert wären, bietet es sich an, dass

- NL die Erwerbsbesteuerung übernimmt und
- die E dann im Rahmen »normaler« innerdeutscher Umsätze beliefert.

Beispiel 2

Wie Beispiel 1. NL arbeitet nicht auf Vorbestellung, sondern schätzt selbst ein, welche Ware seine Kunden wohl vor Ort abrufen werden. Die Kunden müssen sich also erst vor Ort (in Deutschland) entscheiden.

➲ **Folge:**

Da für NL die Abnehmer bei Beginn des Transports noch nicht feststehen, muss NL schon qua Gesetzes

- die Erwerbsbesteuerung übernehmen
- die E dann im Rahmen »normaler« innerdeutscher Umsätze beliefern (➲ Kapitel 21.3.1). Die Rechtslage ähnelt der bei der Lieferung aus Konsignationslagern (➲ Kapitel 33).

---

57 § 3 Abs. 8 UStG a. F.

Nach **Abschn. 1a.2 Abs. 14 UStAE a. F.**[58] wurde unter dort näher bestimmten Voraussetzungen ein innergemeinschaftliches Verbringen angenommen[59].

Die Vereinfachung ist zum 31.12.2018 ausgelaufen! Dies insbesondere zur Vermeidung des Risikos eines Steuerausfalls, das sich aufgrund der Vereinfachungsregelung aus der Steuerschuldverlagerung ins Inland ergibt[60].

58 Bis 31.10.2010: Abschn. 15b Abs. 14 UStR 2008.

59 ➲ vgl. 18. Auflage 2021, Kapitel 19.3.

60 BMF, Schreiben vom 23.04.2018, III C 3 – S 7103a/17/10001, 2018/0248550, BStBl. I 2018, 638

7 Sichere Prüfung der Kunden-Umsatzsteuer-Identifikationsnummer

Checkliste

§ **Rechtsgrundlagen**

- UStG: §§ 18e, 27a
- UStAE: Abschn. 18e.1, 18e.2, 27a.1
- MwStSystRL: Art. 213 ff.
- BMF, Schreiben vom 28.10.2020, III C 5 – S 7427-d/19/10001 :001, 2020/1044418, Änderung zu Abschn. 18e des UStAE (»Bestätigung einer ausländischen Umsatzsteuer-Identifikationsnummer«); Nachweisführung im Bestätigungsverfahren

7.1 »FAQ« – Die häufigsten Fragen und Antworten

! **Hinweis**

Die nachfolgenden Ausführungen bauen auf FAQ des BZSt auf und ergänzen, erläutern oder kürzen diese, soweit dies erforderlich oder geboten erscheint. Eine zusätzliche Checkliste unterstützt Sie im Tagesgeschäft.

FAQ 1: Was ist die USt-IdNr.?

Die Umsatzsteuer-Identifikationsnummer (USt-IdNr.) ist ein **eindeutiges Identifikationsmerkmal für EU-Unternehmer** im Bereich der Umsatzsteuer. Sie dient der Abwicklung von innergemeinschaftlichen Leistungen. Unternehmer, die am EU-Binnenmarkt teilnehmen, benötigen die USt-IdNr.

FAQ 2: Bestätigung von ausländischen USt-IdNrn.

Über das folgende **Internetformular** können Sie sich die Gültigkeit einer ausländischen USt-IdNr. bestätigen lassen. Das BZSt ist täglich in der Zeit zwischen 05:00 Uhr und 23:00 Uhr erreichbar.

2. Rechtslage ab 1.1.2021

Das BMF hat Abschn. 18e Abs. 2 Sätze 3 bis 5 und Abs. 5 UStAE neu gefasst[61]:

Rechtsgrundlagen

Ab 1.1.2021: Neufassung von Abschn. **18e**.1 Abs. 2 und Abs. 5 UStAE

Bestätigung einer ausländischen Umsatzsteuer-Identifikationsnummer

(Hinweis: **Einfügungen** und ~~Streichungen~~ sind gekennzeichnet.

(1) …

(2) [1]Unternehmer können einfache und qualifizierte Bestätigungsanfragen schriftlich, über das Internet (www.bzst.de) oder telefonisch an das BZSt – Dienstsitz Saarlouis –, 66738 Saarlouis (Telefon-Nr.: 0228/406-1222), stellen. [2]Bei Anfragen über das Internet besteht neben der Anfrage zu einzelnen USt-IdNrn. auch die Möglichkeit, gleichzeitige Anfragen zu mehreren USt-IdNrn. durchzuführen. [3]Bei Anfragen zu einzelnen USt-IdNrn. ~~kann~~ **ist** der Nachweis der durchgeführten qualifizierten Bestätigungsa~~b~~**n**frage ~~– abweichend vom Grundsatz einer qualifizierten amtlichen Bestätigungsmitteilung –~~ durch **die Aufbewahrung des Ausdrucks** oder die Übernahme des vom BZSt übermittelten Ergebnisses **in einem allgemein üblichen Format** oder als Screenshot in das System des Unternehmens ~~geführt werden~~ **zu führen.** [4]Bei der Durchführung gleichzeitiger Anfragen zu mehreren USt-IdNrn. über ~~eine XML-RPC-~~ **die vom BZSt zu diesem Zweck angebotene** Schnittstelle kann die vom BZSt übermittelte elektronische Antwort in Form eines Datensatzes unmittelbar in das System des Unternehmens eingebunden und ausgewertet werden. [5]In diesen Fällen ~~kann~~ **ist** der Nachweis einer durchgeführten qualifizierten Anfrage einer USt-IdNr. – abweichend vom Grundsatz einer qualifizierten amtlichen Bestätigungsmitteilung – über den vom BZSt empfangenen Datensatz ~~geführt werden~~ **zu führen.**

…

(5) ~~[1]Da~~ **Erfolgt eine Anfrage telefonisch, teilt das BZSt** teilt das Ergebnis der Bestätigungsanfrage grundsätzlich schriftlich mit.~~, auch wenn vorab eine telefonische Auskunft erteilt wurde. [2]Bestätigungsanfragen über das Internet werden unmittelbar beantwortet; eine zusätzliche schriftliche Mitteilung durch das BZSt kann angefordert werden.~~

Beratungskonsequenzen

1. Die Grundsätze dieses Schreibens sind erstmals auf Bestätigungsanfragen anzuwenden, die **nach dem 31.12.2020** an das BZSt gestellt werden.
2. Die Möglichkeit des Anfragenden, bei Internetanfragen auf Wunsch durch Anklicken des entsprechenden Feldes eine schriftliche **Antwort des BZSt per Briefpost** anzufordern, besteht **nicht** mehr.
3. Beispiel für eine **Originalbestätigung**:

61 BMF, Schreiben vom 28.10.2020 ➲ mybookplus.de > Wichtiges aus dem BMF.

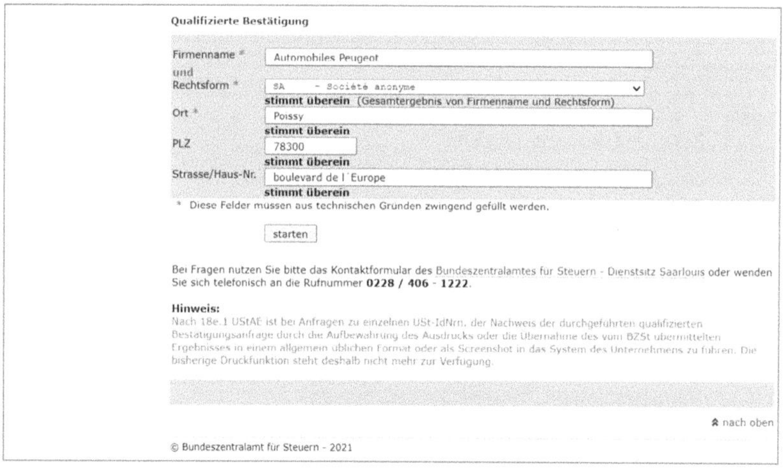

FAQ 7: Ich möchte besonders viele Anfragen gleichzeitig stellen, ist das möglich?

Für Unternehmen mit besonders vielen Anfragen bietet das BZSt die Möglichkeit die Abfrage der USt-IdNr. auch in eigene Systeme zu integrieren. Die Schnittstelle zum BZSt-System läuft über eine **XML-RPC-Schnittstelle.**

Hinweis

Mehr Informationen dazu finden Sie auf der Homepage des BZSt (www.bzst.de).

FAQ 8: Muss ich bei Anfragen über die XML-RPC-Schnittstelle zusätzlich zur elektronischen Antwort immer eine schriftliche Mitteilung des BZSt anfordern?

Bei Anfragen über die XML-RPC-Schnittstelle kann die vom BZSt übermittelte elektronische Antwort (Datensatz) unmittelbar in das System des Unternehmens eingebunden und ausgewertet werden. In diesen Fällen kann der **Nachweis** einer durchgeführten qualifizierten Anfrage einer USt-IdNr. – abweichend vom Grundsatz einer qualifizierten amtlichen Bestätigungsmitteilung – **über den vom BZSt empfangenen Datensatz** geführt werden (Abschn. 18e.1 Abs. 2 UStAE n. F. ➲ FAQ 6).

FAQ 9: Welche rechtliche Wirkung haben eine schriftliche Bestätigungsmitteilung, ein in das System übernommener Screenshot bzw. eine übermittelte elektronische Antwort?

Anfragen zur rechtlichen Würdigung und steuerlichen Auswirkung der jeweiligen Bestätigungsmitteilungen sind nicht an das BZSt, sondern an das für das Besteuerungsverfahren zuständige Finanzamt zu richten.

> **Beratungskonsequenzen**
> Zuständig ist also **Ihr Betriebsfinanzamt.**

FAQ 10: Kann ich als deutscher Unternehmer auch deutsche USt-IdNrn. bestätigen lassen?

Lediglich Lagerhalter i. S. d. § 4 Nr. 4a UStG können auf Antrag auch die Gültigkeit inländischer USt-IdNrn. sowie Name und die Anschrift des Auslagerers oder dessen Fiskalvertreters bestätigen (§18e Nr. 2 UStG) lassen.

> **Beratungskonsequenzen**
> Im Normalfall können Sie sich die deutsche USt-IdNr. Ihres Geschäftspartners – etwa zur Bestätigung seiner Unternehmereigenschaft – **nicht** überprüfen lassen. Insoweit stehen Ihnen aber andere Möglichkeiten zur Verfügung ➲ Kapitel 5.

Für die Bestätigung deutscher USt-IdNrn. durch Lagerhalter kann das Online-Bestätigungsverfahren nicht genutzt werden. Richten Sie Ihre schriftliche Anfrage mit der Zulassung als beim Finanzamt registrierter Umsatzsteuerlagerinhaber an das Bundeszentralamt für Steuern, Dienstsitz Saarlouis, Ludwig-Karl-Balzer-Allee 2, 66740 Saarlouis.

FAQ 11: Bestätigungen sind im Internet nicht möglich, was soll ich tun?

Bestätigungsanfragen über das Internet greifen auf die gleiche Datenbank zurück, wie Bestätigungen, die per Telefon oder aufgrund schriftlicher Anfragen durchgeführt werden. Ist die Technik im Internet ganz oder nur für einige Länder, z. B. aufgrund von Wartungsarbeiten, ausgefallen, so ist auch eine Bestätigung per Telefon nicht möglich.

Beratungskonsequenzen
Bitte versuchen Sie, die Bestätigung **zu einem späteren Zeitpunkt im Internet** durchzuführen.

Hinweis
Auf der Webseite zum Online-Bestätigungsverfahren finden Sie eine **Übersicht der geplanten Ausfälle** aufgrund von Wartungsarbeiten.

FAQ 12: Ist die Nutzung der Bestätigung über das Internet kostenpflichtig?

Die Nutzung der einfachen und/oder der qualifizierten Bestätigung über das Internet ist **kostenfrei**. Es entstehen lediglich die Verbindungsentgelte Ihres Internetanbieters.

FAQ 13: Ich erhalte nicht alle angefragten Daten bestätigt bzw. ich erhalte im Ergebnis die Mitteilung »stimmt nicht überein«. Was soll ich tun?

Eine **Bekanntgabe der in der Unternehmerdatei** des jeweiligen EU-Mitgliedstaates registrierten Daten durch das BZSt ist **nicht** möglich. Daher lautet die Aufforderung des BZSt:

Beratungskonsequenzen
Bitte setzen Sie sich zunächst **mit Ihrem Geschäftspartner in Verbindung** und lassen Sie sich **von diesem** die korrekten Daten nennen.

- Rechtschreibfehler,
- Buchstabendreher oder
- die Eingabe von Sonderzeichen

führen in der Regel nicht zu dem Ergebnis »stimmt nicht überein«. Vergewissern Sie sich bitte direkt bei Ihrem Geschäftspartner, ob die Daten, die er Ihnen gegeben hat, mit den in seinem Mitgliedstaat hinterlegten Daten übereinstimmen.

Beachten Sie!
Ist sich Ihr Geschäftspartner nicht sicher, welche Daten hinterlegt sind, so hat **er** (der Geschäftspartner) die Möglichkeit, bei der zuständigen Behörde im jeweiligen EU-Mitgliedstaat, die für sein Unternehmen hinterlegten Daten zu erfragen.

Eine Änderung bzw. Anpassung der Daten ist lediglich bei den zuständigen Behörden im jeweiligen Mitgliedstaat durch Ihren Geschäftspartner selbst möglich.

Beratungskonsequenzen
Erfragen kann also ausschließlich Ihr Geschäftspartner und nicht Sie selbst!

FAQ 14: Ich möchte eine Bestätigung für zurückliegende Zeitpunkte oder Zeiträume durchführen. Ist das möglich?

Eine Bestätigung für zurückliegende Zeitpunkte oder Zeiträume sind **nicht** möglich.

FAQ 15: Mein ausländischer Geschäftspartner möchte meine deutsche USt IdNr. bestätigt bekommen. Kann er sich an das BZSt wenden?

Das BZSt bestätigt ausschließlich deutschen Unternehmern die Gültigkeit der USt-IdNr. die von einem anderen EU-Mitgliedstaat erteilt wurde (§ 18e Nr. 1 UStG).

Jeder EU-Mitgliedstaat hat eine zentrale Behörde geschaffen, die Bestätigungen über die Gültigkeit ausländischer USt-IdNr. erteilt. **Bei dieser (ausländischen) Behörde** kann sich Ihr Geschäftspartner Ihre deutsche USt-IdNr. bestätigen lassen.

FAQ 16: Wie sind ausländische USt-IdNrn. aufgebaut?

Informationen über den Aufbau von ausländischen USt-IdNrn. finden Sie in einem **Merkblatt auf der Homepage des BZSt** ➲ Kapitel 7.3.

7.2 Steuerbefreiung auch bei zwischenzeitlich ungültig gewordener USt-IdNr.!

§ **Rechtsgrundlagen**

FG Berlin-Brandenburg, Urteil vom 4.11.2015[62]

Sachverhalt

Ein deutscher Kfz-Händler (D) verkaufte ein Fahrzeug an ein spanisches Unternehmen (ES). D behandelte den Umsatz als innergemeinschaftliche Lieferung umsatzsteuerfrei (§§ 4 Nr. 1 Buchst. b, 6a UStG).
Im Abschluss an eine Umsatzsteuer-Nachschau (§ 27b UStG) versagte das Finanzamt die Steuerbefreiung. Die von ES angegebene USt-IdNr. sei zwar bei Vertragsschluss, nicht aber im (späteren) Lieferzeitpunkt gültig gewesen.

Entscheidung

D hat nach Auffassung des FG die nach § 6a Abs. 3 UStG, §§ 17a ff. UStDV **Beleg- und Buchnachweise vollständig erbracht**. Dem steht nicht entgegen, dass die aufgezeichnete USt-IdNr. zurzeit der Lieferung nicht mehr galt. Denn zum **Zeitpunkt des Vertragsschlusses** hatte die D alle für den Beleg- und Buchnachweis erforderlichen Angaben erfasst (Besprechungsurteil, Rz. 35).
Der Vertragsschluss erfolgte mit der Bestätigung des Geldeinganges durch die Pro-Forma-Rechnung und der Bereitstellung des Fahrzeugs zur Abholung. **Denn bereits zu diesem Zeitpunkt hatte sich D vertraglich gebunden**, das Fahrzeug an ES zum

62 Az. 7 K 7283/1.

vereinbarten und schon erhaltenen Preis zu liefern. Mit der Abfrage der USt-IdNr. beim BZSt hat D zu diesem Zeitpunkt alles getan, um die erforderlichen Angaben zu ermitteln. Zudem galt die USt-IdNr. auch an diesem Tag noch. Es war zum Zeitpunkt des Vertragsschlusses für D nicht möglich zu erkennen, dass sich dies zukünftig ändern werde.
Allein das Auseinanderfallen von Vertragsschluss und Lieferzeitpunkt verpflichtet den Lieferer nicht, die beim Vertragsschluss korrekten Angaben insbesondere zur Umsatzsteueridentifikationsnummer erneut und gegebenenfalls laufend in ganz kurzen Abständen zu überprüfen (Besprechungsurteil, Rz. 37).
Dies wäre dann anders, wenn

- der Lieferer **Anhaltspunkte für eine Änderung der Angaben** hat; diesen müsste er dann nachgehen oder
- zwischen Vertragsschluss und Lieferung eine **größere Zeitspanne** liegt. Eine Zeitspanne von – wie im Streitfall – elf Tagen (davon neun Tage zwischen Vertragsschluss und Liefertag) reicht dafür aber nach Ansicht des Senats nicht aus. Welche Zeitspanne ausreichen würde, lässt das Gericht offen (Besprechungsurteil, Rz. 38).

FinVerw verzichtet auf Revision

Die FG hat Revision gemäß § 115 Abs. 2 FGO zugelassen, weil die Einzelheiten zur Aufzeichnungspflicht der USt-IdNr. nebst der Vertrauensschutzregelung des § 6a Abs. 4 UStG bei Wegfall der USt-IdNr. während der Abwicklung des Geschäfts noch nicht im Einzelnen geklärt sind (Besprechungsurteil, Rz. 45). Die Finanzverwaltung hat darauf – soweit ersichtlich – verzichtet.

Beratungskonsequenzen

In diesem Verzicht steckt eine große Aussagekraft![63] Rechnet die Finanzverwaltung nämlich mit einer für sie negativen Entscheidung des BFH, vermeidet sie es gerne, dass ein Streitfall »hochgekocht« wird, verzichtet auf Rechtsmittel und wendet die – wahrscheinlich falsche, aber profiskalische – Rechtsauffassung weiter an.

Urteil nur restriktiv anwenden

Das Besprechungsurteil ist das erste zu diesem Problembereich; die Rechtsauffassung ist damit alles andere als gesichert.

Das Urteil sollte daher nur als **Rettungsanker** gesehen werden – und keinesfalls als »Freibrief« zur Einsparung von Prüfungshandlungen des Lieferanten:

63 *Weimann*, AStW 2016, 771.

Beratungskonsequenzen

1. Ein vorsichtiger Unternehmer sollte damit auch weiterhin die USt-IdNr. bei der Lieferung – und damit in der Regel ein zweites Mal – prüfen.
2. Nur dann, wenn diese zweite Prüfung im Ausnahmefall einmal nicht erfolgt ist oder sich sonstige Unregelmäßigkeiten ergeben, sollte man sich des Urteils erinnern.
3. Es bleibt abzuwarten, ob auch andere Gerichte diesen Gedanken aufnehmen, und damit weiter spannend!

Ergänzende Hinweise des FG

Das FG weist hilfsweise darauf hin, dass

- nach der EuGH- und BFH-Rechtsprechung die Steuerbefreiung **nicht** allein wegen des Fehlens der Aufzeichnung einer USt-IdNr. ohne weiteres hätte versagt werden dürfen (Besprechungsurteil, Rz. 39 f.)

  Beachten Sie!

  Nach Umsetzung der Quick Fixes durch § 6a Abs. 1 UStG dürfte diese Rechtsauffassung kaum noch weiter Bestand haben ➲ Kapitel 21 bis Kapitel 23.

- ggf. auch **Vertrauensschutz** zu gewähren wäre (Besprechungsurteil, Rz. 41 f.).

7.3 Aktueller Aufbau der USt-IdNrn. in den EU-Mitgliedstaaten zum 1.1.2021

Aktuell[64] arbeitet das BZSt mit der folgenden Übersicht:

Aufbau der Umsatzsteuer-Identifikationsnummer in den EU-Mitgliedstaaten

Stand 07.01.2021

Mitgliedstaat	Bezeichnung der USt-IdNr in der Landessprache	Abkürzung	Aufbau	
			Länder-kennzeichen	Anzahl der weiteren Stellen
BELGIEN	le numéro d'identification à la taxe sur la valeur ajoutée BTW - identificatienummer	No.TVA BTW-Nr.	**BE**	**zehn**, nur Ziffern; (**alte** neunstellige USt-IdNrn. werden durch Voranstellen der Ziffer Ø ergänzt)
BULGARIEN	Dank dobawena stoinost	DDS = ДДС	**BG**	**neun** oder **zehn**, nur Ziffern
DÄNEMARK	momsregistreringsnummer	SE-Nr.	**DK**	**acht**, nur Ziffern
DEUTSCHLAND	Umsatzsteuer-Identifikations-nummer	USt-IdNr.	**DE**	**neun**, nur Ziffern
ESTLAND	Käibemaksukohustuslase registreeri-misnumber	KMKR-number	**EE**	**neun**, nur Ziffern
FINNLAND	Arvonlisäverorekisterointi-numero	ALV-NRO	**FI**	**acht**, nur Ziffern
FRANKREICH	le numéro d'identification à la taxe sur la valeur ajoutée	keine	**FR**	**elf**, nur Ziffern bzw. die erste und / oder die zweite Stelle kann ein Buchstabe sein
GRIECHENLAND	Arithmos Forologikou Mitroou FPA	A.φ.M.	**EL**	**neun**, nur Ziffern
IRLAND	value added tax identification number	VAT No	**IE**	**acht**, die zweite Stelle kann und die letzte Stelle muss ein Buchstabe sein oder **neun** Stellen (ab 01.01.2013) , 1. - 7. Stelle Ziffern 8. Stelle Buchstaben von A bis W 9. Stelle Buchstaben von A bis I
ITALIEN	il numero di registrazione IVA	P.IVA	**IT**	**elf**, nur Ziffern
KROATIEN	Porez na dodanu vrijednost hrvatskog identifikacijski broj	HR PDV ID broj	**HR**	**elf**, nur Ziffern
LETTLAND	pievienotāsvērtības nodokļa reģistrācijas numurs	PVN reģistrācijas numurs	**LV**	**elf**, nur Ziffern
LITAUEN	Pridetines vertes mo-kescio moketojo kodas	PVM moketojo kodas	**LT**	**neun** oder **zwölf**, nur Ziffern
LUXEMBURG	le numéro d'identification à la taxe sur la valeur ajoutée	keine	**LU**	**acht**, nur Ziffern
MALTA	value added tax identification number	VAT No	**MT**	**acht**, nur Ziffern
NIEDERLANDE	BTW-identificatienummer	OB-Nummer	**NL**	**zwölf**, Ziffern, Buchstaben und die Zeichen '+' und '*' kann in zufälliger Reihenfolge sein

Seite 1 von 2

64 Abfrage auf www.bzst.bund.de bei Erstellung des Manuskripts am 4.3.2023.

Seite 2 von 2

Mitgliedstaat	Bezeichnung der USt-IdNr in der Landessprache	Abkürzung	Aufbau	
			Länder-kenn-zeichen	Anzahl der weiteren Stellen
NORDIRLAND	value added tax registration number	VAT Reg.No.	**XI**	**neun** oder **zwölf**, nur Ziffern für Verwaltungen und Gesundheitswesen: **fünf**, die ersten zwei Stellen GD oder HA;
ÖSTERREICH	Umsatzsteueridentifikations-nummer	UID-Nr.	**AT**	**neun**, die erste Stelle muss der Buchstabe „U" sein
POLEN	Numer identyfikacji podatkowej	NIP	**PL**	**zehn**, nur Ziffern
PORTUGAL	o número de identificacao para efeitos do imposto sobre o valor acrescentado	NIPC	**PT**	**neun**, nur Ziffern
RUMÄNIEN	cod de înregistrare în scopuri de TVA	TVA	**RO**	maximal **zehn**, nur Ziffern Ziffernfolge nicht mit Ø beginnend
SCHWEDEN	Registreringsnummer för mervärdesskatt (Momsnummer)	MomsNr.	**SE**	**zwölf**, nur Ziffern, die beiden letzten Stellen bestehen immer aus der Ziffernkombination „Ø1"
SLOWAKEI	Identifikačné číslo pre daň z pridanej hodnoty	IČ DPH	**SK**	**zehn**, nur Ziffern
SLOWENIEN	davčna števìlka	DDV	**SI**	**acht**, nur Ziffern
SPANIEN	el número de identificación a efectos del Impuesto sobre el Valor Anadido	N.IVA	**ES**	**neun**, die erste und die letzte Stelle bzw. die erste oder die letzte Stelle kann ein Buchstabe sein
TSCHECHISCHE REPUBLIK	danove identifikacni cislo	DIC	**CZ**	**acht, neun** oder **zehn**, nur Ziffern
UNGARN	közösségi adószám		**HU**	**acht**, nur Ziffern
ZYPERN (ZUR ZEIT NUR GRIECHISCHER TEIL; EINSCHLIEßLICH AKROTIRI UND DHEKALIA)	Arithmos Egrafis FPA		**CY**	**neun**, die letzte Stelle muss ein Buchstabe sein

Hinweis:
In mehreren EU-Mitgliedstaaten ist die USt-IdNr. die Steuernummer, unter der ein Unternehmer für umsatzsteuerliche Zwecke von den Finanzbehörden registriert wird und nicht, wie in der Bundesrepublik Deutschland, eine - in einem besonderen Verfahren erteilte - zusätzliche besondere Nummer. Vor diese Umsatzsteuernummer wird dann lediglich der entsprechende Ländercode gesetzt.
Allerdings kann es sein, dass ungeachtet dessen ein besonderer Antrag erforderlich ist, damit die Daten des Unternehmers in die Datenbank aufgenommen werden, anhand derer im Bestätigungsverfahren (vgl. § 18e UStG) Bestätigungen erteilt werden.

Weitere Informationen im Internet (www.bzst.bund.de)

7.4 Konsequenzen des Brexit

Seit dem 1.1.2021 gilt das Vereinigte Königreich, also

- Großbritannien und
- Nordirland

nach dem Austrittsabkommen nicht mehr als Gemeinschaftsgebiet und ist für umsatzsteuerrechtliche Zwecke nach dem 31.12.2020 grundsätzlich als **Drittlandsgebiet** i. s. d. § 1 Abs. 2a Satz 3 UStG zu behandeln ➲ Kapitel 8.

Eine Ausnahme gilt für **Nordirland für den Bereich der Warenlieferungen**, für das im »Protokoll zu Irland/Nordirland« ein besonderer Status vereinbart wurde.

Unternehmer aus Nordirland, für die der besondere Status des Protokolls gilt, erhalten eine Umsatzsteuer-Identifikationsnummer mit dem Länderkennzeichen »XI«. Diese Umsatzsteuer-Identifikationsnummern können seit dem 1.1.2021 im Bestätigungsverfahren nach § 18e UStG geprüft werden.

7.5 Checkliste: Überprüfung der USt-IdNr. eines Kunden

☑ **Checkliste: Besteuerung nach der Systemumstellung**

- Viele Unternehmer prüfen bei Vertragsschluss die ausländische USt-IdNr. des Kunden qualifiziert und fordern auf diesen Zeitpunkt das amtliche Bestätigungsschreiben an. Bis zur (Aus-)Lieferung der Ware vergeht in der Regel noch einige Zeit; auf eine erneute Abfrage verzichten die Lieferanten dann. **Das ist falsch!** Benötigt wird die qualifizierte Bestätigung der USt-IdNr. **für den Tag der Lieferung**!
- Nach Auffassung des **FG Berlin-Brandenburg** reicht es aus, dass ein Kfz-Händler bei einem EU-Geschäft die USt-IdNr. des Geschäftspartners bei Vertragsschluss prüft, wenn die Lieferung **zeitnah** erfolgt (im Urteilsfall: **11 Tage** ➲ Kapitel 7.2)
- Die USt-IdNr. darf ***nicht* nur bei der Neuaufnahme des Kunden** geprüft werden, sondern muss regelmäßig verifiziert werden. Dies gilt auch für ...
- ... **Stammkunden**! Das richtige Prüfungsintervall stimmen Sie bitte zusammen mit Ihrem Steuerberater/Wirtschaftsprüfer ab.
- Im Auslieferungszeitpunkt sollten Sie daher die Gültigkeit der USt-IdNr. durch einen **Screenshot** nachweisen können.
- Es bedarf seitens des Lieferanten **keines** Abgleichs, ob die vom Kunden-USt-IdNr. vom Bestimmungsland erteilt wurde (Abschn. 6a.1 Abs. 18 Satz 4 UStAE n. F., BMF vom 9.10.2020[65]). Für – aus der Sicht von MIAS – Falschmeldungen hat ausschließlich der Kunde einzustehen (vgl. § 3d Satz 2, § 15 Abs. 1 Satz 1 Nr. 3 UStG).
- Liegt dem Verkäufer im Zeitpunkt der Lieferung keine USt-IdNr. seines Kunden vor, sind die materiell-rechtlichen Voraussetzungen der Steuerbefreiung nicht

65 BMF, Schreiben vom 9.10.2020, III C 3 – S 7140/19/10002 :007, 2020/1027480, weiter gültig gem. BMF, Schreiben vom 18.3.2021, Anlage 1, Ziffer 1475.

erfüllt. Die Steuerfreiheit entfällt. Dieser Mangel kann allerdings seit neuestem (Abschn. 6a.1 Abs. 18 Satz 3 UStAE n. F., BMF vom 9.10.2020[66]) durch nachträgliches Verwenden einer »im Zeitpunkt der Lieferung gültigen USt-IdNr. durch den Abnehmer« **mit Rückwirkung geheilt** werden.

Beispiel

Ein niederländisches Unternehmen (NL) bestellt Ware bei einem schweizerischen Händler (CH). CH kauft die Ware von einem deutschen Händler (D). D trägt die Transportverantwortung. Da CH keine USt-IdNr. benennt, fakturiert D zunächst einen Inlandsumsatz.

CH benennt dem D dann im Nachhinein seine portugiesische USt-IdNr.

Das Fehlen der USt-IdNr. wird durch das nachträgliche Verwenden der portugiesischen USt-IdNr. mit Rückwirkung geheilt – sofern diese im Zeitpunkt der Lieferung gültig war. Letzteres kann D nicht mehr über die Homepage des BZSt prüfen (➲ FAQ 14); D trägt insofern also ein Risiko!

Dass die portugiesische USt-IdNr. für Erwerbe im Bestimmungsland Niederlande die falsche ist (vgl. § 3d UStG), bleibt für D allerdings ohne Auswirkung.

66 A. a. O.

8 Umsatzsteuerfolgen des Brexit

§ **Rechtsgrundlagen**

- BMF, Schreiben vom 10.12.2020, III C 1 – S 7050/19/10001 :002, 2020/1227942, Konsequenzen des Austritts des Vereinigten Königreichs Großbritannien und Nordirland aus der Europäischen Union, weiter gültig gem. BMF, Schreiben vom 18.3.2021, Anlage 1 Ziffer 1330.

8.1 »FAQ« – Die häufigsten Fragen und Antworten

Die nachfolgenden Ausführungen bauen auf FAQ des BZSt auf und ergänzen, erläutern oder kürzen diese, soweit dies erforderlich oder geboten erscheint.

FAQ 1: Wie ist der umsatzsteuerrechtliche Status des Vereinigten Königreichs nach dem 31.12.2020?

Seit dem 1.1.2021 gilt das Vereinigte Königreich, also

- Großbritannien und
- Nordirland

nach dem Austrittsabkommen nicht mehr als Gemeinschaftsgebiet und ist für umsatzsteuerrechtliche Zwecke nach dem 31.12.2020 grundsätzlich als **Drittlandsgebiet** i. S. d. § 1 Abs. 2a Satz 3 UStG zu behandeln.

Eine Ausnahme gilt für **Nordirland für den Bereich der Warenlieferungen**; siehe dazu unter FAQ 3., für das im »Protokoll zu Irland/Nordirland« zum Austrittsabkommen ein besonderer Status vereinbart wurde.

FAQ 2: Was ist nach dem 31.12.2020 im Waren- und Dienstleistungsverkehr mit Großbritannien zu beachten?

Nach dem 31.12.2020 im Waren- und Dienstleistungsverkehr mit Großbritannien ausgeführte Umsätze unterliegen den **für das Drittlandsgebiet geltenden Vorschriften** zur Umsatzsteuer.

Eine **Zusammenfassende Meldung** muss für diese Umsätze **nicht** abgegeben werden.

FAQ 3: Was muss ich ab 01.01.2021 im Warenverkehr mit Nordirland beachten?

Nach Art. 8 des »Protokolls zu Irland/Nordirland« zum Austrittsabkommen gelten für die Umsatzbesteuerung des Warenverkehrs nach dem 31.12.2020 die Vorschriften zur **Umsatzsteuer für den innergemeinschaftlichen Handel**.

Für die Lieferung von Waren

- **von** und
- **nach**

Nordirland kommen daher weiterhin die umsatzsteuerlichen Regelungen für EU-Mitgliedstaaten zur Anwendung.

FAQ 4: Was muss ich ab 01.01.2021 im Dienstleistungsverkehr mit Nordirland beachten?

Für den Dienstleistungsverkehr mit Nordirland gelten die für das **Drittlandsgebiet** geltenden Vorschriften zur Umsatzsteuer.

FAQ 5: Wie kann ich erkennen, ob es sich um ein Unternehmen aus Nordirland handelt, für den der besondere Status des Protokolls zu Irland/Nordirland gilt?

In Nordirland ansässige Unternehmen erhalten eine USt-IdNr. mit dem **Länderkennzeichen »XI«**.

FAQ 6: Kann ich die Gültigkeit von USt-IdNrn. mit dem Länderkennzeichen »XI« auch im Bestätigungsverfahren (Internet, XML-RPC-Schnittstelle, telefonisch, schriftlich) prüfen?

Seit dem 1.1.2021 können USt-IdNrn. mit dem Länderkennzeichen »XI« im Bestätigungsverfahren nach § 18e UStG geprüft werden.

FAQ 7: Über welche Warenlieferungen an Erwerber in Nordirland muss ich Angaben in der Zusammenfassenden Meldung machen?

Für die Meldezeiträume nach dem 31.12.2020 sind in der Zusammenfassenden Meldung die Angaben zu

- innergemeinschaftlichen Lieferungen
- innergemeinschaftlichen Dreiecksgeschäften und
- Beförderungen oder Versendungen i. S. d. § 6b Abs. 1 Nr. 4 UStG (Konsignationslagerregelung)

an nordirische Unternehmen mit USt-IdNrn. mit dem Länderkennzeichen »XI« zu machen.

FAQ 8: Muss ich in der Zusammenfassenden Meldung auch Angaben zu Dienstleistungen für Leistungsempfänger in Nordirland machen?

Nein!

Für den Dienstleistungsverkehr mit Nordirland gelten die **für das Drittlandsgebiet geltenden Vorschriften** zur Umsatzsteuer. Angaben zu gegenüber nordirischen Leistungsempfängern erbrachten sonstigen Leistungen sind deshalb in der Zusammenfassenden Meldung nicht zu machen.

FAQ 9: Für welche Meldezeiträume ist das Länderkennzeichen »GB« ein zulässiges Länderkennzeichen?

Das Länderkennzeichen »GB« ist nur für die Meldezeiträume **bis zum Ablauf des Übergangszeitraumes am 31.12.2020** ein zulässiges Länderkennzeichen.

FAQ 10 Muss ich ungültige USt-IdNrn. mit dem Länderkennzeichen »GB« auch nach dem 31.12.2020 noch berichtigen?

Das Länderkennzeichen »GB« ist für die Meldezeiträume bis zum Ablauf des Übergangszeitraumes am 31.12.2020 ein zulässiges Länderkennzeichen.

Sofern Sie vom BZSt für diese Meldezeiträume zur Berichtigung Ihrer Zusammenfassenden Meldung wegen darin angegebener ungültiger USt-IdNrn. mit dem Länderkennzeichen »GB«, aufgefordert werden, müssen Sie die ungültigen USt-IdNrn. **auch nach dem 31.12.2020 berichtigen**.

FAQ 11: Kann die Gültigkeit von USt-IdNrn. mit dem Länderkennzeichen »GB« auch nach dem 31.12.2020 im Bestätigungsverfahren (Internet, XML-RPC-Schnittstelle, telefonisch, schriftlich) noch geprüft werden?

Nein!

Nach dem 31.12.2020 können USt-IdNrn. mit dem Länderkennzeichen »GB« nicht mehr im Bestätigungsverfahren nach § 18e UStG geprüft werden.

Es wird deshalb empfohlen, die erforderlichen Abfragen vor dem 31.12.2020 durchzuführen und die Abfrageergebnisse als Nachweis gegenüber dem Finanzamt aufzubewahren.

FAQ 12: Wie kann ich nachträgliche Änderungen der umsatzsteuerlichen Bemessungsgrundlage im Sinne des § 17 UStG (z. B. Rabatt, Uneinbringlichkeit oder Stornierungen von Rechnungen) in meiner Zusammenfassenden Meldung für Meldezeiträume vor dem 31.12.2020 berücksichtigen?

Zusammenfassende Meldungen mit Angabe des Länderkennzeichens »GB« für Meldezeiträume nach dem 31.12.2020 können nicht übermittelt werden.

Dies gilt auch für nachträgliche Änderungen der Bemessungsgrundlage für ausgeführte innergemeinschaftliche Umsätze mit Erwerbern bzw. Leistungsempfängern im Vereinigten Königreich in der Zusammenfassenden Meldung für Meldezeiträume vor dem 31.12.2020.

Die Änderungen der Bemessungsgrundlage sind in der Umsatzsteuer-Voranmeldung bzw. Umsatzsteuer-Jahreserklärung nach den dort geltenden Berichtigungsvorschriften vorzunehmen.

8.2 Übergangsregelungen des BMF

Das BMF positioniert sich zu folgenden Problembereichen[67]:

- Künftiger umsatzsteuerrechtlicher Status von Großbritannien und Nordirland ➲ **Ziffer 1**
- Behandlung von Lieferungen vor dem 1.1.2021, bei denen der gelieferte Gegenstand nach dem 31.12.2020 nach Großbritannien oder von dort in das Inland gelangt ➲ **Ziffer 2**
- Behandlung von sonstigen Leistungen (Dauerleistungen), deren Erbringung vor dem 1.1.2021 beginnt und nach dem 31.12.2020 endet ➲ **Ziffer 3**
- Kleine einzige Anlaufstelle (Mini-One-Stop-Shop/VAT on e-Services) für bestimmte Dienstleistungen ➲ **Ziffer 4**
- Vorsteuer-Vergütungsverfahren ➲ **Ziffer 5**
- Bestätigungsverfahren nach § 18e UStG ➲ **Ziffer 6**
- Haftung für die Umsatzsteuer beim Handel mit Waren im Internet (§§ 22f, 25e und 27 Abs. 25 UStG) ➲ **Ziffer 7**
- Bearbeitung von Amtshilfeersuchen ➲ **Ziffer 8**

8.3 Umsatzsteuerrechtliche Auswirkungen nicht bestätigter Ausfuhren

Anlässlich des Brexit sind zahlreiche Ausfuhren nach Großbritannien (ohne Nordirland) – insbesondere an den neuen französischen Grenzzollstellen – bisher unbestätigt geblieben. Ausfuhrverfahren konnten daher derzeit zoll- und umsatzsteuerrechtlich nicht abgeschlossen werden[68].

In Fällen, in denen eine Ausfuhr in das Vereinigte Königreich Großbritannien (ohne Nordirland)

- bei einer inländischen Ausfuhrzollstelle elektronisch angemeldet worden ist und
- über eine Grenzzollstelle in einem anderen Mitgliedstaat ausgeführt wird,

---

67 BMF, Schreiben vom 10.12.2020 ➲ mybookplus.de > Wichtiges aus dem BMF.

68 Finanzministerium Schleswig-Holstein, USt-Kurzinformation vom 28.7.2022, VI 358-S 7133-005.

- es aber dem Unternehmer nicht möglich oder nicht zumutbar ist, den Ausfuhrnachweis durch den Ausgangsvermerk oder den Alternativ-Ausgangsvermerk zu führen,

kann der Unternehmer abweichend von den Nachweisen nach § 9 Abs. 1 Satz 1 Nr. 1 bzw. § 10 Abs. 1 Satz 1 Nr. 1 UStDV **aus Billigkeitsgründen ausnahmsweise** bis zum 31.12.2022 den Belegnachweis wie folgt führen[69]:

8.3.1 In Beförderungsfällen

a) durch einen Beleg, der die Versendungsnummer der Ausfuhranmeldung (MRN) enthält, und eine Bescheinigung über die Verzollung oder die Einfuhrbesteuerung im Drittland, oder

b) sofern dies nicht möglich oder nicht zumutbar ist, durch:

   – eine Rechnung,

   – einen Beleg, der die Versendungsnummer der Ausfuhranmeldung (MRN) enthält,

   und

   – eine Empfangsbestätigung des Warenempfängers, die mindestens folgende Angaben enthält:

     ◦ Name und Anschrift des Abnehmers,
     ◦ Menge des Gegenstandes und handelsübliche Bezeichnung, einschließlich der Fahrzeugidentifikationsnummer bei Fahrzeugen i. S. d. § 1b Abs. 2 UStG,
     ◦ Ort und Monat des Erhalts des Gegenstandes,
     ◦ Datum der Empfangsbestätigung und
     ◦ Unterschrift des Empfängers bzw. dessen Beauftragten (in letzten Fall mit Nachweis der Bevollmächtigung).

Der liefernde Unternehmer kann sich auf die Billigkeitsregelung nicht berufen, wenn sich im Nachhinein herausstellt, dass der Gegenstand der Lieferung nicht in das Bestimmungsland verbracht wurde.

8.3.2 In Versendungsfällen

> § **Rechtsgrundlagen**
>
> Vgl. § 10 Abs. 3 UStDV.

> **Beratungskonsequenzen**
>
> Nach der Kurzinformation ist die Billigkeitsregel **befristet auf den 31.12.2022**. Sollten sich an den Grenzzollstellen weitere Probleme einstellen, werden diese sicher zu einer Verlängerung der Regelung führen.

---

69 *Weimann*, AStW 3/2023; PIStB 2023, 32.

9 »Quick Fixes«/EU-Geschäfte ab 2020 ff.

Warum eine Neuregelung?

§ **Rechtsgrundlagen**

- EU-Kommission, Vorschlag für eine Verordnung des Rates zur Änderung der Verordnung (EU) Nr. 904/2010 hinsichtlich des zertifizierten Steuerpflichtigen, BR-Drs. 659/17 vom 4.10.2017
- EU-Kommission, Vorschlag für eine Richtlinie des Rates zur Änderung der Richtlinie 2006/112/EG in Bezug auf die Harmonisierung und Vereinfachung bestimmter Regelungen des Mehrwertsteuersystems und zur Einführung des endgültigen Systems der Besteuerung des Handels zwischen Mitgliedstaaten, BR-Drs. 660/17 vom 4.10.2017
- EU-Kommission, Pressemitteilung vom 4.10.2017
- EU-Kommission, Mitteilung vom 27.6.2012, com (2012) 722 final, Aktionsplan zur Verstärkung der Bekämpfung von Steuerbetrug und Steuerhinterziehung.
- EU-Kommission, Erläuterungen zu den Änderungen der EU-Mehrwertsteuervorschriften in Bezug auf Konsignationslagerregelungen, Reihengeschäfte und die Steuerbefreiung für innergemeinschaftliche Lieferungen von Gegenständen (»Quick Fixes 2020«).
- Rat der EU, Pressemitteilung 715/18 vom 04.12.2018.
- Richtlinie hinsichtlich bestimmter Harmonisierungs- und Vereinfachungsregeln des Mehrwertsteuersystems für die Besteuerung des Handels zwischen Mitgliedstaaten vom 26.11.2018.
- Verordnung hinsichtlich des Informationsaustauschs für die Überwachung der Anwendung der Konsignationslagerregelung vom 22.11.2018.
- Verordnung hinsichtlich bestimmter Befreiungen bei innergemeinschaftlichen Umsätzen vom 22.11.2018.

➲ mybookplus.de > Wichtiges aus anderen Behörden > EU-Kommission

Die EU-Kommission hat im Oktober 2017 Pläne für die größte Reform der Mehrwertsteuervorschriften seit einem Vierteljahrhundert vorgelegt[70]. Die Kommission hat dadurch eine Diskussion angestoßen, die im September 2018 zu einem finalen Reformvorschlag führte. Durch die Neuregelung soll das System für alle Beteiligten – also die Mitgliedstaaten und die Unternehmen – gleichermaßen verbessert und modernisiert werden. Da hierzu ein zeitlicher Vorlauf unabdingbar ist, greifen **seit dem 1.1.2020 erste Sofortmaßnahmen**.

9.1 Die bisherige Regelung

Am 17.5.1977 wurde die 6. EG-Richtlinie zur Harmonisierung der Umsatzsteuern verabschiedet, die mit dem UStG 1980 in nationales Recht umgesetzt wurde. Seitdem ist das Umsatzsteuerrecht der EU-Mitgliedstaaten weitestgehend harmonisiert. Am

70 *Weimann*, PIStB 2018, 122.

16.12.1991 wurde die Richtlinie 91/680/EWG verabschiedet, die im Wesentlichen die 6. EG-RL dahingehend ergänzte, dass ab dem 1.1.1993 die Einfuhrumsatzsteuer im Wirtschaftsverkehr der EU-Mitgliedstaaten nicht mehr erhoben wird und für den innergemeinschaftlichen Handel eine »**Übergangsregelung**« gilt. Die Übergangsregelung sollte nach ursprünglicher Planung vier Jahre später durch eine »**echte**« **Binnenmarktregelung mit grenzüberschreitendem Vorsteuerabzug** ersetzt werden (➲ vgl. Kapitel 10.1.1).

Beispiel

Nach den damaligen Plänen sollte ein solches Geschäft ausschließlich im Ursprungsland (Deutschland) steuerpflichtig sein.
Das Bestimmungsland (Italien) sollte dem Abnehmer im »normalen« Besteuerungsverfahren die deutschen Vorsteuern erstatten (grenzüberschreitender Vorsteuerabzug).

Deutschland

D ⟶ ... führt die Umsatzsteuer an sein **deutsches Finanzamt** ab.

➲ **Folge:** Deutschland vereinnahmt damit die Umsatzsteuer!

Italien

I ⟶ ... macht die **deutsche Umsatzsteuer in Italien** als Vorsteuer geltend.

➲ **Folge:** Italien erstattet damit die von Deutschland vereinnahmte Umsatzsteuer.

Diese **Idee des grenzüberschreitenden Vorsteuerabzugs scheitert bislang** daran, dass ungeklärt ist, wie ein finanzieller Ausgleich (Clearing) zwischen dem vereinnahmenden Ursprungsland (im Beispiel: Deutschland) und dem erstattenden Bestimmungsland (im Beispiel: Italien) erreicht werden kann.

Die vermeintliche »**Übergangsregelung**« ist daher auf unbestimmte Zeit verlängert worden und auch **heute – im März 2023 – noch in Kraft**. Für den gewerblichen Handel konnte damit das Ursprungslandprinzip bislang nicht verwirklicht werden. Der Handel zwischen den Unternehmern der EU-Staaten folgt seitdem den hinlänglich bekannten eigenen Regeln (Wechselspiel von innergemeinschaftlicher Lieferung und innergemeinschaftlichem Erwerb).

Beratungskonsequenzen

Umsatzsteuerlich ist damit **für den Letztverbraucher** zum 01.01.1993 ein **echter Binnenmarkt** entstanden, da er grundsätzlich überall innerhalb der EU ohne wert- und mengenmäßige Beschränkung Waren erwerben und mit nach Hause nehmen darf. Der Letztverbraucher zahlt allerdings am Ort des Kaufes die dort gültige Umsatzsteuer; ein etwaiger Grenzausgleich ist nicht vorgesehen. Da die Belastung des Umsatzes am Ort des Verkaufs erhoben wird, folgt diese Art der Besteuerung dem sog. Ursprungslandprinzip.

Für den gewerblichen Handel dagegen konnte das Ursprungslandprinzip bislang nicht verwirklicht werden. Der Handel zwischen den Unternehmern der EU-Staaten folgt seitdem eigenen Regeln. Das beruht auf zwei Umständen:

- Einerseits sind innerhalb der EU die Zollgrenzen verschwunden, sodass eine Kontrolle des innergemeinschaftlichen Warenverkehrs nicht mehr durch die Zollverwaltung erfolgen kann und soll.
- Andererseits bestehen die Mitgliedstaaten auch weiterhin auf ihrem Besteuerungsrecht. Bei einer Warenlieferung von Deutschland nach Italien – wie im Beispiel – soll nicht deutsche Umsatzsteuer (dies wäre das sog. Ursprungslandprinzip), sondern nach dem sog. **Bestimmungslandprinzip** italienische Umsatzsteuer anfallen. Die Besteuerung soll damit im Verbrauchsstaat erfolgen.

9.2 Die bisherigen Schwachstellen

Insgesamt gehen jedes Jahr mehr als **150.000.000.000 €** (= 150 Milliarden Euro) an Mehrwertsteuern verloren.

Allein der grenzüberschreitende Betrug verursacht jährliche Mehrwertsteuereinbußen von rund **50 Milliarden €** und damit **100 € pro EU-Bürger**.

Grenzüberschreitend tätige Unternehmen haben derzeit **um 11 % höhere Steuerbefolgungskosten** (= Kosten für die Vorschrifteneinhaltung) als ausschließlich im Inland und/oder Drittland tätige Unternehmen.

9.3 Mittelfristige Beseitigung der Schwachstellen durch ein endgültiges Mehrwertsteuersystem

9.3.1 Praxisfolgen der Systemumstellung

Ursprünglich ab dem Jahr 2022 soll die (EU-ausländische) Mehrwertsteuer vom Lieferer in Rechnung gestellt werden,

- der die (EU- ausländischen) Umsätze **bei seinem (deutschen) Betriebsfinanzamt** anmeldet und
- in der Lage sein wird, den geltenden **Mehrwertsteuersatz jedes Mitgliedstaats** online über ein **Webportal** zu überprüfen.

Checkliste: Besteuerung nach der Systemumstellung

Im vorherigen Beispiel wird voraussichtlich wie folgt zu verfahren sein:

- D muss dem I aus Deutschland heraus eine Bruttorechnung mit italienischer Umsatzsteuer erteilen.
- D muss den Umsatz in seine deutsche Umsatzsteuer-Voranmeldung aufnehmen und die italienische Steuer an das deutsche Finanzamt abführen.

- Das deutsche Finanzamt muss dann die Umsatzsteuer dann an den italienischen Fiskus überweisen.
- Der italienische Fiskus muss die Steuer dann bei Vorliegen der weiteren Voraussetzungen an I als Vorsteuer erstatten.

Wichtig!
Zum Vorteil der Unternehmen unterbleibt damit für D trotz des Ausweises der italienischen Umsatzsteuer eine teure Registrierung im EU-Ausland!

9.3.2 Der Mehrwertsteuer-Aktionsplan

In ihrem **Mehrwertsteuer-Aktionsplan**[71] verkündete die Kommission ihre Absicht, einen Vorschlag mit Grundsätzen für ein endgültiges Mehrwertsteuersystem für den grenzüberschreitenden Handel zwischen Unternehmen der Mitgliedstaaten vorzulegen, der auf einer Besteuerung grenzüberschreitender Lieferungen von Gegenständen im Bestimmungsmitgliedstaat basiert.

Hierfür wäre es notwendig, das derzeitige System, das auf einer steuerbefreiten Lieferung im Abgangsmitgliedstaat der Gegenstände und einem steuerpflichtigen innergemeinschaftlichen Erwerb der Gegenstände im Bestimmungsmitgliedstaat beruht, durch ein System zu ersetzen

- mit einer **einzigen Lieferung,**
- die **im Bestimmungsmitgliedstaat besteuert** wird und
- **dessen Mehrwertsteuersätzen** unterliegt.

Grundsätzlich wird die Mehrwertsteuer vom Lieferer in Rechnung gestellt werden, der in der Lage sein wird, den geltenden **Mehrwertsteuersatz jedes Mitgliedstaats online über ein Webportal** zu überprüfen.

Falls der Erwerber der Gegenstände jedoch ein zertifizierter Steuerpflichtiger (ein von den Mitgliedstaaten anerkannter zuverlässiger Steuerpflichtiger) ist, würde die **Umkehrung der Steuerschuldnerschaft** zur Anwendung kommen und der zertifizierte Steuerpflichtige sollte für die Lieferung innerhalb der Union mehrwertsteuerpflichtig sein.

Das endgültige Mehrwertsteuersystem wird außerdem auf einem System der einzigen Registrierung (**einzige Anlaufstelle**) für Unternehmen basieren, bei der die Zahlung und der Abzug der geschuldeten Mehrwertsteuer erfolgen können.

Diese Grundsätze sollten in der Richtlinie festgelegt werden und das derzeitige Konzept ersetzen, demzufolge die endgültige Regelung auf der **Besteuerung im Ursprungsmitgliedstaat** basiert.

---

71 Mitteilung der Kommission an das Europäische Parlament, den Rat und den Europäischen Wirtschafts- und Sozialausschuss über einen Aktionsplan im Bereich der Mehrwertsteuer – Auf dem Weg zu einem einheitlichen europäischen Mehrwertsteuerraum: Zeit für Reformen vom 7.4.2016.

9.3.3 Die vier »Eckpfeiler« der Neuregelung

Damit lassen sich **vier grundlegende Prinzipien als »Eckpfeiler«** eines neuen endgültigen und gemeinsamen EU-Mehrwertsteuerraums ausmachen:

- **Betrugsbekämpfung:** Künftig wird auf den grenzüberschreitenden Handel zwischen Unternehmen Mehrwertsteuer erhoben. Diese Art von Handel ist derzeit von der Mehrwertsteuer befreit, was skrupellose Unternehmen dazu verleitet, die Mehrwertsteuer einzuziehen und dann zu verschwinden, ohne die Mehrwertsteuer an die Regierung abzuführen.
- **Zentrale Anlaufstelle:** Dank einer zentralen Anlaufstelle wird es einfacher für grenzüberschreitend tätige Unternehmen, ihren mehrwertsteuerlichen Pflichten nachzukommen. Unternehmer können in einem einzigen Online-Portal in ihrer eigenen Sprache und nach den gleichen Regeln und administrativen Mustern wie in ihrem Heimatland Erklärungen abgeben und Zahlungen durchführen. Die Mitgliedstaaten leiten einander dann die Mehrwertsteuer weiter, wie dies bei elektronischen Dienstleistungen bereits der Fall ist.
- **Größere Kohärenz:** Umstellung auf das »Bestimmungslandprinzip«, bei dem der endgültige Betrag der Mehrwertsteuer stets an den Mitgliedstaat des Endverbrauchers entrichtet wird und dem in diesem Mitgliedstaat geltenden Satz entspricht. Die Kommission hat seit Langem auf dieses Ziel hingearbeitet und wird dabei von den Mitgliedstaaten unterstützt. Bei elektronischen Dienstleistungen gilt der Grundsatz bereits.
- **Weniger Bürokratie:** Vereinfachung der Vorschriften für die Rechnungslegung, sodass die Verkäufer auch beim grenzüberschreitenden Handel Rechnungen gemäß den Vorschriften ihres eigenen Landes stellen können. Die Unternehmen müssen künftig keine Liste von grenzüberschreitenden Transaktionen (»zusammenfassende Meldung«) für ihre Finanzbehörde mehr erstellen.

Beratungskonsequenzen

Die vorgeschlagene Reform der Mehrwertsteuer soll das System für Unternehmen einfacher machen. Das neue Mehrwertsteuersystem soll es den europäischen Unternehmen ermöglichen, alle Vorteile des Binnenmarktes zu nutzen und auf den Weltmärkten zu bestehen. Grenzüberschreitend tätige Unternehmen haben derzeit um 11 % höhere **Steuerbefolgungskosten** als nur im Inland tätige Unternehmen (➲ s. o., Kapitel 9.2). Diese Kosten dürften durch die Vereinfachung und Modernisierung des Mehrwertsteuersystems **um schätzungsweise 1 Milliarde € verringert** werden können.

9.4 Seit dem 1.1.2020 greifen Sofortmaßnahmen (»Quick Fixes«)

Das »Erste-Hilfe-Set« der EU

9.4.1 Umstellung auf ein endgültiges MwSt-System wird dauern

EU-Kommission und Rat sind sich bewusst, dass die eigentlich gewünschte **endgültige Systemumstellung mehrere Jahre dauern** wird[72].

9.4.2 Damalige Schwachstellen duldeten kein weiteres Zuwarten

Insgesamt gingen jedes Jahr mehr als **150.000.000.000 €** an Mehrwertsteuern verloren; gleichzeitig hatten EU-grenzüberschreitend tätige Unternehmen **um 11 % höhere Steuerbefolgungskosten** (➲ s. o., Kapitel 9.2).

Diese Schwachstellen sollten vorab behoben werden.

9.4.3 Drei Gesetzgebungsakte vom 4.12.2018

Der Rat der EU hat dazu am 4.12.2018 folgende Gesetzgebungsakte angenommen:

- Richtlinie hinsichtlich bestimmter Harmonisierungs- und Vereinfachungsregeln des Mehrwertsteuersystems für die Besteuerung des Handels zwischen Mitgliedstaaten
- Verordnung hinsichtlich des Informationsaustauschs für die Überwachung der Anwendung der Konsignationslagerregelung
- Verordnung hinsichtlich bestimmter Befreiungen bei innergemeinschaftlichen Umsätzen

9.4.4 Vier Sofortmaßnahmen

Die Gesetzgebungsakte regeln bis zur Einführung eines neuen MwSt-Systems folgende Problembereiche:

- **Mehrwertsteuer-Identifikationsnummer und ZM:** Die Identifikationsnummer des Erwerbers und die ordnungsgemäße Meldung werden zusätzliche Voraussetzungen für die Mehrwertsteuerbefreiung einer innergemeinschaftlichen Lieferung von Gegenständen (➲ Kapitel 21 bis Kapitel 23).
- **Reihengeschäfte:** Die Texte sehen einheitliche Kriterien vor, um die Rechtssicherheit bei der Bestimmung der mehrwertsteuerlichen Behandlung von Reihengeschäften zu verbessern (➲ Kapitel 24 f.).

---

72 Vgl. Richtlinie hinsichtlich bestimmter Harmonisierungs- und Vereinfachungsregeln des Mehrwertsteuersystems für die Besteuerung des Handels zwischen Mitgliedstaaten, Ziffer 4.

- **Nachweis der innergemeinschaftlichen Lieferung:** Es wird ein gemeinsamer Rahmen für die Belege festgelegt, die für die Beantragung einer Mehrwertsteuerbefreiung von innergemeinschaftlichen Lieferungen erforderlich sind (➲ Kapitel 17).
- **Konsignationslager (Call-off Stock):** Der Text sieht eine vereinfachte und einheitliche Behandlung für die Konsignationslagerregelungen vor, bei denen ein Verkäufer Gegenstände in ein Lager verbringt, das einem bekannten Erwerber in einem anderen Mitgliedstaat zur Verfügung steht (➲ Kapitel 37).

9.4.5 Flankierende Sofortmaßnahme des deutschen Gesetzgebers: Beteiligung an Steuerhinterziehung führt zur Versagung von Vorsteuerabzug und Steuerbefreiung (§ 25f UStG – neu)

In Anwendung der EuGH-Rechtsprechung ist **seit dem 1.1.2020** geregelt, dass einem Unternehmer

- der wusste oder
- **der hätte wissen müssen (!)**,
- dass er sich mit seinem Leistungsbezug oder dem erbrachten Umsatz an einem Umsatz beteiligt,
- bei dem ein Beteiligter auf einer vorhergehenden oder nachfolgenden Umsatzstufe in eine begangene Umsatzsteuerhinterziehung oder Erlangung eines nicht gerechtfertigten Vorsteuerabzugs i. S. v. § 370 AO oder einer Schädigung des Umsatzsteueraufkommens i. S. d. §§ 26b und 26c UStG einbezogen war,

der Vorsteuerabzug bzw. die Steuerbefreiung für den entsprechenden Umsatz verwehrt werden kann.

Die neue Vorschrift steht in Zusammenhang mit der **Bekämpfung des Umsatzsteuerbetrugs**[73] – durch Karussellgeschäfte. Zu den Einzelheiten vgl. ➲ Kapitel 46.2.

9.4.6 Vorläufig »aussortiert«: der zertifizierte Steuerpflichtige

Die Sofortmaßnahmen führen in der Regel

- zu Begünstigungen der sie anwendenden Unternehmen und
- gleichzeitig zu Steuerausfallrisiken des Fiskus.

Daher sollte die Anwendung der Begünstigungen ursprünglich davon abhängen, dass die Unternehmen der Finanzverwaltung ihre Vertrauenswürdigkeit bewiesen haben (Einstufung als »ZS« oder »CTP« = certified taxable person).

Der ZS wurde **wegen des Diskussionsbedarfs zurückgestellt** und soll **spätestens bei der Umstellung auf ein endgültiges MwSt-System** eingeführt werden.

73 Vgl. oben ➲ Kapitel 9.2.

Beratungskonsequenzen

Für die Unternehmen wird es daher Sinn machen, sich rechtzeitig mit den Antragsvoraussetzungen und Folgen des Zertifikats vertraut zu machen. Zu den Einzelheiten siehe Vorauflage[74].

9.5 Leitlinien der EU-Kommission zu den Neuerungen

Die EU-Kommission hat am 20.12.2019 in »Leitlinien«[75] ihre Sicht der Dinge dargestellt. Seit Mai 2020 sind die Leitlinien auch in deutscher Sprache verfügbar.

Hinweis

Volltext der Leitlinien

Erläuterungen zu den Änderungen der EU-Mehrwertsteuervorschriften in Bezug auf Konsignationslagerregelungen, Reihengeschäfte und die Steuerbefreiung für innergemeinschaftliche Lieferungen von Gegenständen (»Quick Fixes 2020«).

➲ mybookplus.de > Wichtiges aus anderen Behörden > EU-Kommission

74 Zu den Einzelheiten siehe *Weimann*, Umsatzsteuer in der Praxis, 17. Auflage 2019, Kapitel 20.6.

75 Zu diesem Rechtsinstitut *Weimann*, Umsatzsteuer in der Praxis, 21. Auflage 2023, Kapitel 3.1.

10 Die Basics im Überblick

§ **Rechtsgrundlagen**

- UStG: § 3 Abs. 5a ff., § 4 Nr. 1, §§ 6 ff.
- UStDV: §§ 8 ff.
- UStAE: Abschn. 3.1 – 3.15, 6.1 – 6.12, 6a.1 – 6a.8
- MwStSystRL: Art. 14 ff., 20 ff., 31, 32 ff., 40 ff., 131, 138 f., 140 f., 143 ff., 146 f.

10.1 Warum das Gesetz zwischen innerdeutschen Umsätzen, EU-Umsätzen und Drittlandsumsätzen unterscheidet

Das Grundprinzip der Besteuerung von Warenumsätzen

10.1.1 Der Binnenmarktgedanke

Am 17.5.1977 wurde die 6. EG-Richtlinie zur Harmonisierung der Umsatzsteuern verabschiedet, die mit dem UStG 1980 in nationales Recht umgesetzt wurde. Seitdem ist das Umsatzsteuerrecht der EU-Mitgliedstaaten weitestgehend harmonisiert.

Am 16.12.1991 wurde die Richtlinie 91/680/EWG verabschiedet, die im Wesentlichen die 6. EG-RL dahingehend ergänzte, dass ab dem 1.1.1993 die Einfuhrumsatzsteuer im Wirtschaftsverkehr der EU-Mitgliedstaaten nicht mehr erhoben wird und für den innergemeinschaftlichen Handel eine »**Übergangsregelung**« gilt. Die Übergangsregelung sollte nach ursprünglicher Planung vier Jahre später durch eine »**echte**« **Binnenmarktregelung mit grenzüberschreitendem Vorsteuerabzug** ersetzt werden.

Diese **Idee des grenzüberschreitenden Vorsteuerabzugs scheitert derzeit** daran, dass ungeklärt ist, wie ein finanzieller Ausgleich (Clearing) zwischen dem vereinnahmenden Ursprungsland und dem erstattenden Bestimmungsland erreicht werden kann (➲ Kapitel 9.1 mit Fallbeispiel).

Die vermeintliche »Übergangsregelung« ist daher immer noch und **auf unbestimmte Zeit auch zukünftig** weiterhin in Kraft[76] und wurde im Wesentlichen unverändert in die seit dem 1.1.2007 gültige MwStSystRL übernommen.

Umsatzsteuerlich ist damit **für den Letztverbraucher** zum 1.1.1993 ein **echter Binnenmarkt** entstanden, da er grundsätzlich überall innerhalb der EU ohne wert- und mengenmäßige Beschränkung Waren erwerben und mit nach Hause nehmen darf. Der Letztverbraucher zahlt allerdings am Ort des Kaufes die dort gültige Umsatzsteuer; ein etwaiger Grenzausgleich ist nicht vorgesehen. Da die Belastung des Umsatzes am Ort des Verkaufs erhoben wird, folgt diese Art der Besteuerung dem sog. **Ursprungslandprinzip**.

Für den gewerblichen Handel dagegen konnte das Ursprungslandprinzip bislang nicht verwirklicht werden. Der Handel zwischen den Unternehmern der EU-Staaten folgt seitdem eigenen Regeln. Das beruht auf zwei Umständen:

- Einerseits sind innerhalb der EU die Zollgrenzen verschwunden, sodass eine Kontrolle des innergemeinschaftlichen Warenverkehrs nicht mehr durch die Zollverwaltung erfolgen kann und soll.
- Andererseits bestehen die Mitgliedstaaten auch weiterhin auf ihrem Besteuerungsrecht. Bei einer Warenlieferung von Deutschland nach Italien – wie im Beispiel – soll nicht deutsche Umsatzsteuer (dies wäre das sog. Ursprungslandprinzip), sondern nach dem sog. **Bestimmungslandprinzip** italienische Umsatzsteuer anfallen. Die Besteuerung soll damit im Verbrauchsstaat erfolgen.

10.1.2 Territoriale Abgrenzungen und Besonderheiten

Territorial unterscheidet das Umsatzsteuerrecht das **EU-Geschäft** (= Handel zwischen den EU-Mitgliedstaaten) vom **Drittlandsgeschäft** (= Handel zwischen EU-Mitgliedstaaten und Drittländern).

Checkliste

1. Das Gemeinschaftsgebiet umfasst
   - das Inland der Bundesrepublik Deutschland i. S. d. § 1 Abs. 2 Satz 1 UStG sowie
   - die gemeinschaftsrechtlichen Inlandsgebiete der übrigen EU-Mitgliedstaaten (»übriges Gemeinschaftsgebiet«, vgl. Abschn. 1.10 Abs. 1 UStAE).

---

76 Die ursprüngliche Übergangsregelung für die Besteuerung des Handels zwischen den Mitgliedstaaten der EG war der 6. EG-RL in einem Akt nachträglich angefügt worden und zusammenhängend in den Art. 28 a bis 28 p der 6. EG-RL enthalten. Nach Art. 28 l der 6. EG-RL sollte die Übergangsregelung nur vom 1.1.1993 bis zum 31.12.1996 gelten. In der Vorschrift war jedoch auch gleichzeitig eine Regelung enthalten, die für den Fall in Kraft trat, dass bis zu dem genannten Zeitpunkt der Rat (der Europäischen Gemeinschaft) noch nicht über eine endgültige Regelung über die Besteuerung des Handels zwischen den Mitgliedstaaten befunden hat. Danach verlängerte sich automatisch die Geltungsdauer der Übergangsregelung, bis eine endgültige Regelung in Kraft tritt. Nunmehr verteilen sich die Binnenmarktregelungen über die gesamte MwStSystRL (vgl. dort Anhang XII).

2. Das **Drittlandsgebiet** umfasst die Gebiete, die nicht zum Gemeinschaftsgebiet gehören (vgl. Abschn. 1.10 Abs. 2 UStAE).
3. Im Juni 2016 hat sich das Vereinigte Königreich entschieden, die EU zu verlassen (»**Brexit**« ➲ Kapitel 8). Somit ist das Vereinigte Königreich seit dem 31.1.2020 nicht länger Mitglied der EU. Für die Umsatzbesteuerung des Warenverkehrs wird Nordirland auch nach dem 31.12.2020 als zum Gemeinschaftsgebiet zugehörig behandelt. Im Warenverkehr mit Nordirland finden daher auch nach diesem Zeitpunkt die für den innergemeinschaftlichen Handel geltenden Vorschriften zur Umsatzsteuer Anwendung[77]. Nach dem 31.12.2020 ausgeführte Umsätze mit Ursprungs- oder Bestimmungsort in den britischen Hoheitszonen Akrotiri und Dhekelia auf Zypern gelten als Umsätze mit Ursprungs – oder Bestimmungsort in der Republik Zypern (Abschn. 1.10 Abs. 3 UStAE).

Die EU-Mitgliedstaaten nach dem Brexit im Überblick:

Quelle: Homepage Europäische Union (https://europa.eu)

77 Vgl. BMF-Schreiben vom 10.12.2020, III C 1 – S 7050/19/10001 :002, 2020/1227942.

Bei der Beurteilung von Sachverhalten im grenzüberschreitenden gewerblichen Handel innerhalb der EU ist stets zu beachten, dass die Vorgaben der MwStSystRL zwar in jedem Mitgliedstaat in nationales Recht umgesetzt, jedoch vielfach – soweit die EG-rechtlichen Vorgaben dies erlauben – den **nationalen individuellen Bedürfnissen** angepasst werden.

Hinweis

Das führt zu einem weiteren Problem innerhalb der EU. Die MwStSystRL ist kein europäisches Gesetz. Sie ist nur teilweise konkret gefasst, teilweise aber auch nur als Rahmen formuliert, innerhalb dessen die Mitgliedstaaten individuell gestalten dürfen. Deutlich wird dies wiederum an den unterschiedlichen Umsatzsteuersätzen innerhalb der EU.

10.1.3 Innergemeinschaftlicher Warenverkehr (Grundzüge)

Bis einschließlich 1992 war eine **Warenlieferung von Deutschland in das Ausland (Export)** als sog. Ausfuhrlieferung steuerfrei[78], wenn die Ausfuhr buch- und belegmäßig nachgewiesen wurde. Dies gilt seit 1993 nur noch im Verhältnis zu Drittstaaten. Innerhalb der EU wird der Warenexport umsatzsteuerlich nunmehr als **innergemeinschaftliche Lieferung** bezeichnet, die ebenfalls steuerfrei sein kann[79].

Bis einschließlich 1992 war ein **Warenimport nach Deutschland** aus dem Ausland als sog. Einfuhr steuerbar und in der Regel steuerpflichtig[80]. Als besondere Erhebungsform gab es die Einfuhrumsatzsteuer, die vom Zoll erhoben und verwaltet wurde. Unter den weiteren Voraussetzungen des § 15 UStG konnte die Einfuhrumsatzsteuer als Vorsteuer geltend gemacht werden. Dies gilt seit 1993 nur noch im Verhältnis zu Drittstaaten. Innerhalb der EG wird der Warenimport nunmehr umsatzsteuerlich als **innergemeinschaftlicher Erwerb** bezeichnet, der als steuerbarer und in der Regel steuerpflichtiger Umsatz (§ 1 Abs. 1 Nr. 5 UStG) gilt. Der den innergemeinschaftlichen Erwerb tätigende Unternehmer berechnet die auf den Erwerb zu erhebende Umsatzsteuer selbst und meldet sie im Voranmeldungsverfahren an. Unter den weiteren Voraussetzungen des § 15 UStG kann die Umsatzsteuer auf den innergemeinschaftlichen Erwerb (Erwerbsteuer) als Vorsteuer geltend gemacht werden.

Beispiel

Ein deutscher Unternehmer verkauft Ware an einen italienischen und einen ukrainischen Abnehmer.

➲ **Folge:**

Bis zum 31.12.1992 wurden beide Vorgänge umsatzsteuerlich gleichbehandelt. Die Bundesrepublik Deutschland stellte jeden Export als Ausfuhr steuerfrei; gleichzeitig hatte der deutsche Unternehmer auf alle mit dem Export verbundenen Eingangs-

78 §§ 4 Nr. 1, 6 UStG.

79 §§ 4 Nr. 1, 6a UStG.

80 § 1 Abs. 1 Nr. 4 UStG.

umsätze das Recht zum Abzug der Vorsteuer. Die Ware sollte umsatzsteuerlich unbelastet in das Bestimmungsland gelangen können und so bessere Wettbewerbschancen haben **(Ziel: Entlastung des Exports)**.
Europäische Bestimmungsländer belegten solche Vorgänge als Import der EUSt; die Behandlung in Drittländern richtete sich nach dem jeweiligen nationalen Steuerrecht und war daher im Zweifel von mit dem dortigen Steuerrecht vertrauten Experten zu klären.

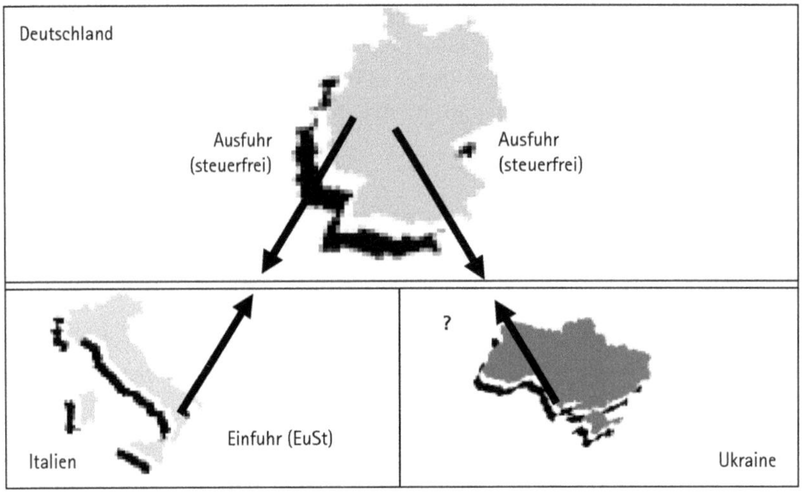

Seit dem 1.1.1993 gelten für den innergemeinschaftlichen Warenverkehr neue Regeln, deren (Fern-)Ziel es ist, auf europäischer Ebene einen **grenzüberschreitenden Vorsteuerabzug** zu erreichen (➲ vgl. Kapitel 10.1.1).

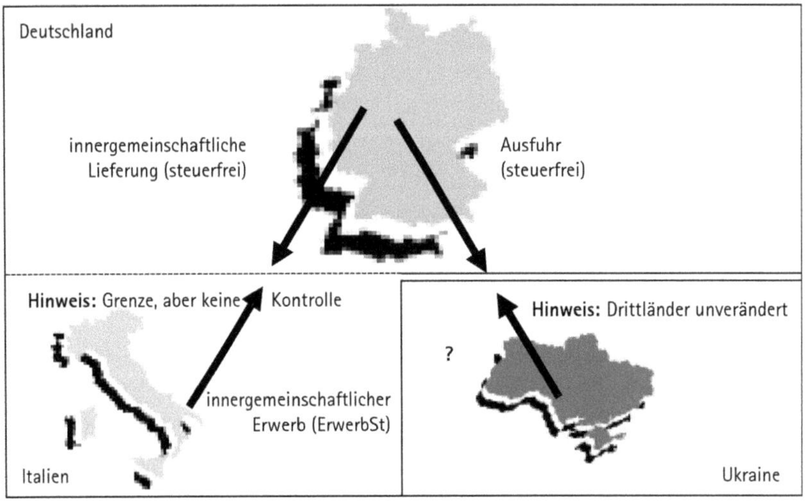

Beratungskonsequenzen

Warenbewegungen in Drittländer sind von der Neuregelung nicht betroffen; sie werden unverändert mit dem **Ziel der Exportentlastung** steuerfrei gestellt.

Als Kontrollinstrument wurde die sog. **Umsatzsteuer-Identifikationsnummer (USt-IdNr.)** eingeführt (§ 27a UStG), die jeder Unternehmer erhält, der am innergemeinschaftlichen Handel teilnimmt (➲ vgl. Kapitel 7). Der in andere EG-Staaten steuerfreie innergemeinschaftliche Lieferungen ausführende Unternehmer muss neben der Umsatzsteuer-Voranmeldung i. d. R. vierteljährlich eine Meldung an das Bundeszentralamt für Steuern (BZSt) abgeben, in der die innergemeinschaftlichen Lieferungen wertmäßig und sortiert nach den USt-IdNrn. der Lieferempfänger aufzulisten sind. Diese Meldung wird als **Zusammenfassende Meldung (ZM)** bezeichnet (§ 18a UStG ➲ Kapitel 23 und Kapitel 51).

10.1.4 Das Praxisproblem: die in der Regel unerwartete Registrierungspflicht im europäischen Ausland

Nach Einführung des Umsatzsteuerbinnenmarktes zum 1.1.1993 wurden die Lieferortsbestimmungen zum 1.1.1997 noch einmal grundlegend geändert. Bis zum 31.12.1996 enthielt das Umsatzsteuergesetz Sonderregelungen für Reihengeschäfte; diese betrafen insbesondere den Zeitpunkt und den Ort der einzelnen Lieferungen sowie die Beurteilung innergemeinschaftlicher Lieferbeziehungen.

Beratungskonsequenzen

Diese Sonderregelungen wurden zum 1.1.1997 aufgehoben.

Auch Reihengeschäfte sind DAMIT grundsätzlich nach den allgemeinen Vorschriften zu beurteilen!

Ausnahmen ergeben sich lediglich aus § 25b UStG für Reihengeschäfte in Form innergemeinschaftlicher Dreiecksgeschäfte (➲ Kapitel 35).

Hintergrund der Gesetzesänderung sollte eine harmonisierte Umsetzung gemeinschaftsrechtlicher Vorgaben bei grenzüberschreitenden Lieferungen sein. Die bisher im Handel zwischen den Mitgliedstaaten möglichen Nicht- und Doppelbesteuerungen sollten damit endgültig der Vergangenheit angehören.

Beispiel

Der deutsche Unternehmer D bestellt bei dem Italiener I Ware. Dieser hat die Ware nicht vorrätig und bestellt beim Franzosen F, der seinerseits auf den Niederländer NL zurückgreift. Vereinbarungsgemäß bringt NL die Ware aus den Niederlanden direkt zu D nach Deutschland.

➲ **Bis zum 31.12.1996 folgte die Besteuerung dem Rechnungslauf:**

- Der **Vorteil** dieser Regelung bestand darin, dass jeder der beteiligten Unternehmer steuerliche Pflichten ausschließlich im eigenen Land begründete.
- **Nachteilig** war neben dem Erfordernis von Sondervorschriften für Reihengeschäfte und zwangsläufigen Abweichungen zur Intrahandelsstatistik vor allem

die Tatsache, dass die Regelung nicht harmonisiert und damit Doppel- und Nichtbesteuerungen an der Tagesordnung waren.

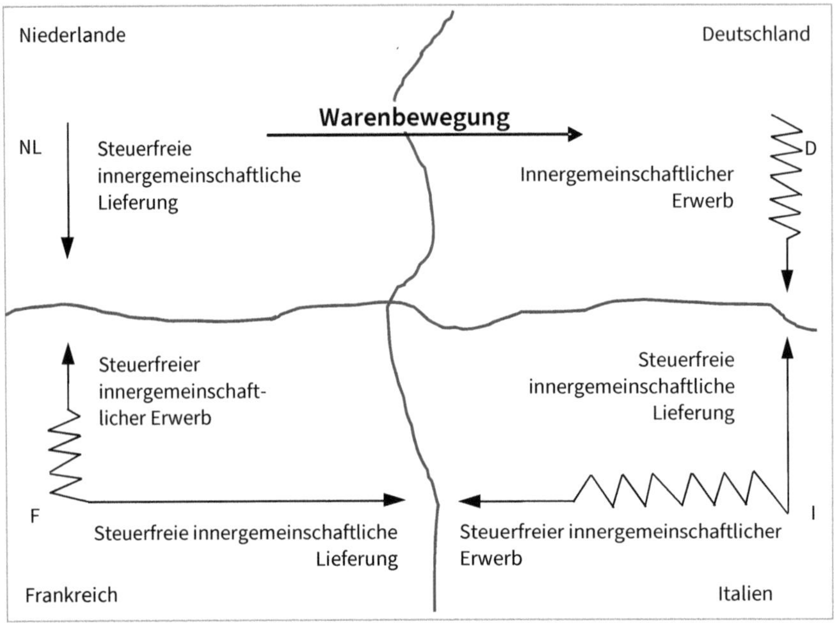

➲ **Seit dem 1.1.1997 ist der Fall wie folgt zu lösen:**

- NL tätigt **in den Niederlanden** eine Lieferung an F; die Lieferung ist – unter den weiteren Voraussetzungen der §§ 4 Nr. 1 Buchst. b, 6 a UStG – als innergemeinschaftliche Lieferung steuerfrei.
- F tätigt **in Deutschland (!)** einen innergemeinschaftlichen Erwerb von NL.
- F tätigt ferner eine **in Deutschland (!)** steuerbare und steuerpflichtige Lieferung an I; seine Rechnung muss daher **deutsche Umsatzsteuer (!)** ausweisen.
- I tätigt eine **in Deutschland (!)** steuerbare und steuerpflichtige Lieferung an D. Auch seine Rechnung muss **deutsche Umsatzsteuer (!)** ausweisen; die von F berechnete Umsatzsteuer berechtigt ihn – ebenfalls in Deutschland – zum Vorsteuerabzug.
- D tätigt **in Deutschland** einen normalen Eingangsumsatz; die Rechnung des I berechtigt ihn – unter den weiteren Voraussetzungen des § 15 UStG – zum Vorsteuerabzug.

➲ **Zur Lösung für die Zeit ab 1.1.1997 vgl. auch Grundfall 2 in Kapitel 10.4.9.**

Beratungskonsequenzen

1. Aufgrund der Neuregelung erfolgen damit **alle Lieferungen am Anfang (Ursprungsland)** oder **am Ende (Bestimmungsland)** der Warenbewegung.
2. Die neuen Vorschriften führen dazu, dass durch die Beteiligung an internationalen Reihengeschäften **steuerliche Pflichten im Ausland ggf. neu begründet** werden können. Dies führt zu einem erhöhten Verwaltungsaufwand durch
   - Umstellung der Buchführung
   - Einrichtung der EDV
   - Bestellung eines Steuerberaters
   - Bestellung eines Fiskalvertreters
   - ...

   der bereits bei der Kalkulation eines Auftrags und damit von den (in der Regel mit steuerlichen Fragen wenig befassten) Ein- und Verkaufsabteilungen berücksichtigt werden muss.
3. Ein Steuerberater muss den Mandanten auf die Problematik hinweisen; Schulungen und sichere Verfahrensabläufe (Controlling) für den Ein- und Verkauf sind vorzuschlagen.

10.1.5 Formulierungshilfe für den steuerlichen Berater

Beratern, die auch EG-weit tätige Mandanten betreuen, wird immer wieder die Frage gestellt: »Warum müssen für den innergemeinschaftlichen Waren- und Dienstleistungsverkehr derart viele Aufzeichnungen geführt, Nachweise erbracht und Erklärungen abgegeben werden? Was soll der Papierkrieg?«. Die Beantwortung solcher Fragen ist müßig - zumal in der Regel auch allenfalls nur bedingt abrechenbar. Es bietet sich an, derartige Anfragen in einem Standardbrief mit wenig Zeitaufwand zu beantworten. Die entscheidende Textstelle könnte wie folgt lauten:

Musterschreiben

»... Die Mitgliedstaaten der EU haben seit 1993 das Ziel, das Vorsteuererstattungsverfahren grundlegend zu reformieren. Den Unternehmern bereitet nämlich die Erstattung der in anderen EU-Staaten entrichteten Vorsteuerbeträge beträchtliche Schwierigkeiten; als Folge wird häufig auf Vorsteuererstattungen verzichtet. Das ist nicht im Sinne des EU-Richtliniengebers, da die Unternehmen de facto eine zu hohe Steuer bezahlen und insoweit das System der Mehrwertsteuerneutralität ausgehebelt ist.

Grenzüberschreitender Vorsteuerabzug als Ziel: In – zugegebenermaßen noch ferner – Zukunft soll es daher den Unternehmern gestattet sein, die Mehrwertsteuern (MwSt), die sie in einem EU-Mitgliedstaat entrichtet haben, in dem sie nicht ansässig sind, unmittelbar mit dem MwSt-Betrag zu verrechnen, den sie in dem EU-Mitgliedstaat schulden, in dem sie die zum Vorsteuerabzug berechtigenden Umsätze ausführen. Hierzu muss ein Erstattungs- und Ausgleichsverfahren für die geleistete MwSt auf der Ebene der EU-Mitgliedstaaten eingeführt werden.

Der Vorteil für Sie: Als deutscher Unternehmer werden Sie dann bei Ihrem Finanzamt *[Dortmund-Ost*]* im Rahmen der monatlichen Umsatzsteuer-Voranmeldungen oder jährlichen Steuererklärungen auch die Vorsteuerbeträge aus *[Polen*]* erstattet bekommen.

> Sie werden dazu eine Aufstellung beifügen müssen, aus der – nach Mitgliedstaaten getrennt – die in anderen Mitgliedstaaten entrichteten MwSt-Beträge hervorgehen, die sie als Vorsteuer abziehen wollen, sowie die Kopien der entsprechenden Rechnungen oder Einfuhrdokumente.
>
> **Bis dahin ist Statistikarbeit angesagt:** Die für die anderen EU-Mitgliedstaaten erstatteten Vorsteuern möchte die Bundesrepublik Deutschland dann natürlich von diesen wieder erstattet bekommen. Im Gegenzug wird Deutschland an die anderen EU-Mitgliedstaaten deutsche Vorsteuern erstatteten müssen, die diese an ihre Unternehmer ausgezahlt haben. Das System erfordert den Aufbau eines EU-weit tätigen »Super-Finanzamts« oder zumindest einer von allen Mitgliedstaaten akzeptierten Datenbank. Um das »Super-Finanzamt«/die Datenbank aufzubauen, müssen sich die Staaten zunächst auf eine Aufteilung des »Gesamt-Umsatzsteuerkuchens EU« und damit auf ein Rechenverfahren einigen. Letzteres wieder erfordert eine Transparenz über die Warenströme; um diese zu erreichen, sind die deutschen Unternehmer und damit auch Sie zur Abgabe von *[Umsatzsteuer-Voranmeldungen, Zusammenfassenden Meldungen und Erklärungen zur Intrahandelsstatistik*]* verpflichtet. ...«
>
> * Hinweis: *[Geklammerter Text]* = Bitte an den Mandanten-Sachverhalt anpassen!

10.2 Die seit dem 1.1.1997 geltenden Regeln zur Bestimmung des Lieferortes im Überblick

§ 3 Abs. 5a – Abs. 8 UStG regeln den umsatzsteuerlichen Lieferort grundsätzlich abschließend und sind wie folgt aufgebaut:

- **§ 3 Abs. 5 a UStG** bestimmt einleitend, dass sich der Ort einer Lieferung nach § 3 Abs. 6 ff. UStG richtet. Gleichzeitig stellt die Vorschrift – rein deklaratorisch – klar, dass im Einzelfall folgende **speziellere Vorschriften vorrangig** anzuwenden sind:
  - § 3c UStG (Ort der Lieferung in besonderen Fällen (sog. »**Fernverkauf**« ➲ Kapitel 40)
  - § 3e UStG (Ort der **Lieferung während einer Beförderung** an Bord eines Schiffes, in einem Luftfahrzeug oder in einer Eisenbahn, vgl. Abschn. 3e.1 UStAE[81]
  - § 3g UStG (Ort der **Lieferung von Gas oder Elektrizität**, vgl. Abschn. 3g.1 UStAE[82]
- § 3 Abs. 6 Sätze 1 bis 4 UStG enthalten die Generalklausel für **Liefergeschäfte mit einer Warenbewegung** (➲ Kapitel 10.3.1)
- § 3 Abs. 7 Satz 1 UStG regelt **Liefergeschäfte ohne jede Warenbewegung** (➲ Kapitel 10.3.2)
- § 3 Abs. 6 Sätze 5 und 6 a. F., Abs. 6a, Abs. 7 Satz 2 enthalten Sonderregeln für **Liefergeschäfte mit Warenbewegung in Form der Reihengeschäfte** (➲ Kapitel 10.4,und Kapitel 24)
- § 3 Abs. 8 UStG trifft eine Sonderregelung für **Lieferungen mit einer Warenbewegung aus dem Drittlandsgebiet**

---

81 Hierzu ausführlich *Weimann* in UNI, § 3e.

82 Hierzu ausführlich *Birgel* in UNI, § 3g.

Damit ergibt sich für den Lieferort **folgende Prüfungsreihenfolge:**

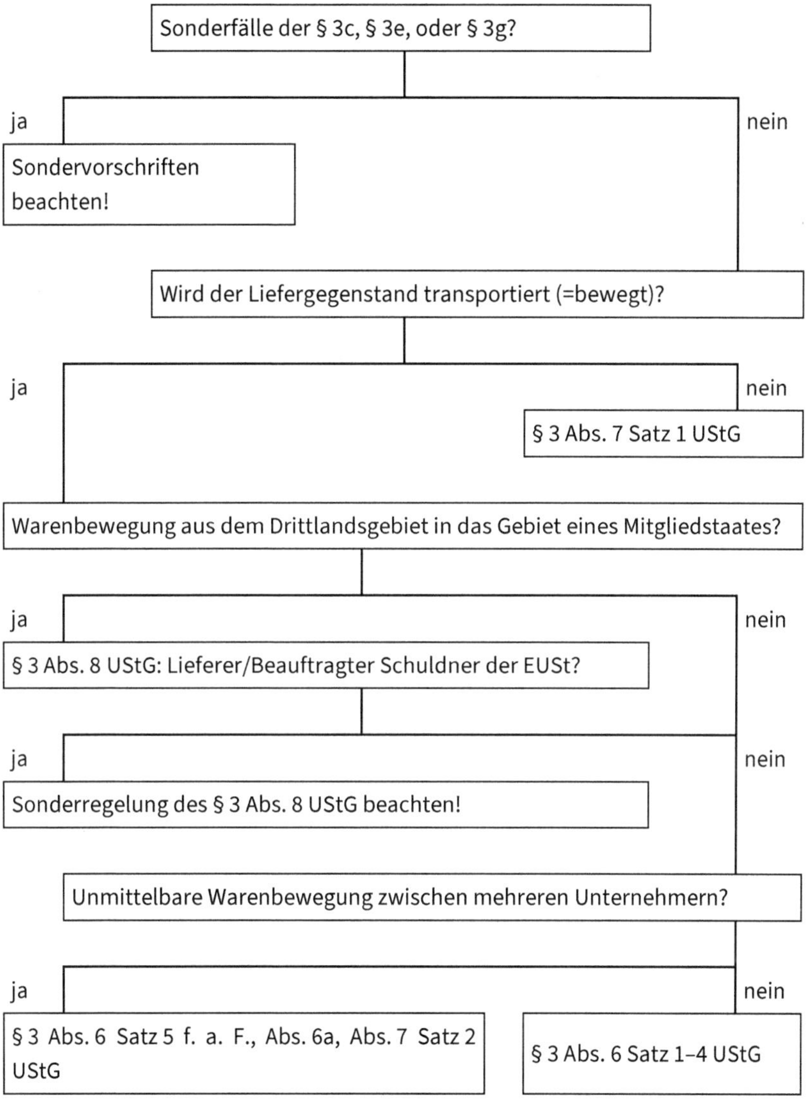

10.3 Der Lieferort im Regelfall

10.3.1 Liefergeschäfte mit einer Warenbewegung (»Bewegte« Lieferungen/Beförderungs- oder Versendungslieferungen, § 3 Abs. 6 Sätze 1 bis 4 UStG)

Wird der Gegenstand der Lieferung durch den Lieferer, den Abnehmer oder einen vom Lieferer oder Abnehmer beauftragten Dritten befördert oder versendet, gilt die Lieferung dort als ausgeführt, wo die Beförderung oder Versendung an den Abnehmer oder in dessen Auftrag an einen Dritten **beginnt**[83]; die Besteuerung folgt insoweit damit dem **Ursprungslandprinzip**.

Für die Unterscheidung zwischen »befördern« und »versenden« ist die **Person des den tatsächlichen Transportakt Vollziehenden** maßgebend:

- Eine **Beförderungslieferung** setzt voraus, dass der liefernde Unternehmer, der Abnehmer oder ein unselbstständiger Erfüllungsgehilfe den Gegenstand der Lieferung befördert[84].

Beispiele

1. Der Lieferant oder der Kunde haben einen **eigenen LKW**, mit dem die Ware zum Kunden transportiert wird.
2. Dabei brauchen die beteiligten Unternehmer natürlich **nicht höchstpersönlich** tätig werden; der Einsatz eines **Arbeitnehmers (= Erfüllungsgehilfen = unselbstständiger Beauftragter)** reicht aus.
3. Eine Beförderung liegt auch vor, wenn der Gegenstand der Lieferung **aus eigener Kraft fortbewegt** wird, z. B. bei Kraftfahrzeugen auf eigener Achse, bei Schiffen auf eigenem Kiel[85].

- Eine **Versendungslieferung** setzt voraus, dass der Transport von einem selbstständigen Beauftragten ausgeführt oder besorgt wird[86].

Beispiele

1. Weder der Lieferant noch der Kunde haben einen eigenen LKW; einer der beiden beauftragt daher einen **Frachtführer (= selbstständiger Beauftragter)**.
2. Wie vorher; einer der Beteiligten beauftragt einen **Spediteur (= Geschäftsbesorger)**.

»Bewegte Lieferungen« haben den umsatzsteuerlichen Leistungsort »dort ... wo die Beförderung oder Versendung **an den Abnehmer** ... beginnt« (§ 3 Abs. 6 Satz 1 UStG). Die

83 § 3 Abs. 6 Satz 1 UStG.

84 Vgl. Abschn. 3.12 Abs. 2 UStAE; Der Satz verweist zur Begründung auf das BFH-Urteil vom 20.12.2006, V R 11/06, BStBl. II 2007, 434.

85 Vgl. Abschn. 3.12 Abs. 2 Satz 2 UStAE.

86 Vgl. Abschn. 3.12 Abs. 2 UStAE.

Annahme einer Lieferung setzt damit voraus, dass beim Beginn der Beförderung oder Versendung

- ein **konkretes Umsatzgeschäft** über einen
- **bestimmten Gegenstand** mit einem
- **bestimmten Abnehmer**

geschlossen wurde.

Beratungskonsequenzen

1. Der Ort der Lieferung ist mit anderen Worten dort, wo die Ware **erstmals mit Zielrichtung auf einen konkreten Abnehmer** bewegt wird. Die Bedeutung dieser Überlegung zeigt sich am besten an den von mir so genannten »Registrierungsfallen« ➲ Kapitel 11.
2. Die **Bewegung eines Gegenstands innerhalb des Unternehmens,** die lediglich der Vorbereitung des Transports dient, stellt noch keine Beförderung an den Abnehmer dar[87].

Dieses Ergebnis ist häufig dann wenig erwünscht [... aber dennoch unvermeidlich! ...], wenn ein **Warenpaket aus mehreren Lagern** zusammengestellt wird[88].

Beispiel

Das deutsche Bekleidungshaus Klamotten-Anton (K&A) bestellt bei einer deutschen Bekleidungsfirma, der Egon Chef AG (EC) in München, 1000 Herrenhemden. 500 Hemden hat EC im Lager in München, 300 Hemden im Auslieferungslager in Rom und 200 Hemden in einem weiteren Auslieferungslager in Kiew.

- Die Lieferung der 500 Hemden ab dem Lager München führt zu **500 (!)** innerdeutschen Umsätzen. **[Hinweis: Jedes Hemd ist Gegenstand einer eigenständigen Lieferung.]**
- Die Lieferung der 300 Hemden ab dem Lager Rom führt unter den weiteren Voraussetzungen in Italien zu 300 innergemeinschaftlichen Lieferungen von EC, registriert in Italien. K&A hat in Deutschland entsprechende innergemeinschaftliche Erwerbe zu erklären. **Aktuell:** Zur möglichen Gestaltung durch **entsprechende Anwendung des § 3 Abs. 8 UStG** auch bei innergemeinschaftlichen Geschäften ➲ Kapitel 6.3.
- Die Besteuerung der 200 Hemden ab dem Lager Kiew richtet sich nach § 3 Abs. 8 UStG.

Die **Praxis versucht** in diesen Fällen häufig (**am UStG vorbei!**) für alle Lieferungen zu einem einheitlichen Lieferort – hier vorzugsweise München – zu kommen. Diese **Versuche scheitern** jedoch daran, dass bei Beginn der Transporte der konkrete Abnehmer K&A bereits feststeht.

---

87 Vgl. Abschn. 3.12 Abs. 2 Satz 3 UStAE.

88 Vgl. *Weimann,* UStB 2003, 254.

10.3.2 Lieferungen ohne jede Warenbewegung (»ruhende« Lieferungen, § 3 Abs. 7 Satz 1 UStG)

Lieferungen, bei denen der Liefergegenstand weder befördert noch versendet wird, werden als ruhende Lieferungen bezeichnet. Der Lieferort ruhender Lieferungen ergibt sich aus § 3 Abs. 7 UStG:

- Wird der Gegenstand der Lieferung **nicht befördert oder versendet**, wird die Lieferung dort ausgeführt, wo sich der Gegenstand zur Zeit der Verschaffung der Verfügungsmacht befindet (§ 3 Abs. 7 Satz 1 UStG = **Grundfall**).
- Liegt ein **Reihengeschäft** vor, gelten Besonderheiten[89].

Beispiele

1. »Grundstücke werden in den seltensten Fällen zum Kunden gebracht!« Der Grundfall betrifft damit insbesondere die Lieferung (einschließlich der Werklieferung) von **Grundstücken und Grundstücksbestandteilen** wie Gebäuden. Lieferort ist in diesem Fall der Belegenheitsort.
2. In Betracht kommen aber auch die Lieferungen von Gegenständen, die sich im Lieferzeitpunkt **in einem Lager oder an Bord eines Schiffes** befinden; in diesen Fällen erfolgt die Verschaffung der Verfügungsmacht in der Regel durch
   - die Vereinbarung eines Besitzkonstituts (§ 930 BGB)
   - die Abtretung des Herausgabeanspruchs (§ 931 BGB)
   - die Übergabe sog. Traditionspapiere, die das Eigentum am Liefergegenstand verkörpern (z. B. Lagerscheine, Konnossemente).
3. Der Grundfall wird insbesondere auch auf Werklieferungen anzuwenden sein, die ein **ortsgebundenes (nicht transportables) Werk** zum Gegenstand haben (»**Anlagenbau**«); deren Lieferort ist dort, wo sich der Liefergegenstand zzt. der Übergabe an den Auftraggeber befindet. Werden derartige Umsatzgeschäfte von mehreren Unternehmern über denselben Gegenstand abgeschlossen, können mangels Beförderung oder Versendung nicht Gegenstand eines Reihengeschäfts sein (➲ Kapitel 10.4.3.4).
4. Vgl. auch **Abschn. 3.12 Abs. 6 UStAE.**

Beratungskonsequenzen

Insbesondere bei EU-Verkäufen von Miet-, Leasing-, Messe-, Vorführ- und ähnlichen Produkten muss man in der Praxis darauf achten, dass nicht **versehentlich** eine – per Saldo teure – **Registrierungspflicht im Bestimmungsland** ausgelöst wird (➲ Kapitel 11).

89 § 3 Abs. 7 Satz 2 UStG ➲ Kapitel 10.4.

10.4 Die Sonderbestimmungen für Reihengeschäfte

§ **Rechtsgrundlagen**

- § 3 Abs. 6 Sätze 5 f. a. F., Abs. 6a, Abs. 7 Satz 2 UStG

10.4.1 Begriffliche Klärungen

Nach Aufhebung des § 3 Abs. 2 UStG zum 1.1.1997 mieden Verwaltung und Literatur anfangs den Terminus »Reihengeschäft«, um jegliche Assoziation zum bisherigen Recht zu vermeiden. Stattdessen verwandten sie für den Tatbestand des »alten« Reihengeschäfts nunmehr uneinheitlich Begriffe wie Ketten-, Mehrecks-, Mehrfach- oder Vielecksgeschäfte. Dies führte in der Praxis zu erheblichen Irritationen[90]. Verwaltung und Literatur haben schnell reagiert, so dass **folgender Sprachgebrauch gängig** war und ist:

- **Liefergeschäfte/Lieferungen:** Umsatzgeschäfte, durch die der Unternehmer oder in seinem Auftrag ein Dritter den Abnehmer oder in dessen Auftrag einen Dritten befähigt, im eigenen Namen über einen Gegenstand zu verfügen[91].
- **Reihengeschäfte:** Sonderfall der Liefergeschäfte = Umsatzgeschäfte, die mehrere Lieferer über denselben Gegenstand abschließen, und bei denen dieser Gegenstand bei der Beförderung oder Versendung unmittelbar vom ersten Unternehmer an den letzten Abnehmer gelangt[92].
- **Dreiecksgeschäfte**: Sonderfall der Reihen- und damit der Liefergeschäfte = drei in verschiedenen Mitgliedstaaten für Zwecke der Umsatzsteuer erfasste Unternehmer schließen unter genau definierten Voraussetzungen ein Reihengeschäft ab[93].

Bitte beachten Sie!

Bei der Auswertung von Literaturbeiträgen sollten Sie sich nicht verwirren lassen: die Bezeichnungen

- Kettengeschäfte
- Mehrecksgeschäfte
- Mehrfachgeschäfte
- Vielecksgeschäfte

sind in der Regel **Synonyme für Reihengeschäfte.**

---

90 Bis zum 31.12.2006 lautete die Vorschrift in der zuletzt gültigen Fassung des UStG 1993: »(2) Schließen mehrere Unternehmer über denselben Gegenstand Umsatzgeschäfte ab und erfüllen sie diese Geschäfte dadurch, dass der erste Unternehmer dem letzten Abnehmer in der Reihe unmittelbar die Verfügungsmacht über den Gegenstand verschafft, so gilt die Lieferung an den letzten Abnehmer gleichzeitig als Lieferung eines jeden Unternehmers in der Reihe (Reihengeschäft).«

91 Vgl. § 3 Abs. 1 UStG.

92 Vgl. § 3 Abs. 6 Satz 5 a. F., Abs. 6a Satz 1 UStG.

93 Vgl. § 25b UStG, ➲ Kapitel 35.

Mit der Neuregelung zum 1.1.2020 durch § 3 Abs. 6a Satz 1 UStG fand der **Begriff »Reihengeschäft« auch offiziell wieder den Weg zurück in das Gesetz**.

10.4.2 Die Tatbestandsmerkmale im Überblick

Das Gesetz stellt die Reihengeschäfte den »normalen« Liefergeschäften im Grundsatz gleich. Das Verständnis der Sonderregelungen des § 3 Abs. 6 Satz 5 a. F., Abs. 6a Satz 1 UStG und Abs. 7 Satz 2 UStG setzt daher zunächst das Wissen um die allgemeinen Vorschriften voraus (➲ Kapitel 10.3).

Für Reihengeschäfte ergeben sich aus § 3 Abs. 6 Satz 5 a. F., Abs. 6a Satz 1 UStG **zusätzlich folgende Tatbestandsmerkmale**:

Checkliste: Tatbestandsmerkmale Reihengeschäft

- **Mehrere Unternehmer**
- schließen **mehrere Umsatzgeschäfte**
- über **denselben Gegenstand** ab und
- der Liefergegenstand gelangt im Rahmen der Beförderung oder Versendung **unmittelbar vom ersten** Unternehmer (besser: vom Ort der Lieferung des ersten Unternehmers) **an den letzten** Abnehmer.

Ein besonderer Fall des Reihengeschäfts ist das innergemeinschaftliche Dreiecksgeschäft i. S. d. § 25b Abs. 1 UStG[94] (➲ Kapitel 35).

Primäre Rechtsfolge eines Reihengeschäftes ist, dass es zwischen den Beteiligten zu einer **Vielzahl von Lieferumsätzen** i. S. d. § 3 Abs. 1 UStG kommt. Reihengeschäfte sind damit nichts anderes als die **Aneinanderreihung mehrerer Liefergeschäfte**[95].

Beispiel

Elektroeinzelhändler D1 in Lörrach bestellt bei dem Elektrogerätegroßhändler D2 in Freiburg eine Sonnenbank. D2, der die Sonnenbank nicht vorrätig hat, bestellt diese wiederum bei dem Elektrogerätehersteller D3 in Stuttgart. D3 muss seinerseits auf D4 in Hamburg zurückgreifen. Vereinbarungsgemäß liefert D4 die Sonnenbank direkt an D1 in Lörrach aus.

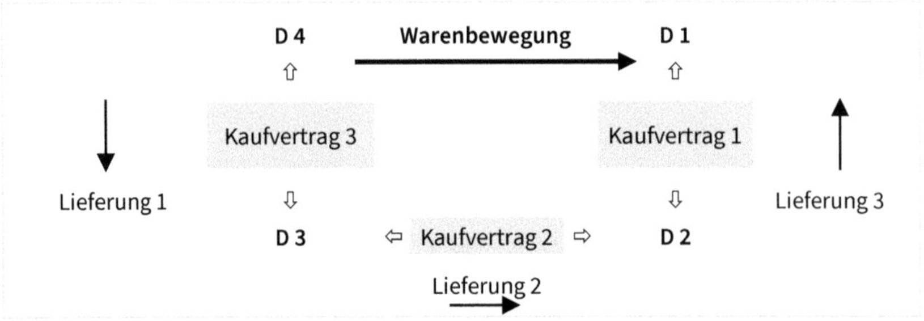

94 Vgl. Abschn. 3.14 Abs. 1 Satz 2 UStAE.

95 Vgl. Abschn. 3.14 Abs. 2 UStAE.

Aus zivilrechtlicher Sicht (➲ Kapitel 10.4.4) sind **3 Vertragsbeziehungen** zu unterscheiden:

- Kaufvertrag 1 zwischen D2 (Verkäufer) und D1 (Käufer)
- Kaufvertrag 2 zwischen D3 (Verkäufer) und D2 (Käufer)
- Kaufvertrag 3 zwischen D4 (Verkäufer) und D3 (Käufer)

Aus umsatzsteuerlicher Sicht werden diese Verträge durch **3 Lieferungen** erfüllt:

- Zunächst beliefert D4 (= erster Lieferer) den D3 (Leistungsempfänger).
- Danach beliefert D3 (= zweiter Lieferer) den D2 (Leistungsempfänger).
- Zuletzt beliefert D2 (= dritter Lieferer) den D1 (Leistungsempfänger).

Beratungskonsequenzen

1. Alle **zivilrechtlichen Erfüllungsgeschäfte = umsatzsteuerliche Lieferungen** werden durch eine (tatsächliche) Warenbewegung erfüllt ➲ Zu den zivilrechtlichen Grundlagen vgl. Kapitel 10.4.4 dieses Buches.
2. Die Kaufverträge werden **quasi »rückwärts« erfüllt:** Zunächst muss im Beispiel der letzte Vertragspartner D4 liefern, damit sein Kunde D3 den Kunden D2 beliefern kann usw.

10.4.3 Die Tatbestandsmerkmale im Detail

10.4.3.1 Die Beteiligten: mehrere Unternehmer

§ 3 Abs. 6 Satz 5 a. F., Abs. 6a Satz 1 UStG verlangt zunächst Umsatzgeschäfte **mehrerer Unternehmer**. Damit erfordert die Annahme eines Reihengeschäfts die Beteiligung von **mindestens drei Personen**, die über denselben Liefergegenstand zwei Umsatzgeschäfte abgeschlossen haben[96]. Eine Begrenzung auf eine bestimmte Anzahl besteht dagegen nicht; vielmehr können beliebig viele Unternehmer an einem Reihengeschäft beteiligt sein.

Nach der h. M. kommt der Anforderung an die Beteiligten, »**Unternehmer**« zu sein, keine besondere Bedeutung zu. Der Hinweis auf den Unternehmer dient nur der Klarstellung, dass die Steuerbarkeit des Umsatzgeschäftes von der Unternehmereigenschaft des Lieferanten abhängig ist. Die Regeln des Reihengeschäfts gelten uneingeschränkt auch dann, wenn Nichtunternehmer als Lieferer oder Abnehmer beteiligt sind. Daher kann z. B. der erste Lieferer auch Nichtunternehmer sein.

Beispiel

Frau Ältlich (A) sammelt altes Porzellan und bestellt bei dem Antiquitätenhändler Historius (H) ein bestimmtes Service. H hat dieses Service nicht vorrätig, wird jedoch bei der Erbin Steinreich (S) fündig. S verkauft das Service an H; beide vereinbaren, dass A das Service persönlich bei S abholt.

96 BFH, Beschluss vom 17.12.1981, V S 20/80, BStBl. II 1982, 279.

➲ **Folge:**
Sowohl die Lieferung der S an H als auch die des H an A erfolgen im Reihengeschäft; die Lieferung der S ist jedoch nicht steuerbar.

Ist einer der Unternehmer **mehrfach in dieselbe Lieferkette eingeschaltet**, liegen insoweit keine Lieferungen vor[97].

Zwar werden bei der **Verkaufskommission** zwischen dem Kommittenten und dem Kommissionär keine Liefergeschäfte abgeschlossen; da § 3 Abs. 3 UStG jedoch ein Liefergeschäft fingiert, sind auch diese als Reihengeschäfte zu behandeln.

10.4.3.2 Die Vertragsbeziehungen: mehrere Umsatzgeschäfte

Die beteiligten Lieferer müssen Umsatzgeschäfte über den Liefergegenstand abgeschlossen haben. Unter Umsatzgeschäft versteht der BFH[98] den Sachverhalt, der einer Lieferung zugrunde liegt, also insbesondere das (schuldrechtliche) Verpflichtungsgeschäft. Regelmäßig liegen Umsatzgeschäfte in Form von **Kauf- oder Werklieferungsverträgen** vor[99].

10.4.3.3 Die Identität: derselbe Liefergegenstand

Die Wirkungen des § 3 Abs. 6 Satz 5 a. F., Abs. 6a Satz 1 UStG treten nur ein, wenn die Umsatzgeschäfte über denselben Liefergegenstand abgeschlossen wurden. Die Identität des Gegenstandes muss innerhalb der Umsatzkette gewahrt bleiben; der Liefergegenstand darf m. a. W. seine »**Marktgängigkeit**« zwischen den zu einem Reihengeschäft verbundenen Umsatzgeschäften **nicht ändern**[100].

Die Identität ist z. B. **nicht** gewahrt, wenn der Liefergegenstand von einem Zwischenlieferer bearbeitet wird oder wenn ein Zwischenlieferer dem Gegenstand notwendige Zubehörteile beifügt oder Montagearbeiten an ihm ausführt.

Der Liefergegenstand kann auch in einer **Werklieferung** bestehen (Ausnahme: ortsgebundenes, nicht transportables Werk ➲ Kapitel 10.3.2, Kapitel 10.4.3.3, Kapitel 43).

10.4.3.4 Die Warenbewegung: Unmittelbares Gelangen des Liefergegenstandes vom ersten Unternehmer an den letzten Abnehmer/Besonderheiten der »gebrochenen Warenbewegung«

Tatbestandsmerkmal des Reihengeschäfts ist es gem. § 3 Abs. 6 Satz 5 a. F., Abs. 6a Satz 1 UStG u. a., dass der Liefergegenstand im Rahmen der Beförderung oder Versendung **durch *eine* Warenbewegung unmittelbar** vom ersten Unternehmer (besser: vom

---

97 BFH, Urteil vom 31.7.1996, XI R 74/95, BStBl. II 1997, 157.

98 BFH, Urteil vom 14.9.1989, V R 76/84, BStBl. II 1989, 999.

99 Vgl. auch Abschn. 3.14 Abs. 1f. UStAE.

100 Vgl. Abschn. 1.4 UStAE.

Ort der Lieferung des ersten Unternehmers) an den letzten Abnehmer gelangt. Primäre Rechtsfolge eines Reihengeschäftes ist, dass es zwischen den Beteiligten zu einer Vielzahl von Lieferumsätzen i. S. d. § 3 Abs. 1 UStG kommt. Reihengeschäfte sind damit nichts anderes als die Aneinanderreihung mehrerer Liefergeschäfte[101]. **Je nach Zurechnung der Warenbewegung zu einer (1) der Lieferungen** ergibt sich die Umsatzbesteuerung eines oder mehrerer Lieferanten in der Reihe im europäischen Ausland.

Die Praxis versucht Letzteres aufgrund des damit verbundenen Mehraufwands häufig durch Einschaltung mehrerer der am Reihengeschäft beteiligten Unternehmer in die Warenbewegung zu beseitigen[102]. Das **unmittelbare Gelangen** i. S. d. § 3 Abs. 6 Satz 5 a. F., Abs. 6a Satz 1 UStG setzt nämlich grundsätzlich

- **eine (1)** Beförderung oder Versendung
- durch **einen (1)** am Reihengeschäft beteiligten Unternehmer

voraus. Diese Voraussetzung ist bei der Beförderung oder Versendung durch **mehrere** beteiligte Unternehmer nicht erfüllt (sog. **gebrochene Beförderung oder Versendung** ➲ Kapitel 12). Die Bestimmungen über das Reihengeschäft sind in diesem Fall lediglich auf eine Teilreihe anzuwenden[103].

Beispiel 1

Schnapsbrennerei S bestellt Zucker bei B. Dieser bestellt den Zucker seinerseits bei A. Da auch A den Zucker nicht vorrätig hat, bestellt er ihn bei R. Zwischen B, A und R wird vereinbart, dass R den Zucker selbst mit eigenem LKW oder unter Beauftragung eines Spediteurs/Frachtführers zu B bringt; B bringt den Zucker dann – ebenfalls mit eigenem LKW – zu S.

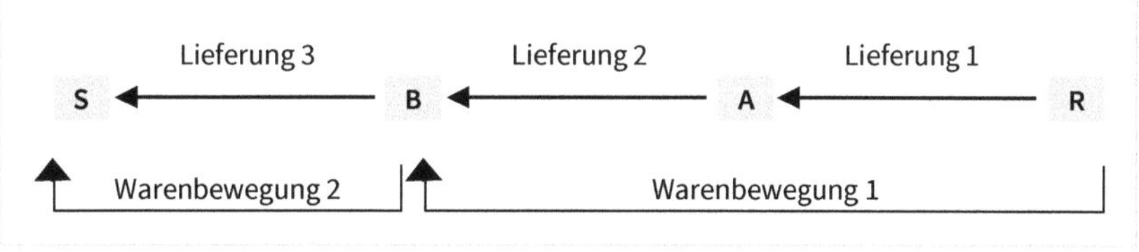

➲ Folge:

Die Vorschriften über das Reihengeschäft sind nur auf die Teilreihe B-A-R und damit auf die Liefergeschäfte 1 und 2 anzuwenden.

Für die Lieferung des B an S gelten die allgemeinen Bestimmungen.

Derzeit strittig ist, ob sich die Warenbewegung auch dadurch brechen lässt, dass **alle zum Transport Verpflichteten den gleichen Frachtführer/Spediteur** beauftragen.

---

101 Vgl. Abschn. 3.14 Abs. 2 UStAE.

102 *Weimann,* UStB 2005, 390.

103 BMF, Schreiben vom 18.4.1997, IV C 3 – S 7116 – 11/97, BStBl. I 1997, 529 Rz. 5. Das Schreiben ist zwar formell aufgehoben, materiell aber weiter gültig lt. BMF, vom 11.3.2022, IV A 2 – O 2000/21/10005 :001, 2022/0185796, BStBl. I 2022, 366; allgemein zur (»Nicht-«) Bedeutung des BMF-Schreibens vom 11.3.2022 ➲ Kapitel 1.6.

Beispiel 2

Wie Beispiel 1. Den Gesamttransport von R nach S übernimmt ein einziger Spediteur mit R als Auftraggeber für die Teilbeförderung R – B und B als Auftraggeber für die Restbeförderung zu S.

Beratungskonsequenzen

1. **Nochmals:** Die Lieferortvorschriften führen dazu, dass durch die Beteiligung an internationalen Reihengeschäften **steuerliche Pflichten im Ausland ggf. neu begründet werden** können. In diesem Fall kommt es zu einem erhöhten Verwaltungsaufwand durch Umstellung der Buchführung, Einrichtung der EDV, Bestellung eines Steuerberaters etc., der bereits bei der Kalkulation eines Auftrages und damit von den (in der Regel mit steuerlichen Fragen wenig befassten) Ein- und Verkaufsabteilungen berücksichtigt werden muss (➲ Kapitel 10.1.4).
2. Ein **Steuerberater** muss den Mandanten auf die Problematik hinweisen; **Schulungen und sichere Verfahrensabläufe (Controlling) für den Ein- und Verkauf** sind vorzuschlagen.
3. Anders als einige Autorkollegen sehe ich in der **absichtlichen »Brechung« der Warenbewegung** keine echte Gestaltungsmöglichkeit, da sie den Transport zwangsläufig verteuern wird[104].

Lässt sich der Liefergegenstand nicht transportieren, kann es auch zu keiner (unmittelbaren) Warenbewegung und damit zu keinem Reihengeschäft kommen; der Lieferort bestimmt sich in diesem Fall nach § 3 Abs. 7 Satz 1 UStG (➲ Kapitel 10.3.2, Kapitel 10.4.3.3, Kapitel 43).

Beispiel 3

Privatmann Kleinod (K) beauftragt den Unternehmer U mit der Errichtung eines Einfamilienhauses; U gibt den Auftrag an den Subunternehmer S weiter.

➲ Folge:

Es liegen keine Lieferungen im Reihengeschäft vor. Gegenstand der Umsatzgeschäfte ist jeweils ein ortsgebundenes Werk, nämlich das bezugsfertige Einfamilienhaus. Lieferort ist – für beide Lieferungen – gem. § 3 Abs. 7 Satz 1 UStG dessen Belegenheitsort.

104 *Röck,* LSW Gruppe 7, 125 = Heft 4/2005; ders., StWK Gruppe 8, 203 = Heft 16/2005.

10.4.4 Zivilrechtliche Grundlagen

Die zivilrechtliche Ausgangslage lässt sich wie folgt zusammen[105]:

Übergabe

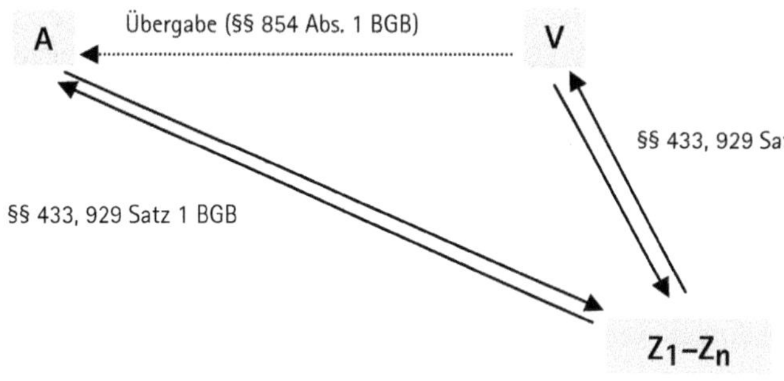

Beim **Strecken- oder Kettengeschäft** schließen auf der **Ebene des Schuldrechts**, ggf. auch schon vor der Aussonderung der Ware (§ 243 Abs. 2 BGB), der Verkäufer (V) mit dem Zwischenkäufer Z_1, dieser ggf. mit weiteren Zwischenkäufern (Z_2, Z_3 usw.) sowie der letzte Zwischenkäufer (Z_n) mit dem Letztkäufer = Abnehmer (A) Kaufverträge ab.

Auf der **Ebene des Sachenrechts** finden zwischen den Parteien der schuldrechtlichen Verträge Einigungen i. S. v. § 929 Satz 1 BGB statt. Die für § 929 Satz 1 BGB zusätzlich erforderliche Übergabe (hier: Verschaffung des unmittelbaren Besitzes nach § 854 Abs. 1 BGB) erfolgt dadurch, dass V über Z_1 und Z_1 über Z_2 usw. angewiesen wird, den unmittelbaren Besitz an A zu übertragen (➲ Kapitel 10.4.2)[106].

10.4.5 Zeitpunkt der Lieferungen

§ 3 Abs. 6 f. UStG enthält **keine Aussage zur Frage des Zeitpunkts der Lieferung**. Der Lieferzeitpunkt bestimmt sich nach der Gesetzesbegründung nach den Vorgaben des Zivilrechts. In der Vergangenheit wurde für den Regelfall angenommen, dass der Lieferzeitpunkt dem Zeitpunkt des Gefahrübergangs und des Übergangs von Nutzen und Lasten[107] entspricht[108]. Damit musste in Versendungs- oder Beförderungsfällen der Lieferzeitpunkt nicht zwangsläufig im Zeitpunkt des Beginns der Versendung oder Beförderung liegen[109]. Diese Auffassung wurde zwischenzeitlich aufgegeben. **Mit der herrschenden Literaturmeinung ist daher davon auszugehen, dass der Lieferzeitpunkt der Ortbestimmung in § 3 Abs. 6 f. UStG folgt;** gilt also eine Lieferung an einem

105 Vgl. *Handzik*, UVR 1995, 235 und 257.

106 Vgl. BGH, NJW 1982, 2371, sowie zum Geheißerwerb *Bassenge* in Grüneberg, Bürgerliches Gesetzbuch, 81. Aufl. 2022, § 929 Rz. 17.

107 Vgl. §§ 446, 447 BGB.

108 So noch *Weimann*, Umsatzsteuer in der Praxis, 4. Auflage 2006, Kapitel 12.8.

109 Vgl. die amtliche Gesetzesbegründung zu § 3 UStG.

bestimmten Ort als ausgeführt, wird damit auch der Lieferzeitpunkt festgelegt. Dieser Auffassung hat sich auch die Finanzverwaltung nunmehr ausdrücklich angeschlossen[110].

Beratungskonsequenzen

Bedeutung hatte die Bestimmung des Lieferzeitpunkts zuletzt insbesondere für die überraschende **Absenkung des Umsatzsteuersatzes im zweiten Halbjahr 2020:**[111]

1. Der temporär auf 16%/5% abgesenkte Steuersatz ist auf Lieferungen, sonstigen Leistungen und innergemeinschaftliche Erwerbe anzuwenden, die nach dem 30.6.2020 und vor dem 1.1.2021 bewirkt wurden. Maßgebend für die Anwendung dieses Steuersatzes ist stets der **Zeitpunkt, in dem der jeweilige Umsatz ausgeführt** wird (= Leistungszeitpunkt).
2. Auf den **Zeitpunkt der vertraglichen Vereinbarung** kommt es für die Frage, welchem Steuersatz eine Leistung unterliegt, ebenso wenig an wie auf den Zeitpunkt der **Entgeltsvereinnahmung** oder der **Rechnungserteilung.**

10.4.6 Bausteine der Lieferortsregelung für Reihengeschäfte

Rechtsgrundlagen

- § 3 Abs. 6 Sätze 5 f. a. F., Abs. 6 a, Abs. 7 Satz 2 UStG

10.4.6.1 Überblick

Schon seit der damaligen Neuregelung der Reihengeschäfte zum 1.1.1997 (➲ Kapitel 10.4.1) fanden die bisherigen Regelungen zum Reihengeschäft, einschließlich der besonderen Regelungen für innergemeinschaftliche Reihengeschäfte[112], keine Anwendung mehr. Bei mehreren aufeinanderfolgenden Lieferungen, die im Rahmen einer Warenbewegung (Beförderung oder Versendung) ausgeführt werden (§§ 3 Abs. 6 Satz 5 a. F. und Abs. 6a Satz 1, 25b Abs. 1 UStG), gilt ab diesem Zeitpunkt – anders als vorher – **keine** Fiktion eines einheitlichen Lieferorts und keine Fiktion eines einheitlichen Lieferzeitpunkts.

Beratungskonsequenzen

Lieferort und Lieferzeitpunkt sind **für jede einzelne Lieferung** eines Reihengeschäfts **gesondert** zu bestimmen (➲ Kapitel 10.4.5).

---

110 Abschn. 13.1 Abs. 2 Satz 5 UStAE unter Hinweis auf BFH, Urteil vom 6.12.2007, V R 24/05, BStBl. II 2009, 490.

111 Hierzu ausführlich *Weimann*, Umsatzsteuer in der Praxis, 19. Aufl. 2020, Kapitel 70.

112 Zur Rechtslage vom 1.1.1993 bis zum 31.12.1996 vgl. BMF-Schreiben vom 15.3.1993, IV A 2 – S 7114a – 6/93, BStBl. I 1993, 291.

Für den Lieferort gelten nach § 3 Abs. 6 Satz 5 a. F., Abs. 6a Satz 1, Abs. 7 UStG folgende Grundsätze:

- Da die Lieferungen nacheinander ausgeführt werden, ist **für jede Lieferung der Ort gesondert** zu bestimmen.
- Die Warenbewegung kann immer **»nur einer«**[113] der Lieferungen zugeordnet werden. Diese Lieferung ist die Beförderungs- oder Versendungslieferung.
- Bei **allen anderen Lieferungen** findet keine Warenbewegung statt. Diese Lieferungen werden als **»ruhende vorangehende Lieferungen«**[114] und **»ruhende nachfolgende Lieferungen«**[115] bezeichnet. Der Lieferort liegt entweder am Beginn oder am Ende der Beförderung oder Versendung.

Diese Grundsätze gelten einheitlich für alle Umsatzgeschäfte i. S. d. §§ 3 Abs. 6 Satz 5 a. F. und Abs. 6a Satz 1, 25b Abs. 1 UStG – unabhängig davon, wo die Warenbewegung beginnt oder endet[116].

10.4.6.2 Die Abgrenzung der (einen) bewegten von den (ggf. vielen) ruhenden Lieferungen

Bei Reihengeschäften werden im Rahmen einer Warenbewegung (Beförderung oder Versendung) **mehrere Lieferungen** ausgeführt, die in Bezug auf den **Lieferort und den Lieferzeitpunkt jeweils gesondert** betrachtet werden müssen (➲ Kapitel 10.4.2).

10.4.6.3 Beförderungs- oder Versendungslieferung als »bewegte« Lieferung vs. »ruhende« Lieferungen

> **§ Rechtsgrundlagen**
> - § 3 Abs. 6 Satz 5 a. F., Abs. 6a Satz 1 UStG

Die Beförderung oder Versendung des Gegenstandes ist **»nur einer«** der Lieferungen zuzuordnen (§ 3 Abs. 6 Satz 5 a. F., Abs. 6a Satz 1 UStG). Diese eine Lieferung ist die **Beförderungs- oder Versendungslieferung** bzw. – in Abgrenzung zur ruhenden Lieferung des § 3 Abs. 7 Satz 2 UStG – die **bewegte Lieferung**.

> **➔ Beratungskonsequenzen**
> 1. Die Worte **»nur einer der Lieferungen zuzuordnen«** sollen zum Ausdruck bringen, dass § 3 Abs. 6 Satz 5 a. F., Abs. 6a Satz 1 UStG eine Regelung nur für *eine* (1) der Lieferungen trifft; diese Lieferung ist die bewegte Lieferung (➲ Kapitel 10.3.1).

---

113 Vgl. § 3 Abs. 6 Satz 5 a. F., Abs. 6a Satz 1 UStG.

114 § 3 Abs. 7 Satz 2 Nr. 1 UStG.

115 § 3 Abs. 7 Satz 2 Nr. 2 UStG.

116 Vgl. Abschn. 3.12 UStAE.

2. Für alle anderen Lieferungen ist eine neue Lieferortsbestimmung zu suchen. Diese findet sich in § 3 Abs. 7 Satz 2 UStG; er handelt sich mithin um ruhende Lieferungen (➲ Kapitel 10.3.2).

Innerhalb der ruhenden Lieferungen gilt es zu unterscheiden, und zwar danach ob diese zeitlich vor oder nach der Beförderungs- oder Versendungslieferung ausgeführt werden:

- Gehen ruhende Lieferungen der bewegten Lieferung voran, spricht man von **ruhenden vorangehenden Lieferungen.** Diese ruhenden Lieferungen gelten – wie die bewegten Lieferungen – gem. § 3 Abs. 7 Satz 2 Nr. 1 UStG dort als ausgeführt, wo die Warenbewegung beginnt **(Ursprungslandprinzip)**.
- Folgen ruhende Lieferungen der bewegten Lieferung, spricht man von **ruhenden nachfolgenden Lieferungen**. Diese ruhenden Lieferungen gelten gem. § 3 Abs. 7 Satz 2 Nr. 2 UStG dort als ausgeführt, wo die Warenbewegung endet **(Bestimmungslandprinzip)**.

Beratungskonsequenzen

Jedes Reihengeschäft besteht aus
- **einer (1) bewegten** Lieferung (§ 3 Abs. 6 Satz 5 a. F., Abs. 6a Satz 1 UStG)
- ggf. **mehreren ruhenden** Lieferungen (§ 3 Abs. 7 Satz 2 UStG)

Nur bei der bewegten Lieferung kommen die Steuerbefreiungen für
- Ausfuhrlieferungen (§ 4 Nr. 1 Buchst. a i. V. m. § 6 UStG)
- innergemeinschaftliche Lieferungen (§ 4 Nr. 1 Buchst. b i. V. m. § 6a UStG) und damit auch die Notwendigkeit von Gelangensbestätigung, Abnehmerversicherung und Gelangensvermutung (➲ Kapitel 14 ff.)
- die Lieferortsfiktion des § 3 Abs. 8 UStG

in Betracht[117].

Bitte beachten Sie!

- Da bei einem Reihengeschäft nur eine (1) der Lieferungen die bewegte sein kann und alle anderen Lieferungen daraufhin zu beurteilen sind, ob sie der bewegten (zeitlich) vorangehen oder folgen, muss die **erste Frage** einer jeden Fallbearbeitung lauten: »**Welche Lieferung ist die bewegte Lieferung?**«
- **Alle anderen Lieferungen** sind danach **um die bewegte herum zu gruppieren:** sie gehen der bewegten entweder zeitlich voran (Ortsbestimmung nach § 3 Abs. 7 Satz 2 Nr. 1 UStG) oder folgen ihr (Ortsbestimmung nach § 3 Abs. 7 Satz 2 Nr. 2 UStG).

Noch einmal: Umsatzgeschäfte, die von mehreren Unternehmern über denselben Gegenstand abgeschlossen werden und bei denen **keine Beförderung oder Versendung**

117 Vgl. Abschn. 3.14 Abs. 2 UStAE.

stattfindet (z. B. Grundstückslieferungen oder Lieferungen, bei denen die Verfügungsmacht durch Vereinbarung eines Besitzkonstituts oder durch Abtretung des Herausgabeanspruchs verschafft wird), **können nicht Gegenstand eines Reihengeschäfts sein**[118].

10.4.6.4 Zuordnung der Warenbewegung/Neuregelung zum 1.1.2020 (»Quick Fixes«)

Die EU-Kommission hat im Oktober 2017 erstmals ihre Pläne für die größte Reform der Mehrwertsteuervorschriften seit einem Vierteljahrhundert vorgelegt (➲ Kapitel 9). Die EU-Kommission hat dadurch eine Diskussion angestoßen, die im September 2018 zu einem finalen Reformvorschlag führte. Durch die Neuregelung soll das System für alle Beteiligten – also die EU-Mitgliedstaaten und deren Unternehmen – gleichermaßen verbessert und modernisiert werden.

Da hierzu ein zeitlicher Vorlauf unabdingbar ist, greifen seit dem 1.1.2020 erste Sofortmaßnahmen (»Quick Fixes«). Folge ist u. a. eine Neuregelung für die Zuordnung der Warenbewegung im Reihengeschäft:

- Reihengeschäfte bis zum 31.12.2019[119]
- Reihengeschäfte ab dem 1.1.2020 ➲ Kapitel 24 f.

118 Abschn. 3.14 Abs. 2 Satz 6 UStAE; ➲ Kapitel 10.3.2, 10.4.3.3 und 10.4.3.4.

119 *Weimann*, Umsatzsteuer in der Praxis, 21. Aufl. 2023, Kapitel 21a

11 Umgehung der »Registrierungsfalle« bei ruhenden Lieferungen

Besonderheiten der EU-Verkäufe von Miet-, Leasing-, Messe-, Vorführ- und ähnlichen Produkten

In der Praxis sind es insbesondere die – vermeintlich guten – Gelegenheiten (Spontangeschäfte), die oft wenig durchdacht und mit steuerlich nicht erkannten Risiken behaftet sind. Ein- und Verkäufer sollten da »auf der Hut« sein und sich bei außergewöhnlichen Umsätzen vorab absichern[120].

11.1 Das hätte nicht passieren dürfen!

Aus dem Umfeld eines deutschen Automobilherstellers wurde unlängst folgender »Fauxpas« bekannt:

»Echtfall«

Zu einem großen deutschen Automobilhersteller (H) gehört auch die 100%ige Tochtergesellschaft T, die mit Markenzubehör handelt. Die Steuerabteilung des H ist – vernünftigerweise – stets darauf bedacht, teure Umsatzsteuer-Registrierungen im EU-Ausland möglichst zu vermeiden. H liefert daher vorzugsweise steuerfrei innergemeinschaftlich aus Deutschland.

Nunmehr stellte T die Produkte auf einer Messe in Frankreich aus. Am Ende der Messe ging Kunde K auf die Standbetreuer zu und machte ein Angebot zum Ankauf der gesamten Ausstellungsware.

Die Standbetreuer setzten sich daraufhin mit dem zuständigen Verkäufer V der T in Verbindung. V war »begeistert«, sparte er doch die Kosten für den Rücktransport und tätigte gleichzeitig einen Verkauf.

Die Freude des V währte jedoch nicht lang. Die französische Steuerverwaltung erkannte, dass die Ware nicht für den Umsatz aus Deutschland nach Frankreich gebracht worden war, sondern dass sich diese bereits aus anderem Grund – nämlich aufgrund der Messe – bereits in Frankreich befand.

➲ **Folge:**

H tätigte durch T die Umsätze in Frankreich und musste das gesamte Unternehmen – also die Muttergesellschaft mit allen Tochtergesellschaften – dort für ein (1) Jahr umsatzsteuerlich registrieren lassen. H musste damit neben den deutschen auch den französischen Steuerpflichten genügen. Letzteres löste Mehrkosten aus, die die Marge aus dem Verkaufsumsatz um ein Mehrfaches übertrafen.

---

120 *Weimann*, GStB 2013, 197.

11.2 Das Tagesgeschäft »normaler« Unternehmer birgt ähnliche Gefahren

Der Fall wurde mit Interesse und einer gewissen Schadensfreude zur Kenntnis genommen, zeigt er doch, dass selbst »den Großen« derartige Fehler passieren können. Dass man auch als vermeintlich »Kleiner« schnell in diese Steuerfalle »tapsen« kann, wird dabei gern übersehen:

Beispiel 1

Händler H sitzt in Kerken nahe der deutsch-niederländischen Grenze und handelt mit größeren Kaffeeautomaten für Bürobetriebe. Der niederländische Rechtsanwalt NL ist zunächst skeptisch, ob eine solch aufwendige Maschine sich für seinen Bürobetrieb eignet; NL leiht sich daher ein Gerät zu Testzwecken aus. Der Testbetrieb überzeugt und NL kauft dem H das Gerät ab.

➲ **Folge:**

Hier ist die Maschine bereits beim Kunden. Der Liefergegenstand verbleibt zur Vertragserfüllung dort, wo er bereits ist. Das Liefergeschäft erfolgt ohne jede Warenbewegung. Lieferort ist gem. § 3 Abs. 7 Satz 1 UStG Venlo.

Der Umsatz unterliegt damit der niederländischen Umsatzsteuer.

Wenn keine **niederländische Ausnahmevorschrift** greift, muss sich H aufgrund dieses einen Umsatzes in den Niederlanden steuerlich registrieren lassen. Wahrscheinlich ist zumindest die Marge des H dahin!

Beispiel 2

Wie Beispiel 1. NL ist Leasingnehmer des H und übernimmt die Maschine nach Leasingende.

➲ Folge:

Auch hier verbleibt die Maschine (= der Liefergegenstand) dort, wo sie bereits ist – nämlich bei NL. Das Liefergeschäft wird damit wieder ohne Warenbewegung erfüllt.

11.3 Absicherung über Rückholvereinbarung

Zu einem anderen (günstigen) Ergebnis – nämlich:

- **Lieferort** = Verkaufsstätte/Werkstatt des H **in Deutschland** und
- »bewegte« Lieferung aus Deutschland heraus **ohne Registrierungspflicht**

gelangt man, wenn die Maschine vor der Lieferung aus irgendeinem Grund **noch einmal zu H zurück** muss.

Beispiel 3

Wie Beispiel 1. H vereinbart mit NL, dass die Maschine vor der Übereignung eine Endabnahme in der Werkstatt des H in Kerken durchläuft.

➲ **Folge:**
In diesem Fall tätigt H gegenüber NL eine Lieferung in Kerken (§ 3 Abs. 6 UStG), die in Deutschland steuerbar (§ 1 Abs. 1 Nr. 1 UStG) und unter den weiteren Voraussetzungen der § 4 Nr. 1 Buchst. b), § 6a UStG innergemeinschaftlich steuerfrei erfolgt.
Die Registrierung in den Niederlanden entfällt!

11.4 Kundenanschreiben und Kaufvertrag (Muster)

Um die vorgeschlagene Gestaltung auch gegenüber der Finanzverwaltung/den Finanzverwaltungen glaubhaft machen zu können, sollte diese **eindeutig in die Kundenvereinbarungen eingehen,** und zwar idealerweise in ein die Übereignung vorbereitendes Anschreiben und in den Kaufvertrag selbst.

Musterschreiben des Händlers an den Käufer

Verkauf unserer Vorführmaschine

Sehr geehrte Damen und Herren,

wir freuen uns, dass Sie sich dazu entschieden haben, den Ihnen am 5. d. M. zur Ansicht geliehenen Kaffeeautomaten nunmehr von uns käuflich zu erwerben.

Der Verkauf erfordert eine vorherige Endabnahme durch unsere Servicetechniker in unserer Werkstatt in Kerken (Bundesrepublik Deutschland). Dazu möchten wir gerne einen Termin mit Ihnen vereinbaren und schlagen vor, dass wir den Automaten am *[Datum]* zur Vornahme der anstehenden Arbeiten bei Ihnen abholen. …

Musterklausel für den Kaufvertrag

Der Kaffeeautomat wird dem Kunden nach der Endabnahme übergeben. Die anstehenden Arbeiten führen wir in unserem Servicebetrieb in Kerken durch. Wir werden dazu den Automaten am vereinbarten Tag beim Kunden abholen und innerhalb einer Arbeitswoche beim Kunden wieder in Betrieb nehmen.

Hinweis
In der Praxis findet man derartige Fallgestaltungen insbesondere auch im Anlagenbau (Maschinenleasing) und Kfz-Handel

11.5 Fazit

Die Beispielfälle verdeutlichen einmal mehr, wie wichtig es ist, den Ein- und Verkäufern **in Abstimmung mit dem Steuerberater Checklisten** zur Verfügung zu stellen, welche die Abwicklung der Standardfälle des Unternehmens verdeutlichen.

Gleichzeitig muss allen Mitarbeitern klar sein, dass Sonderfälle – also solche, die nicht in der Checkliste erfasst sind – nicht ohne Rücksprache angegangen werden dürfen.

12 Lieferungen mit gebrochenem Transport

Rechtsgrundlagen

BMF-Schreiben vom 7.12.2015, III C 2 – S 7116-a/13/10001, III C 3 – S 7134/13/ 10001, 2015/1097870 = Abschn. 3.14 Abs. 19, 6.1 Abs. 3a und Abs. 8 Satz 3 sowie Satz 4 UStAE

Beratungskonsequenzen

Die Finanzverwaltung hat sich zu der Frage positioniert, welche Folgen es für die Steuerbefreiung einer innergemeinschaftlichen Lieferung oder Ausfuhrlieferung hat, wenn Lieferant und Kunde den Transportweg aufteilen und jeder für ein Teilstück die Verantwortung übernimmt[121].

Die Positionierung erfolgte zur **Rechtslage bis zum 31.12.2019 – also vor Ergehens der »Quick Fixes«** und damit insbesondere vor Ergehens des § 3 Abs. 6a UStG (➲ Kapitel 9 und Kapitel 24 f.). Es ist allerdings davon auszugehen, dass die neue Vorschrift an der Rechtsauffassung der Finanzverwaltung insoweit nichts geändert hat – zumal der UStAE bis zur Drucklegung für dieses Buch im März 2023 nicht geändert wurde.

12.1 Praxisrelevanz der Neuregelung

Wird Ware aus Deutschland in das europäische oder außereuropäische Ausland verkauft,

- teilen sich Lieferant und Kunde häufig die Transportverantwortung und
- übernehmen beide ein Teilstück des Transports (sog. »**gebrochener Transport**«).

Dies aus den unterschiedlichsten Gründen:

- Die **Kosten der Streckenanteile im Ausland** lassen sich für den Verkäufer im Vergleich zu Inlandsstrecken weit weniger sicher kalkulieren und einpreisen. Aus diesem Grunde werden Transporte bis zur deutschen Grenze vereinbart; dort übernimmt der Kunde die Ware.
- Sind Bestimmungsländer durch besonders **häufige Fahrzeugdiebstähle und/oder -beschädigungen** aufgefallen, findet der deutsche Lieferant in der Regel keinen Spediteur oder Frachtführer – aus Angst vor Beschädigungen an den Lastzügen des Transporteurs. Auch dann wird ein Transport bis zur letzten deutschen oder zumindest letzten sicheren Grenze vereinbart; sodann ist der Kunde für den Transport verantwortlich.

12.2 Bilaterale Geschäfte vs. Reihengeschäfte

Das BMF unterscheidet

121 Vgl. *Weimann*, GStB 2016, 207.

- die Geschäfte mit 2 Beteiligten (**bilaterale Geschäfte**) von
- den Geschäften mit 3 oder mehr Beteiligten (**Reihengeschäfte**)

und sieht für beide Umsatzarten bei gebrochenem Transport **unterschiedliche Rechtsfolgen** vor.

12.3 Bilaterale Geschäfte (2 Teilnehmer)

An einem Transport (Beförderung oder Versendung) können

- entweder nur der Lieferer oder
- nur der Abnehmer oder
- in deren jeweiligen Auftrag ein Dritter

beteiligt sein.

Beratungskonsequenzen
Bei diesen **Geschäften ohne Transportbrechung** sind keine Besonderheiten zu beachten; es gilt das Übliche.

Möglich ist aber auch, dass

- sowohl der Lieferer
- als auch der Abnehmer

in den Transport des Liefergegenstands eingebunden sind.

Beispiel 1
Großhändler D aus Dortmund beauftragt einen Frachtführer, die verkauften Fahrzeuge zum Hafen Duisburg zu bringen. Von Duisburg aus wird die Ware Auftrag des D eine Woche später an Abnehmer A verschifft wird. A holt die Ware am Zielhafen ab und befördert sie mit eigenem Lastzug zum eigenen Auslieferungslager.

Derartige **gebrochene Transporte** sind für die Annahme der »Beförderung oder Versendung des Liefergegenstands bei der Lieferung« und damit für die Entscheidung,

- ob eine **Ausfuhrlieferung** nach § 6 UStG
- bzw. eine innergemeinschaftliche Lieferung nach § 6a UStG

vorliegt, unschädlich, wenn

- der **Abnehmer zu Beginn des Transports feststeht**[122]
- und der **liefernde Unternehmer nachweist**, dass ein zeitlicher und sachlicher Zusammenhang zwischen der Lieferung des Gegenstands und seiner Beförderung sowie ein kontinuierlicher Vorgang der Warenbewegung gegeben sind.

---

122 Siehe dazu Abschn. 3.12 Abs. 3 Satz 4 ff. UStAE.

Bitte beachten Sie!

Wie dieser Nachweis konkret zu führen ist, lässt das BMF-Schreiben offen. Dokumentieren Sie daher insbesondere, dass Sie den Transport in **Erfüllung eines bestimmten Kaufvertrags** vornehmen/ordern und sorgen Sie für eine **zügige Abwicklung**.

12.3.1 Transportunterbrechungen unschädlich

Rein tatsächliche Unterbrechungen des Transports, die lediglich dem Transportvorgang geschuldet sind, führen ebenfalls nicht zum Verlust der Steuerbefreiung.

Beratungskonsequenzen

Das BMF lässt offen, wann Transportunterbrechungen »rein tatsächlicher« Natur sind. Gemeint sind wohl solche, die dem Transportvorgang selbst geschuldet sind, wie

- das Umladen der Ware
- eine Umlagerung der Ware
- Zusammenstellung auf anderen LKWs

12.3.2 »Fußangel« beim Abholfall

Transportiert in diesen Fällen der Abnehmer die Ware im Rahmen seines Teils der Lieferstrecke in das Drittlandsgebiet, müssen die Voraussetzungen des § 6 Abs. 1 Satz 1 Nr. 2 UStG erfüllt sein[123].

Beispiel 2

Wie Beispiel 1. Wieder bringt D die Ware zum Hafen Duisburg; Kunde A besorgt die Verschiffung nach Tunesien.

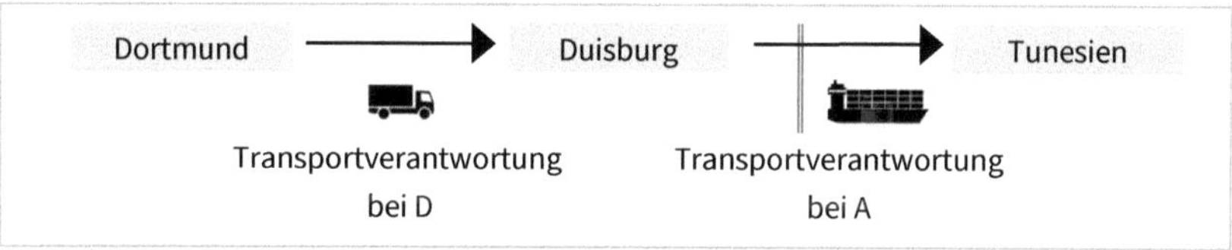

Variante a: Kunde A ist ein ausländisches Unternehmen.
Variante b: Kunde A ist ein anderes deutsches Unternehmen.

Nur dann, wenn der Kunde ein **ausländischer Abnehmer** (Variante a) ist, ist die Lieferung D im Abholfall als Ausfuhrlieferung steuerfrei.

Beratungskonsequenzen

Abhollieferungen **an andere Deutsche** (Variante b) sind immer steuerpflichtig!

123 Vgl. Abschn. 6.1 Abs. 3a Satz 3 UStAE n. F.

12.4 Reihengeschäfte (3 oder mehr Teilnehmer)

Voraussetzungen[124] für das Vorliegen eines Reihengeschäfts sind, dass

- mehrere Unternehmer
- über denselben Gegenstand
- Umsatzgeschäfte abschließen und
- der Gegenstand beim Transport **unmittelbar** vom ersten Unternehmer an den letzten Abnehmer gelangt.

12.4.1 Keine Unmittelbarkeit bei gebrochenem Transport

Bei einer gebrochenen Beförderung oder Versendung fehlt es an der für das Reihengeschäft erforderlichen Unmittelbarkeit der Warenbewegung.

Beispiel 3

Wie Beispiel 2. A hat die Ware seinerseits weiterkauft und verschifft diese von Duisburg aus direkt zum Endkunden nach Tunesien.

Der Vorgang spaltet sich damit in **mehrere hintereinandergeschaltete und getrennt zu beurteilende Einzellieferungen** auf:

- Bei Beurteilung der Warenlieferungen des D an den A ist ausschließlich der Transportweg Dortmund – Duisburg zu berücksichtigen. Die Lieferungen sind damit umsatzsteuerbar und -pflichtig. D muss gegenüber A in jedem Fall brutto – mit deutscher Umsatzsteuer – abrechnen.
- Die Lieferungen des A an seine Endkunden sind unter den weiteren Voraussetzungen (§ 6 UStG) als Ausfuhrlieferung steuerfrei.

Beratungskonsequenzen

Insoweit hält das BMF also **unverändert** am bisherigen Abschn. 3.14 Abs. 4 Satz 1 UStAE fest.

12.4.2 Transportunterbrechungen unschädlich

Rein tatsächliche Unterbrechungen des Transports stehen – wie bei den bilateralen Geschäften (s. o.) – der Annahme einer unmittelbaren Warenbewegung nicht entgegen und führen damit auch hier nicht zum Verlust der Umsatzsteuerbefreiung.

124 § 3 Abs. 6 Satz 5 UStG.

12.4.3 »Kollisionsregelung« – Eine vermeintliche Vereinfachung, die aber meist nicht zur Anwendung kommen wird

Trotz einer gebrochenen Beförderung/Versendung durch mehrere Beteiligte[125]

- **aus einem anderen Mitgliedstaat**
- **ins Drittlandsgebiet**

ist die Behandlung als Reihengeschäft nicht zu beanstanden, wenn der erste Unternehmer den Liefergegenstand aus dem Mitgliedstaat des Beginns der Beförderung oder Versendung (Abgangsmitgliedstaat)

- nur zum Zweck der Verschiffung ins Drittlandsgebiet in das Inland befördert oder versendet,
- aufgrund des Rechts des Abgangsmitgliedstaats die Behandlung als Reihengeschäft vorgenommen worden ist und
- der Unternehmer, dessen Lieferung bei Nichtannahme eines Reihengeschäfts im Inland steuerbar wäre, dies nachweist.

Beratungskonsequenzen

Die Kollisionsregelung gilt **nicht bei Transportbeginn** in Deutschland!

12.5 Zeitliche Anwendung

Die Neuregelung gilt für alle offenen Fälle, ist damit also auch rückwirkend anzuwenden.

Praxistipp

Letzteres aber wohl **nur zu Gunsten des Unternehmers**! Sollte sich die Neuregelung nachteilig auswirken – was aber derzeit schwer vorstellbar ist –, wird **Vertrauensschutz** zu prüfen sein.

Beratungskonsequenzen

1. Für **bilaterale Geschäfte** sind die Klarstellungen des BMF sicher hilfreich.
2. Für **Reihengeschäfte** bleiben dagegen viele Fragen offen. Wie soll der deutsche Lieferant wissen, ob er Partner eines bilateralen Geschäfts ist und steuerfrei liefern darf oder in ein Reihengeschäft eingebunden ist und damit steuerpflichtig abrechnen muss? Darf er sich insoweit auf den Kundenvortrag verlassen? Wichtige Fragen, die hoffentlich baldmöglichst geklärt werden!

125 Vgl. Abschn. 3.14 Abs. 4 Satz 1 UStAE.

13 Grundsatzrechtsprechung von EuGH und BFH

§ **Rechtsgrundlagen**

- UStG: § 3 Abs. 5a ff., § 4 Nr. 1, § 6a
- UStDV: §§ 17a ff.
- UStAE: Abschn. 6a.1–6a.8
- MwStSystRL: Art. 14 ff., 20 ff., 31, 32 ff., 40 ff., 131, 138 f., 140 f., 143 ff., 146 f.

13.1 Ursprüngliche deutsche Rechtsauffassung

Voraussetzung für die Steuerbefreiung einer Lieferung als innergemeinschaftliche Lieferung war nach gefestigter deutscher Rechtsauffassung das Vorhandensein der von § 6a Abs. 3 UStG i. V. m. §§ 17a ff. UStDV geforderten Beleg- und Buchnachweise. Dabei waren die entsprechenden Nachweise **materiell-rechtliche Bestandteile der Steuerbefreiung**. Eine Lieferung war m. a. W. steuerpflichtig, wenn die Nachweise nicht oder nicht rechtzeitig erbracht wurden. Fehlangaben genügten diesen Anforderungen nicht. Das galt auch dann, wenn die Fehler für den leistenden Unternehmer als solche nicht zu erkennen waren.

13.2 Die drei Grundsatzentscheidungen des EuGH: »Collée«, »Teleos« und »Twoh«

13.2.1 Die »Collée«-Entscheidung: Der Buchnachweis für die innergemeinschaftliche Lieferung kann nachgeholt werden!

§ **Rechtsgrundlagen**

- EuGH-Urteil vom 27.9.2007[126];
- BFH, Nachfolgeurteil vom 6.12.2007[127].

13.2.1.1 Sachverhalt (vereinfacht)

Ein Autohändler (A) lieferte aufgrund schriftlicher Verträge Vorführwagen an seinen belgischen Abnehmer (B). B überwies die Kaufpreise netto auf ein von A speziell für die Abwicklung dieser Geschäfte eingerichtetes Konto. Nach Eingang des Geldes auf dem Konto des A holte B mit eigenen Transportern die Fahrzeuge vom Hof des A ab.

Aus Gründen des Gebietsschutzes standen dem A gegenüber dem Autohersteller nur aus Verkäufen an deutsche Abnehmer Provisionsansprüche zu. Deshalb schaltete er einen **Dritten (D) als »Pro-Forma-Abnehmer«** ein. Gegen Provision erklärte sich D dazu bereit, die Fahrzeuge pro forma an- und weiterzuverkaufen. A schloss daraufhin mit D Kaufverträge über die Fahrzeuge ab und stellte hierüber Rechnungen unter Ausweis

126 EuGH, Urteil vom 27.9.2007, Rs. C-146/05, Albert Collée, BStBl. II 2009, 78; UR 2007, 813.

127 BFH, Nachfolgeurteil vom 6.12.2007, V R 59/03, BStBl. II 2009, 57; UR 2008, 186.

von Umsatzsteuer aus. D überließ dem A Blanko-Rechnungen, mit denen A sodann im Namen und für Rechnung des D die Lieferungen an B abrechnete. Im Rahmen einer Betriebsprüfung wertete das Finanzamt die Verkäufe des A an D als Scheinlieferungen, weil D nur formal als Strohmann zwischengeschaltet gewesen sei, und versagte dem D daher den Vorsteuerabzug.

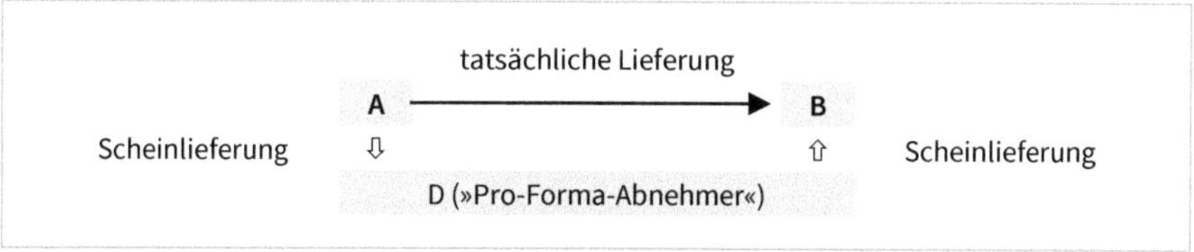

A, der die Lieferungen als steuerpflichtige Umsätze behandelt hatte, erfuhr von dem Ergebnis der Prüfung und setzte daraufhin den D durch »Gutschriften« davon Kenntnis, dass die Rechnungen über die Vorführwagenwagen gegenstandlos seien. Außerdem stornierte A die jeweiligen Buchungen und buchte die Erlöse nunmehr auf dem Konto »steuerfreie innergemeinschaftliche Lieferungen«; entsprechend berücksichtigte er die Lieferungen in der Umsatzsteuer-Voranmeldung.

Das Finanzamt jedoch versagte A für die Lieferung an B die Steuerbefreiung, weil die hierzu erforderlichen Aufzeichnungen nicht laufend und unmittelbar nach Ausführung der Umsätze vorgenommen worden seien; diese Auffassung teilte Hessische FG.

13.2.1.2 Der Vorlagebeschluss

Der **BFH** hielt für die Entscheidung des Rechtsstreites eine Auslegung der Sechsten Richtlinie für erforderlich und legte dem EuGH folgende Fragen zur Vorabentscheidung vor:

1. Darf die Finanzverwaltung die Steuerfreiheit einer innergemeinschaftlichen Lieferung, die zweifelsfrei vorliegt, allein mit der Begründung versagen, der Steuerpflichtige habe den dafür vorgeschriebenen Buchnachweis nicht rechtzeitig geführt?
2. Kommt es zur Beantwortung der Frage darauf an, ob der Steuerpflichtige zunächst das Vorliegen einer innergemeinschaftlichen Lieferung verschleiert hat?

13.2.1.3 Das Urteil des EuGH

13.2.1.3.1 Allgemeine Betrachtungen

Art. 138 Abs. 1 MwStSystRL regelt die **Pflicht der Mitgliedstaaten zur Befreiung der innergemeinschaftlichen Lieferungen von Gegenständen**.

Eine Steuerbefreiung kommt demnach für die Lieferungen von Gegenständen, die durch den Verkäufer oder durch den Erwerber oder für ihre Rechnung von einem Mitgliedstaat in einem anderen Mitgliedstaat versendet oder befördert werden, in Betracht. Der gelieferte Gegenstand muss **physisch das Lieferland verlassen haben (materielle Anforderung)**. Den Nachweis, dass die Voraussetzungen der Steuerbefreiung für innergemeinschaftliche Lieferungen vorliegen, hat der Lieferant der Gegenstände in Form von **Belegen und Nachweisen zu erbringen (formelle Anforderung)**.

Die **Frage, welche Nachweise** zu erbringen sind, lässt die 6. EG-RL (wie jetzt auch die MwStSystRL) **ungeregelt**. Sie stellt vielmehr den Mitgliedstaaten frei, die Bedingungen für die Steuerbefreiung von innergemeinschaftlichen Lieferungen selbst festzulegen. Somit sind die Anforderungen des deutschen Rechts an die Beleg- und Buchnachweise, geregelt in §§ 17a und 17c UStDV, durch das Gemeinschaftsrecht gedeckt. Besonders hervorzuheben ist, dass die Mitgliedstaaten (nationalen Finanzbehörden) bei der Ausübung ihrer Befugnisse, die ihnen die Gemeinschaftsrichtlinien einräumen, die **europäischen Grundsätze**

- der **Rechtssicherheit**,
- der **Verhältnismäßigkeit** und
- der steuerlichen **Neutralität**

beachten müssen.

Wenden wir diese Ausführungen auf die Rechtssache Collée an, ergibt sich für die Beurteilung Folgendes:

13.2.1.3.2 Zur ersten Vorlagefrage des BFH

Die Steuerfreiheit einer innergemeinschaftlichen Lieferung darf die Finanzverwaltung **nicht allein mit der Begründung der verspäteten Abgabe der Buchnachweise** (§ 17c UStDV formelle Anforderungen) verweigern. Denn eine nationale Maßnahme, die das nationale Recht auf Steuerbefreiung im Wesentlichen von der Einhaltung formeller Pflichten abhängig macht, ohne die materiellen Anforderungen zu berücksichtigen bzw. deren Erfüllung in Betracht zu ziehen, geht über das hinaus, was erforderlich ist, um eine genaue Erhebung der Steuer sicherzustellen.

Im Fall Collée, ist es unbestreitbar, dass eine innergemeinschaftliche Lieferung ausgeführt wurde. Der europäische **Grundsatz der steuerlichen Neutralität** erfordert, dass die Mehrwertsteuerbefreiung gewährt wird, wenn die materiellen Anforderungen und die Voraussetzungen des Art. 28c Teil A Buchst. A Unterabs. 1 der 6. RL erfüllt sind, selbst wenn bestimmten formellen Anforderungen nicht Genüge getragen wurde.

Die Anforderungen, dass die erforderlichen Aufzeichnungen unmittelbar nach der Ausführung des Umsatzes vorgenommen werden müssen, ohne dass dafür jedoch eine konkrete Frist vorgesehen ist, stellt den Grundsatz der Rechtssicherheit in Frage. Es ist dem Steuerpflichtigen vielmehr zu ermöglichen, Korrekturen, die nach Durchführung des Umsatzes vorgenommen werden in seiner Buchführung zu berücksichtigen, sofern sie objektiven Kriterien des Umsatzes erfüllen.

13.2.1.3.3 Zur zweiten Vorlagefrage des BFH

Ausgangspunkt bei der Beantwortung dieser Frage ist die **Prüfung, ob für den Mitgliedstaat eine Gefährdung des Steueraufkommens** bestand oder nicht.

Der europäische Grundsatz der **Neutralität der Mehrwertsteuer** verlangt, dass jede zu Unrecht in Rechnung gestellte Steuer berichtigt werden kann, wenn der Rechnungsaussteller die Gefährdung des Steueraufkommens rechtzeitig und vollständig beseitigt hat, ohne dass eine solche Berichtigung vom guten Glauben des Rechnungsausstellers abhängig gemacht werden darf.

In unserem Fall Collée, kann die Einschaltung eines Zwischenhändlers zur Erlangung einer Provision nicht mit einer Steuerhinterziehung oder einer missbräuchlichen Anwendung der gemeinschaftlichen Regeln gleichgesetzt werden, da der Umsatz **nicht zur Erlangung eines ungerechtfertigten *Steuer*vorteils** getätigt wurde.

Es steht jedoch den Mitgliedstaaten frei, die Verschleierung des Vorliegens eines innergemeinschaftlichen Umsatzes als versuchte Mehrwertsteuerhinterziehung zu behandeln. Die nach **nationalem Recht vorgesehenen Sanktionen, wie Geldstrafe oder Geldbuße**, können verhängt werden, sollten jedoch **immer in angemessenem Verhältnis zur Schwere der missbräuchlichen Handlung** stehen.

Beratungskonsequenzen

1. Hat ein Mitgliedstaat keine gesetzliche Frist für die Nachweisführung vorgesehen, sind alle relevanten Umstände des Einzelfalls zu berücksichtigen. Die Steuerfreiheit einer unzweifelhaft vorliegenden innergemeinschaftlichen Lieferung kann nicht mit der Begründung versagt werden, dass der Steuerpflichtige den dafür vorgesehenen Buchnachweis nicht laufend und unmittelbar erbracht hat. Es ist vielmehr **zu prüfen, ob die nicht rechtzeitige Buchnachweisführung zu einer Steuergefährdung geführt hat.**
2. Das Urteil des EuGH **stärkt die Position der gutgläubigen Steuerpflichtigen,** die innergemeinschaftliche Lieferungen durchführen.

13.2.2 Die »Teleos«-Entscheidung: Schutz des Gutgläubigen bei fehlerhafter Abnehmerversicherung

Rechtsgrundlagen

EuGH-Urteil vom 27.9.2007[128].

13.2.2.1 Sachverhalt (vereinfacht)

Die im Vereinigten Königreich ansässige Teleos plc (Teleos) verkaufte im Jahr 2002 Mobiltelefone an die spanische Gesellschaft Total Telecom España SA (TT). Gemäß den Kaufverträgen befand sich der Bestimmungsort der Waren zumeist in Frankreich und in einzelnen Fällen auch in Spanien. Als Lieferbedingung wurde gemäß den Incoterms 2000 »ab Werk« (»ex-works« oder EXW) vereinbart. Somit musste Teleos die Mobiltele-

128 EuGH, Urteil vom 27.9.2007, Rs. C-409/04, Teleos plc, BStBl. II 2009, 70; UR 2007, 774.

fone TT in einem Lager im Vereinigten Königreich zur Verfügung stellen. Für den Weitertransport in den vereinbarten Mitgliedstaat war TT verantwortlich. Es handelt sich hier also um einen **klassischen Abholfall**.

Als Nachweis, dass die Mobiltelefone ihren Bestimmungsort erreicht hatten, erhielt Teleos einige Tage nach dem Verkauf die von TT gestempelten und unterschriebenen **Originale der CMR-Frachtbriefe**, in dem die Gegenstände beschrieben wurden und die Lieferadresse, sowie der Name des Fahrers und das Kennzeichen des Fahrzeugs angegeben waren.

TT reichte bei den spanischen Finanzbehörden Steuererklärungen betreffend des innergemeinschaftlichen Erwerbs von Mobiltelefonen ein. **Zunächst akzeptierten die Finanzbehörden diese CMR-Frachtbriefe** als Beweis für die Ausfuhr der Gegenstände, sodass die Lieferungen von der Mehrwertsteuer befreit wurden und Teleos zum Vorsteuerabzug berechtigt war.

Bei **späteren Kontrollen** stellten die Finanzbehörden jedoch fest, dass in einigen Fällen in den CMR-Frachtbriefen ein falscher Bestimmungsort angegeben war, dass es die angegebenen Frachtführer gar nicht gab oder diese keine Mobiltelefone transportierten und dass die angegebenen Kennzeichen der Transportfahrzeuge keinen tatsächlich existierenden Fahrzeugen oder für den Transport solcher Waren ungeeigneten Fahrzeugen zuzuordnen waren.

Die **Finanzbehörden schlussfolgerten daraus, dass die Mobiltelefone das Vereinigte Königreich nie verlassen hatten**, und setzten daher für diese Lieferungen Mehrwertsteuerzahlungen in Höhe von mehreren Millionen Pfund Sterling fest.

13.2.2.2 Das Vorabentscheidungsersuchen

Das vorlegende **britische Gericht**[129] sah es als **erwiesen an, dass Teleos keinen Anlass hatte, an den Angaben in den CMR-Frachtbriefen oder an deren Echtheit zu zweifeln,** dass sie an keinem Betrug beteiligt war und dass sie nicht wusste, dass die Mobiltelefone das Vereinigte Königreich nicht verlassen hatten. Trotz ernsthafter und gründlicher Untersuchungen in Bezug auf die Zuverlässigkeit von TT, fand Teleos keinen konkreten Beweis für die Fehlerhaftigkeit der Angaben in den Frachtbriefen. Die Beschaffung zusätzlicher Beweise neben den CMR-Frachtbriefen wäre nicht zumutbar gewesen. Das Gericht hielt für die Entscheidung des Rechtsstreits eine Auslegung der Sechsten Richtlinie für erforderlich und legte dem EuGH folgende Frage zur Vorabentscheidung vor:

1. Verlangt eine steuerfreie innergemeinschaftliche Lieferung zwingend eine Warenbewegung über die Grenze?
2. Kann ein Steuerpflichtiger, der als Lieferer nicht erkennen konnte, dass er Teil einer Betrugskette war, nachträglich zur Umsatzsteuer herangezogen werden?

129 High Court of Justice (England & Wales), Queen's Bench Division (Administrative Court).

13.2.2.3 Das Urteil des EuGH

13.2.2.3.1 Allgemeine Betrachtungen

Als Voraussetzung für eine Steuerbefreiung einer innergemeinschaftlichen Lieferung ist es erforderlich, dass der Erwerber das Recht erlangt, wie ein Eigentümer über den Gegenstand zu verfügen und dieser Gegenstand in einen anderen Mitgliedstaat versandt oder befördert worden ist. Das heißt, der Gegenstand hat den **Liefermitgliedstaat physisch verlassen**.

Das führt zunächst auch der EuGH aus. Er betont, dass eine steuerfreie innergemeinschaftliche Lieferung zwingend eine Warenbewegung über die Grenze verlangt und dies auch für Abholfälle gilt. Aber, er führt auch weiterhin aus, dass die eingesetzten Maßnahmen, die die Mitgliedstaaten erlassen können, um eine genaue Erhebung der Steuer sicherzustellen und Steuerhinterziehungen zu verhindern, nicht so eingesetzt werden dürfen, dass der **Grundsatz der steuerlichen Neutralität der Mehrwertsteuer** in Frage gestellt wird.

So sind gleichartige und deshalb miteinander im Wettbewerb stehende Leistungen hinsichtlich der Mehrwertsteuer nicht unterschiedlich zu behandeln. Steuerpflichtige, die einen innergemeinschaftlichen Umsatz bewirken, dürfen durch Mehrwertsteuernachzahlungen nicht schlechter gestellt werden als Steuerpflichtige, die nur inländische Umsätze ausführen.

Die Sechste Richtlinie (seit dem 1.1.2007: die MwStSystRL) enthält keine Vorschrift, die genau festlegt, welche Nachweise für die Steuerbefreiung von innergemeinschaftlichen Lieferungen zu erbringen sind. **Sie stellt es den Mitgliedstaaten frei, die Bedingungen für die Steuerfreiheit selbst festzulegen.** Die Mitgliedstaaten sollten jedoch die **allgemeinen europäischen Rechtsgrundsätze** beachten – vor allem die der **Rechtssicherheit** und der **Verhältnismäßigkeit**.

13.2.2.3.2 Zu den Vorlagefragen

Legt ein Mitgliedstaat als Voraussetzung für die Steuerfreiheit in einer Liste, die Unterlagen fest, die ein Lieferant für die Steuerfreiheit einer innergemeinschaftlichen Lieferung zu erbringen hat, und werden diese vom Lieferanten bei den zuständigen Finanzbehörden als Nachweis für das Recht auf Steuerbefreiung vorgelegt, so kann die Behörde bei Akzeptanz der vorgelegten Nachweise, den Lieferanten im Nachhinein nicht wegen eines vom Erwerber begangenen Betrugs mit Mehrwertsteuer belasten. Das würde gegen den Grundsatz der Rechtssicherheit verstoßen. Aus diesen Gründen hat der Gerichtshof (Dritte Kammer) für Recht erkannt:

1. Die Art. 28a Abs. 3 Unterabs. 1 und 28c Teil A Buchst. a Unterabs. 1 der 6. EG-RL sind im Hinblick auf den in diesen beiden Bestimmungen enthaltenen Begriff »versendet«/»versandt« **grundsätzlich** dahin auszulegen, dass der innergemeinschaftliche Erwerb eines Gegenstands erst dann bewirkt ist und die Befreiung der innergemeinschaftlichen Lieferung erst dann anwendbar wird, wenn das Recht, wie ein Eigentümer über den Gegenstand zu verfügen, auf den Erwerber übertragen worden ist und

der Lieferant nachweist, dass der Gegenstand in einen anderen Mitgliedstaat versandt oder befördert worden ist und aufgrund dieses Versands oder dieser Beförderung den Liefermitgliedstaat **physisch verlassen hat**.

2. Art. 28c Teil A Buchst. a Unterabs. 1 der 6. EG-RL ist dahin auszulegen, dass die zuständigen Behörden des Liefermitgliedstaats nicht befugt sind, einen **gutgläubigen Lieferanten**, der Beweise vorgelegt hat, die dem ersten Anschein nach sein Recht auf Befreiung einer innergemeinschaftlichen Lieferung von Gegenständen belegen, zu verpflichten, später Mehrwertsteuer auf diese Gegenstände zu entrichten, wenn die Beweise sich als falsch herausstellen, jedoch nicht erwiesen ist, dass der Lieferant an der Steuerhinterziehung beteiligt war, **soweit er alle ihm zur Verfügung stehenden zumutbaren Maßnahmen ergriffen hat**, um sicherzustellen, dass die von ihm vorgenommene innergemeinschaftliche Lieferung nicht zu seiner Beteiligung an einer solchen Steuerhinterziehung führt.
3. Wenn der Erwerber bei den Finanzbehörden des Bestimmungsmitgliedstaats eine Erklärung wie die im Ausgangsverfahren über den innergemeinschaftlichen Erwerb abgibt, kann dies einen zusätzlichen Beweis dafür darstellen, dass die Gegenstände tatsächlich den Liefermitgliedstaat verlassen haben, ist jedoch kein für die Befreiung einer innergemeinschaftlichen Lieferung von der Mehrwertsteuer maßgeblicher Beweis.

Beratungskonsequenzen

1. Die **Rechte gutgläubiger Unternehmer im Binnenmarkt** werden durch die Entscheidung des EuGH **erheblich gestärkt.**
2. Das Urteil unterstreicht die **Bedeutung der Abnehmerversicherung** (Muster ➲ Kapitel 16) für **den guten Glauben.**
3. Die Steuerbehörden können für eine innergemeinschaftliche Lieferung die Entrichtung der Steuer nicht nachträglich vom Lieferer verlangen, wenn sich im Nachhinein erweist, dass die vorgelegten Nachweise falsche Angaben enthielten, der **Lieferer davon aber nichts wusste und auch nichts wissen konnte.**
4. Der in der Praxis häufig vorkommende Vorwurf der deutschen Finanzbehörden, dass die gelieferten Gegenstände **Deutschland nie verlassen** hätten, muss sich der gutgläubige Steuerpflichtige nun nicht mehr gefallen lassen.
5. Erbringt der gutgläubige Lieferant den Nachweis der Steuerfreiheit einer innergemeinschaftlichen Lieferung i. S. d. §§ 17a und 17c UStDV und kommt der Erwerber seiner vertraglichen Verpflichtung, die Gegenstände in einen anderen Mitgliedstaat zu versenden oder zu befördern nicht nach, so ist eine **Abwälzung des Risikos des betrügerischen Erwerbers auf den gutgläubigen Lieferanten nicht mehr möglich**. Der Erwerber müsste im Liefermitgliedstaat zur Mehrwertsteuer herangezogen werden. Stellt sich im Nachhinein heraus, dass die Nachweise bzw. Unterlagen gefälscht sind, so ist das für die Gewährung der Steuerfreiheit unschädlich.

13.2.3 Die »Twoh«-Entscheidung: Keine Pflicht der Finanzbehörden, die Voraussetzungen der Steuerbefreiung durch Amtshilfe der Mitgliedstaaten selbst einzuholen!

§ Rechtsgrundlagen

EuGH-Urteil vom 27.9.2007[130]

13.2.3.1 Ausgangslage (vereinfacht)

Die in den Niederlanden ansässige Gesellschaft Twoh lieferte Computerteile an verschiedene Unternehmen in Italien. In den Kaufverträgen wurde als Lieferbedingung gemäß den Incoterms 2000 »ab Werk« (»ex-works« oder EXW) vereinbart. Twoh musste den Käufern die Computerteile lediglich in einem Lager in den Niederlanden zur Verfügung stellen. Für die weitere Beförderung nach Italien waren somit die Käufer verantwortlich. Auch hier handelte es sich – wie bereits bei der Rechtssache Teleos – um **Abholfälle**.

Das niederländische Steuerrecht fordert von seinen Unternehmern ebenfalls Unterlagen, die den innergemeinschaftlichen Charakter der Warenlieferungen **nachweisen. Diese erhielt Twoh von seinen Kunden nicht.** Twoh ging jedoch immer davon aus, dass es sich bei den von ihr getätigten Lieferungen um steuerfreie innergemeinschaftliche Lieferungen handelte/handle. Die Rechnungsstellung erfolgte deshalb ohne Ausweis der niederländischen Mehrwertsteuer.

Bei einer Steuerprüfung konnte Twoh nicht den Nachweis erbringen, dass die Computerteile nach Italien befördert oder versandt wurden. Deshalb vertrat die niederländische Finanzverwaltung die Auffassung, dass zu Unrecht keine Mehrwertsteuer abgeführt worden sei und erließ gegen Twoh einen Nacherhebungsbescheid über einen Mehrwertsteuerbetrag in Millionenhöhe.

Gegen diesen Nacherhebungsbescheid legte Twoh Einspruch ein und forderte die niederländische Finanzverwaltung ausdrücklich auf, im Rahmen der **Amtshilfe-Richtlinie** und der **Verordnung über die Zusammenarbeit der Verwaltungsbehörden** bei der zuständigen italienischen Behörde Auskünfte über Richtigkeit der steuerfreien innergemeinschaftlichen Lieferungen einzuholen. Dieser Aufforderung kam die Finanzverwaltung nicht nach. Sie bestätigte den Nacherhebungsbescheid.

Dagegen erhob Twoh Klage beim niederländischen Gerechtshof te Arnhem. Dieser setzte den Nacherhebungsbescheid herab, nachdem Twoh bestimmte Nachweise vorgelegt hatte. Vertrat aber die Auffassung, dass die niederländische Finanzverwaltung nicht verpflichtet sei, bei ihren italienischen Kollegen eine Untersuchung zur Überprüfung der tatsächlichen Verbringung der Waren nach Italien zu beantragen.

Auch gegen dieses Urteil legte Twoh Kassationsbeschwerde beim Hoge Raad ein.

---

130 EuGH, Urteil vom 27.9.2007, Rs. C-184/05, Twoh International BV, BStBl. II 2009, 83; UR 2007, 782.

13.2.3.2 Der Vorlagebeschluss

Das vorlegende **niederländische Gericht**[131] hielt für die Entscheidung des Rechtsstreites eine Auslegung der Sechsten Richtlinie für erforderlich und legte dem EuGH folgende Frage zur Vorabentscheidung vor:

Ist die Sechste Richtlinie in Verbindung mit der Amtshilfe-Richtlinie und der Verordnung über die Zusammenarbeit der Verwaltungsbehörden so auszulegen, dass die Finanzbehörden des Mitgliedstaates des Beginns des Versandes oder der Beförderung der Gegenstände die Behörden des vom Lieferanten angegebenen Bestimmungsmitgliedstaates um Auskünfte ersuchen und diese bei der Prüfung, ob es sich tatsächlich um eine innergemeinschaftliche Lieferung handelt, berücksichtigen müssen?

13.2.3.3 Das Urteil des EuGH

Allgemeine Betrachtungen

Anders als in der Rechtssache Teleos geht es im Fall Twoh **nicht** um die Gutgläubigkeit des Lieferanten oder darum, ob der Kunde ein Betrug begangen hat. Es geht allein darum, dass Twoh nicht die erforderlichen Nachweise erbringen konnte, dass die Computerteile tatsächlich in den Bestimmungsmitgliedstaat (Italien) verbracht worden sind und er deshalb die niederländische Finanzverwaltung aufforderte, bei der zuständigen Behörde des Mitgliedstaates Auskünfte einzuholen, die den innergemeinschaftlichen Charakter der Lieferungen belegen könnten.

Die zu klärende Frage ist also, ob die Finanzverwaltung einer solchen Aufforderung nachzukommen hat.

Bei der Beantwortung dieser Frage sollte zuerst **Zweck und Inhalt der Amtshilfe-Richtlinie und der Verordnung über die Zusammenarbeit der Verwaltungsbehörden** etwas näher betrachtet werden.

Aus beiden Gemeinschaftsrechtsakten geht hervor, dass mithilfe dieser Möglichkeiten die **Steuerhinterziehung und die Steuerflucht bekämpft** werden soll. Den Mitgliedstaaten soll somit ermöglicht werden, die zu erhebende Steuer zutreffend festzusetzen. Inhaltlich wurden Regeln zur Zusammenarbeit der Verwaltungsbehörden erlassen.

Dem Einzelnen (Steuerpflichtigen) werden, außer dem Recht der Bestätigung der Gültigkeit der Umsatzsteuer-Identifikationsnummer, **keine weiteren Rechte eingeräumt**.

Amtshilfe bedeutet, dass die nationalen Finanzbehörden zur Bekämpfung von Steuerhinterziehung untereinander um Auskünfte ersuchen können, die ihnen sonst so nicht zugänglich wären.

Jeder einzelne Mitgliedstaat hat selbst zu entscheiden, in welchen Fällen ihm Informationen über Umsätze von in seinem Hoheitsgebiet ansässigen Steuerpflichtigen fehlen und ob es gerechtfertigt ist einen anderen Mitgliedstaat um Auskunft zu ersuchen. Das

131 Der Hoge Raad.

Auskunftsersuchen darf keinen unverhältnismäßig hohen Verwaltungsaufwand verursachen. Erweckt die auskunftssuchende Behörde den Eindruck, dass sie ihre eigenen üblichen Auskunftsmöglichkeiten nicht ausgeschöpft hat, braucht die um Hilfe ersuchte Behörde keine Auskunft zu erteilen.

13.2.3.3.1 Zur Vorlagefrage

Wenden wir diese Ausführungen auf die Rechtssache Twoh an, ergibt sich für die Beurteilung Folgendes:

Die Amtshilfe-Richtlinie und die Verordnung über die Zusammenarbeit der Verwaltungsbehörden dienen **nicht** der Einführung eines Systems zum Informationsaustausch zwischen den Finanzverwaltungen der Mitgliedstaaten. Sie ermöglichen somit auch nicht die Feststellung des innergemeinschaftlichen Charakters von Lieferungen eines Steuerpflichtigen, wenn er selbst nicht in der Lage ist, die erforderlichen Beweise vorzulegen.

Aus diesen Gründen hat der Gerichtshof (Dritte Kammer) für Recht erkannt: Art. 28c Teil A Buchst. a Unterabs. 1 der Sechsten Richtlinie 77/388/EWG des Rates vom 17.5.1977 zur Harmonisierung der Rechtsvorschriften der Mitgliedstaaten über die Umsatzsteuern – Gemeinsames Mehrwertsteuersystem: einheitliche steuerpflichtige Bemessungsgrundlage in der durch die Richtlinie 95/7/EG des Rates vom 10.4.1995 geänderten Fassung in Verbindung mit der Richtlinie 77/799/EWG des Rates vom 19.12.1977 über die gegenseitige Amtshilfe zwischen den zuständigen Behörden der Mitgliedstaaten im Bereich der direkten und indirekten Steuern in der durch die Richtlinie 92/12/EWG des Rates vom 25.2.1992 geänderten Fassung und der Verordnung (EWG) Nr. 218/92 des Rates vom 27.1.1992 über die Zusammenarbeit der Verwaltungsbehörden auf dem Gebiet der indirekten Besteuerung ist dahin auszulegen, dass die Finanzbehörden des Mitgliedstaats des Beginns des Versands oder der Beförderung von Gegenständen nicht verpflichtet sind, die Behörden des vom Lieferanten angegebenen Bestimmungsmitgliedstaats um Auskunft zu ersuchen.

Beratungskonsequenzen

1. Kann der Steuerpflichtige den Nachweis über den Versand oder die Beförderung der Waren in einen anderen Mitgliedstaat nicht selbst erbringen, so ist die **Finanzbehörde nicht verpflichtet, die Finanzbehörden des Bestimmungsstaates um Auskünfte zu ersuchen.**
2. Der **Steuerpflichtige**, der die Steuerbefreiung für innergemeinschaftliche Lieferungen beantragt hat, **muss nachweisen**, dass der Erwerber die Verfügungsmacht über die Ware erlangt hat.

14 Gelangensbestätigung/Abnehmerversicherung: Was sind die Unterschiede?

– Ein erster Überblick –

14.1 Vollzugsmeldung vs. Absichtserklärung

Die Gelangensbestätigung ist eine **Vollzugsmeldung**: die Ware ist bereits im Bestimmungsland angekommen.

Die Abnehmerversicherung ist eine **Absichtserklärung**: der Unterzeichnete sichert ein – noch zukünftiges – Verhalten zu.

14.2 Transportfälle vs. Abholfälle

Für **alle EU-Geschäfte** benötigen Sie vom Kunden die Gelangensbestätigung.

Nur in Abholfällen sollten Sie **zusätzlich** eine Abnehmerversicherung einfordern. So können Sie Ihren guten Glauben nachweisen, wenn die Gelangensbestätigung ausbleibt oder sonstige Unregelmäßigkeiten eintreten.

Beratungskonsequenzen

Abholfälle = Der Kunde trägt die Transportverantwortlichkeit. Das ist der Fall, wenn der Lieferant nach dem Kaufvertrag also lediglich die Übergabe der Ware im eigenen Unternehmen schuldet. Wie der Kunde den Transport tatsächlich durchführt, ob er also

- die Ware höchstpersönlich abholt oder
- einen Arbeitnehmer beauftragt oder
- einen Spediteur bestellt oder
- einen Frachtführer beauftragt,

ist ohne Bedeutung.

Transportfälle = Der Lieferant trägt die Transportverantwortlichkeit. Das ist der Fall, wenn er nach dem Kaufvertrag auch den Transport der Ware zum Kunden schuldet. Wie er den Transport tatsächlich durchführt, ob er also

- die Ware selbst zum Kunden bringt oder
- einen Spediteur bestellt oder
- einen Frachtführer beauftragt,

ist ohne Bedeutung.

14.3 Pflichtnachweis vs. zusätzlicher (»freiwilliger«) Nachweis

Die Gelangensbestätigung ist ein **Pflichtnachweis** (vgl. § 17b UStDV).

Die Abnehmerversicherung beruht auf einer **bloßen Empfehlung, ist also freiwillig**.

Beratungskonsequenzen

Dem Unternehmer steht es frei, den Belegnachweis **mit allen geeigneten Belegen und Beweismitteln** zu führen, aus denen sich die Steuerbefreiung in der **Gesamtschau** nachvollziehbar und glaubhaft ergibt (vgl. Abschn. 6a.2 Abs. 6 Satz 10 UStAE zu § 17b Abs. 3 UStDV). Sie dürfen / Ihr Mandant darf kreativ sein und **»Eichhörnchenarbeit treiben«** (vgl. ➲ Kapitel 19.6): da das Gesamtbild zählt, sollte **jeder geeignete Nachweis** gesammelt werden!

14.4 Sprachvorgaben: »alle Sprachen« vs. »Deutsch«

Die Gelangensbestätigung kann grundsätzlich **in allen gesprochenen Sprachen** erstellt werden (vgl. Abschn. 6a.4 Abs. 5 UStAE).

Die Abnehmerversicherung dagegen sollte eine **Erklärung in deutscher Sprache** sein.

14.5 Unterschrift des tatsächlich Abholenden

Lassen Sie die Abnehmerversicherung **von demjenigen, der »vor Ihnen steht«**, unterschreiben!

Checkliste: Tatbestandsmerkmale Reihengeschäft

- Lassen Sie also bitte unbedingt den **tatsächlichen Abholer** und ...
- ... **nicht** die Geschäftsleitung o. ä. des Kunden unterschreiben!
- Kopieren Sie möglichst ein auf den **tatsächlichen Abholer lautendes Ausweispapier** (➲ Kapitel 19).

15 Gelangensbestätigung

– Die Details –

Rechtsgrundlagen

- UStG: § 6a Abs. 3 UStG
- UStDV: § 17b Abs. 2 Nr. 2 UStDV n. F.
- UStAE: Abschn. 6a.3 Abs. 3 UStAE

Auf einen Blick vorab: Seit dem 1.1.2020 tritt neben die Gelangensbestätigung die neue Gelangensvermutung

Die Quick Fixes haben zur Einführung der neuen Gelangensvermutung geführt (§ 17a UStDV n. F.). Die Gelangensbestätigung finden Sie – unverändert – im neuen § 17b UStDV. Materiell hat sich dadurch für Sie nichts geändert, zumal die neue Vorschrift wenig durchdacht zu sein scheint (➲ Kapitel 17).

Beratungskonsequenzen

Verfahren Sie daher weiter wie bisher und legen Sie Wert auf den Erhalt der Gelangensbestätigung!

FAQ 1: Was ist die »Gelangensbestätigung«?

Die Gelangensbestätigung ist eine Bestätigung des EU-Kunden, dass die **Ware bei Ihrem Kunden im EU-Ausland angekommen** ist.

Bitte beachten Sie!

Die Neuregelung ist **keine branchenspezifische** und gilt für den **Handel mit allen Produkten!**

FAQ 2: Auf welcher Rechtsgrundlage beruht die Gelangensbestätigung?

Rechtsgrundlage § 17b

- Abs. 2 Nr. 2 (**Gelangensbestätigung i. e. S.**) und
- Abs. 3 (**Alternativnachweise**)

der Umsatzsteuer-Durchführungsverordnung (UStDV)[132].

---

132 § 17a UStDV in Fassung der »Elfte Verordnung zur Änderung der Umsatzsteuer-Durchführungsverordnung« vom 25.3.2013, BStBl. I 2013, 515.

FAQ 3: War die Gelangensbestätigung neu oder gab es diese schon vorher?

Letzteres – auf freiwilliger Basis setzen z. B. viele Autohäuser die Gelangensbestätigung bereits ein.

Der Grund: Nach der Rechtsprechung des EuGH kann ein EU-Geschäft im Zweifel auf jedem geeigneten Weg nachgewiesen werden (»**Eichhörnchenarbeit treiben!**« ➲ FAQ 16).

Beratungskonsequenzen

Die Gelangensbestätigung sollte bei Ihnen **nicht** die im Abholfall bereits bei Übernahme der Ware durch den Kunden abzugebende »**Abnehmerversicherung**« (➲ FAQ 23)[133] ersetzen.

Die Abnehmerversicherung sollten Sie **in Abholfällen auch weiterhin vom Kunden einfordern!**

FAQ 4: Vermehrt hört man von praktischen Bedenken gegen die Gelangensbestätigung. – Worin bestehen diese konkret?

1. Die Gelangensbestätigung ist nur nachträglich möglich – wenn der Kunde also bereits »alles hat«!

   Eine Gelangensbestätigung kann vom Kunden

   - erst am Bestimmungsort und damit
   - nach Erhalt der Ware

   erstellt werden.

   Dem liefernden Unternehmer wird die Bestätigung somit regelmäßig **erst nach Ausführung seiner Lieferung** vorliegen.

   Bitte beachten Sie!

   Zur Zeit der an sich steuerfreien Lieferung verfügt der Unternehmer noch nicht über den entsprechenden Nachweis.

   Damit läuft der Lieferant zukünftig immer Gefahr, die Gelangensbestätigung nicht zu erhalten.

2. Die Durchsetzung der Gelangensbestätigung wird dem Lieferanten nur schwer möglich sein!

   Die in verwaltungsnahen Fachbeiträgen hierzu angebotene »Lösung«, der Lieferant hätte doch die Möglichkeit, sich durch **Ausstellung einer sog. »Bruttorechnung«** abzusichern, erscheint **für die Praxis wenig praktikabel**:

133 Abnehmerversicherung: Zur Vertiefung der rechtlichen Voraussetzungen ➲ Kapitel 16.

Beispiele

1. Ein deutsches Autohaus (D) verkauft einem belgischen Unternehmenskunden steuerfrei innergemeinschaftlich einen Sportwagen vom Typ »Wiesmann GT« für 200.000 € netto.
2. Wie 1. Der Kunde ist ein belgischer Pflegedienst, der zu diesem Preis 15 Citroën C3 erwerben möchte

Vorschlag der FinVerw: D könnte in der Rechnung den Bruttokaufpreis (238.000 €) ausweisen, also eine Rechnung, die **einen Sicherungsbetrag in Höhe der auf den Nettopreis entfallenden Umsatzsteuer** i. H. v. 38.000 € enthält – mit dem Zusatz, dass der Betrag erstattet werde, wenn die Gelangensbestätigung übersandt wird.

Der Kunde im Beispiel muss also bereit sein, wenn auch nur übergangsweise **»freiwillig« 38.000 € mehr als vereinbart** zu zahlen! Dem ist – so meine ich – nichts hinzuzufügen!

Hinweis

Wenn Sie diesen Weg wider Erwarten als einen für Ihr Unternehmen/Mandantenunternehmen gangbaren einschätzen – etwa weil Sie mit sehr exklusiven Fahrzeugen handeln, die so leicht nicht anderswo erworben werden können ➲ FAQ 20.

In der Praxis wird der EU-ausländische Kunde das Fahrzeug aber dann im Zweifel **in einem anderen EU-Mitgliedstaat kaufen**, denn die Gelangensbestätigung gibt es nur in Deutschland! (➲ nachfolgende Ziffer 3.)

3. Die Gelangensbestätigung führt grundlos zu einer einseitigen Benachteiligung der deutschen Wirtschaft!

   Die Gelangensbestätigung ist eine **rein deutsche »Erfindung«**! Damit ist zu bedenken, dass der Nachweis ausländische Kunden zur Mitwirkung an Nachweisvorschriften des deutschen Fiskus verpflichtet, diese aus dem Recht ihres Landes **nicht kennen** und **im Zweifel nicht verstehen** werden.

   Hinweis

   Die **Motivation der ausländischen Kunden** zur Mitwirkung wird aus diesem Grund vermutlich **eher gering** sein!

4. Es gibt nur eine »halbherzige« Kleinbetragsregelung!

   Auch sollte über eine »richtige« Kleinbetragsregelung nachgedacht werden, die sich **wie bei Ausfuhren in Drittländer** am Warenwert orientieren könnte. Nur so ließe sich vermeiden, dass Kleinstumsätze durch das Einfordern und Überwachen der Gelangensbestätigung **unangemessen hohe Mühen und Kosten** verursachen.

   Die derzeitige Lösung jedenfalls befriedigt kaum!

FAQ 5: Bei welchen Geschäften wird zukünftig eine Gelangensbestätigung erforderlich sein?

§ 17b UStDV normiert den **Belegnachweis nur für** innergemeinschaftliche Lieferungen (igL) i. S. d. § 6a Abs. 1 UStG (also – in der Sprache der Branche – für **das »EU-Geschäft«**). Voraussetzung dafür ist u. a.:

- eine **Warenbewegung »von EU nach EU«** (§ 6a Abs. 1 Satz 1 Nr. 1 UStG)
- die als **»bewegte« Lieferung** erfolgt (➲ FAQ 7 und 8) und
- an einen **Unternehmer**, an eine gleichgestellte **juristische Person** oder im Ausnahmefall auch an eine **Privatperson** (Sonderregel für **Neufahrzeuge** ➲ FAQ 17) erbracht wird.

FAQ 6: Gegenfrage – Bei welchen Geschäften ist damit keine Gelangensbestätigung erforderlich?

1. Inlandsgeschäft

Beispiel

Ein Niederländer kauft ein Fahrzeug, das in Deutschland verbleibt.

Bitte beachten Sie!

Keine innergemeinschaftliche Lieferung: Zwar EU-Kunde, aber keine Warenbewegung »von EU nach EU«

2. Drittlandsgeschäft

Beispiel

Ein Niederländer kauft ein Fahrzeug, das er nach Russland exportiert.

Bitte beachten Sie!

Keine innergemeinschaftliche Lieferung: Zwar EU-Kunde, aber keine Warenbewegung »von EU nach EU«; unter den weiteren Voraussetzungen des § 6 UStG aber steuerfreie Ausfuhr[134].

3. EU-Geschäft als »ruhender« Lieferer

Für den Fall des Reihengeschäfts ist die »bewegte« Lieferung von der »ruhenden« Lieferung abzugrenzen. ➲ FAQ 7 und 8.

Bitte beachten Sie!

Eine ruhende Lieferung ist immer steuerpflichtig, einer Gelangensbestätigung bedarf es daher nicht.

134 Hierzu ausführlich ➲ Kapitel 26 ff..

4. EU-Geschäft ohne Warenbewegung

> **Beispiel**
> Ein Niederländer erhält von einem deutschen Autohaus einen Vorführwagen, der ihm so gut gefällt, dass er ihn kauft.

> **Bitte beachten Sie!**
> **Keine innergemeinschaftliche Lieferung!** Zwar EU-Kunde, aber keine Warenbewegung »von EU nach EU«, da das Fahrzeug zzt. des Kaufentschlusses schon dort ist, wo es schlussendlich verbleiben soll.

5. Sonstige Leistungen – insbes. Reparaturen und andere Werkarbeiten, die nicht zu einer Lieferung führen –

> **Beispiel**
> Eine Kfz-Reparaturwerkstatt in Kerken repariert für einen niederländischen Unternehmenskunden ein Fahrzeug.
> Die Ersatzteile machen 23 % des Rechnungsbetrages aus.

> **Bitte beachten Sie!**
> Da die **50%-Grenze** nicht überschritten ist, führen die Reparaturarbeiten insgesamt zu einer Werkleistung und damit zu einer sonstigen Leistung (vgl. Abschn. 3.8 Abs. 6 UStAE).

FAQ 7: Was ist eine »bewegte« Lieferung?

Eine bewegte Lieferung ist eine Lieferung, der ein zur Erfüllung des Geschäfts erforderlicher **Transport umsatzsteuerlich zugordnet** wird.

> **Beratungskonsequenzen**
> 1. Eine Lieferung ist nur dann als innergemeinschaftliche steuerfrei, wenn die Warenbewegung von EU nach EU **dem eigenen Ausgangsumsatz zugeordnet** wird.
> 2. Die **»Spielregeln«** hierfür ergeben sich aus § 3 Abs. 6 UStG[135].

FAQ 8: Woran erkenne ich die »bewegte« Lieferung im Tagesgeschäft?

> **Checkliste: Bewegte Lieferung**
> - Der Kunde tritt unter einer **gültigen ausländischen USt-IdNr.** auf *und*
> - **Sie bringen** die Ware (mit einem eigenen Lkw oder unter Beauftragung eines Frachtführers oder Spediteurs) in das EU-Ausland *oder*
> - **der Kunde holt** die Ware ab bzw. lässt die Ware abholen und der **Abholende bestätigt unmittelbar vor der Übergabe (also noch bei Ihnen vor Ort)**, dass er das Fahrzeug als »unser Kunde oder dessen Mitarbeiter oder dessen Beauftragter« transportiert (Abnehmerversicherung ➲ **FAQ 23**).

135 Hierzu ausführlich ➲ Kapitel 10.

Beratungskonsequenzen

1. Nur dann, wenn bei einem EU-Geschäft die bewegte Lieferung getätigt wird, kann das Geschäft nach § 6a UStG steuerfrei erfolgen.
2. Nur zum Nachweis der Steuerbefreiung und damit **nur für diesen Fall** wird die Gelangensbestätigung benötigt.
3. Die Abnehmerversicherung lassen Sie sich bitte immer von dem unterschreiben, der **tatsächlich vor Ort** (in ihrem Geschäft/Lager) vor Ihnen steht (➲ FAQ 23).
4. **Umkehrschluss:** Die Abnehmerversicherung schicken Sie nicht – etwa per Telefax oder E-Mail – an die Geschäftsleitung des Kunden!

Hinweis

Damals neuer Prüfungsansatz der FinVerw: Bei unbarer Vorkasse wird neuerdings die **Überweisung vom richtigen Konto** geprüft[136].

FAQ 9: Welche Angaben gehören in die Gelangensbestätigung?

Die Gelangensbestätigung ist gem. § 17b Abs. 2 Satz 1 Nr. 2 UStDV ein Dokument/Dokumentensatz (➲ FAQ 10) mit folgenden Angaben:

Checkliste: Angaben Gelangensbestätigung

- Name und Anschrift des Abnehmers
- **Menge** des Gegenstands der Lieferung und **handelsübliche Bezeichnung** einschließlich **Fahrzeug-Identifikationsnummer,** wenn der Liefergegenstand ein Fahrzeug i. S. v. § 1b Abs. 2 UStG ist
- **Ort und Monat** des Endes der Beförderung oder Versendung des Gegenstands, also dessen Erhalt des Gegenstands im Gemeinschaftsgebiet
- **Ausstellungsdatum** der Gelangensbestätigung
- **Unterschrift** des Abnehmers oder eines von ihm zur Abnahme Beauftragten (zum elektronischen Beleg ➲ FAQ 13)

Bitte beachten Sie!

1. Ursprünglich sollte das Transportende **tagesgenau** benannt werden. Das wird nun **nicht** mehr verlangt, ist aber weiterhin natürlich freiwillig möglich.
2. **Auch im Abholfall** muss der Kunde im Nachhinein bestätigen, dass das Fahrzeug (die Ware) tatsächlich ins EU-Ausland gelangt ist. Daneben sollte, wie bisher auch, bei der Übergabe des Fahrzeugs die **Abnehmerversicherung** verlangt werden (siehe ➲ FAQ 3 und 23).

136 Hierzu ausführlich ➲ Kapitel 24.1.

FAQ 10: Sind Formvorgaben zu beachten?

Nein!

Die Gelangensbestätigung kann **in jeder die erforderlichen Angaben enthaltenden Form** erbracht werden. Sie kann auch **aus mehreren Dokumenten** bestehen, aus denen sich die geforderten Angaben dann insgesamt ergeben (§ 17b Abs. 2 Nr. 2 Satz 4 UStDV).

Beratungskonsequenzen

1. Damit ist es nicht zwingend, ein (1) Muster zu verwenden oder Formular einzusetzen; zum Nachweis genügt mithin auch ein **Dokumentensatz,** also mehrere Dokumente mit insgesamt den genannten Angaben.
2. Bis zuletzt wurde von der Finanzverwaltung gefordert, dass ein **Dokumentensatz insgesamt in deutscher Sprache** verfasst sein müsse. Dieses Erfordernis wurde **auf Drängen der Wirtschaft gekippt** (➲ FAQ 11).
3. Auch eine **elektronische Übermittlung des Belegs** ist möglich (➲ FAQ 13).

Beispiele

Die Gelangensbestätigung kann sich daher

- aus einer Kombination des Lieferscheins mit einer entsprechenden Bestätigung über den Erhalt des Liefergegenstands
- aus einer **Kopie der Rechnung** über die innergemeinschaftliche Lieferung, **ergänzt um** die weiteren erforderlichen Angaben
- aus einem ggf. ergänzten Versendungsbeleg

ergeben.

FAQ 11: Sind Sprachvorgaben zu beachten?

Nein!

Grundsätzlich kann die Gelangensbestätigung **in allen gesprochenen Sprachen** erstellt werden. Denn die aus dem Einführungsschreiben[137] ersichtliche Neufassung von Abschn. 6a.4 Abs. 5 UStAE lautet dazu wie folgt:

Rechtsgrundlagen

Abschn. 6a.4 Abs. 5 UStAE

(Hinweis: Hervorhebungen durch **Fett**druck sind vom Autor.)

(5) … [7]Die Gelangensbestätigung oder die die Gelangensbestätigung bildenden Dokumente können danach **auch in englischer oder französischer Sprache** abgefasst werden; entsprechende **Nachweise in anderen Sprachfassungen** bedürfen einer amtlich beglaubigten Übersetzung. …

137 BMF, Schreiben vom 16.9.2013, IV D 3 – S 7141/13/10001, 2013/0828720, a. a. O.

Beratungskonsequenzen

1. **Ursprünglich** wollte die Finanzverwaltung mit engen Sprachvorgaben arbeiten, hält daran jedoch auf Drängen der Wirtschaft nicht weiter fest.
2. Für die Gelangensbestätigung gibt es damit an sich **keinerlei Sprachvorgaben**.
3. Von Vorteile sind Bestätigungen in **deutscher, englischer oder französischer Sprache,** da diese **keine** amtlich beglaubigte Übersetzung erfordern.
4. Für den Verzicht auf eine amtlich beglaubigte Übersetzung werden sicher auch **sprachlich uneinheitlich abgefasste Dokumentensätze** in deutscher, englischer *und* französischer Sprache genügen.
5. Entsprechende Nachweise **in anderen Sprachfassungen** (... als deutsch, englisch oder französisch ...) bedürfen einer **amtlich beglaubigten Übersetzung**.

FAQ 12: Können bei festen Geschäftsbeziehungen mehrere Umsätze in einer Art »Sammelbestätigung« gemeldet werden?

Ja!

Die Gelangensbestätigung kann als Sammelbestätigung ausgestellt werden. In dieser können Umsätze aus **bis zu einem Quartal** zusammengefasst werden (§ 17b Abs. 2 Nr. 2 Sätze 2 und 3 n. F. UStDV).

Beratungskonsequenzen

1. Damit ist es **nicht** erforderlich, eine Gelangensbestätigung für jeden einzelnen Liefergegenstand auszustellen.
2. Bei
   - **Lieferungen, die mehrere Gegenstände umfassen**, oder bei
   - Rechnungen, in denen einem Abnehmer gegenüber **über mehrere Lieferungen abgerechnet wird,**

   ist es regelmäßig ausreichend, wenn sich die Gelangensbestätigung auf die jeweilige Lieferung bzw. auf die Sammelrechnung bezieht.
3. Auch in einer Quartalsbescheinigung muss aber **für das jeweilige Transportende der Monat** benannt werden.
4. Gerade die Arbeit mit Sammelbestätigungen wird die nunmehr zulässige **Mehrsprachigkeit** (➲ FAQ 11) nicht unerheblich vereinfachen.
5. Auch Sammelbestätigungen können **per E-Mail** (➲ FAQ 13) erfolgen[138].

Hinweis

Muster zur Sammelbestätigung ➲ Kapitel 15.1.3

FAQ 13: Ist ein »E-Beleg« zulässig?

Ja!

138 Vgl. Abschn. 6a.4 Abs. 5 Bsp. 2 UStAE.

Die Gelangensbestätigung ist **technologieneutral** ausgestaltet. Das bedeutet, dass kein bestimmtes technisches Übermittlungsverfahren vorgeschrieben ist. Die Unternehmen sind vielmehr **frei in ihrer Entscheidung, in welcher Weise** sie die Bestätigung übermitteln. Diese können den Lieferanten daher in allen denkbaren und damit ganz unterschiedlichen Formen erreichen:

- als **bloße E-Mail**
- als E-Mail mit **Word- oder sonstigem Textanhang**
- als E-Mail mit **PDF-Anhang**
- im **EDI-Verfahren**
- als **Standardfax, Computer-Fax** oder über einen **Faxserver**
- per **Web-Download**
- via **DE-Mail**
- via **E-Post**
- ... [zukünftige Techniken]

Bei einer elektronischen Übermittlung des Belegs an den liefernden Unternehmer ist eine **Unterschrift** des mit der Beförderung beauftragten Unternehmers **nicht erforderlich**, sofern erkennbar ist, dass die elektronische Übermittlung im Verfügungsbereich des mit der Beförderung beauftragten Unternehmers begonnen hat (§ 17b Abs. 2 Nr. 2 Buchst. e Satz 2 UStDV).

> **Bitte beachten Sie!**
> Für die Anforderungen an die Lesbarkeit der Bestätigung und ihre Archivierung verweist die Finanzverwaltung auf die GoBS[139] und GDPdU[140].
> Wird die Gelangensbestätigung per E-Mail übersandt, ***soll* auch die E-Mail selbst dazu archiviert werden** (➲ FAQ 19[141]).

FAQ 14: Wie sieht eine Gelangensbestätigung konkret aus? (Muster)

Das BMF bietet Mustertexte für die Gelangensbestätigung an[142]. Schon ein erster Blick auf die Muster zeigt, dass diese einen **streng behördlichen Charakter** haben und damit wenig praktikabel sein werden. Man muss sich nämlich immer vor Augen halten, dass

139 GoBS = Grundsätze ordnungsgemäßer DV-gestützter Buchführungssysteme, BMF-Schreiben vom 7.11.1995, IV A 8 – S 0316 – 52/95, BStBl. I 1995, 738, weiter gültig gem. BMF-Schreiben vom 9.4.2013, IV A 2 – O 2000/12/10001, 2012/0110996, Positivliste Nr. 62, BStBl. I 2013, 522.

140 GDPdU = Grundsätze zum Datenzugriff und zur Prüfbarkeit digitaler Unterlagen, BMF-Schreiben vom 16.7.2001, IV D 2 – S 0316 – 136/01, BStBl. I 2001, 415, weiter gültig gem. BMF-Schreiben vom 9.4.2013, IV A 2 – O 2000/12/10001, 2012/0110996, Positivliste Nr. 63, BStBl. I 2013, 522.

141 Zur Vertiefung *Weimann*, Gelangensbestätigung, 1. Auflage 2014, Kapitel 2.5.

142 BMF, Schreiben vom 16.9.2013, IV D 3 – S 7141/13/10001, 2013/0828720, a. a. O, Anlagen 1–3.

man seinem Kunden eine Bestätigung »abtrotzen« soll, die er aus seinem Umsatzsteuerrecht nicht kennt (➲ FAQ 4 Unterpunkt 3) und die er damit – zumindest während einer Übergangszeit – nicht einordnen können wird.

Meine Empfehlung geht daher darin, es dem Kunden möglichst einfach machen, in dem man ihm z. B. eine schon **vorbereitete Bestätigung zufaxt**, die der Kunde dann selbst **lediglich unterschreiben und zurückfaxen** muss.

Bitte beachten Sie!
Selbstverständlich ist hier **auch die Arbeit mit einer entsprechenden E-Mail möglich** (➲ FAQ 13).
In der Praxis hat sich allerdings das **Telefax bewährt,** da beim Kunden etwas »auf dem Schreibtisch liegt«, was beantwortet werden muss. Eine E-Mail droht häufig in der Flut der elektronischen Eingangspost unterzugehen.

Der Schriftwechsel sollte **in englischer Sprache** und **mit einfachen Worten** erfolgen, damit alle Beteiligten – also sowohl der ausländische Kunde als auch der deutsche Betriebsprüfer – den Inhalt schnell und eindeutig erfassen können.

Hinweis

- Muster **Einzelbestätigung/allgemein** ➲ Kapitel 15.1.1
- Muster **Einzelbestätigung/Kfz-Handel** ➲ Kapitel 15.1.2
- Muster **Sammelbestätigung** ➲ Kapitel 15.1.3

FAQ 15: Gibt es Alternativen zur Gelangensbestätigung?

Ja!

Rechtsgrundlagen

§ 17b Abs. 1, Abs. 2 Einleitungssatz UStDV

(1) Bei innergemeinschaftlichen Lieferungen (§ 6a Absatz 1 des Gesetzes) hat der Unternehmer im Geltungsbereich dieser Verordnung durch Belege nachzuweisen, dass er oder der Abnehmer den Gegenstand der Lieferung in das übrige Gemeinschaftsgebiet befördert oder versendet hat. Die Voraussetzung muss sich aus den Belegen eindeutig und leicht nachprüfbar ergeben.
(2) Als eindeutig und leicht nachprüfbar nach Absatz 1 gilt insbesondere ein Nachweis, der wie folgt geführt wird: …

Damit ist die in § 17b Abs. 2 UStDV geregelte Gelangensbestätigung nur der »**Königsweg**«, der die wenigsten Beanstandungen der FinVerw erwarten lässt. Grds. kann der Nachweis aber im Rahmen der erforderlichen **Gesamtschau** (➲ FAQ 16) auch anders – **nämlich mit allen zulässigen Belegen und Beweismitteln** – geführt werden.

Beratungskonsequenzen

1. Der Unternehmer sollte also **alle zum Nachweis geeigneten Belege** sammeln (»Eichhörnchenarbeit treiben!« ➲ FAQ 16)
2. Eine Auswahl dieser sog. **Alternativnachweise** ergibt sich aus dem nachfolgend vorgestellten § 17b Abs. 3 UStDV n. F.

1. Strikte Trennung zwischen »Beförderung« und »Versand«

§ 17b Abs. 3 UStDV differenziert zwischen »befördern« und »versenden«. Hierfür maßgebend ist die **Person des den tatsächlichen Transportakt Vollziehenden**:

- **Beförderung**

  Eine **Beförderung** setzt voraus, dass der liefernde Unternehmer **selbst** oder der Abnehmer **selbst** oder ein unselbstständiger Erfüllungsgehilfe den Gegenstand der Lieferung transportieren (Vgl. Abschn. 3.12 Abs. 2 UStAE.) ➲ Kapitel 10.3.1.

- **Versendung**

  Eine **Versendung** setzt voraus, dass der Transport von einem **selbstständigen Beauftragten** ausgeführt oder besorgt wird (Vgl. Abschn. 3.12 Abs. 2 UStAE.) ➲ Kapitel 10.3.1.

2. Kraftfahrzeugzulassung als Alternativnachweis

Checkliste

Voraussetzungen gem. § 17b Abs. 3 Satz 1 Nr. 5 und Satz 2 UStDV

- Fahrzeug, für das eine Zulassung für den Straßenverkehr erforderlich ist und
- **Beförderung** (➲ FAQ 15 Unterpunkt 1) des Fahrzeugs **durch den Kunden**
- Zulassung des Fahrzeugs auf den Kunden

Nachweis durch:

- Zulassungspapiere
- ggf. ergänzt um die Fahrzeug-Identifikationsnummer

Beratungskonsequenzen

1. Ein Nachweis der **Zulassung auf eine andere Person** als den Kunden des Autohauses soll **kein** ausreichender Nachweis sein!
2. Aber selbstverständlich wäre auch eine solche Zulassung **in die Gesamtbetrachtung** (➲ FAQ 15 vor Unterpunkt 1) **mit einzubeziehen,** wäre für das Autohaus also **keinesfalls »wertlos«!**
3. Aus diesem Grunde sollte ein Autohaus **ausnahmslos immer** versuchen, eine Ablichtung der Zulassungspapiere zu erhalten.

3. Versendungsbeleg als Alternativnachweis

Checkliste

Voraussetzungen gem. § 17b Abs. 3 Satz 1 Nr. 1 Buchst. a Doppelbuchst. aa UStDV

- Insbesondere handelsrechtlicher Frachtbrief
- der vom Auftraggeber des Frachtführers unterzeichnet ist und
- die Unterschrift des Empfängers als Bestätigung des Erhalts des Gegenstands der Lieferung enthält

Beratungskonsequenzen

Damit wird für den CMR-Frachtbrief wieder die **Empfängerunterschrift in Feld 24** gefordert.

4. Spediteurbescheinigung über das *bereits erfolgte* Verbringen als Alternativnachweis

Checkliste

Voraussetzungen gem. § 17b Abs. 3 Satz 1 Nr. 1 Buchst. b UStDV

- Den Namen und die Anschrift des mit der Beförderung beauftragten Unternehmers sowie das Ausstellungsdatum,
- den Namen und die Anschrift des liefernden Unternehmers sowie des Auftraggebers der Versendung,
- die Menge des Gegenstands der Lieferung und dessen handelsübliche Bezeichnung, den Empfänger des Gegenstands der Lieferung und den Bestimmungsort im übrigen Gemeinschaftsgebiet,
- den Monat, in dem die Beförderung des Gegenstands der Lieferung im übrigen Gemeinschaftsgebiet geendet hat,
- eine Versicherung des mit der Beförderung beauftragten Unternehmers, dass die Angaben in dem Beleg aufgrund von Geschäftsunterlagen gemacht wurden, die im Gemeinschaftsgebiet nachprüfbar sind, sowie
- die Unterschrift des mit der Beförderung beauftragten Unternehmers.

Hier bewiesen Gesetzgeber und FinVerw ein »offenes Ohr« für die Praxis, denn für den Einsatz der bewährten **Spediteurbescheinigung** als Nachweisdokument *»hatte sich die Wirtschaft massiv eingesetzt«*[143].

Bitte beachten Sie!

Die Bestätigung muss sich nunmehr **auf das bereits erfolgte und nicht das lediglich beabsichtigte Verbringen** beziehen.

143 *IHK Köln,* Aktueller Sachstand zur Gelangensbestätigung, www.ihk-koeln.de.

5. Spediteursversicherung über das *erst beabsichtigte* Verbringen mit Zahlungsnachweis als Alternativnachweis

Checkliste

Voraussetzungen gem. § 17b Abs. 3 Satz 1 Nr. 2 UStDV

- den Namen und die Anschrift des mit der Beförderung beauftragten Unternehmers sowie das Ausstellungsdatum,
- den Namen und die Anschrift des liefernden Unternehmers sowie des Auftraggebers der Versendung,
- die Menge des Gegenstands der Lieferung und die handelsübliche Bezeichnung,
- den Empfänger des Gegenstands der Lieferung und den Bestimmungsort im übrigen Gemeinschaftsgebiet,
- eine Versicherung des mit der Beförderung beauftragten Unternehmers, den Gegenstand der Lieferung an den Bestimmungsort im übrigen Gemeinschaftsgebiet zu befördern, sowie
- die Unterschrift des mit der Beförderung beauftragten Unternehmers,

und

Nachweis über die **Entrichtung der Gegenleistung** für die Lieferung des Gegenstands **von einem Bankkonto des Abnehmers.**

Beauftragt der Abnehmer den Spediteur, befürchtet die Finanzverwaltung **Nachweisschwierigkeiten** aufgrund des fehlenden Vertragsverhältnisses zwischen Spediteur und Lieferant.

Deshalb soll in diesem Fall auch eine Spediteurbescheinigung über die nur **beabsichtigte** Verbringung ausreichen, wenn daneben (**= zusätzlich!**) der **Nachweis der Bezahlung** des Liefergegenstands über ein Bankkonto erfolgt.

Beratungskonsequenzen

1. Bei Zweifeln weist die Finanzverwaltung für diese Konstellation darauf hin, dass eine **Gelangensbestätigung** (s. o.!) **gefordert werden** kann.
2. Da die (ausländischen) Kundenspediteure ohnehin bereits die **Spediteurbescheinigungen deutscher Vorgabe** auch für den Fall der beabsichtigten Verbringungen **kaum kennen werden**, wird in den Fällen vielfach die Gelangensbestätigung zum Nachweis erforderlich sein.
3. Daher wird in diesen Fällen mit **Empfängerbestätigungen** gearbeitet.

6. Andere Alternativnachweise

Weitere Alternativen des § 17b Abs. 3 UStDV sind insbesondere das **Tracking and Tracing**.

FAQ 16: Sollte der Unternehmer versuchen, auch andere und ggf. mehrere Nachweise zu bekommen?

Ja!

Das zeigt auch ein Zitat aus der nunmehrigen Ergänzung des UStAE:

> § **Rechtsgrundlagen**
> **Abschn. 6a.2 Abs. 6 UStAE**
> (Hinweis: Hervorhebungen durch **Fett**druck sind vom Autor.)
> ... Die Gelangensbestätigung ist **nur eine mögliche Form** des Belegnachweises. Gleiches gilt für die in § 17b Absatz 3 UStDV angeführten Belege, mit denen ...
> Dem Unternehmer steht es aber frei, den Belegnachweis **mit allen geeigneten Belegen und Beweismitteln** zu führen, aus denen sich das Gelangen des Liefergegenstands in das übrige Gemeinschaftsgebiet an den umsatzsteuerrechtlichen Abnehmer in der **Gesamtschau** nachvollziehbar und glaubhaft ergibt.

> **Beratungskonsequenzen**
> Sie dürfen/Ihr Mandant darf ruhig kreativ sein und »**Eichhörnchenarbeit treiben**«: da das Gesamtbild zählt, sollte **jeder geeignete Nachweis** gesammelt werden!

FAQ 17: Benötigt der Unternehmer die Gelangensbestätigung oder einen Alternativnachweis auch für Umsätze »an Privat«?

Grundsätzlich nein!

Derartige EU-Umsätze sind »ganz normal« zu besteuern.

Bei der Lieferung von *Neu*fahrzeugen: Ja!

Hier greift die besondere Steuerbefreiung des § 6a Abs. 1 Satz 1 Nr. 2 Buchst. c) UStG, da Neufahrzeuge immer im EU-Bestimmungsland umsatzbesteuert werden sollen.

Ein Kfz ist »**neu**«, **wenn**[144]

- es nicht mehr als 6.000 km zurückgelegt hat oder
- seine erste Inbetriebnahme im Zeitpunkt des Erwerbs nicht mehr als sechs Monate zurückliegt.

> **Beratungskonsequenzen**
> Damit bei einem EU-Geschäft an Privat die Sonderregel für Neufahrzeuge **nicht** zur Anwendung kommt, muss das Fahrzeug also
> - **mehr als 6.000 km** »auf dem Tacho« haben *und*
> - **älter ein halbes Jahr** sein.

144 § 1b Abs. 3 Nr. 1 UStG.

Bitte beachten Sie!

Bei einer steuerfreien innergemeinschaftlichen Lieferung von Neufahrzeugen an Privat müssen Sie auch eine »**Meldung nach der Fahrzeuglieferungs-Meldepflichtverordnung**« (= eine Art Zusammenfassende Meldung) abgeben[145].

FAQ 18: Was ist, wenn nichts von all dem vorliegt?

In diesem Fall gestaltet sich die Argumentation gegenüber der FinVerw sicher schwieriger, allerdings kann der Nachweis auch anders – **nämlich mit allen anderen zulässigen Belegen und Beweismitteln** – erbracht werden (➲ FAQ 16).

FAQ 19: Wie sind die Belege zu archivieren?

Hier gilt **grundsätzlich »das Übliche«**.

Bei **E-Belegen** verweist die FinVerw für die Anforderungen an die Lesbarkeit und ihre Archivierung auf die GoBS[146] und GDPdU[147]. Wird die Gelangensbestätigung per E-Mail übersandt, **soll** daher **auch die E-Mail selbst** archiviert werden (➲ FAQ 13).

Letztere kann für umsatzsteuerliche Zwecke aber auch in ausgedruckter Form aufbewahrt werden[148].

Beratungskonsequenzen

1. Auszudrucken ist die **E-Mail** und **nicht** lediglich die – ggf. als PDF anhängende – Gelangensbestätigung!
2. Der Ausdruck genügt **(nur) umsatzsteuerlichen Zwecken!** Sind Sie buchführungspflichtig, verstoßen Sie damit gegen die GoBS und GDPdU.

FAQ 20: Was müssen Unternehmer beachten, wenn – wie bei Ausfuhren – mit einer Sicherheit (Aufschlag oder Einbehalt) gearbeitet werden soll?

Zu den **grundsätzlichen wirtschaftlichen Bedenken** gegen dieses Vorgehen ➲ FAQ 3 Unterpunkt 2.

Wenn Sie dennoch diesen Weg als einen für Ihr Unternehmen/das Mandantenunternehmen gangbaren einschätzen – etwa, weil Sie/Ihr Mandant mit sehr exklusiver Ware handeln/handelt, die so leicht nicht anderswo erworben werden kann –, müssen Sie im

---

145 Hinweis auf ➲ Kapitel 45.7 und *Weimann*, ASR 3/2013, 6.

146 GoBS = Grundsätze ordnungsgemäßer DV-gestützter Buchführungssysteme, BMF-Schreiben vom 7.11.1995, IV A 8 – S 0316 – 52/95, BStBl. I 1995, 738, weiter gültig gem. BMF-Schreiben vom 9.4.2013, IV A 2 – O 2000/12/10001, 2012/0110996, Positivliste Nr. 62, BStBl. I 2013, 522.

147 GDPdU = Grundsätze zum Datenzugriff und zur Prüfbarkeit digitaler Unterlagen, BMF-Schreiben vom 16.7.2001, IV D 2 – S 0316 – 136/01, BStBl. I 2001, 415, weiter gültig gem. BMF-Schreiben vom 9.4.2013, IV A 2 – O 2000/12/10001, 2012/0110996, Positivliste Nr. 63, BStBl. I 2013, 522.

148 BMF-Schreiben vom 16.9.2013, I.7 = Neufassung von Abschn. 6a.4. Abs. 6 UStAE.

Hinblick auf **§ 14c Abs. 1 UStG (unrichtiger Umsatzsteuerausweis)** sicherstellen, dass die Abrechnung so gestaltet wird, dass ein gesonderter **Ausweis von Umsatzsteuer eindeutig ausgeschlossen** werden kann.

Beispiel

Kaufpreis	200.000 €
Sicherheitsaufschlag	38.000 €
Zahlbetrag	238.000 €

Beratungskonsequenzen

1. Aufgrund der von Ihnen gewählten Formulierung muss – **wie bei einem Non-EU-Geschäft/Drittlandsgeschäft** – ausgeschlossen werden können, dass die 19 % als offen ausgewiesene USt den Kunden zum VorSt-Abzug berechtigen. Verwenden Sie daher in der Abrechnung **auf keinen Fall das Wort »Umsatzsteuer«!**
2. Bei einem **Drittlandsgeschäft** empfiehlt es sich natürlich, die Sicherheit **separat abzurechnen,** um für den Kunden eine (unumkehrbare) **Belastung mit EUSt zu vermeiden.**

FAQ 21: Entspricht die Neuregelung den EU-Vorgaben?

Nein!

Rechtsgrundlagen

EuGH, Urteil vom 6.9.2012, Mecsek-Gabona[149]

»Die Nachweispflichten sind daher nach nationalem Recht und der für ähnliche Geschäfte üblichen Praxis zu bestimmen. **Ein Mitgliedstaat kann vom Steuerpflichtigen jedoch nicht verlangen, den zwingenden Nachweis dafür zu erbringen, dass die Ware diesen Mitgliedstaat physisch verlassen hat.**«

Beratungskonsequenzen

Da das neue Recht faktisch aber ebendiesen Nachweis verlangt, erscheint es schon jetzt angreifbar!

FAQ 22: Darf ich darauf vertrauen, was mein Geschäftspartner (Kunde/Zulieferer) mir sagt?

Grundsätzlich ja!

149 Vgl. Weimann, Umsatzsteuer in der Praxis, 21. Aufl. 2023, Kapitel 12.2 zur Pressemitteilung des EuGH Nr. 111/12 vom 6.9.2012.

Aus der Entscheidung Mecsek-Gabona (➲ FAQ 21) lässt sich nämlich auch der Lehrsatz ableiten:

Für die Beurteilung eines (Ausgangs- oder Eingangs-)Umsatzes kommt es immer auf den **Kenntnisstand der Beteiligten bei Ausführung des Umsatzes an**!

Beratungskonsequenzen

- Auch das spricht gegen die Gelangensbestätigung, da diese denknotwendig erst zu nach Ausführung des Umsatzes erfolgen kann.
- Das Urteil weist im Übrigen noch einmal auf den bereits mit der Teleos-Rechtsprechung entwickelten allgemeinen Gutglaubensschutz hin. Dieser gilt sowohl für Ausgangs- als auch für Eingangsumsätze.
- Das Urteil bestätigt letztlich die Bedeutung der Abnehmerversicherung, da diese vom Kunden vor Ausführung des Umsatzes eingeholt wird (➲ FAQ 23).

FAQ 23: Ersetzt die Gelangensbestätigung die bisherige Abnehmerversicherung?

»Ja und nein!«

»Ja!« – denn eine Abnehmerversicherung (= Versicherung des Abholenden, die Ware in das EU-Ausland zu bringen, § 17a Abs. 2 Nr. 4 UStDV a. F.) **sieht die UStDV nicht mehr vor.**

»Nein!« – denn **auf freiwilliger Basis** sollte die »alte« Abnehmerversicherung (➲ Kapitel 16) sehr wohl auch weiter zum Einsatz kommen!

Der Grund: Nach der Rechtsprechung des EuGH kann ein EU-Geschäft im Zweifel auf jedem geeigneten Weg nachgewiesen werden (**»Eichhörnchenarbeit treiben!«** ➲ FAQ 16). Dabei ist im Abholfall auf die **Kenntnis des Lieferanten zur Zeit der Warenübergabe** abzustellen (➲ FAQ 22).

Beratungskonsequenzen

Im Abholfall sollte die Abnehmerversicherung zum **Nachweis des eigenen guten Glaubens** auch weiterhin eingeholt werden!

Hinweis

Muster siehe ➲ Kapitel 16

FAQ 24: Was folgt aus all dem für unser Unternehmen konkret?

Versuchen Sie, für möglichst alle EU-Umsätze

- die Gelangensbestätigung *und*
- Alternativnachweise

zu erhalten (➲ FAQ 16).

Beratungskonsequenzen

Machen Sie die Einführung und Überwachung der neuen Vorgaben unbedingt zur **Chefsache!**

15.1 Anlagen

Für die sichere Umsetzung in das Tagesgeschäft: Praxisvorlagen

In diesem Anhang finden Sie

- Gelangensbestätigung (Einzelbestätigung/allgemein)
- Gelangensbestätigung (Einzelbestätigung/Kfz-Handel)
- Gelangensbestätigung (Sammelbestätigung)

15.1.1 Anlage 1: Gelangensbestätigung (Einzelbestätigung/allgemein)

Musterschreiben

ESB Engineering Steel
34 ANY ROAD
NW 10 6 DX
United Kingdom
Fax: ....

DOstahl
Am Hellweg 13
44328 Dortmund

Dortmund, 24. April 2023

Certification of the entry of the object of an intra-community supply into another EU Member State (Entry Certificate)

Dear Sir or Madam,

this month [➲ hier alternativ: last month/in May this year ➲ die Angabe muss den entsprechenden Monat »treffen«] we supplied you with ... [➲ hier: Beschreibung des Liefergegenstandes].
For German VAT please confirm to us, that this ... [➲ hier: Beschreibung des Liefergegenstandes] has really come to your **premisise in London** (United Kingdom) [➲ hier Bestimmungsort und EU-Bestimmungsland einsetzen].

Yours sincerely,

....

Hartmut Kürger (managing direktor)

Reply Fax to: (+49....................)

For German VAT we confirm to ESB Engineering Steel, that the above-mentioned steel has come to London (United Kingdom) [➲ hier: Bestimmungsort und EU-Bestimmungsland einsetzen] in … [➲ month] 2023.

London, … April 2023

____

Sam Smith (managing director)

15.1.2 Anlage 2: Gelangensbestätigung (Einzelbestätigung/Kfz-Handel)

Musterschreiben

GOOD CARS
34 ANY ROAD
NW 10 6 DX
United Kingdom
Fax: …………………..

Autohaus
Dortmunder Hellweg
Am Hellweg 13
44328 Dortmund

Dortmund, 24. April 2023

Vehicle type: …………………………. **chassis number:** ……………………

Dear Sir or Madam,

this month [hier alternativ: last month/in May/this year; die Angabe muss den entsprechenden Monat »treffen«] we delivered the cited car.

For German VAT please confirm, that the car has really come to London (United Kingdom) [➲ hier: Bestimmungsort und EU-Bestimmungsland einsetzen].

Yours sincerely,

………………………….

Hartmut Kürger (managing director)

Reply Fax to (+49....................)

For German VAT we confirm to Autohaus Dortmunder Hellweg, that the cited car has come to London (United Kingdom) [➲ hier: Bestimmungsort und EU-Bestimmungsland einsetzen] in ... [➲ month] 2023.

London, ... April 2023

____

Sam Smith (managing director)

15.1.3 Anlage 3: Gelangensbestätigung (Sammelbestätigung)

Musterschreiben

ESB Engineering Steel
34 ANY ROAD
NW 10 6 DX
United Kingdom
Fax: ....

DOstahl
Am Hellweg 13
44328 Dortmund

Dortmund, 24. April 2023

Certification of the entry of the object of an intra-community supply into another EU Member State (Entry Certificate)

Dear Sir or Madam,

in the **period January to March 2021** [➲ hier: Angabe der entsprechenden Monate, für die die Sammelbestätigung erstellt werden soll] we supplied you with **137.589 kg scrap** [➲ hier: zusammenfassende Beschreibung der Liefergegenstände], that originated form our German scrap yars, as detailed prt delivery in the **list-annex to this letter** [➲ hier: spezielle Auflistung oder Auszug aus dem Kundenkonto].

For German VAT please confirm to us, that this scrap has really come to your **premisises in London and Manchester (United Kingdom)** [➲ hier Bestimmungsort und EU-Bestimmungsland einsetzen].

Yours sincerely,

....
Hartmut Kürger (managing direktor)

Reply Fax to (+49....................)

For German VAT we confirm to DOstahl, that the cited scrap has come to our premises in London and Manchester (United Kingdom) as specified in the annex to this letter in the **period January to March 2023** [➲ hier: Angabe der Monate, für die die Sammelbestätigung erstellt werden soll].

London, ... April 2023

____
Sam Smith (managing director)

16 Abnehmerversicherung: bis zum 31.12.2013 noch »Pflicht«, seitdem nur noch »Kür«!

– Die Details plus Muster für Ihr Tagesgeschäft –

§ Rechtsgrundlagen

- UStAE: Abschn. 6a.3 Abs. 3 UStAE
- UStDV: § 17a Abs. 2 Nr. 2 UStDV a. F. [Fassung bis 31.12.2011]
- UStG: § 6a Abs. 3 UStG

16.1 Abgrenzung zur Gelangensbestätigung

Es ist zu unterscheiden:

- Die Abnehmerversicherung ist eine **Absichtserklärung**:

  Der Unterzeichnete sichert ein noch **zukünftiges Verhalten** zu.
- Die Gelangensbestätigung ist eine **Vollzugsmeldung**:

  Die Ware **ist bereits** im Bestimmungsland angekommen.

Beratungskonsequenzen

1. Für **alle EU-Geschäfte** benötigen Sie vom Kunden die Gelangensbestätigung.
2. **In Abholfällen** verlangen Sie bitte **zusätzlich** auch weiterhin die Abnehmerversicherung. So können Sie Ihren guten Glauben nachweisen, wenn die Gelangensbestätigung ausbleibt oder sonstige Unregelmäßigkeiten eintreten. Hinweis auf das »Teleos-Urteil« des EuGH (➲ Kapitel 13.2), das Urteil »Mecsek-Gabona« (➲ Kapitel 47.2.2[150]) und die Ausführungen zur Gelangensbestätigung (➲ Kapitel 15, FAQ 21 ff.).
3. Letztlich gelingt Ihnen auch nur so bei **Reihengeschäften ab dem 1.1.2020** der Nachweis der Zuordnung der Warenbewegung in Abholfällen (➲ Kapitel 24 f.).

16.2 Erklärung in deutscher Sprache

Ein besonderes Problem ergibt sich – will man den bisherigen Anforderungen der Finanzverwaltung gerecht werden – aus der Abnehmerversicherung nach § 17a Abs. 2 Nr. 4 UStDV a. F.: dieser soll **in deutscher Sprache** ausgestellt sein (Abschn. 6a.3 Abs. 9 Satz 2 UStAE a. F.).

---

150 Dazu *Weimann*, Umsatzsteuer in der Praxis, 21. Auflage 2023, Kapitel 7.3.

Bitte beachten Sie!
Sicher eine Maßnahme, mit der **Umsatzsteuerbetrug unterbunden** werden soll – aber eine **kontraproduktive**! Der ausländische Abnehmer wird häufig überhaupt nicht in der Lage sein, die deutschen Dokumente zu übersetzen; er weiß damit nicht, was er unterschreibt[151].

16.3 Wer gibt die Versicherung konkret ab?

Die Abnehmerversicherung ist

- eine Erklärung in deutscher Sprache (s. o.)
- von demjenigen, der »vor Ihnen steht«!

Beratungskonsequenzen

- Lassen Sie also bitte unbedingt den **tatsächlichen Abholer** und ...
- ... **nicht** die Geschäftsleitung o. ä. des Kunden unterschreiben.
- Denken Sie an die **Fotokopie eines Ausweispapiers**.

16.4 Angabe des Bestimmungsortes

§ 17a Abs. 2 Nr. 2 UStDV fordert u. a. vom Kunden die Angabe des »Bestimmungsortes«: aus handelsüblichen Belegen – und damit im Idealfall aus der Abnehmerversicherung – müssen

- der jeweilige EU-Mitgliedstaat, in den der Liefergegenstand befördert wird **und**
- der dort belegene Bestimmungsort (Stand, Gemeinde o. dgl.)

hervorgehen (Abschn. 6a.3 Abs. 3 Satz 1 UStAE a. F.)

Bei Reihengeschäften ist es für den »mittleren« Unternehmer oft von besonderer Bedeutung, seine **Vertragspartner nicht offen legen** zu müssen. Anderenfalls – so wird befürchtet – würden Vorlieferant und Endabnehmer zukünftig ihre Geschäfte direkt miteinander abschließen.

Dies berücksichtigt das BMF nunmehr; es wird nicht beanstandet, dass der **Bestimmungsort nicht den Angaben des Abnehmers entspricht**, wenn es sich bei dem tatsächlichen Bestimmungsort um einen **Ort im übrigen Gemeinschaftsgebiet** handelt. **Zweifel** über das Gelangen des Gegenstands in das übrige Gemeinschaftsgebiet gehen jedoch zulasten des Steuerpflichtigen (Abschn. 6a.3 Abs. 4 UStAE a. F.).

---

151 So auch *Küffner*, a. a. O.

16.5 Das konkrete Aussehen des Abnehmernachweises

Muster für das Tagesgeschäft und die Mandantenarbeit

Der Lieferant sollte ein **entsprechendes Papier** vorbereiten, sich dieses vom Kunden oder dessen Beauftragten vor Beginn der Beförderung unterschreiben lassen und es letztlich als Belegnachweis aufbewahren[152]. Damit bleibt die Frage, wie die die **Abnehmerversicherung konkret** auszusehen hat.

> **Bitte beachten Sie!**
>
> **Zur Verwendung des Firmenstempels:** Häufig wird zu ebendiesem Zweck ein Firmenstempel auf den LKWs mitgeführt – wenn nicht, ist die Bescheinigung selbstverständlich ohne Stempel zu erstellen.

Musterschreiben 1: Abnehmerversicherung (Allgemein)

An Firma ______________________

Unsere Bestellauftrags-Nummer ________________________________

[... oder ein anderes Ordnungskriterium, mit dem MUSTERUNTERNEHMEN GMBH arbeitet], **hier: Abnehmernachweis gem. § 17a UStDV**

Sehr geehrte Damen und Herren,

am heutigen Tag haben wir Ihnen in Erfüllung des o. a. Auftrags folgende Ware übergeben:

1.000.000 kg Flüssigschwefel

Um Sie/Ihr Unternehmen/Ihren Auftraggeber umsatzsteuerlich wie vereinbart innergemeinschaftlich steuerfrei beliefern zu können, benötigen wir Ihre schriftliche Versicherung, dass Sie die Ware in den

EU-Mitgliedstaat __________________________

[Bestimmungsland ≠ Bundesrepublik Deutschland]

nach ___________________________________

[Endbestimmungsort = Stadt, Gemeinde o. dgl.]

befördern oder versenden werden.

Gleichzeitig benötigen wir die Versicherung, dass Sie die Ware

- **als unser Kunde oder dessen Mitarbeiter oder dessen Beauftragter**
- **und nicht als Kunde unseres Kunden oder dessen Mitarbeiter oder dessen Beauftragter**

abholen.

152 O. V., Steuer-Erfahrungsaustausch Kraftfahrzeuggewerbe (jetzt: Auto · Steuern · Recht), 1/2003, 9.

Bitte bestätigen Sie uns all dies durch Ihre Unterschrift auf diesem Schriftstück. Eine Kopie ist für Ihre Unterlagen bestimmt.

Mit freundlichen Grüßen

____

(MUSTERUNTERNEHMEN GMBH)

Wir versichern, dass wir die heute von der MUSTERUNTERNEHMEN GMBH in Deutschland übergebene Ware sofort in den o. a. EU-Mitgliedstaat und zum ebenfalls o. a. Endbestimmungsort transportieren (befördern bzw. versenden) werden.

________________ ____________________

Ort, Datum *[Firmenstempel]* Unterschrift

Musterschreiben 2: Abnehmerversicherung (Kfz-Handel)

An Firma ________________________

Unser Lieferschein Nr. _____________________ vom ______________
hier: Abnehmernachweis i. S. v. § 17a UStDV

Sehr geehrte Damen und Herren,

mit oben genannter Rechnung haben Sie folgendes Fahrzeug von uns erworben:

Typ: ____
Fahrgestellnummer: ____

Wir benötigen für unsere Unterlagen Ihre schriftliche Versicherung, dass Sie das Fahrzeug in den
EU-Mitgliedstaat ____________________________
[Bestimmungsland ≠ Bundesrepublik Deutschland]
nach ____________________________________
[Endbestimmungsort = Stadt, Gemeinde o. dgl.]
befördern bzw. versenden werden.

Gleichzeitig benötigen wir die Versicherung, dass Sie das Fahrzeug
als unser Kunde oder dessen Mitarbeiter oder dessen Beauftragter
und nicht als Kunde unseres Kunden oder dessen Mitarbeiter oder dessen Beauftragter abholen.

Bitte bestätigen Sie uns all dies durch Ihre Unterschrift auf diesem Schriftstück. Eine Kopie ist für Ihre Unterlagen bestimmt.

Mit freundlichen Grüßen

Autohaus __________________________

Wir versichern, das oben genannte Fahrzeug in einen anderen EU-Mitgliedstaat (außerhalb der Bundesrepublik Deutschland) zu befördern bzw. zu versenden.

________________ ____________________

Ort, Datum [Firmenstempel] Unterschrift

Bitte beachten Sie!
Zur Verwendung des Firmenstempels: s. o.

Hinweis
Zum Verständnis der **Klausel »Gleichzeitig benötigen wir die Versicherung, dass ...«** siehe ➲ Kapitel 21a.5.2, Grundfall 2.

Beratungskonsequenzen
Als Steuerberater sollten Sie die Klausel dem Mandanten erläutern – auch **um die Beratungskompetenz Ihres Büros zu demonstrieren**! Das gelingt Ihnen nach meinen Erfahrungen am besten an einem **Beispiel, das Sie – angelehnt an** ➲ Kapitel **21a.5.2 Grundfall 2 – aus einem der eigenen Geschäftsvorfälle des Mandanten bilden**!

17 Gelangensvermutung

Neu seit 1.1.2020

Abgrenzung zu Gelangensbestätigung und Abnehmerversicherung

Hinweis
➲ mybookplus.de > Vertiefende Informationen > Kapitel 17

18 Checkliste Buchnachweis, Belegnachweis und Meldung an das Finanzamt

Rechtsgrundlagen

- UStG: § 3 Abs. 5a ff., § 4 Nr. 1, § 6a
- UStDV: § 17a ff.
- UStAE: Abschn. 6a.1–6a.8
- MwStSystRL: Art. 14 ff., 20 ff., 31, 32 ff., 40 ff., 131, 138 f., 140 f., 143 ff., 146 f.

18.1 Buchnachweis bei innergemeinschaftlichen Lieferungen (§ 17d UStDV[153])

Checkliste

- Voraussetzungen der Steuerbefreiung (§§ 4 Nr. 1 Buchst. b, 6a UStG i. V. m. § 17d Abs. 1 Satz 1 UStDV)
- USt-IdNr. des Abnehmers (§ 17d Abs. 1 Satz 1 UStDV)
- Name und Anschrift des Abnehmers (§ 17d Abs. 2 Nr. 1 UStDV)
- Name und Anschrift des Beauftragten bei einer Lieferung, die im Einzelhandel oder in einer für den Einzelhandel gebräuchlichen Art und Weise erfolgt (§ 17d Abs. 2 Nr. 2 UStDV)
- Gewerbezweig oder Beruf des Abnehmers (§ 17d Abs. 2 Nr. 3 UStDV)
- Menge des Gegenstands der Lieferung und dessen handelsübliche Bezeichnung und Menge des Gegenstands der Lieferung einschließlich der Fahrzeug-Identifikationsnummer bei Fahrzeugen im Sinne des § 1b Abs. 2 UStG (§ 17d Abs. 2 Nr. 4 UStDV ➲ Kapitel 45.3)
- Tag der Lieferung (§ 17d Abs. 2 Nr. 5 UStDV)
- Entgelt, bei Besteuerung nach vereinnahmten Entgelt auch Tag der Vereinnahmung (§ 17d Abs. 2 Nr.6 UStDV)
- Art und Umfang einer Be- oder Verarbeitung vor der Beförderung oder Versendung in das übrige Gemeinschaftsgebiet (§ 17d Abs. 2 Nr. 7 UStDV)
- Beförderung oder Versendung in das übrige Gemeinschaftsgebiet (§ 17d Abs. 2 Nr. 8 UStDV ➲ Kapitel 14 bis Kapitel 17)
- Bestimmungsort im übrigen Gemeinschaftsgebiet (§ 17d Abs. 2 Nr. 9 UStDV ➲ Kapitel 14 bis Kapitel 17)
- Besonderheiten bei Verbringungen u. Ä. (§ 17d Abs. 3 UStDV)
- Besonderheiten bei Fahrzeuglieferungen an Privatkunden u. Ä. (§ 17d Abs. 4 UStDV)

Die Angaben müssen **eindeutig und leicht nachprüfbar** aus den Aufzeichnungen ersichtlich sein.

153 Aus dem bisherige § 17c UStDV wurde mit Wirkung vom 1.1.2020 der neue § 17d UStDV (Gesetz vom 12.12.2019, BGBl. I 2019, 2451).

18.2 Buch- und Belegnachweis als Einheit

Häufig wird – auch von Vertretern der Finanzverwaltung – die These vertreten, dass der Buchnachweis nur erfüllt sei, wenn der Unternehmer die in ➲ Kapitel 18.1 geforderten Angaben im Rahmen seiner Buchhaltungspflichten aufgezeichnet hat.

Diese Auffassung ist **zu eng und rechtlich nicht zutreffend**[154].

Unter dem Buchnachweis ist allgemein der Nachweis durch Bücher oder andere Aufzeichnungen in Verbindung mit Belegen zu verstehen. Ergeben sich die buchmäßigen Nachweispflichten aus den Angaben in den Belegen, sind die gesetzlichen Anforderungen auch erfüllt. Es ist nicht erforderlich, die Aufzeichnungen im Rahmen der Buchführung (etwa auf verschiedenen Sachkonten) vorzuhalten[155].

18.3 EU-Geschäfte sofort richtig buchen, auch wenn die Nachweise erst später kommen!

§ **Rechtsgrundlagen**

- BFH, Urteil v. 28.8.2014, V R 16/14, BStBl. II 2015, 46

Der BFH stellt in einem neueren Urteil noch einmal klar, welche Voraussetzungen seines Erachtens an den Beleg- und Buchnachweis zu stellen sind. Das Urteil ist primär zu Non-EU-Geschäften (Ausfuhren) ergangen, aber auch auf EU-Geschäfte (innergemeinschaftliche Lieferungen) anzuwenden (➲ Kapitel 28.5.2).

18.4 Abnehmerversicherung oder Gelangensbestätigung oder alle beide?

! **Hinweis**

➲ Kapitel 15.0, FAQ 21 ff. und Kapitel 16.1

18.5 Umsetzung im Unternehmen

Es bleibt dabei: Eichhörnchenarbeit treiben!

In Zweifelsfällen verlangt die Finanzverwaltung vom Unternehmer stets eine Vielzahl von Nachweisen. Der FinVerw werden sich die Zweifel allerdings in der Regel erst Jahre später – im Rahmen einer BP – auftun; dann aber lassen sich die angeforderten Unterlagen meist nicht mehr vom Kunden beschaffen.

Um auf der sicheren Seite zu sein, werden Unternehmer um **von Anfang an gut dokumentierte** Geschäftsvorfälle nicht herumkommen.

---

154 *Winter* in Haufe Umsatzsteuer, Datenbank, Stand: Februar 2015 (Version 13.1), HI 1561347.

155 BFH, Urteil vom 25.10.1979, V B 5/79, BStBl. II 1980, 110.

Dabei gilt es, **jeden denkbaren Nachweis zu sammeln.** Unternehmer müssen hier **kreativ sein** und sollten **»Eichhörnchenarbeit treiben«**; da das Gesamtbild zählt, sollte jeder geeignete Nachweis gesammelt werden!

Beratungskonsequenzen

1. Aufgrund des hohen Risikos sollten – aus natürlich rein umsatzsteuerlicher Sicht – **Abholfälle in der Praxis vermieden** werden!
2. Für den Fall, dass Letzteres nicht möglich ist, sollte der Berater für den Mandanten auch weiterhin **mehrsprachige Formularsätze des »alten« Abnehmernachweises** vorbereiten.
3. Trotz Gelangensbestätigung (➲ Kapitel 15) wird ausdrücklich empfohlen, auch weiterhin daneben den bisherigen Abnehmernachweis (also d. h. den Nachweis, der in Abholfällen **bereits bei Übergabe der Ware** vom Abholenden unterschrieben werden muss zu führen (➲ Kapitel 15, FAQ 21 ff. und Kapitel 16.1).
4. Bei all dem gilt es daher zu beachten, dass es sich bei vielen Vorgaben **»nur« um Anweisungen der Finanzverwaltung** handelt, die sich insbesondere an der Rechtsprechung von EuGH und BFH messen lassen müssen werden. **Die Kenntnis der Rechtsprechung und auch der weiterhin anhängigen Revisionsverfahren bleibt damit ein Muss!**

18.6 Umsetzung beim Mandanten

Steuerberater sollten – soweit noch nicht geschehen – den Mandanten die neue Rechtslage zumindest in einem Mandantenschreiben nahe bringen.

Beratungskonsequenzen

Die Erläuterungen im Mandantenschreiben dienen vorrangig dazu, dem Mandanten einen ersten Überblick über die Neuregelungen zu geben. **Sie ersetzen keinesfalls den Blick in die detaillierten Einzelregelungen und schon gar nicht die Einzelfallberatung.**

Gerade bei größeren Unternehmen mit komplizierten Sachverhaltsgestaltungen hat sich die **Arbeit mit Checklisten** bewährt: findet der Mitarbeiter »seinen« Fall in der Checkliste wieder, dann ist entsprechend der Checkliste vorzugehen; wenn nicht, dann ist der Fall – mit dem Vorgesetzten oder Steuerberater – abzuklären.

18.7 Umsatzsteuer-Voranmeldung und Umsatzsteuererklärung/Eintragung in die Vordrucke

Hinweis

➲ Kapitel 55

19 Belegnachweis durch Ausweiskopien

Ausweiskopien sind mit Einverständnis des Kunden/Geschäftspartners erlaubt!

§ **Rechtsgrundlagen**

- BMI, Ausweiskopien sind mit Ihrem Einverständnis erlaubt
- Entwurf eines Gesetzes zur Förderung des elektronischen Identitätsnachweises

Mandanten/Praktiker zweifeln immer wieder ob der Empfehlung, möglichst ein auf den Geschäftspartner oder am Umsatz tatsächlich Beteiligten lautendes Ausweispapier zu kopieren(vgl. z. B. ➲ Kapitel 14.5). Regelmäßig stellt sich Ihnen die Frage, ob und wann das überhaupt erlaubt ist.

Die Antwort ist ein eindeutiges Ja! Seit dem 29.07.2017 (Inkrafttreten des Personalausweisgesetzes in der aktuellen Fassung vom 18.7.2017) sind Kopien mit dem Einverständnis des Ausweisinhabers erlaubt[156].

19.1 Rechtslage bis zum 28.07.2017: Kopien waren verboten

Das Kopieren war bis zur jüngsten Änderung des Personalausweisgesetzes wohl unzulässig. So hat das Verwaltungsgericht Hannover einen schwerwiegenden Verstoß gegen die datenschutzrechtlichen Vorgaben des Personalausweisgesetzes darin gesehen, dass ein Dienstleister Personalausweise routinemäßig gescannt und gespeichert hat[157].

19.2 Die Praxis hielt sich nicht an das Verbot

Die Unternehmenspraxis und insbesondere die Praxis der Automobilbranche hielten sich nicht an das Verbot. Zu groß war die Angst, die Identität des Lieferanten oder des Kunden nicht nachweisen zu können und dadurch wirtschaftliche und vor allem (umsatz)steuerliche Schäden hinnehmen zu müssen.

19.3 Rechtslage seit dem 29.07.2017: Kopien sind grundsätzlich erlaubt

Der Gesetzgeber reagierte darauf. Die einschlägige Regelung im »Gesetz über Personalausweise und den elektronischen Identitätsnachweis (Personalausweisgesetz – PAuswG)« lautet nunmehr wie folgt:

---

156 Weimann, ASR 9/2018, 12.

157 VG Hannover vom 28.11.2013, 10 A 5342/11, openJur 2013, 2793.

§ **Rechtsgrundlagen**

§ 20 Verwendung durch öffentliche und nichtöffentliche Stellen

1. Der Inhaber kann den Ausweis bei öffentlichen und nichtöffentlichen Stellen als Identitätsnachweis und Legitimationspapier verwenden.
2. Der Ausweis darf nur vom Ausweisinhaber oder von anderen Personen mit Zustimmung des Ausweisinhabers in der Weise abgelichtet werden, dass die Ablichtung eindeutig und dauerhaft als Kopie erkennbar ist. Andere Personen als der Ausweisinhaber dürfen die Kopie nicht an Dritte weitergeben. Werden durch Ablichtung personenbezogene Daten aus dem Personalausweis erhoben oder verarbeitet, so darf die datenerhebende oder -verarbeitende Stelle dies nur mit Einwilligung des Ausweisinhabers tun. Die Vorschriften des allgemeinen Datenschutzrechts über die Erhebung und Verwendung personenbezogener Daten bleiben unberührt.
3. Die Seriennummern, die Sperrkennwörter und die Sperrmerkmale dürfen nicht so verwendet werden, dass mit ihrer Hilfe ein automatisierter Abruf personenbezogener Daten oder eine Verknüpfung von Dateien möglich ist. Dies gilt nicht für den Abgleich von Sperrmerkmalen durch Diensteanbieter zum Zweck der Überprüfung, ob ein elektronischer Identitätsnachweis gesperrt ist.
4. Beförderungsunternehmen ...
5. Zum Zwecke des Jugendschutzes ...

19.4 Hinweise des BMI zur aktuellen Rechtlage

Das BMI weist zunächst darauf hin, dass

- Personalausweis und
- Reisepass

ausschließlich der Identifikation dienen[158].

Sofern das Ausweisdokument im Original vorgelegt wird und die Identifizierung erfolgte (§ 20 Abs. 1 PAuswG), genügt in vielen Fällen die **Anfertigung eines entsprechenden Vermerks,** z. B. »Personalausweis/Reisepass hat vorgelegen«.

Eine zusätzliche Kopie des Ausweises wäre in diesen Fällen nicht unbedingt erforderlich – aber zulässig. **Dem Ausweisinhaber** steht es frei, Kopien seines Ausweises anzufertigen.

! **Praxistipp**

Die Ablichtung muss

- eindeutig und
- dauerhaft

als Kopie erkennbar sein.

158 BMI, Ausweiskopien sind mit Ihrem Einverständnis erlaubt.

Die **Weitergabe einer Ausweiskopie** ist nur durch den Ausweisinhaber zulässig.

Mit Zustimmung des Ausweisinhabers kann auch eine **andere Person** eine Ausweiskopie anfertigen. Die Weitergabe der Ausweiskopie durch die andere Person an Dritte ist nicht zulässig.

> **Beratungskonsequenzen**
> Das heißt: Sie dürfen Kopien fertigen – wenn der Ausweisinhaber dies erlaubt!

19.5 »Andere« Daten

Ausweisdaten, die nicht zur Identifizierung benötigt werden, können und sollen auf der Kopie vom Ausweisinhaber geschwärzt werden. Das gilt insbesondere für die auf dem Ausweis aufgedruckte

- Zugangsnummer
- Seriennummer,

sofern nicht gesetzliche Regelungen diese Angaben erfordern, z. B. das Geldwäschegesetz.

> **Beratungskonsequenzen**
> Der Ausweisinhaber ist von Ihnen auf die Möglichkeit und Notwendigkeit der Schwärzung hinzuweisen.

19.6 Praktische Anwendungsfälle

Es gibt **gesetzlich geregelte Fälle**, in den Kopien von Ausweisen erstellt werden dürfen oder müssen:

- § 8 Abs. 2 Satz 2 des Geldwäschegesetzes (einschließlich der Seriennummer)
- § 95 Abs. 4 Satz 3 des Telekommunikationsgesetzes
- § 64 Abs. 1 Nr. 2 der Fahrerlaubnisverordnung

Für Zwecke der Umsatzsteuer sollten Kopien insbesondere zum Nachweis von

- Ausfuhrlieferungen
- innergemeinschaftlichen Lieferungen

gefertigt werden. Die Fertigung von Ausweiskopien ist hier nirgends vorgeschrieben. Dem Unternehmer steht es aber frei, den Belegnachweis **mit allen geeigneten Belegen und Beweismitteln** zu führen, aus denen sich das Gelangen des Liefergegenstands in das übrige Gemeinschaftsgebiet an den umsatzsteuerrechtlichen Abnehmer in der **Gesamtschau** nachvollziehbar und glaubhaft ergibt.

Beratungskonsequenzen

Sie dürfen als Unternehmer ruhig kreativ sein und »**Eichhörnchenarbeit treiben**«: da das Gesamtbild zählt, sollte jeder geeignete Nachweis gesammelt werden! Auch wenn qua Gesetzes keine Ausweiskopie gefordert wird, sollten Sie diese zunächst einmal vom Geschäftspartner anfordern und – wenn dem entsprochen wird – zu Ihren Akten nehmen (vgl. ➲ Kapitel 14.3).

20 Belegnachweis durch Eigenbelege nur im absoluten Ausnahmefall

Hinweis

➲ mybookplus.de > Vertiefende Informationen > Kapitel 20

Die konkreten Folgen der Neuregelung für die Steuerbefreiung der EU-Lieferungen

21 Ohne Aufzeichnung der Kunden-USt-IdNr. und korrekte ZM keine Steuerbefreiung!

EU-Lieferungen seit dem 1.1.2020

Beispiel

Ein niederländisches Unternehmen (NL) bestellt einen Sportwagen bei einem schweizerischen Kfz-Händler (CH). CH kauft das Fahrzeug von einem deutschen Kfz-Händler (D). D trägt die Transportverantwortung und soll das Fahrzeug an CH steuerfrei innergemeinschaftlich liefern. Da CH selbst über keine USt-IdNr. verfügt, bittet er den D um **Abwicklung des Vorgangs unter der USt-IdNr. des NL** (Sachverhalt nach dem EuGH-Urteil »VSTR«[159]).

21.1 Beurteilung bis 31.12.2019

Trotz der Warenbewegung »von EU nach EU« erhält CH eine **Bruttorechnung**.

D konnte nicht steuerfrei innergemeinschaftlich liefern, da er verpflichtet ist, dazu die USt-IdNr. **seines Kunden** aufzuzeichnen und in die Zusammenfassende Meldung aufzunehmen.

Beratungskonsequenzen

Zunächst müssen Sie **auf den Warenweg abstellen**. Führt dieser aus Deutschland in einen anderen EU-Mitgliedstaat, kommt ausschließlich die Steuerbefreiung der innergemeinschaftlichen Lieferung in Betracht – auch bei einem Non-EU-Kunden. Die Steuerbefreiung einer Ausfuhrlieferung ist daher **nicht** zu prüfen – obwohl CH ein Drittlandskunde ist!

159 EuGH, Urteil vom 27.9.2012, Rs. C-587/10, Vogtländische Straßen-, Tief- und Rohrleitungsbau GmbH Rodewisch – VSTR –.

21.2 Zur Überraschung aller: Beurteilung durch den EuGH bis 31.12.2019

Nach Auffassung des EuGH hätte D **steuerfrei innergemeinschaftlich** liefern können[160]!

Die bisherige Steuerbefreiung der innergemeinschaftlichen Lieferung war dahin auszulegen, dass er es der Finanzverwaltung eines Mitgliedstaats nicht verwehrt, die Steuerbefreiung einer innergemeinschaftlichen Lieferung davon abhängig zu machen, dass der Lieferer die Umsatzsteuer-Identifikationsnummer des Erwerbers mitteilt. Dies gilt allerdings unter dem Vorbehalt, dass die Steuerbefreiung **nicht allein aus dem Grund verweigert** wird, dass diese Verpflichtung nicht erfüllt worden ist, wenn

- der Lieferer redlicher weise und
- nachdem er alle ihm zumutbaren Maßnahmen ergriffen hat
- diese Identifikationsnummer nicht mitteilen kann und
- er außerdem Angaben macht, die hinreichend belegen können, dass der Erwerber ein Steuerpflichtiger ist, der bei dem betreffenden Vorgang als solcher gehandelt hat.

21.3 Neuregelung ab 1.1.2020

Die Neuregelung von MwStSystRL und UStG soll damit ein Problem beseitigen, das sich vollkommen unerwartet aus der Rechtsprechung von EuGH und BFH ergab, und damit die Rechtslage herbeiführen, von der die Finanzverwaltung und die Unternehmer und damit **wir alle immer und wie selbstverständlich ausgegangen sind – die aber rein rechtlich nicht gegeben war!**

§ Rechtsgrundlagen

Neufassung des UStG

(Hinweis: **Einfügungen** und ~~Streichungen~~ sind gekennzeichnet.)

§ 4

Steuerbefreiungen bei Lieferungen und sonstigen Leistungen

Von den unter § 1 Abs. 1 Nr. 1 fallenden Umsätze sind steuerfrei:

1.

a) ...

b) die innergemeinschaftlichen Lieferungen (§ 6a); **dies gilt nicht, wenn der Unternehmer seiner Pflicht zur Abgabe der Zusammenfassenden Meldung (§ 18a) nicht nachgekommen ist oder soweit er diese im Hinblick auf die jeweilige Lieferung unrichtig oder unvollständig abgegeben hat. § 18a Absatz 10 bleibt unberührt;**

---

160 EuGH, Urteil vom 27.9.2012, Rs. C-587/10, Vogtländische Straßen-, Tief- und Rohrleitungsbau GmbH Rodewisch – VSTR –; vgl. auch EuGH, Urteil vom 6.9.2012, Rs. C-273/1, Mecsek-Gabona; vom 20.10.2016, Rs. C-24/15, Plöckl; vom 9.2.2017, Rs. C 21/16, Euro-Tyre.

> § 6a
>
> Innergemeinschaftliche Lieferung
>
> 1. [1]Eine innergemeinschaftliche Lieferung (§ 4 Nummer 1 Buchstabe b) liegt vor, wenn bei einer Lieferung die folgenden Voraussetzungen erfüllt sind:
> 2. der Unternehmer oder der Abnehmer hat den Gegenstand der Lieferung in das übrige Gemeinschaftsgebiet befördert oder versendet,
> 3. der Abnehmer ist
>
> a) ein **in einem anderen Mitgliedstaat für Zwecke der Umsatzsteuer erfasster** Unternehmer, der den Gegenstand der Lieferung für sein Unternehmen erworben hat,
>
> b) eine **in einem anderen Mitgliedstaat für Zwecke der Umsatzsteuer erfasste** juristische Person, die nicht Unternehmer Unternehmen erworben hat, oder
>
> c) bei der Lieferung eines neuen Fahrzeugs auch jeder andere Erwerber,
>
> ~~und~~
>
> 4. der Erwerb des Gegenstands der Lieferung unterliegt beim Abnehmer in einem anderen Mitgliedstaat den Vorschriften der Umsatzbesteuerung
>
> **und**
>
> 5. **der Abnehmer im Sinne der Nummer 2 Buchstabe a oder b hat gegenüber dem Unternehmer eine ihm von einem anderen Mitgliedstaat erteilte gültige Umsatzsteuer-Identifikationsnummer verwendet.**
>
> (2) ...

21.4 Beurteilung nach der Neuregelung

Damit mutieren die

- gültige ausländische USt-IdNr. (➲ Kapitel 22) und
- korrekte Erfassung in der Zusammenfassenden Meldung (»MIAS« ➲ Kapitel 23)

zu materiellen Voraussetzungen, was grundsätzlich dazu führt, dass eine **Steuerbefreiung von der Finanzverwaltung abgelehnt** werden wird, wenn diese Voraussetzungen nicht erfüllt sind.

22 Prüfung der USt-IdNr. des Kunden

EU-Lieferungen seit dem 1.1.2020

Durch die Neuregelung (➲ Kapitel 21) mutiert u. a. die Aufzeichnung einer gültigen ausländischen USt-IdNr. des Kunden zu einer materiellen Voraussetzung der Steuerbefreiung. Dies führt grundsätzlich dazu, dass eine **Steuerbefreiung von der Finanzverwaltung abgelehnt** werden wird, wenn diese Voraussetzung nicht erfüllt ist.

Beratungskonsequenzen

Überprüfung der Kunden-USt-IdNr.

Hinweis auf ➲ Kapitel 7. Zu beachten ist insbesondere, dass die qualifizierte Bestätigung der USt-IdNr. **für den Tag der Lieferung** benötigt wird! Die USt-IdNr. darf damit ***nicht*** **nur bei der Neuaufnahme des Kunden** geprüft werden, sondern muss regelmäßig verifiziert werden (Hinweis auf ➲ Kapitel 7.5).

23 Zusammenfassende Meldung

EU-Lieferungen seit dem 1.1.2020

Die Steuerbefreiung ist doch unabhängig von Fristwahrung bei der ZM!

§ **Rechtsgrundlagen**

- BMF, Schreiben vom 20.5.2022, III C 3 – S 7140/19/10002 :001, Steuerbefreiung der innergemeinschaftlichen Lieferungen (§ 4 Nr. 1 Buchst. b i. V. m. § 6a UStG); Änderung des Umsatzsteuer-Anwendungserlasses, BStBl. I 2022, 738

Durch die Neuregelung mutiert u. a. die korrekte Erfassung in der Zusammenfassenden Meldung (»MIAS«) zu einer materiellen Voraussetzung, was grundsätzlich dazu führt, dass eine **Steuerbefreiung von der Finanzverwaltung abgelehnt** werden wird, wenn diese Voraussetzung nicht erfüllt ist.

Die Steuerbefreiung einer innergemeinschaftlichen Lieferung hängt auch nach den neuen Vorschriften nicht davon ab, dass eine die Lieferung flankierende Zusammenfassende Meldung fristgerecht eingereicht oder berichtigt wurde[161]. Unternehmer, die aus Deutschland heraus den europäischen Binnenmarkt bedienen, können aufatmen[162]!

23.1 Bislang recht strenge Anforderungen an die Steuerbefreiung

Die Steuerbefreiung einer innergemeinschaftlichen Lieferung ist **seit der Neuregelung zum 1.1.2020** davon abhängig, dass der Unternehmer seiner gesetzlichen Pflicht zur Abgabe einer Zusammenfassenden Meldung (ZM) nachkommt und diese im Hinblick auf die jeweilige Lieferung richtig und vollständig ist (§ 4 Nr. 1 Buchst. b Halbsatz 2 UStG).

Bislang zog die Finanzverwaltung daraus den Schluss, dass die ZM für die Steuerbefreiung **fristgerecht** eingereicht oder berichtigt werden muss.

Beratungskonsequenzen

Wurden die Fristen nicht eingehalten, sollte dies zur **Versagung der Steuerbefreiung** führen.

161 BMF, Schreiben vom 20.5.2022, III C 3 – S 7140/19/10002 :001.

162 *Weimann*, AStW 2022, 564 und PIStB 2022, 275.

23.2 Nunmehr weniger strenge Anforderungen

Mit ihrer strengen Auslegung stand die Finanzverwaltung von Anfang an in der Kritik. Fehlkontierungen, Buchungsfehler und Fehler bei Erstellung der ZM (falsche USt-IdNr. oder Bemessungsgrundlage) hätten zum Verlust der in derartigen Fällen für das Funktionieren des Binnenmarkts **europarechtlich zwingend vorgesehenen Umsatzsteuerbefreiung** geführt.

Die Finanzverwaltung hat die Kritik nunmehr angenommen und den Umsatzsteuer-Anwendungserlass (UStAE) entsprechend geändert:

> § **Rechtsgrundlagen**
>
> **Abschn. 4.1.2 UStAE – neu –**
>
> **Fettdruck** = Neuerung, ~~Streichung~~ = Aufhebung
>
> Innergemeinschaftliche Lieferungen
> Allgemeines
>
> 1. Auf die Abschnitte 6a.1 bis 6a.8 wird hingewiesen.
>
> Zusammenfassende Meldung – Allgemeines
>
> 2. [1]Gemäß § 4 Nr. 1 Buchstabe b UStG ist die Steuerfreiheit der innergemeinschaftlichen Lieferung davon abhängig, dass der Unternehmer seiner gesetzlichen Pflicht zur Abgabe einer Zusammenfassenden Meldung (ZM) gemäß § 18a UStG nachkommt und diese im Hinblick auf die jeweilige Lieferung richtig und vollständig ist. [2]Gibt der Unternehmer die ZM **für den betreffenden Meldezeitraum** ~~nicht richtig, vollständig oder fristgerecht~~ **nicht, unrichtig oder unvollständig** ab, erfüllt er die Voraussetzungen für die Steuerbefreiung nicht. [3]Die Feststellung, dass die Voraussetzungen nicht erfüllt sind, kann immer erst nachträglich getroffen werden, da die Abgabe einer ZM zu einer innergemeinschaftlichen Lieferung immer erst später, nämlich bis zum 25. Tag nach Ablauf **des jeweiligen** Meldezeitraums erfolgt. **[4]§ 18a Abs. 8 UStG ist entsprechend zu berücksichtigen.**
>
> Zusammenfassende Meldung – Berichtigung **und verspätete Abgabe**
>
> 3. [1]Die Pflicht zur Berichtigung einer fehlerhaften ZM nach § 18a Abs. 10 UStG bleibt **vom Vorliegen der Voraussetzungen** gemäß § 4 Nr. 1 Buchstabe b UStG unberührt. [2]Eine fehlerhafte ZM ist gemäß § 18a Abs. 10 UStG innerhalb eines Monats zu berichtigen, wenn der Unternehmer nachträglich erkennt, dass die von ihm abgegebene ZM unrichtig oder unvollständig ist. [3]Auf § 18a Abs. 7 Satz 2 UStG wird hingewiesen. **[4]Die in § 18a Abs. 10 UStG normierte Frist dient ausschließlich den Zwecken der Durchführung eines ordnungsgemäßen innergemeinschaftlichen Kontrollverfahrens sowie eines etwaigen Bußgeldverfahrens (§ 26a Abs. 2 Nr. 5 UStG). [5]Die Verpflichtung zur Abgabe einer richtigen und vollständigen ZM für Zwecke der Steuerbefreiung nach § 4 Nr. 1 Buchstabe b UStG besteht auch über die in § 18a Abs. 10 UStG genannte Frist hinaus.** [6]Berichtigt der Unternehmer die fehlerhafte **ursprüngliche** ZM für den Meldezeitraum~~, in dem die betreffende Lieferung ausgeführt wurde,~~ nicht, ist die Steuerbefreiung für die betreffende Lieferung nachträglich zu versagen.

[7]Eine Berichtigung von Fehlern in einer anderen ZM als der ursprünglichen, führt zu keinem Aufleben der Steuerfreiheit für die betreffende Lieferung. [8]**Wird eine nicht fristgerecht abgegebene ZM erstmalig für den betreffenden Meldezeitraum richtig und vollständig abgegeben, liegen in diesem Zeitpunkt erstmals die materiell-rechtlichen Voraussetzungen für die Steuerbefreiung vor und diese ist bei Vorliegen der weiteren Voraussetzungen zu gewähren. [9]Die erstmalige Abgabe einer ZM und die Berichtigung einer fehlerhaften ZM durch den Unternehmer innerhalb der Festsetzungsfrist entfalten für Zwecke der Steuerbefreiung Rückwirkung. [10]Die rückwirkende Gewährung der Steuerbefreiung im Veranlagungsverfahren schließt ein Bußgeldverfahren des BZSt nach § 26a Abs. 2 Nr. 5 UStG nicht aus.**

Beispiel **1**:
[1]Der in Deutschland ansässige Unternehmer U liefert an einen französischen Kraftwerksbetreiber A am 10.2.~~2020~~**01** eine Maschine im Wert von 50 000 €. [2]**Die Rechnungsstellung erfolgt ebenfalls am 10.2.01.** [3]A hat gegenüber U seine französische USt-IdNr. bei Auftragserteilung verwendet. [4]In der ZM für Februar ~~2020~~**01** gibt U versehentlich durch einen fehlerhaften Abgleich im Buchhaltungssystem an, Gegenstände im Wert von 5 000 € an A geliefert zu haben. [5]U entdeckt den Fehler zufällig am 10.6.~~2020~~**01** und meldet in der ZM Juni ~~2020~~**01**, die er am 5.7.~~2020~~**01** an das BZSt übermittelt, dass er an A Waren im Wert von 45 000 € geliefert hat. [6]Zwar liegen die übrigen Voraussetzungen für eine steuerfreie innergemeinschaftliche Lieferung vor, allerdings hat U für Februar ~~2020~~**01** eine unrichtige ZM in Bezug auf die Lieferung an A abgegeben. [7]Da er den Fehler nicht in der ursprünglichen ZM für Februar ~~2020~~**01** berichtigt hat, sondern in der ZM für Juni ~~2020~~**01**, ist die Steuerfreiheit insgesamt zu versagen. [8]Würde U sowohl die ZM für Februar ~~2020~~**01**, als auch für Juni ~~2020~~**01** berichtigen, ~~würde die Steuerfreiheit wiederaufleben~~ **wäre die Steuerbefreiung für die Lieferung an A rückwirkend zu gewähren, sofern die entsprechenden Steuerfestsetzungen noch änderbar sind.**

Beispiel 2:
[1]Der in Deutschland ansässige Unternehmer U liefert an einen französischen Kraftwerksbetreiber A am 10.2.01 eine Maschine im Wert von 50 000 €. [2]Die Rechnungsstellung erfolgt ebenfalls am 10.2.01. [3]A hat gegenüber U seine französische USt-IdNr. bei Auftragserteilung verwendet. [4]U gibt nach Ablauf des Meldezeitraums für Februar 01 keine ZM ab. [5]Damit liegen nicht alle materiellrechtlichen Voraussetzungen für die Steuerbefreiung einer innergemeinschaftlichen Lieferung vor. [6]Die Steuerbefreiung ist für diese Lieferung zu versagen. [7]Gibt U die ZM für Februar 01 nach Ablauf der Abgabefrist noch richtig und vollständig ab, liegen die Voraussetzungen für die Steuerbefreiung im Zeitpunkt der verspäteten Abgabe erstmals vor und die Steuerbefreiung für die Lieferung an A ist rückwirkend zu gewähren, sofern die entsprechende Steuerfestsetzung noch änderbar ist.

23.3 Verspätete Abgabe der ZM wirkt zurück

Wird eine nicht fristgerecht abgegebene ZM

- erstmalig für den betreffenden Meldezeitraum
- richtig und vollständig

abgegeben, liegen **in diesem Zeitpunkt erstmals** die materiell-rechtlichen Voraussetzungen für die Steuerbefreiung vor und diese ist bei Vorliegen der weiteren Voraussetzungen zu gewähren.

Die erstmalige Abgabe einer ZM durch den Unternehmer innerhalb der Festsetzungsfrist entfaltet **für Zwecke der Steuerbefreiung Rückwirkung**.

> **Beratungskonsequenzen**
> Die rückwirkende Gewährung der Steuerbefreiung im Veranlagungsverfahren schließt ein Bußgeldverfahren des BZSt nach § 26a Abs. 2 Nr. 5 UStG **nicht** aus. Das beruhigende Gefühl, die Steuerbefreiung durch ein Fristversäumnis nicht zu verlieren, darf Sie also nicht zur Nachlässigkeit verleiten: alle Fristen müssen zur **Vermeidung eines Bußgeldverfahrens** auch weiterhin unbedingt eingehalten werden!

23.4 Mandantenfall: Erstmalige Abgabe der ZM nach Umsatzsteuer-Sonderprüfung

Die durchaus erfreulichen Auswirkungen der neuen Rechtsauffassung verdeutlicht ein Mandantenfall:

> **Beispiel 1 (= Mandantenfall)**
> Unternehmer D mit Sitz in Dortmund liefert im März 2021 eine Ware in die Niederlande. Die Voraussetzungen einer innergemeinschaftlichen Lieferung liegen vor (§ 6a UStG).
> D behandelt die Lieferung gem. § 4 Nr. 1 Buchst. b UStG als umsatzsteuerfrei, unterlässt aber die Abgabe einer ZM. Letzteres fällt dem Finanzamt erst im Februar 2022 anlässlich einer Umsatzsteuer-Sonderprüfung auf. D übermittelt die ZM noch im Februar 2022 nach dem entsprechenden Hinweis des Prüfers.
> ➲ **Folge:**
> Solange die ZM fehlt, liegen nicht alle materiell-rechtlichen Voraussetzungen für die Steuerbefreiung einer innergemeinschaftlichen Lieferung vor. Die Steuerbefreiung ist für diese Lieferung zunächst zu versagen.
> Mit Abgabe der vollständigen und richtigen ZM im Februar 2022 liegen die Voraussetzungen für die Steuerbefreiung im Zeitpunkt der verspäteten Abgabe erstmals vor.
> Die Steuerbefreiung für die Lieferung ist dem D rückwirkend ab März 2021 zu gewähren.

Dieselbe Rechtsfolge – nämlich die Möglichkeit zur Erstellung einer rückwirkenden ZM – ergibt sich, wenn das Fehlen der ZM anlässlich einer **Betriebsprüfung** auffällt.

23.5 Berichtigung einer fehlerhaften ZM

Eine fehlerhafte ZM ist innerhalb eines Monats zu berichtigen, wenn der Unternehmer nachträglich erkennt, dass die von ihm abgegebene ZM unrichtig oder unvollständig ist (§ 18a Abs. 10 UStG). Diese Frist dient **ausschließlich** den Zwecken der Durchführung eines ordnungsgemäßen innergemeinschaftlichen Kontrollverfahrens sowie eines etwaigen Bußgeldverfahrens.

> **Bitte beachten Sie!**
> Die Verpflichtung zur Abgabe einer richtigen und vollständigen ZM für Zwecke der Steuerbefreiung nach § 4 Nr. 1 Buchstabe b UStG besteht auch über die in § 18a Abs. 10 UStG genannte Frist hinaus.

Berichtigt der Unternehmer die fehlerhafte ursprüngliche ZM für den Meldezeitraum, in dem die betreffende Lieferung ausgeführt wurde, nicht, ist die Steuerbefreiung für die betreffende Lieferung nachträglich zu versagen. Eine Berichtigung von Fehlern in einer anderen ZM als der ursprünglichen, führt zu keinem Aufleben der Steuerfreiheit für die betreffende Lieferung.

Die Berichtigung einer fehlerhaften ZM durch den Unternehmer innerhalb der Festsetzungsfrist entfaltet **für Zwecke der Steuerbefreiung Rückwirkung.** Wieder schließt die rückwirkende Gewährung der Steuerbefreiung im Veranlagungsverfahren ein **Bußgeldverfahren des BZSt** nicht aus (s. o.).

> **Beispiel 2**
> Wie Beispiel 1. Der Kaufpreis der Ware beträgt 55.000 €. D übermittelt an das BZSt fristgerecht eine ZM, beziffert die Bemessungsgrundlage aber versehentlich mit 5.500 €. Letzteres fällt dem Finanzamt im Februar 2022 anlässlich einer Umsatzsteuer-Sonderprüfung auf. D berichtigt die ZM noch im Februar 2022 nach einem entsprechenden Hinweis des Prüfers.
> ➲ **Folge:**
> Solange die ZM fehlerhaft ist, liegen nicht alle materiell-rechtlichen Voraussetzungen für die Steuerbefreiung einer innergemeinschaftlichen Lieferung vor. Die Steuerbefreiung ist für diese Lieferung zunächst zu versagen.
> Mit Abgabe der berichtigten ZM im Februar 2022 liegen die Voraussetzungen für die Steuerbefreiung im Zeitpunkt der verspäteten Abgabe erstmals vor.
> Die Steuerbefreiung für die Lieferung ist dem D rückwirkend ab März 2021 zu gewähren.

23.6 Keine Vollverzinsung

Die erstmalige Abgabe einer ZM und die Berichtigung einer fehlerhaften ZM durch den Unternehmer innerhalb der Festsetzungsfrist entfalten für Zwecke der Steuerbefreiung Rückwirkung.

Damit hat die Finanzverwaltung **im Hinblick auf die ZM keine Möglichkeit zu einer Vollverzinsung (§ 233a AO)**. Auf Grund der nunmehr aufgegebenen Rechtsauffassung wäre diese möglich gewesen. Das BMF-Schreiben vom 20.5.2022 positioniert sich dazu allerdings nicht.

Beratungskonsequenzen

1. Um Beanstandungen im MIAS zu vermeiden, müssen immer **auch die korrespondierenden Umsatzsteuer-Voranmeldungen** berichtigt werden.
2. Im Hinblick auf § 233a AO wirken **diese Korrekturen zinswirksam** zurück.

23.7 Rückwirkende Anwendung

Das BMF-Schreiben ist erstmals auf innergemeinschaftliche Lieferungen anzuwenden, die nach dem 31.12.2019 bewirkt wurden.

Beratungskonsequenzen

Damit ist BMF-Schreiben auf **alle innergemeinschaftlichen Lieferungen anzuwenden, die der Neuregelung unterliegen**, und entfaltet Rückwirkung. Letzteres sehr zur Freude der Branche, die nach Umsatzsteuer-Sonderprüfungen bereits erste Unstimmigkeiten mit der Finanzverwaltung vermeldet hat. Diese dürften nunmehr beigelegt sein.

23.8 Ausblick

Aus dem BMF ist zu hören, dass der Verweis auf § 18a Abs. 10 UStG in § 4 Nr. 1 Buchst. b UStG ersatzlos gestrichen werden soll. Dies könnte bereits in einem Steueränderungsgesetz 2022 geschehen.

Die konkreten Folgen der Neuregelung für Abholfälle/Reihengeschäft

24 Neuregelung des Reihengeschäfts schafft Rechtssicherheit für Abholfälle

§ **Rechtsgrundlagen**

- UStG: § 3 Abs. 6a
- MwStSystRL: Art. 36a
- UStAE: Abschn. 3.14 n. F.
- BMF, Schreiben vom 25.4.2023, III C 2 – S 7116-a/19/10001 :003, 2023/0380817, BStBl. I 2023, 778

Die Umsatzsteuerung von Reihengeschäften ist bereits zum 1.1.2020 durch die damaligen »Quick Fixes« umfassend neu geregelt worden. Gesetzliche Voraussetzung der Umsatzsteuerbefreiung ist die Zuordnung der Warenbewegung nach dem neuen § 3 Abs. 6a UStG. Die Praxis stand bis jetzt vor der Frage, wie die Zuordnung in besonderen Einzelfällen nach Auffassung der deutschen Finanzverwaltung zu erfolgen hat. Das BMF hat sich dazu nunmehr erstmals positioniert und Abschn. 3.14 UStAE entsprechend fortgeschrieben (BMF, Schreiben vom 25.4.2023, a. a. O.).

24.1 Gründe für die Neuregelung zum 1.1.2020

Die Gesetzesänderung dient primär der Beseitigung von Rechtsunsicherheiten, die infolge der damals neuen und unerwarteten Rechtsprechung von EuGH und BFH entstanden sind[163].

Diese damals neue Rechtsprechung zur **Zuordnung der Warenbewegung im Abholfall** veranlasste europaweit die Finanzverwaltungen zu neuen Prüfungsansätzen:

Beispiel (Echtfall aus der Beratung)

Unternehmer D aus Dortmund beliefert den niederländischen Unternehmenskunden NL1 schon seit Jahren steuerfrei innergemeinschaftlich. Dies mit gutem Gewissen; die bekannten formalen Voraussetzungen der §§ 4 Nr. 1 Buchst. b, 6a UStG i. V. m. §§ 17a ff. UStDV werden von D peinlichst genau erfüllt.

163 Vgl. dazu insbesondere das EuGH-Urteil vom 27.9.2012, Rs. C- 587/10, VSTR, BFH/NV 2012, 1919 sowie die BFH-Urteile vom 28.5.2013, XI R 11/09, BStBl II 2023, 537, vom 25.2.2015, XI R 15/14, BStBl II 2023, 514 und vom 25.2.2015, XI R 30/13, BStBl II 2023, 511.

Zwischen D und NL1 sind Abhollieferungen vereinbart. Voraussetzung hierfür ist immer die vorherige vollständige Bezahlung der Ware. Erst dann, wenn die Debitorenbuchhaltung den vollständigen Geldeingang bestätigt, wird die Ware übergeben – sprich: umsatzsteuerlich geliefert.

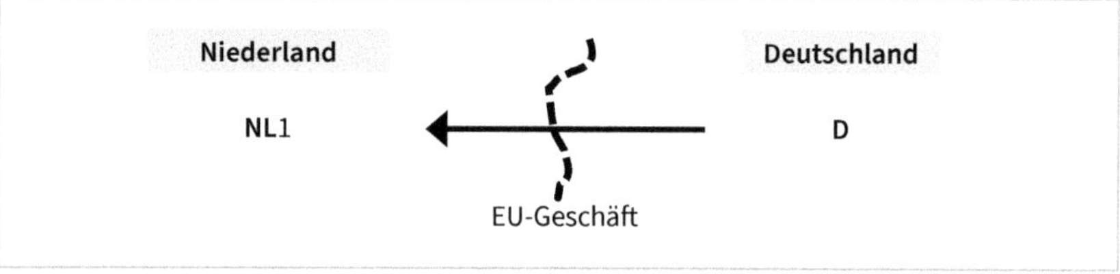

In Abholfällen wurde bis zum 31.12.2019 üblicherweise nur

- geprüft, ob eine **gültige USt-IdNr. des Kunden** vorliegt, und
- der Abholende zur Unterzeichnung der **Abnehmerversicherung** veranlasst.

Dabei wurde insbesondere **nicht** geprüft, von wem das Geld überwiesen wurde.

Beispiel Fortsetzung (Echtfall aus der Beratung)

Im Echtfall interessierte aber vollkommen unerwartet gerade Letzteres den Betriebsprüfer! Dabei stellte der Prüfer fest, dass die Zahlung von einem fremden Dritten kam:

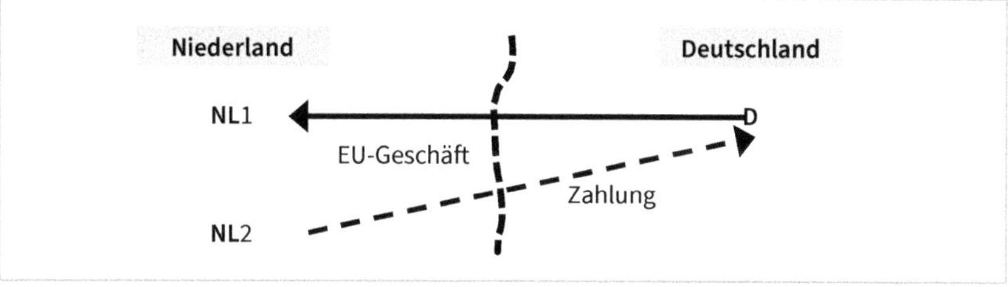

Nach Anwendung der neuen Rechtsprechung sollte die Steuerbefreiung einer innergemeinschaftlichen Lieferung in Abholfällen von dem weiteren – **ungeschriebenen – Tatbestandsmerkmal** abhängig sein, dass die Verfügungsmacht an der Ware im Ursprungsland vom Kunden nicht auf einen Dritten übertragen wird.

Beispiel Fortsetzung (Echtfall aus der Beratung)

Im Echtfall unterstellte die Finanzverwaltung einen mit der vorherigen Bezahlung einhergehenden Übergang der Verfügungsmacht auf NL2. Damit war nach der Rechtsprechung die Lieferung von D → NL eine ruhende, die einer bewegten vorangeht – also zwingend umsatzsteuerpflichtig!

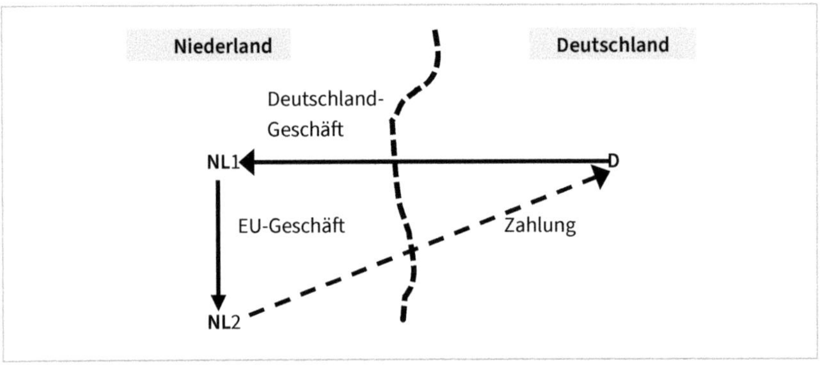

In der Praxis führte dies dazu, dass der Verkäufer im Abholfall bei Vertragsschluss vom Kunden verlangen musste, sich zur Frage des Übergangs der Verfügungsmacht auf den eigenen Kunden – **also den »Kunden vom Kunden«** – eindeutig zu positionieren. Ein Unding, dass die Mitgliedstaaten durch den neuen Art. 36a MwStSystRL wieder beseitigen wollten. In Umsetzung der neuen EU-Vorgabe wurden in Deutschland in § 3 Abs. 6 UStG die Sätze 5 und 6 gestrichen und ein neuer § 3 Abs. 6a UStG angefügt.

Praxistipp

Die Neuregelung von MwStSystRL und UStG soll also

- ein Problem beseitigen, das sich vollkommen unerwartet aus der Rechtsprechung von EuGH und BFH ergab, und
- die Rechtslage herbeiführen, von der die Finanzverwaltung und die Unternehmer immer und wie selbstverständlich ausgegangen sind – die aber rein rechtlich nicht gegeben war.

24.2 Das BMF-Schreiben hat drei Jahre auf sich warten lassen

Die Gesetzesänderung ist zum 1.1.2020 in Kraft getreten. Erst am 25.4.2023 wurden das zu besprechende BMF-Schreiben veröffentlicht und der UStAE fortgeschrieben. Das mag vor allem daran liegen, dass die gesetzliche Neuregelung lediglich die Rechtslage herbeiführen soll, von der die Finanzverwaltung schon immer ausgegangen ist (vgl. dazu oben, Kapitel 24.1).

Entsprechend bringt das BMF-Schreiben auch keine grundlegenden Neuerungen und schreibt den bisherigen Abschn. 3.14 UStAE lediglich an geeigneter Stelle fort. Dennoch müssen in der Praxis vereinzelte Neuerungen beachtet werden.

Leider hat das BMF die Chance vertan, mit dem neuen Schreiben auch die schon lange bekannten Problembereiche gebrochener Transport und Vereinfachung der innergemeinschaftlichen Dreiecksgeschäfte anzugehen (vgl. dazu unten, Kapitel 24.12).

24.3 Legaldefinition des Reihengeschäfts

Das Gesetz stellt die Reihengeschäfte den »normalen« Liefergeschäften im Grundsatz gleich. Das Verständnis der Sonderregelungen des § 3 Abs. 6a Satz 1, Abs. 7 Satz 2 UStG setzt daher zunächst das Wissen um die allgemeinen Vorschriften voraus.

Für Reihengeschäfte ergeben sich aus § 3 Abs. 6a Satz 1 erster Halbsatz UStG **zusätzliche Tatbestandsmerkmale**. Ein solches liegt vor, wenn

- mehrere Unternehmer
- über denselben Gegenstand
- Liefergeschäfte abschließen und
- dieser Gegenstand
- bei der Beförderung oder Versendung
- unmittelbar vom ersten Unternehmer an den letzten Abnehmer gelangt.

Praxistipp

Insoweit entspricht der neue § 3 Abs. 6a Satz 1 erster Halbsatz UStG der Vorgängervorschrift § 3 Abs. 6 Satz 5 erster Halbsatz UStG. Neu ist allerdings die Verwendung des **Begriffs »Reihengeschäft«**.
Zumindest für jüngere Rechtsanwender. Denn der Begriff war **bis zum 31.12.1996** in der Legaldefinition des § 3 Abs. 2 UStG a. F. enthalten. Dieser Regelung zufolge galt die Lieferung an den letzten Abnehmer gleichzeitig als Lieferung eines jeden Unternehmers in der Reihe. Nach dieser Regelung wurden alle Lieferungen als bewegte Lieferungen zum gleichen Zeitpunkt und am gleichen Ort bewirkt.
Mit Wirkung zum 1.1.1997 wurden die umsatzsteuerlichen Vorschriften zum Reihengeschäft an die EU-Vorgaben angepasst. Zu diesem Zwecke wurden alle Vorschriften, die mit dem Reihengeschäft in Zusammenhang stehen, aufgehoben. Seit diesem Zeitpunkt verwendete der Gesetzgeber den Begriff »Reihengeschäft« nicht mehr ausdrücklich – aber umschrieben: § 3 Abs. 6 Satz 5 UStG a. F. enthielt **bis zum 31.12.2019** den Tatbestand des Reihengeschäfts, ohne dieses ausdrücklich als ein solches zu bezeichnen.

Ein besonderer Fall des Reihengeschäfts ist das **innergemeinschaftliche Dreiecksgeschäft** (Abschn. 3.14 Abs. 1 Satz 2 UStAE n. F.).

24.4 Aneinanderreihung von Lieferungen

Primäre Rechtsfolge eines Reihengeschäftes ist, dass es zwischen den Beteiligten zu einer **Vielzahl von Lieferumsätzen** im Sinne des § 3 Abs. 1 UStG kommt. Reihengeschäfte sind damit nichts anderes als die **Aneinanderreihung mehrerer Liefergeschäfte.**

Beispiel 1

Büroausstatter D1 in Lörrach bestellt bei Großhändler D2 in Freiburg ein Kopiergerät. D2, der das Gerät selbst nicht vorrätig hat, bestellt dieses wiederum bei Großhändler D3 in Stuttgart. D3 muss seinerseits auf Großhändler D4 in Hamburg zurückgreifen. Die »Auslieferung« erfolgt vereinbarungsgemäß von D4 direkt an D1.

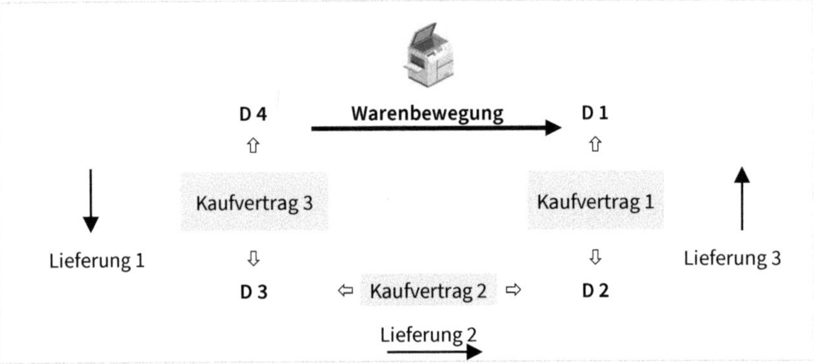

Aus zivilrechtlicher Sicht sind **3 Vertragsbeziehungen** zu unterscheiden:

- Kaufvertrag 1 zwischen D2 (Verkäufer) und D1 (Käufer)
- Kaufvertrag 2 zwischen D3 (Verkäufer) und D2 (Käufer)
- Kaufvertrag 3 zwischen D4 (Verkäufer) und D3 (Käufer)

Aus umsatzsteuerlicher Sicht werden diese Verträge durch **3 Lieferungen** erfüllt:

- Zunächst beliefert D4 (= erster Lieferer) den D3 (Leistungsempfänger).
- Danach beliefert D3 (= zweiter Lieferer) den D2 (Leistungsempfänger).
- Zuletzt beliefert D2 (= dritter Lieferer) den D1 (Leistungsempfänger).

Praxistipp

- Alle **zivilrechtlichen Erfüllungsgeschäfte = umsatzsteuerliche Lieferungen** werden durch eine (tatsächliche) Warenbewegung erfüllt.
- Die Kaufverträge werden **quasi »rückwärts« erfüllt**: zunächst muss im Beispiel der letzte Vertragspartner D4 liefern, damit sein Kunde D3 den Kunden D2 beliefern kann usw.
- Die einzelnen Lieferungen müssen in Bezug auf den Lieferort und den Lieferzeitpunkt **jeweils gesondert betrachtet** werden (Abschn. 3.14 Abs. 2 Satz 1 UStAE n. F.).

24.5 Kein Reihengeschäft bei Lieferungen ohne jede Warenbewegung

Liefergeschäfte, die von mehreren Unternehmern über denselben Gegenstand abgeschlossen werden und bei denen **keine Beförderung oder Versendung** stattfindet (z. B. Grundstückslieferungen oder Lieferungen, bei denen die Verfügungsmacht durch Vereinbarung eines Besitzkonstituts oder durch Abtretung des Herausgabeanspruchs verschafft wird), können nicht Gegenstand eines Reihengeschäfts sein (Abschn. 3.14 Abs. 2 Satz 6 UStAE n. F.).

Diese Lieferungen werden dort ausgeführt, wo sich der Gegenstand zur Zeit der Verschaffung der Verfügungsmacht befindet (§ 3 Abs. 7 Satz 1 UStG). Befindet sich der Gegenstand in einem anderen Land, ist der Umsatz in Deutschland nicht steuerbar. Ist das andere Land ein

- **EU-Mitgliedstaat**, ist zu prüfen, ob der Liefernde sich dort registrieren lassen muss oder ob ein Reverse-Charge-Verfahren zur Anwendung kommt;
- **Drittland**, richtet sich die Frage einer eventuellen Umsatzbesteuerung noch den dort geltenden Vorschriften.

Praxistipp

Dieser Gedanke ist vor allem wichtig für Werklieferungen, die ein ortsgebundenes (nicht transportables) Werk zum Gegenstand haben, und damit vor allem für den **Anlagenbau** (vgl. auch Abschn. 3.12 Abs. 6 UStAE).

24.6 Zuordnung der Warenbewegung

Die Warenbewegung (= Beförderung oder Versendung) des Gegenstands ist nur einer der Lieferungen zuzuordnen (§ 3 Abs. 6a Satz 1 zweiter Halbsatz UStG). Diese eine Lieferung ist die Beförderungs- oder Versendungslieferung bzw. – in Abgrenzung zur ruhenden Lieferung des § 3 Abs. 7 Satz 2 UStG – die **bewegte Lieferung**. Diese in der Praxis schon lange gängige Bezeichnung hat nunmehr auch die Finanzverwaltung eingeführt (Abschn. 3.14 Abs. 2 Satz 3 UStAE n. F.).

Praxistipp

- Die Worte »**nur einer der Lieferungen zuzuordnen**« sollen zum Ausdruck bringen, dass § 3 Abs. 6a Satz 1 UStG eine Regelung nur für *eine* (1) der Lieferungen trifft; diese Lieferung ist die bewegte Lieferung.
- Für alle anderen Lieferungen ist eine andere Lieferortsbestimmung zu suchen. Diese findet sich in § 3 Abs. 7 Satz 2 UStG; es handelt sich mithin um **ruhende Lieferungen**.

Innerhalb der ruhenden Lieferungen gilt es zu unterscheiden, und zwar danach, ob diese zeitlich vor oder nach der Beförderungs- oder Versendungslieferung ausgeführt werden:

- Gehen ruhende Lieferungen der bewegten Lieferung voran, spricht man von **ruhenden vorangehenden Lieferungen**. Diese ruhenden Lieferungen gelten – wie die bewegten Lieferungen – gem. § 3 Abs. 7 Satz 2 Nr. 1 UStG dort als ausgeführt, wo die Warenbewegung beginnt **(Ursprungslandprinzip)**.
- Folgen ruhende Lieferungen der bewegten Lieferung, spricht man von **ruhenden nachfolgenden Lieferungen**. Diese ruhenden Lieferungen gelten gem. § 3 Abs. 7 Satz 2 Nr. 2 UStG dort als ausgeführt, wo die Warenbewegung endet **(Bestimmungslandprinzip)**.

Jedes Reihengeschäft besteht damit aus

- **einer (1) bewegten** Lieferung (§ 3 Abs. 6a Satz 1 zweiter Halbsatz UStG). Für diese Lieferung ergibt sich der Lieferort aus § 3 Abs. 6 UStG (Abschn. 3.14 Abs. 5 UStAE n. F.)
- ggf. **mehreren ruhenden** Lieferungen (§ 3 Abs. 7 Satz 2 UStG).

Nur bei der bewegten Lieferung kommen die Steuerbefreiungen für

- Ausfuhrlieferungen (§ 4 Nr. 1 Buchst. a i. V. m. § 6 UStG)
- innergemeinschaftliche Lieferungen (§ 4 Nr. 1 Buchst. b i. V. m. § 6a UStG) und damit auch die Notwendigkeit von Gelangensbestätigung, Abnehmerversicherung und Gelangensvermutung
- die Lieferortsfiktion des § 3 Abs. 8 UStG

in Betracht (Abschn. 3.14 Abs. 2 Satz 3 UStAE n. F.).

Checkliste: Prüfung eines Reihengeschäfts

- Da bei einem Reihengeschäft nur eine (1) der Lieferungen die bewegte sein kann und alle anderen Lieferungen daraufhin zu beurteilen sind, ob sie der bewegten (zeitlich) vorangehen oder folgen, muss die **erste Frage** einer jeden Fallbearbeitung lauten: »**Welche Lieferung ist die bewegte Lieferung?**«
- Alle anderen Lieferungen sind **in einem zweiten Schritt** um die bewegte Lieferung herum zu gruppieren: sie gehen der bewegten entweder zeitlich voran (Ortsbestimmung nach § 3 Abs. 7 Satz 2 Nr. 1 UStG) oder folgen ihr (Ortsbestimmung nach § 3 Abs. 7 Satz 2 Nr. 2 UStG).

24.7 Transportverantwortlichkeit entscheidet

Die Zuordnung der Beförderung oder Versendung zu einer der Lieferungen des Reihengeschäfts ist davon abhängig, ob der Gegenstand der Lieferung durch

- den ersten Unternehmer,

- den letzten Abnehmer oder
- einen der neuen »Zwischenhändler« (vgl. dazu unten, Kapitel 24.9.1)

in der Reihe befördert oder versendet wird (Abschn. 3.14 Abs. 7 Satz 1 UStAE n. F.).

Die Zuordnungsentscheidung muss **einheitlich für alle Beteiligten getroffen** werden (Abschn. 3.14 Abs. 7 Satz 3 UStAE n. F.).

Aus den vorhandenen Aufzeichnungen muss sich eindeutig und leicht nachprüfbar ergeben, wer die Beförderung durchgeführt oder die Versendung veranlasst hat (Transportverantwortlichkeit). Im Fall der Versendung ist dabei auf die **Auftragserteilung an den selbstständigen Beauftragten** abzustellen. Eine hiervon abweichende Zuordnung ist nur zulässig, wenn der Unternehmer nachweist, dass die Beförderung bzw. die Versendung auf Rechnung eines anderen Unternehmers erfolgt ist und dieser tatsächlich die Gefahr des zufälligen Untergangs des Gegenstands während des Transports getragen hat (Abschn. 3.14 Abs. 7 Sätze 4 bis 6 UStAE n. F.).

Der Lieferant trägt die Transportverantwortlichkeit, wenn er nach dem Kaufvertrag auch den Transport der Ware zum Kunden schuldet. Wie er den Transport tatsächlich durchführt, ob er also

- die Ware selbst zum Kunden bringt oder
- einen Spediteur bestellt oder
- einen Frachtführer beauftragt,

ist ohne Bedeutung.

Der Kunde trägt die Transportverantwortlichkeit, wenn der Lieferant nach dem Kaufvertrag also lediglich die Übergabe der Ware im eigenen Unternehmen schuldet. Wie der Kunde den Transport tatsächlich durchführt, ob er also

- die Ware höchstpersönlich abholt oder
- einen Arbeitsnehmer beauftragt oder
- einen Spediteur bestellt oder
- einen Frachtführer beauftragt,

ist für die Transportverantwortung ohne Bedeutung.

> **Praxistipp**
> Bei einer Versendung der Ware – also bei Ausführung der Beförderung durch einen **selbstständigen Beauftragten** (§ 3 Abs. 6 Satz 3 UStG) – ist auf die Auftragserteilung an den Beauftragten abzustellen.
> **Ohne Bedeutung ist, wer die Kosten für den Transport wirtschaftlich trägt.** Auch dann, wenn die Transportkosten vollumfänglich weiterbelastet werden (»Kaufpreis zzgl. Porto und Versand«) ändert dies grundsätzlich nicht an der Zuordnung der Warenbewegung.

Der Inhalt einer Leistung und die Person des Leistungsempfängers sind grundsätzlich nach dem der Leistung zugrunde liegenden Rechtsverhältnis – **also den zivilrechtlichen Vertragsbeziehungen** – zu bestimmen (EuGH, Urteil vom 20.6.2013, Rs. C-653/11, Newey; BVerfG, Beschluss vom 3.12.2012, 1 BvR 1747/11; BFH, Urteil vom 20.10.2016, V R 33/14, m. w. N.).
Unbedingt muss der Transportauftrag daher **klar und eindeutig** erteilt werden!

24.8 Transportfall

Wird der Gegenstand der Lieferung durch den ersten Unternehmer in der Reihe befördert oder versendet, ist die Warenbewegung seiner Lieferung zuzuordnen (§ 3 Abs. 6a Satz 2 UStG, Abschn. 3.14 Abs. 8 Satz 1 UStAE n. F.).

Beispiel 2

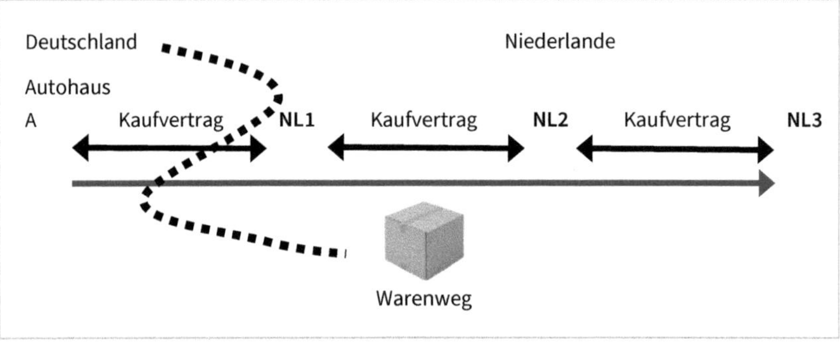

NL1, NL2 und NL3 sind niederländische Unternehmer. NL3 bestellt eine Maschine bei NL2. NL2 bestellt die Maschine bei Großhändler NL1, der diese seinerseits beim deutschen Hersteller D bestellt. Alle Beteiligten treten unter den USt-IdNrn. ihrer Länder auf. Vereinbarungsgemäß muss D die Maschine dem NL3 in Amsterdam übergeben.

Folge:

Bei diesem Reihengeschäft werden nacheinander drei Lieferungen (D → NL1, NL1 → NL2 und NL2 → NL3) ausgeführt.
Die Warenbewegung ist der Lieferung D → NL 1 zuzuordnen (§ 3 Abs. 6a Satz 2 UStG). Die Lieferung des D ist damit die bewegte und gilt dort als ausgeführt, wo der Transport beginnt (§ 3 Abs.6 Satz 1 UStG, Abschn. 3.14 Abs. 5 Satz 2 UStAE n. F.), also in Deutschland.
Die Lieferung ist in Deutschland steuerbar und unter den weiteren Voraussetzungen der §§ 4 Nr. 1 Buchst. b, 6a UStG steuerfrei.
Die Lieferungen NL1 → NL2 und NL2 → NL3 sind in den Niederlanden ruhende nachfolgende Lieferungen (§ 3 Abs.7 Satz 2 Nr. 2 UStG, Abschn. 3.14 Abs. 5 Satz 3 UStAE n. F.) und als solche dort steuerbar.

Hinweis

Weitere Beispiele für den Transportfall finden Sie in Abschn. 3.14 Abs. 6 und Abs. 8 UStAE n. F.

24.9 Abholfall: Transport durch letzten Abnehmer

Wird der Gegenstand der Lieferung durch den letzten Abnehmer befördert oder versendet, ist die Beförderung oder Versendung der »Lieferung an ihn« – also der Lieferung, die letzten Abnehmer zum Eingangsumsatz führt – zuzuordnen (§ 3 Abs. 6a Satz 3 UStG, Abschn. 3.14 Abs. 8 Satz 2 UStAE n. F.).

Beispiel 3

Sachverhalt wie Beispiel 2. NL3 holt die Maschine mit eigenem LKW bei D in Deutschland ab und transportiert sie unmittelbar zu sich nach Amsterdam.

Folge

Bei diesem Reihengeschäft werden nacheinander drei Lieferungen (D → NL1, NL1 → NL2 und NL2 → NL3) ausgeführt.

Die Warenbewegung ist der Lieferung NL2 → NL3 zuzuordnen (§ 3 Abs. 6a Satz 3 UStG). Die Lieferung des NL2 ist damit die bewegte und gilt dort als ausgeführt, wo der Transport beginnt (§ 3 Abs. 6 Satz 1 UStG, Abschn. 3.14 Abs. 5 Satz 2 UStAE n. F.).

Die Lieferung ist in Deutschland steuerbar und unter den weiteren Voraussetzungen der §§ 4 Nr. 1 Buchst. b, 6a UStG steuerfrei. NL2 muss sich – soweit er dies nicht schon ist – in Deutschland umsatzsteuerlich registrieren lassen.

Die Lieferungen D → NL1 und NL1 → NL2 sind in Deutschland ruhende vorangehende Lieferungen (§ 3 Abs.7 Satz 2 Nr. 1 UStG, Abschn. 3.14 Abs. 5 Satz 3 UStAE n. F.) und als solche dort steuerbar. Für D ist die Lieferung ein normaler Inlandsumsatz. NL1 muss sich – soweit er dies nicht schon ist – in Deutschland umsatzsteuerlich registrieren lassen.

Hinweis

Ein weiteres Beispiel für die Abholung durch den letzten Abnehmer finden Sie in Abschn. 3.14 Abs. 8 UStAE n. F.

24.10 Abholfall: Transport durch einen Zwischenhändler

Wird der Gegenstand der Lieferung durch einen Abnehmer befördert oder versendet, der zugleich Lieferer ist (Zwischenhändler), ist die Beförderung oder Versendung der Lieferung an ihn zuzuordnen, es sei denn, er weist nach, dass er den Gegenstand als Lieferer befördert oder versendet hat (§ 3 Abs. 6a Satz 4 UStG).

24.10.1 Begriffliche Klärung

Zwischenhändler ist ein Abnehmer, der zugleich Lieferer ist (§ 3 Abs. 6a Satz 4 erster Halbsatz UStG).

In der Regel kennt man als Lieferant nur seinen eigenen Kunden. Letzterer wird dadurch, dass er für die eingekaufte Ware bereits seinerseits im Vorhinein einen Kunden gefunden hat (»Kunde vom Kunden«), zum Zwischenhändler:

Begriffliche Erklärung

Lieferant ⟺ Kunde ⟺ Kunde vom Kunden

wird
durch den Vertrag zum
»Zwischenhändler«

In Beispiel 2

... sind NL1 und NL2 Zwischenhändler.

24.10.2 Widerlegbare Vermutung

Die Warenbewegung ist der Lieferung an den Zwischenhändler zuzuordnen, es sei denn, der Zwischenhändler weist nach, dass er den Gegenstand als Lieferer befördert oder versendet hat (§ 3 Abs. 6a Satz 4 Halbsatz 2 UStG). Wie der Nachweis zu führen ist, hängt davon ab, ob die Warenbewegung

- auf das deutsche Inland beschränkt ist,
- innergemeinschaftlich erfolgt, also in einem anderen EU-Mitgliedstaat endet
- zu einer Ausfuhr führt, also in einem Drittland endet oder
- zu einer Einfuhr führt, also in einem Drittland beginnt und in Deutschland endet.

24.10.3 Auf das Inland beschränkte Warenbewegung

Beschränkt sich die Warenbewegung im Reihengeschäft auf das Inland, kann der Zwischenhändler die Warenbewegung seiner eigenen Lieferung zuordnen, wenn er nachweist, dass er den Gegenstand in seiner Eigenschaft als Lieferer befördert bzw. versendet hat (§ 3 Abs. 6a Satz 4 Halbsatz 2 UStG). Nachweise in diesem Sinne sind z. B.

- eine Auftragsbestätigung,
- das Doppel der Rechnung oder
- andere handelsübliche Belege und Aufzeichnungen, die nachweisen, dass er als Lieferer aufgetreten ist.

Der Zwischenhändler kann die Eigenschaft als Lieferer unter Berücksichtigung der **Gesamtheit der Umstände des Einzelfalls** nachweisen (z. B. anhand Übernahme von Kosten des Transports aufgrund der mit dem Vorlieferanten und seinem Auftraggeber vereinbarten Lieferkonditionen, Mitteilung über den Weiterverkauf vor Beginn der Beförderung oder Versendung usw.). Allein die Mitteilung an den Vorlieferanten über den Weiterverkauf des Liefergegenstands ist hierfür nicht ausreichend (Abschn. 3.14 Abs. 9 UStAE n. F. unter Hinweis auf BFH-Urteil vom 28.5.2013, XI R 11/09, BStBl II 2023, 537).

Praxistipp

Der Nachweis kann erbracht werden »unter Berücksichtigung der Gesamtheit der Umstände des Einzelfalls«. Was bitte? Eine Vertiefung der Frage lohnt nicht wirklich! Denn die Zuordnung der Warenbewegung hat für innerdeutsche Reihengeschäfte **keinerlei Relevanz.** Ob ruhend oder bewegt – die Lieferungen erfolgen immer umsatzsteuerbar und in der Regel auch -pflichtig.

Hinweis

Das BMF versucht seine Rechtsauffassung mit **zwei Beispielen** zu verdeutlichen (Abschn. 3.14 Abs. 9 UStAE n. F.). Das »Warum?« erschließt sich nicht. Denn – noch einmal – keinerlei Praxisrelevanz!

24.10.4 Innergemeinschaftliche Warenbewegung

Gelangt der Gegenstand der Lieferung aus dem Gebiet eines Mitgliedstaates in das Gebiet eines anderen Mitgliedstaates und verwendet der Zwischenhändler gegenüber dem leistenden Unternehmer **bis zum Beginn der Beförderung oder Versendung** eine Umsatzsteuer-Identifikationsnummer, die ihm vom Mitgliedstaat des Beginns der Beförderung oder Versendung erteilt wurde, ist die Beförderung oder Versendung seiner Lieferung zuzuordnen (§ 3 Abs. 6a Satz 5 UStG).

Praxistipp

1. Der Begriff »Verwendung« einer USt-IdNr. setzt ein **positives Tun** des mittleren Unternehmers voraus. Da es sich dabei um die Verwirklichung des Sachverhalts handelt (Auftreten als Lieferer), bleiben spätere Änderungen bei der Verwendung der USt-IdNr. ohne Auswirkung (Abschn. 3.14 Abs. 10 Sätze 2 f. UStAE n. F.).
2. Für deutsche Lieferanten heißt das, dass der Kunde unter seiner deutschen USt-IdNr. bestellen müsste. Da dieser Fall aber sowieso als steuerpflichtig behandelt würde, kann eine **versehentliche Behandlung durch den Lieferanten als steuerfrei wohl ausgeschlossen werden.**

Verwendet der mittlere Unternehmer seine ihm vom Abgangsstaat erteilte USt- IdNr., muss dies **in der Regel bereits bei Vertragsabschluss**, spätestens jedoch bei Ausführung der Lieferung erfolgen (Abschn. 3.14 Abs. 10 Satz 4 UStAE n. F.).

Die verwendete USt-IdNr. soll **in dem jeweiligen Auftragsdokument schriftlich** festgehalten werden (Abschn. 3.14 Abs. 10 Satz 5 UStAE n. F.).

Bei **mündlicher Erteilung eines Auftrags** muss die rechtzeitige Verwendung der USt-IdNr. vom mittleren Unternehmer dokumentiert werden (Abschn. 3.14 Abs. 10 Satz 6 UStAE n. F.).

Es reicht ebenfalls aus, wenn der mittlere Unternehmer dokumentiert, dass er gegenüber seinem leistenden Unternehmer erklärt hat, die ihm vom Abgangsstaat erteilte USt-IdNr. für alle künftigen Lieferungen verwenden zu wollen (**Generalvereinbarung**, Abschn. 3.14 Abs. 10 Satz 7 UStAE n. F.).

Eine in einem Dokument **lediglich formularmäßig eingedruckte USt-IdNr.** reicht nicht aus (Abschn. 3.14 Abs. 10 Satz 8 UStAE n. F.).

Ein positives Tun des Zwischenhändlers liegt auch dann vor, wenn

- dessen Leistungsempfänger (Erwerber) die Erklärung über die Unternehmereigenschaft und den unternehmerischen Bezug objektiv nachvollziehbar vorgenommen hat und der Leistungsbezug vom Leistungsempfänger in zutreffender Weise erklärt worden ist und
- der Zwischenhändler seinen Meldepflichten nach § 18a UStG (Zusammenfassende Meldung) nachgekommen ist und die Rechnung über die Leistung einen Hinweis auf die USt-IdNr. des Leistungsempfängers, die nach § 18a Abs. 7 UStG in der Zusammenfassenden Meldung angegeben wurde, enthält

(Abschn. 3.14 Abs. 10 Satz 9 UStAE n. F.).

Praxistipp

Ein positives Tun des Zwischenhändlers liegt mit anderen Worten auch dann vor, wenn der Zwischenhändler und dessen Kunde

- die innergemeinschaftliche Lieferung und
- den korrespondierenden Erwerb

ordnungsgemäß versteuern.

Beispiel 4

Sachverhalt wie Beispiel 2. NL1 holt die Maschine mit eigenem LKW bei D in Deutschland ab und transportiert sie unmittelbar zu NL3 nach Amsterdam.

Folge:

Bei diesem Reihengeschäft werden nacheinander drei Lieferungen (D → NL1, NL1 → NL2 und NL2 → NL3) ausgeführt.

Die Warenbewegung ist der Lieferung D → NL1 zuzuordnen (§ 3 Abs. 6a Satz 5 UStG), da NL 1 als Zwischenhändler gegenüber D eine niederländische USt-IdNr. verwendet hat. Dies ist keine vom Mitgliedstaat des Beginns der Beförderung (Deutschland) erteilte USt-IdNr. (§ 3 Abs. 6a Satz 5 erster Halbsatz UStG; Hinweis: Abschn. 3.14 Abs. 10 Bsp. 1 Satz 6 UStAE n. F. verweist fälschlicherweise auf Satz 4).

Die Lieferung des A ist damit die bewegte und gilt dort als ausgeführt, wo der Transport beginnt (§ 3 Abs. 6 Satz 1 UStG, Abschn. 3.14 Abs. 5 Satz 2 UStAE n. F.), also in Deutschland.
Die Lieferung ist in Deutschland steuerbar und unter den weiteren Voraussetzungen der §§ 4 Nr. 1 Buchst. b, 6a UStG steuerfrei.
Die Lieferungen NL1 → NL2 und NL2 → NL3 sind in den Niederlanden ruhende nachfolgende Lieferungen (§ 3 Abs. 7 Satz 2 Nr. 2 UStG, Abschn. 3.14 Abs. 5 Satz 3 UStAE n. F.) und als solche dort steuerbar.

Hinweis

Weitere Beispiele für den Transport durch einen Zwischenhändler finden Sie in Abschn. 3.14 Abs. 10 UStAE n. F.

Praxistipp

Für die Zuordnung der Warenbewegung nach § 3 Abs. 6a UStG und damit für die Umsatzsteuerbefreiung muss D den Nachweis erbringen, dass der Transport durch den eigenen Kunden erfolgt und vom Kunden nicht auf einen seiner Kunden (»Kunde vom Kunden«) delegiert wurde. Dieser Nachweis erfolgt idealerweise über eine **Abnehmerversicherung**. Diese darf nicht mit der Gelangensbestätigung verwechselt werden! Im Unterschied zur Gelangensbestätigung (= **Vollzugsmeldung:** die Ware ist bereits im EU-Bestimmungsland angekommen) ist die Abnehmerversicherung eine **Absichtserklärung:** der Unterzeichnete sichert ein noch zukünftiges Verhalten zu ➲ Kapitel 14.

24.10.5 Warenbewegung für Ausfuhr

Gelangt der Gegenstand der Lieferung in das Drittlandsgebiet, ist von einem ausreichenden Nachweis nach Satz 4 auszugehen, wenn der Zwischenhändler gegenüber dem leistenden Unternehmer bis zum Beginn der Beförderung oder Versendung eine Umsatzsteuer-Identifikationsnummer oder Steuernummer **verwendet**, die ihm vom Mitgliedstaat des Beginns der Beförderung oder Versendung erteilt wurde (§ 3 Abs. 6a Satz 6 UStG).

Praxistipp

Zum Begriff der Verwendung verweist Abschn. 3.14 Abs. 11 Satz 2 UStAE n. F. auf die **Ausführungen zu entsprechenden EU-Lieferungen** (dazu oben, Kapitel 24.10.4).

24.10.6 Warenbewegung für Einfuhr

Gelangt der Gegenstand der Lieferung vom Drittlandsgebiet in das Gemeinschaftsgebiet, ist von einem ausreichenden Nachweis nach Satz 4 auszugehen, wenn der Gegenstand der Lieferung im Namen des Zwischenhändlers oder im Rahmen der indirekten Stellvertretung (Art. 18 der VO (EU) Nr. 952/2013 des Europäischen Parlaments und des

Rats zur Festlegung des Zollkodex der Union, ABl. L 269 vom 10.10.2013, S. 1) für seine Rechnung zum zoll- und steuerrechtlich freien Verkehr angemeldet wird (§ 3 Abs. 6a Satz 7 UStG, Abschn. 3.14 Abs. 11 Satz 3 UStAE n. F.).

24.11 Kein Reihengeschäft bei elektronischer Schnittstelle

Abschn. 3.14 Abs. 20 UStAE n. F. stellt zutreffend klar, dass die Sonderregeln für Reihengeschäfte nicht auf Lieferketten unter Einbeziehung der Betreiber elektronischer Schnittstellen als fiktiver Lieferer (§ 3 Abs. 3a i. V. m. Abs. 6b UStG) anzuwenden sind.

Praxistipp

Bewegte Lieferung ist in diesen Fällen stets die **Lieferung des Schnittstellenbetreibers**. Diese unterliegt der **Besteuerung im Bestimmungsland**.

24.12 Auch weiterhin offene Fragen

24.12.1 Innergemeinschaftliche Dreiecksgeschäfte

Ein innergemeinschaftliches Dreiecksgeschäft setzt voraus, dass drei Unternehmer (erster Lieferer, erster Abnehmer und letzter Abnehmer) über denselben Gegenstand Umsatzgeschäfte abschließen, und dieser Gegenstand unmittelbar vom Ort der Lieferung des ersten Lieferers an den letzten Abnehmer gelangt (§ 25b Abs. 1 Satz 1 Nr. 1 UStG).

Ein innergemeinschaftliches Dreiecksgeschäft kann auch zwischen drei unmittelbar nacheinander liefernden Unternehmern bei Reihengeschäften mit mehr als drei Beteiligten vorliegen, wenn die drei unmittelbar nacheinander liefernden Unternehmer am Ende der Lieferkette stehen (**Vereinfachungsregel**, Abschn. 25b.1 Abs. 2 Satz 2 UStAE). Das BMF beschränkt die Vereinfachungsregel damit auf die letzten drei Beteiligten.

Andere Mitgliedstaaten sind da wesentlich offener und erlauben die Anwendung der Vereinfachung **unabhängig von der Position der beteiligten drei Unternehmer im konkreten Reihengeschäft**. Es wird lediglich verlangt, dass die drei Unternehmer die weiteren Voraussetzungen der Vereinfachung erfüllen und insbesondere in drei verschiedenen Mitgliedstaaten ansässig sind.

24.12.2 Gebrochener Transport

Das unmittelbare Gelangen im Sinne des § 3 Abs. 6 Satz 5 UStG setzt grundsätzlich eine Beförderung oder Versendung durch einen am Reihengeschäft beteiligten Unternehmer voraus; diese Voraussetzung ist bei der Beförderung oder Versendung durch mehrere beteiligte Unternehmer (sog. gebrochene Beförderung oder Versendung) nicht erfüllt (Abschn. 3.14 Abs. 4 Satz 1 UStAE n. F.).

Praxistipp

Teilen sich mehrere Beteiligte die Transportverantwortlichkeit, steht dies aus deutscher Sicht der Annahme eines Reihengeschäfts entgegen.

Viele andere Mitgliedstaaten sehen das anders. Aus logistischen Gründen lassen diese zu, dass mehrere Parteien die Verantwortung jeweils für Teilstrecken übernehmen.

Praxistipp

Die Unternehmer tragen also weiter das **Risiko der »Straferwerbsteuer«** (§ 3d Satz 2 UStG i. V. m. § 15 Abs. 1 Satz 1 Nr. 3 UStG Umkehrschluss).

24.13 Anwendungsregelung

Die Grundsätze des neuen BMF-Schreibens sind in allen offenen Fällen anzuwenden. Für den Zeitraum bis zur Veröffentlichung dieses Schreibens wird es nicht beanstandet, wenn die Zuweisung der Transportverantwortlichkeit von den Beteiligten einvernehmlich abweichend von Abschn. 3.14 Abs. 7 -11 UStAE a. F. bestimmt worden ist[164].

Praxistipp

Die gesetzliche Neuregelung soll lediglich die Rechtslage herbeiführen soll, von der die Finanzverwaltung schon immer ausgegangen ist (dazu oben, Kapitel 24.1). Entsprechend bringt das BMF-Schreiben auch keine grundlegenden Neuerungen (dazu oben, Kapitel 24.2). Sachverhalte, die Abschn. 3.14 n. F. anders beurteilt als Abschn. 3.14 UStAE a. F. sollten daher die Ausnahme sein.

24.14 Fazit

Die Finanzverwaltung behält ihre Rechtsauffassung im Wesentlichen unverändert bei und nutzt das neue BMF-Schreiben, um diese noch einmal zu untermauern. Dabei werden die eher wenigen Neuerungen an zahlreichen Fallbeispielen verdeutlicht. Für die Praxis wird das sicher sehr hilfreich sein und zum Verständnis beitragen. Letztlich zeigt das BMF-Schreiben noch einmal, wie wichtig Prüfung und Dokumentation der Kunden-USt-IdNr. sind.

164 BMF, Schreiben vom 25.4.2003, a. a. O.

25 Die Steuerbefreiung in Abholfällen leicht erkennen und prüfungssicher dokumentieren

Bei Liefergeschäften über die Grenze – aus Deutschland heraus sowohl in ein anderes EU-Land als auch in ein Drittland – ist vorrangig zu klären, ob eine der beiden Umsatzsteuerbefreiungen greift, ob also eine Ausfuhrlieferung (§ 4 Nr. 1 Buchst. a i. V. m. § 6 UStG) oder eine innergemeinschaftliche Lieferung (§ 4 Nr. 1 Buchst. b i. V. m. § 6a UStG) vorliegt. Neue Checklisten helfen Ihnen, diese Frage einfach und zugleich sicher zu klären oder von Ihren Mitarbeitern klären zu lassen – und zwar ohne vertiefte (Umsatzsteuer-)Rechtskenntnis! Bei Abhollieferungen ist zur Dokumentation die Abnehmerversicherung zu empfehlen; dazu gibt der Beitrag Ihnen zwei Muster an die Hand.

25.1 Steuerbefreiung ausschließlich für bewegte Lieferungen

Verkäufe über die Grenze können nur dann als

- innergemeinschaftliche Lieferung (§ 4 Abs. 1 Nr. 1 Buchst. b i. V. m. § 6a UStG)
- Ausfuhrlieferung (§ 4 Abs. 1 Nr. 1 Buchst. a i. V. m. § 6 UStG) oder

umsatzsteuerfrei erfolgen, wenn ihnen die Warenbewegung zugeordnet werden kann (vgl. Abschn. 3.12 Abs. 2 Satz 3 UStAE).

> **Wichtig!**
> Die Praxis bezeichnete diese Lieferungen schon immer als **bewegte Lieferungen**. Mittlerweile hat auch die Finanzverwaltung die Bezeichnung offiziell eingeführt (Abschn. 3.14 Abs. 2 Satz 3 UStAE n. F.).

Ob einer Lieferung die Warenbewegung zugeordnet werden kann, ergibt sich seit dem 1.1.2020 aus dem recht umfangreichen und in Teilen nur schwer zu verstehenden § 3 Abs. 6a UStG (dazu ausführlich ➲ Kapitel 24). Für die Praxis lassen sich die komplizierten Vorgaben jedoch auf

- drei Prüfungsschritte (EU-Lieferungen) bzw.
- zwei Prüfungsschritte (Non-EU-Lieferungen)

herunterbrechen:

Checkliste 1: Innergemeinschaftliche Lieferungen

Sie können – unter den weiteren Voraussetzungen – steuerfrei innergemeinschaftlich liefern, wenn

- der Kunde Ihnen eine gültige ausländische USt-IdNr. benennt (ASR 6/2021, 4 → Abruf-Nr. XXXXXX) *und*
- Sie die Transportverantwortung tragen, d. h. die Ware selbst (»mit eigenem LKW«) in das EU-Ausland transportieren oder einen Frachtführer beauftragen oder einen Spediteur bestellen *oder*
- Ihr Kunde die Transportverantwortung trägt und Ihnen eine Abnehmerversicherung vorliegt.

Checkliste 2: Ausfuhrlieferungen

Sie können – unter den weiteren Voraussetzungen – steuerfrei in ein Drittland ausführen, wenn

- Sie die Transportverantwortung tragen, d. h. die Ware selbst (»mit eigenem LKW«) in das EU-Ausland transportieren oder einen Frachtführer beauftragen oder einen Spediteur bestellen *oder*
- Ihr Kunde die Transportverantwortung trägt und Ihnen eine Abnehmerversicherung vorliegt.

Wichtig!

Sie tragen **Transportverantwortung**, wenn Sie nach dem Kaufvertrag auch den Transport der Ware zum Kunden schulden. Wie Sie den Transport tatsächlich durchführen, ob Sie also

- die Ware selbst zum Kunden bringen oder
- einen Spediteur beauftragen oder
- einen Frachtführer beauftragen,

ist ohne Bedeutung.

25.2 Transportfall

Umsatzsteuerlich sind Fallgestaltungen, in denen Ihr Unternehmen die Transportverantwortung trägt, sicher der **Königsweg**. Sie bringen die Ware selbst in das Ausland oder beauftragen den Transport.

Beratungskonsequenzen

Der entsprechende **Nachweis** lässt sich für Sie durch

- Fahrtenbücher,
- Lieferscheine,
- Frachtaufträge etc.

leicht erbringen.

In vielen Branchen sind Transportfälle aber **eher die Ausnahme**. Die Gründe sind vielfältig: mal ist es die Angst um eigene Fahrzeuge (Lieferungen in unsichere Bestimmungsländer), mal sind es Besonderheiten der Branche an sich (Kfz-Handel).

25.3 Abholfall

Vereinbaren Sie, dass Sie dem Kunden die Ware **an Ihrem Auslieferungslager übergeben**, der Kunde also die Transportverantwortung trägt, spricht man vom Abholfall.

In diesem Fall müssen Sie für die Zuordnung der Warenbewegung nach § 3 Abs. 6a UStG und damit für die Umsatzsteuerbefreiung den Nachweis erbringen, dass der Transport

- durch Ihren Kunden erfolgt und
- nicht von Ihrem Kunden auf einen seiner Kunden (»Kunde vom Kunden«) delegiert wurde.

Für ebendiesen Nachweis benötigen Sie die Abnehmerversicherung.

25.4 Abgrenzung zur Gelangensbestätigung

Es ist zu unterscheiden:

- Die Abnehmerversicherung ist eine **Absichtserklärung**:
  Der Unterzeichnete sichert ein noch **zukünftiges Verhalten** zu.
- Die Gelangensbestätigung ist eine **Vollzugsmeldung**:
  Die Ware **ist bereits** im EU-Bestimmungsland angekommen.

Beratungskonsequenzen

- Für **alle EU-Geschäfte** benötigen Sie vom Kunden die Gelangensbestätigung ➲ Kapitel 25. **In Abholfällen** verlangen Sie bitte **zusätzlich** auch weiterhin die Abnehmerversicherung.

Hinweis

Ausführlich hierzu ➲ Kapitel 14 und Kapitel 16

25.5 Erklärung in deutscher Sprache

Die Abnehmerversicherung sollte den Anforderungen der Finanzverwaltung vor Einführung der Gelangensbestätigung entsprechen und daher in deutscher Sprache erfolgen (§ 17a Abs. 2 Nr. 4 UStDV a. F., Abschn. 6a.3 Abs. 9 Satz 2 UStAE a. F. ➲ Kapitel 14.4 und 16.2).

Beratungskonsequenzen

Sicher ist dies eine Maßnahme, mit der **Umsatzsteuerbetrug** (➲ Kapitel 46 ff.) **unterbunden** werden soll – aber eine **kontraproduktive**! Der ausländische Abnehmer wird häufig überhaupt nicht in der Lage sein, die deutschen Dokumente zu übersetzen; er weiß damit nicht, was er unterschreibt.

25.6 Wer gibt die Versicherung konkret ab?

Die Abnehmerversicherung ist

- eine Erklärung in deutscher Sprache (s. o.)
- von demjenigen, der »vor Ihnen steht« (➲ Kapitel 14.5 und 16.3)!

Beratungskonsequenzen

- Lassen Sie also bitte unbedingt den **tatsächlichen Abholer** und ...
- ... **nicht** die Geschäftsleitung o. Ä. des Kunden unterschreiben
- Denken Sie an die **Fotokopie eines Ausweispapiers** (➲ Kapitel 19).

25.7 Die Muster für Ihr Tagesgeschäft

Der Lieferant sollte ein **entsprechendes Papier** vorbereiten, sich dieses vom Transportierenden vor Beginn der Beförderung unterschreiben lassen und es letztlich als Belegnachweis aufbewahren. Damit bleibt die Frage, wie eine **Abnehmerversicherung konkret** auszusehen hat:

- Muster 1: Abnehmerversicherung EU-Geschäft (Allgemein) ➲ Kapitel 16.5
- Muster 2: Abnehmerversicherung EU-Geschäft (Kfz-Handel) ➲ Kapitel 16.5
- Muster 3: Abnehmerversicherung Non-EU-Geschäft (Allgemein) ➲ Kapitel 30
- Muster 4: Abnehmerversicherung Non-EU-Geschäft (Kfz-Handel) ➲ Kapitel 30

Non-EU-Lieferungen (»Ausfuhrlieferungen«)

26 Das Non-EU-Warengeschäft

Checkliste Buchnachweis, Belegnachweis, Meldung an das Finanzamt und »Echtfall«

§ Rechtsgrundlagen

- UStG: § 3 Abs. 5a ff., § 4 Nr. 1 Buchst. a, § 6, § 7
- UStDV: §§ 8 ff.
- UStAE: Abschn. 6.1–6.12
- MwStSystRL: Art. 14 ff., 20 ff., 31, 32 ff., 40 ff., 131, 138 f., 140 f., 143 ff., 146 f.

26.1 Buchnachweis bei Ausfuhrlieferungen und Lohnveredelungen

Bei Ausfuhrlieferungen und Lohnveredelungen an Gegenständen der Ausfuhr (§§ 6 und 7 UStG) hat der Unternehmer die Steuerbefreiung gem. § 13 Abs. 1 Satz 2, Abs. 2 UStDV wie folgt buchmäßig nachweisen:

✔ Checkliste 1: Buchnachweis im Regelfall

Der Lieferant hat regelmäßig (= immer) Folgendes aufzuzeichnen:

- die Menge des Gegenstands der Lieferung oder die Art und den Umfang der Lohnveredelung sowie die handelsübliche Bezeichnung einschließlich der Fahrzeug-Identifikationsnummer bei »Fahrzeugen« i. S. d. § 1b Abs. 2 UStG. Vgl. auch Abschn. 6.10 Abs. 5 UStAE;
- den Namen und die Anschrift des Abnehmers oder Auftraggebers;
- den Tag der Lieferung oder der Lohnveredelung;
- das vereinbarte Entgelt oder bei der Besteuerung nach vereinnahmten Entgelten das vereinnahmte Entgelt und den Tag der Vereinnahmung;
- die Art und den Umfang einer Bearbeitung oder Verarbeitung vor der Ausfuhr (§ 6 Abs. 1 Satz 2, § 7 Abs. 1 Satz 2 UStG);
- den Tag der Ausfuhr;
- bei Ausfuhren im ATLAS-Verfahren (§ 9 Abs. 1 Satz 1 Nr. 1, § 10 Abs. 1 Satz 1 Nr. 1, § 10 Abs. 3) die Movement Reference Number – MRN.

Checkliste 2: Buchnachweis in Sonderfällen

In besonderen Fällen hat der Lieferant **zusätzlich** zu den Aufzeichnungen in Checkliste 1 auch Folgendes aufzuzeichnen:

- Wenn der **Lieferant** die Ware **selbst** in das Drittlandsgebiet transportiert hat oder den Transport beauftragt (»befördert oder versendet«) hat und der **Kunde** »kein ausländischer Abnehmer« – also **ein Deutscher** (§ 1 Abs. 2 Satz 2 UStG) – ist, sind zusätzlich
  - die Beförderung oder Versendung durch den Unternehmer selbst und
  - der Bestimmungsort

  aufzuzeichnen (§ 6 Abs. 1 Satz 1 Nr. 1 UStG i. V. m. § 13 Abs. 3 UStDV).
- Wenn der Lieferant oder der Kunde den Liefergegenstand in **Freihäfen etc.** (§ 1 Abs. 3 UStG, Abschn. 1.11 UStAE) transportieren (lassen), sind zur **Vermeidung eines unversteuerten Endverbrauchs**
  - die Beförderung oder Versendung
  - der Bestimmungsort
  - in den Fällen, in denen der Abnehmer ein Unternehmer ist, auch der Gewerbezweig oder Beruf des Abnehmers und der Erwerbszweck

  aufzuzeichnen (§ 6 Abs. 1 Satz 1 Nr. 3 UStG i. V. m. § 13 Abs. 4 UStDV). Vgl. auch Abschn. 6.10 Abs. 6 UStAE.
- Wenn **in Abholfällen** der **Unternehmens**kunde oder dessen Beauftragter die Ware **im persönlichen Reisegepäck ausführen,** sind zusätzlich
  - der Gewerbezweig oder der Beruf des Abnehmers
  - der Erwerbszweck

  aufzuzeichnen (§ 6 Abs. 1 Satz 1 Nr. 2 und Nr. 3 UStG i. V. m. § 13 Abs. 5 UStDV). Vgl. auch Abschn. 6.10 Abs. 8 i. V. m. Abschn. 6.11 Abs. 11 UStAE.
- Wenn die Ware zur Ausrüstung oder Versorgung eines Beförderungsmittels bestimmt ist, sind in Abholfällen oder bei Lieferungen in Freihäfen etc. zusätzlich
  - der Gewerbezweig oder Beruf des Abnehmers sowie
  - der Verwendungszweck des Beförderungsmittels

  aufzuzeichnen (§ 6 Abs. 3 i. V. m. 1 Satz 1 Nr. 2 und Nr. 3 UStG und § 13 Abs. 6 UStDV). Vgl. auch Abschn. 6.10 Abs. 7 UStAE.
- Wenn bei einer **Lohnveredelung an Gegenständen der Ausfuhr** (§ 7 UStG) der **Lohnveredeler** den bearbeiteten oder verarbeiteten Gegenstand **selbst** in das Drittlandsgebiet transportiert hat oder den Transport beauftragt (»befördert oder versendet«) hat und der **Auftraggeber** »kein ausländischer Auftraggeber« – also **ein Deutscher** (§ 1 Abs. 2 Satz 2 UStG) – ist, sind zusätzlich
  - die Beförderung oder Versendung durch den Lohnveredeler selbst und
  - der Bestimmungsort

  aufzuzeichnen (§ 7 Abs. 1 Satz 1 Nr. 1 UStG i. V. m. § 13 Abs. 7 Satz 1 und Abs. 3 UStDV).

- Wenn bei einer **Lohnveredelung an Gegenständen der Ausfuhr** (§ 7 UStG) der Lohnveredeler oder der Auftraggeber den bearbeiteten oder verarbeiteten Gegenstand in Freihäfen etc. (§ 1 Abs. 3 UStG, Abschn. 1.11 UStAE) transportieren (lassen), sind zur Vermeidung eines unversteuerten Endverbrauchs
  - die Beförderung oder Versendung
  - der Bestimmungsort
  - in den Fällen, in denen der Abnehmer ein Unternehmer ist, auch der Gewerbezweig oder Beruf des Abnehmers und den Erwerbszweck aufzuzeichnen (§ 7 Abs. 1 Satz 1 Nr. 3 Buchst. b UStG i. V. m. § 13 Abs. 7 Satz 2 und Abs. 4 UStDV).

Praxistipp

1. Alle Angaben müssen **eindeutig und leicht nachprüfbar** aus den Aufzeichnungen ersichtlich sein (§ 13 Abs. 1 Satz 2 UStDV). Hinweis auf Abschn. 6.10 Abs. 3 UStAE.
2. Die Finanzverwaltung erläutert ihre Sicht des Buchnachweises in **Abschn. 6.10 UStAE**. Den dortigen Anforderungen sollte der Unternehmer - schon zur Vermeidung von »Nebenkriegsschauplätzen« - möglichst genügen.
3. **Allerdings räumt auch die FinVerw ein:** Wird der Buchnachweis weder rechtzeitig geführt noch zulässigerweise ergänzt oder berichtigt, kann die Ausfuhrlieferung gleichwohl steuerfrei sein, wenn aufgrund der objektiven Beweislage feststeht, dass die Voraussetzungen des § 6 Abs. 1 bis Abs. 3a UStG vorliegen[165].

26.2 Buch- und Belegnachweis als Einheit

Häufig wird - auch von Vertretern der Finanzverwaltung - die These vertreten, dass der Buchnachweis nur erfüllt sei, wenn der Unternehmer die in Kapitel 26.1 geforderten Angaben im Rahmen seiner Buchhaltungspflichten aufgezeichnet habe. Diese Auffassung ist zu eng und rechtlich nicht zutreffend[166]. Unter dem Buchnachweis ist allgemein der Nachweis durch Bücher oder andere Aufzeichnungen in Verbindung mit Belegen zu verstehen. Ergeben sich die buchmäßigen Nachweispflichten aus den Angaben in den Belegen, sind die gesetzlichen Anforderungen auch erfüllt. Es ist nicht erforderlich, die Aufzeichnungen im Rahmen der Buchführung (etwa auf verschiedenen Sachkonten) vorzuhalten[167].

---

165 Abschn. 6.10 Abs. 3a UStAE; unter Hinweis auf BFH-Urteil vom 28. 5. 2009, V R 23/08, BStBl. II 2010, 517.

166 *Winter* in Haufe Umsatzsteuer, Datenbank, Stand: Dezember 2013 (Version 11.6), HI 1561347.

167 BFH, Urteil vom 25.10.1979, V B 5/79, BStBl. II 1980, 110.

26.3 So machen Sie die Ware »versandfertig«

Bitte stellen Sie sicher, dass bei allen über ATLAS angemeldeten Warensendungen

- das dazugehörige **Ausfuhrbegleitdokument**[168] (ABD ➲ Kapitel 26.4 und 29.3), welches bei der Anmeldung ausgedruckt werden muss, sowie
- sonstige Begleitdokumente (z. B. Pro-forma-Rechnungen)

beigefügt sind.

26.4 So sieht der Ausfuhrnachweis konkret aus

26.4.1 Ausgangsvermerk

Die (deutsche) Ausfuhrzollstelle – AfZSt – erledigt den Ausfuhrvorgang auf Basis der von der Abgangszollstelle – AgZSt – übermittelten »Ausgangsbestätigung« dadurch, dass sie dem Ausführer/Anmelder elektronisch den **»Ausgangsvermerk« als pdf-Dokument** übermittelt (➲ Kapitel 29.3).

Der »Ausgangsvermerk« beinhaltet die Daten der ursprünglichen Ausfuhranmeldung, ergänzt um die zusätzlichen Feststellungen und Ergebnisse der AfZSt. Der belegmäßige Nachweis der Ausfuhr wird daher zollrechtlich in allen Fällen (Beförderungs- und Versendungsfällen) durch den »Ausgangsvermerk« erbracht. Das durch die AfZSt an den Anmelder/Ausführer per EDIFACT-Nachricht übermittelte pdf-Dokument »Ausgangsvermerk« gilt als Beleg i. S. v. §§ 9 Abs. 1 und 10 Abs. 1 UStDV und ist als **Nachweis für Umsatzsteuerzwecke** anzuerkennen. Dies gilt unabhängig davon, ob der Gegenstand der Ausfuhr vom Unternehmer oder vom Abnehmer befördert oder versendet wird[169].

---

168 Wenn Ausfuhren über andere EU-Mitgliedstaaten oder über inländische Ausgangszollstellen erfolgen, die (noch) nicht mit dem EDV-gestützten Ausfuhrsystem vernetzt sind, wird für das zollrechtliche Ausfuhrverfahren ein Ausfuhrbegleitdokument (ABD) verwendet, welches gemäß Art. 205 ZK-DVO als Exemplar Nr. 3 der Zollanmeldung im Rahmen der Überführung in das Ausfuhrverfahren gilt. Das ABD wird als Nachweis für Umsatzsteuerzwecke anerkannt, wenn die Ausfuhrbestätigung durch einen Vermerk (Dienststempelabdruck der Grenzzollstelle mit Datum) auf dem ABD angebracht ist (LfSt Bayern, Vfg. v. 21.12.2007, S 7500 – 9 St 35 N, Umsatzsteuer-Richtlinien 2008, Überblick, Haufe Umsatzsteuer, HI 1873005).

169 BMF, Schreiben vom 3.5.2010.

EUROPÄISCHE GEMEINSCHAFT

1 VERFAHREN: EX | a

MRN 09DE588000001067E5

A

2 Versender/Ausführer — Nr. DE8999481
Zertifizierung KoSt Intern (Versand/FV-NV)
Hertzstr. 10
76187 Karlsruhe
DE

3 Vordrucke: 1 | 3 — 4 Ladelisten

C Ausgangszollstelle

8 Empfänger — Nr.
Testfirma Empfänger
Teststraße Empfänger
1234-5678 Testort Empfänger
US

5 Positionen: 2 — 6 Packst. insgesamt: 22 400 — 7 Bezugsnummer: Muster

9 Verantwortlicher für den Zahlungsverkehr

10 Erstes Best. Land — 11 Handels-Land — 12 Angaben zum Wert — 13 G. L. P.

14 Anmelder/Vertreter — Nr. DE8999481
[1] Zertifizierung KoSt Intern (Versand/FV-NV)
Hertzstr. 10
76187 Karlsruhe
DE

15 Versendungs-/Ausfuhrland: DE — 15 Vers./Ausf.L.Code a| b| — 17 Bestimm.L.Code a| US b|

16 Ursprungsland — 17 Bestimmungsland: Vereinigte Staaten von Amerika

20 Lieferbedingung: EXW | Testort

22 Währung u. in Rechn. gestellter Gesamtbetr.: EUR 56.453,45 — 23 Umrechnungskurs — 24 Art des Geschäfts: 1 1

28 Finanz- und Bankangaben

18 Kennzeichen und Staatszugehörigkeit des Beförderungsmittels beim Abgang — 19 Ctr.: 1

21 Kennzeichen und Staatszugehörigkeit des grenzüberschreitenden aktiven Beförderungsmittel: Flugzeug,AIR 101 — DE

25 Verkehrszweig an der Grenze: 40 — 26 Inländischer Verkehrszweig: 30 — 27 Ladeort

A

29 Ausgangszollstelle: DE007154 — 30 Warenort

31 Packstücke und Warenbezeichnung — Zeichen und Nummern - Container Nr. - Anzahl und Art

Siehe Liste der Positionen

32 Positions-Nr. — 33 Warennummer

34 Urspr.land Code a| b| — 35 Rohmasse (kg): 7800 — 36 Präferenz

37 VERFAHREN — 38 Eigenmasse (kg) — 39 Kontingent

40 Summarische Anmeldung/Vorpapier

41 Besondere Maßeinheit — 42 Artikelpreis — 43 B.M. Code

44 Besondere Vermerke/ Vorgelegte Unterlagen/ Bescheinig. u. Genehmig.

Code B.V. — 45 Berichtigung

46 Statistischer Wert: 9.000

C PRÜFUNG DURCH DIE ZOLLSTELLE
Ergebnis:
Angebrachte Verschlüsse: Anzahl:
Zeichen:
Frist (letzter Tag):

K PRÜFUNG DURCH DIE AUSGANGSSTELLE
Ankunftsdatum:
Prüfung der Verschlüsse:
Bemerkungen:

Liste der Positionen			
Blatt	A	2	3

Datum: 20.08.2009

MRN 09DE588000001067E5

Empfänger (8)			Nr.	
Positions-Nr. (32)	Packstück Lfd. Nr. / Zeichen / Nr. (31.1)	Packstück Anzahl / Art (31.2)	Container Nr. (31.3)	Warenbezeichnung (31)
	Ausgangszollstelle	Ausgangsdatum		
Verfahren (37)	Warennummer (33)	Statistischer Wert (46)	Urspr.land Code (34)	Vorherige Anmeldung/Vorpapier
Versendungs- / Ausfuhrland (15)	Besondere Maßeinheit (41)	Rohmasse (kg) (35)	Eigenmasse (kg) (38)	Besondere Vermerke / Vorgelegte Unterlagen / Bescheinigungen und Genehmigungen
1	1/Paletten Nr. 1 - 10	20.000 CB, Bierkasten	AB	Bier aus Malz, in Flaschen
	DE007154	20.08.2009		
	2/Paletten Nr. 11 - 20	1.000 CB, Bierkasten		
	DE007154	20.08.2009		
	3/Paletten Nr. 21 - 30	1.000 BV, Flasche, geschützt, bauchig		
	DE007154	20.08.2009		
1000	22030001	8.000	08	ohne
DE	12.123	5600	5000	Internationale Unterlagen: T:N380 R:A0123 Handelsrechnung
2	1/Paletten Nr. 31 - 32	400 CX, Dose, zylindrisch	ABC2	Bier aus Malz, in Dosen
	DE007154	20.08.2009		
1000	22030010	1.000	08	ohne
DE	2.000,000	2200	2000	Internationale Unterlagen: T:N380 R:A0123 Handelsrechnung

Ausgangs-vermerk

Liste der Abweichungen			
Blatt	A	3	3

Datum: 20.08.2009

keine Abweichungen

DE005880
Hauptzollamt Karlsruhe
Zollamt
Ottostrasse 22b

76227 Karlsruhe

20.08.2009 09:39 Uhr

MRN 09DE588000001067E5

26.4.2 Alternativ-Ausgangsvermerk

Das neue ATLAS-Verfahren ersetzt (eigentlich) die bisherigen (Papier-)Belege durch elektronische Belege – nämlich in der Regel durch den mittels EDIFACT-Nachricht übermittelten »Ausgangsvermerk« oder den »Alternativ-Ausgangsvermerk«. In der Praxis kommt es aber – z. B. aufgrund technischer Mängel in der EDV der (ausländischen) Zollverwaltungen – immer wieder vor, dass den deutschen Unternehmern der erforderliche ATLAS-Ausgangsvermerk nicht erteilt werden kann.

Beispiel

Der deutsche Büromöbelhersteller B liefert Schreibtischstühle an ein russisches Möbelhaus. B meldet die Stühle bei der AfZSt Stuttgart zur Ausfuhr an. Die tatsächliche (körperliche) Ausfuhr erfolgt über die bulgarische Zollbehörde in Warna; von Letzterer erhält B einen herkömmlichen (papiernen) Ausfuhrbeleg.

➲ **Folge:**

Den eigentlich zur Umsatzsteuerbefreiung erforderlichen Nachweis kann B damit nicht erbringen.

Der Ausfuhrzollstelle können bei Ausbleiben der Ausgangsbestätigung der EU-Grenzzollstelle – außer in begründeten Ausnahmefällen – **frühestens 70 Tage nach Überlassung** zur Ausfuhr sog. Alternativnachweise zur nachträglichen Erledigung des zollrechtlichen Ausfuhrvorgangs vorgelegt werden, worauf durch die Ausfuhrzollstelle ein »Alternativ-Ausgangsvermerk« erstellt werden kann. Da der »Alternativ-Ausgangsvermerk« als Alternativnachweis für Umsatzsteuerzwecke gilt, können von der Ausfuhrzollstelle als **Alternativnachweise insbesondere**

- Spediteurbescheinigungen (im Original ➲ Kapitel 26.4.3)
- Frachtbriefe (im Original oder beglaubigt ➲ Kapitel 26.4.4)
- Einfuhrverzollungsbelege aus dem Drittland (im Original oder beglaubigt)

anerkannt werden[170].

Bitte beachten Sie!

- **Zahlungsnachweise oder Rechnungen** können grundsätzlich **nicht** als Alternativnachweise anerkannt werden.
- **Detailinformationen** finden Sie in der ATLAS-Verfahrensanweisung[171].

170 Siehe: https://www.zoll.de >Unternehmen >Fachthemen > Zölle > ATLAS.

171 IT-Verfahren ATLAS ➲ mybookplus.de > Wichtiges aus anderen Behörden.

EUROPÄISCHE GEMEINSCHAFT

A

2 Versender/Ausführer Nr. DE8999481
Zertifizierung KoSt Intern (Versand/FV-NV)
Hertzstr. 10
76187 Karlsruhe
DE

1 VERFAHREN
EU | a

3 Vordrucke 1 | 3
4 Ladelisten

MRN 08DE588000001484E4

C Ausgangszollstelle

8 Empfänger Nr.
Testfirma Empfänger
Teststraße Empfänger
1234-5678 Testort Empfänger
CH

5 Positionen 1
6 Packst. insgesamt 6
7 Bezugsnummer PV

9 Verantwortlicher für den Zahlungsverkehr

10 Erstes Best. Land
11 Handels- Land
12 Angaben zum Wert
13 G. L. P.

14 Anmelder/Vertreter Nr. DE8999481
[1] Zertifizierung KoSt Intern (Versand/FV-NV)
Hertzstr. 10
76187 Karlsruhe
DE

15 Versendungs-/Ausfuhrland DE
15 Vers./Ausf.L.Code a| b|
17 Bestimm.L.Code a| CH b|
16 Ursprungsland
17 Bestimmungsland Schweiz

20 Lieferbedingung
XXX frei Lager Karlsuhe

22 Währung u. in Rechn. gestellter Gesamtbetr. EUR 1.234.567.890.123,45
23 Umrechnungskurs
24 Art des Geschäfts 1 1

28 Finanz- und Bankangaben

18 Kennzeichen und Staatszugehörigkeit des Beförderungsmittels beim Abgang
19 Ctr. 0

21 Kennzeichen und Staatszugehörigkeit des grenzüberschreitenden aktiven Beförderungsmittel
Flugzeug,AIR 101 DE

25 Verkehrszweig an der Grenze 40
26 Inländischer Verkehrszweig 30
27 Ladeort

A

29 Ausgangszollstelle DE004055
30 Warenort

31 Packstücke und Warenbezeichnung
Zeichen und Nummern Container Nr. Anzahl und Art

Siehe Liste der Positionen

32 Positions Nr.
33 Warennummer
34 Urspr.land Code a| b|
35 Rohmasse (kg) 200000
36 Präferenz
37 VERFAHREN
38 Eigenmasse (kg)
39 Kontingent
40 Summarische Anmeldung/Vorpapier
41 Besondere Maßeinheit
42 Artikelpreis
43 B.M. Code

44 Besondere Vermerke/ Vorgelegte Unterlagen/ Bescheinig. u. Genehmig.

Code B.V
45 Berichtigung
46 Statistischer Wert 8.023

E PRÜFUNG DURCH DIE ZOLLSTELLE
Ergebnis:
Angebrachte Verschlüsse: Anzahl:
Zeichen:
Frist (letzter Tag):

K PRÜFUNG DURCH DIE AUSGANGSSTELLE
Ankunftsdatum:
Prüfung der Verschlüsse:
Bemerkungen:

Ausgangs-vermerk
Alternativer Nachweis

Liste der Positionen			
Blatt	A	2	3

Datum: 02.12.2008

MRN 08DE588000001484E4

Empfänger (8)			Nr.	
Positions-Nr. (32)	Packstück Lfd. Nr. / Zeichen / Nr. (31.1)	Packstück Anzahl / Art (31.2)	Container Nr. (31.3)	Warenbezeichnung (31.4)
	Ausgangszollstelle	Ausgangsdatum		
Verfahren (37)	Warennummer (33)	Statistischer Wert (46)	Urspr.land Code (34)	Summarische Anmeldung/Vorpapier (40)
Versendungs- / Ausfuhrland (15)	Besondere Maßeinheit (41)	Rohmasse (kg) (35)	Eigenmasse (kg) (38)	Besondere Vermerke / Vorgelegte Unterlagen / Bescheinigungen und Genehmigungen (44)
5	1/hgk	6		Ware mit Code 10
		CT, Karton		
		02.12.2008		
1000	84135040	1	02	ohne
DE	1,000	4	4	

Liste der Abweichungen			
Blatt	A	3	3

Datum: 02.12.2008

keine Abweichungen

DE005880
Hauptzollamt Karlsruhe
Zollamt
Ottostrasse 22b

76227 Karlsruhe

02.12.2008 15:21 Uhr

MRN 08DE588000001484E4

Ausgangs-
vermerk

Alternativer Nachweis

26.4.3 Spediteurbescheinigung und Frachtbrief (Muster)

Liegt dem Unternehmer weder ein Ausgangsvermerk (➲ Kapitel 26.4.1) noch ein Alternativ-Ausgangsvermerk (➲ Kapitel 26.4.1) vor, kann er den Belegnachweis in Versendungsfällen entsprechend § 10 UStDV, in Beförderungsfällen entsprechend Abschn. 6.6 Abs. 6 UStAE[172] führen.

Bitte beachten Sie!

- **Nachweise in ausländischer Sprache**, insbesondere Einfuhrverzollungsbelege aus dem Drittlandsgebiet, können grundsätzlich nur in Verbindung mit einer amtlich anerkannten Übersetzung anerkannt werden[173].
- **Zahlungsnachweise** oder **Rechnungen** können grundsätzlich nicht als Nachweise anerkannt werden[174].

Das BMF verweist damit – wie bisher – auf Spediteurbescheinigung und Frachtbrief.

26.4.3.1 Weiße Speditionsbescheinigung (Muster)

Das **Muster der Spediteurbescheinigung** ergibt sich auch weiterhin aus dem BMF-Schreiben vom 17.1.2000[175]:

172 Abschn. 6.6 Abs. 6 UStAE neu gefasst durch BMF-Schreiben vom 6.2.2012, IV D 3 – S 7134/12/10001, 2012/0111178; Vorgängervorschrift zu Abschn. 6.6 UStAE war bis zum 31.10.2010 Abschn. 132 Abs. 6 UStR 2008; dieser wird daher im BMF-Schreiben vom 3.5.2010 zitiert.

173 BMF, Schreiben vom 3.5.2010.

174 BMF, Schreiben vom 3.5.2010, a. a. O.

175 BMF, Schreiben vom 17.1.2000.

Name/Firma und Anschrift des Spediteurs oder Frachtführers (Straße, Hausnummer, Postleitzahl, Ort)

(Ort) (Datum)

Anlage 1 zum BMF-Schreiben vom 17. Januar 2000
– IV D 2 – S 7134 – 02/00 –

Bescheinigung für Umsatzsteuerzwecke

bei der Versendung/Beförderung durch einen Spediteur oder Frachtführer

☐ [1] **in das Drittlandsgebiet (§ 10 Abs. 1 Nr. 2 UStDV, Abschnitt 133 Abs. 2 Satz 1 UStR)**

☐ [1] **in das übrige Gemeinschaftsgebiet (§ 17 a Abs. 4 Nr. 2 UStDV)**

An
Firma/Herrn/Frau

(Straße)

in (PLZ, Sitz/Wohnort)

Ich bestätige hiermit, dass mir
am

von Ihnen/von der Firma/von Herrn/von Frau [2]

(Straße) in (PLZ, Sitz/Wohnort)

die folgenden Gegenstände übergeben/übersandt [2] worden sind:

Packstücke			Menge und handelsübliche Bezeichnung der Gegenstände
Zahl	Verpackungsart	Zeichen und Nummern	

☐ [1] Ich habe die Gegenstände

am (Tag der Versendung/Beförderung)

nach (Ort im Ausland)

an (Empfänger oder Verfügungsberechtigter)

versendet/befördert [2].

☐ [1)3)] Ich versichere, dass ich die Gegenstände
am (Tag der Versendung/Beförderung)

nach ____
(Ort im Ausland)

an ____
(Empfänger oder Verfügungsberechtigter)

versenden/befördern [2] werde.

Der Auftrag ist mir von

____

____________________ in ____________________
(Straße) (PLZ, Sitz/Wohnort)

erteilt worden. Ich versichere, dass ich die Angaben nach bestem Wissen und Gewissen auf Grund meiner Geschäftsunterlagen gemacht habe, die im Gemeinschaftsgebiet nachprüfbar sind.

____
(Unterschrift)

1) Zutreffendes bitte ankreuzen
2) Nichtzutreffendes bitte streichen
3) Gilt nur, wenn der Spediteur oder Frachtführer vom **Abnehmer** beauftragt wird.

26.4.3.2 CMR-Frachtbrief (Muster)

1. Blatt Tarifkontrolle	2. Blatt Frachtführer	3. Blatt Empfänger	4. Blatt Absender
1er exemplaire contrôle tarif.	2e exemplaire transporteur	3e exemplaire destinataire	4e exemplaire expéditeur

1 Absender (Name, Anschrift, Land) Expéditeur (nom, adresse, pays)

Internationaler Frachtbrief
Lettre de Voiture International

Diese Beförderung unterliegt trotz einer gegenteiligen Abmachung den Bestimmungen des Übereinkommens über den Beförderungsvertrag im Internationalen Straßengüterverkehr (CMR)

Ce transport est soumis, nonobstant toute clause contraire, à la Convention relative au contrat de transport international de marchandises par route (CMR)

2 Empfänger (Name, Anschrift, Land) Destinataire (nom, adresse, pays)

16 Frachtführer (Name, Anschrift, Land) / Transporteur (nom, adresse, pays)

HTL - Heubach Transport Logistik
Gesellschaft für Sonderfahrten mbH
Xantener Straße 9
D - 45479 Mülheim / Ruhr
Telefon: +49 (0) 208 – 44 94 04
Telefax: +49 (0) 208 – 47 90 82
E-Mail: info@htl-muelheim.de
Internet: www.htl-muelheim.de

3 Auslieferungsort des Gutes
Lieu prévu pour la livraison de la merchandise
Ort/Lieu
Land/Pays
Datum/Date

17 Nachfolgende Frachtführer (Name, Anschrift, Land)
Transporteur successifs (nom, adresse, pays)

4 Ort und Tag der Übernahme des Gutes
Lieu e date de la prise en charge de la merchandise
Anlieferung
Land/Pays
Datum/Date

18 Vorbehalte und Bemerkungen der Frachtführer
Reserves et observations des transporteurs

Lieferschein

6 Kennzeichen u. Nr. Marques et numéros	**7** Anz. der Packst. Nombre des Colis	**8** Art der Verpck. Mode d'emballage	**9** Bezeichnung des Gutes* Nature de la marchandise*	**10** Statistik-Nr. No statistique	**11** Bruttogew. kg Poids brut, kg	**12** Umfang m³ Cubage

Kasse / Classe | Ziffer / Chiffre | Buchstabe / Lettre | (ADR) / (ADR)

13 Anweisungen des Absenders (Zoll- und sonstige amtliche Behandlung)
Instructions de l'expéditeur (formalités douanières et autres)

19 Zu zahlen vom / A payer par	Absender / L'expéditeur	Währung / Monnaie	Empfänger / Le Destinataire
Fracht / Prix de transport			
Ermäßigungen			
Ermäßigungen/Reductions –			
Zwischensumme / Solde			
Zuschläge / Suppléments			
Nebengebühren/Frais acc.			
Sonstiges/Divers +			
Zu zahl. Gesamtsumme / Total à payer			

14 Rückerstattung / Remboursement

15 Frachtzahlungsanweisungen
Prescription d'affranchissement
Frei/Franco
Unfrei / Non franco

20 Besondere Vereinbarungen
Conventions particulières

21 Ausgefertigt in / Etablie à 2005

24 Gut empfangen
Réception des march.
Datum / Date

22
Unterschrift und Stempel des Absenders
(Signature et timbre de l'expéditeur)

23
HTL - Heubach Transport Logistik
Gesellschaft für Sonderfahrten mbH
Unterschrift und Stempel des Frachtführers
(Signature et timbre du transporteur)

Unterschrift und Stempel des Empfängers (Signature et timbrew du destinataire)

25 Angaben zur Ermittlung der Tarifentfernung mit Grenzübergängen

von	bis	km

26 Vertragspartner des Frachtführers ist - kein - Hilfsgewerbetreibender im Sinne des anzuwendenden Tarifs

27	Amtl. Kennzeichen	Nutzlast in kg
Kfz		
Anhänger		

28 Berechnung des Beförderungsentgeltes

frachtpfl. Gewicht in kg	Tarifstelle Sonderabm.	Güterarten	Währung	Frachtsatz	Beförderungsentgelt
				Summe	

Benutze Gen.-Nr. -National -Bilateral -EG -CEMT

Die mit fett gedruckten Linien eingerahmten Rubriken müssen vom Frachtführer ausgefüllt werden. Les parties encadrées de lignes grasses doivent être remplies par le transporteur.

1 - 15 einschließlich 21+22

Ausfüllen unter der Verantwortung des Absenders. A remplir sous la responsabilité de l'expéditeur

26.4.4 Auf Archivierung der EDIFACT-Nachrichten achten!

26.4.4.1 Nachrichtenaustausch mit Zoll

Die Unternehmen haben die mit der Zollverwaltung ausgetauschten EDIFACT-Nachrichten zu archivieren (§ 147 Abs. 6 und § 147 Abs. 1 Nr. 4 i. V. m. Abs. 3 AO)[176].

26.4.4.2 Nachrichtenaustausch mit Spediteur

Für den Ausfuhrnachweis durch elektronische Dokumente verlangte das BMF-Schreiben vom 17.9.2009 in Tz. 1 Abs. 4 unter Hinweis auf § 147 Abs. 6, Abs. 1 Nr. 4 i. V. m. Abs. 3 AO, dass – neben dem Dokument selbst – auch das elektronischen Logbuch **(= die Protokolle des elektronischen Nachrichtenaustauschs)** zu archivieren sei.

Dies führte bei **Ausfuhranmeldung durch einen Spediteur** zu der Frage, ob – und wenn ja, in welcher Form – die Logbuchdokumentation vom Spediteur (technisch beweissicher) an den Exporteur übertragen werden musste bzw. überhaupt werden konnte. Diese Diskussion hat das BMF im neuen Anwendungsschreiben nun dadurch beendet, dass in den modifizierten Ausführungen zu den Aufbewahrungspflichten der Hinweis auf das Logbuch gestrichen wurde.

> **Wichtig!**
> Mit *Nieskoven* ist davon auszugehen, dass nunmehr die elektronische Übermittlung der mit der Zollverwaltung ausgetauschten EDIFACT-Nachrichten vom Spediteur an den Exporteur ausreicht[177].

---

176 BMF, Schreiben vom 3.5.2010.

177 *Nieskoven,* PIStB 2010, 95; vgl. auch *Weimann,* UStB 2010, 293; ASR 9/2010, 7.

Beispiel

Ein »Echtfall« mit dem neuen »ATLAS-Ausfuhr«-Verfahren

EUROPÄISCHE GEMEINSCHAFT

Ausfuhrbegleitdokument

VERFAHREN (1): EX | A — Bes. Umst. (S32)

Vordrucke (3): 1 | 2 — Anm. Sich. (S00): S

MRN 12DE810355674848E5

Á12DE810355674848E5vÈ

Versender/Ausführer (2) — Nr.
Aleksand[redacted]
Kudako[redacted]
0000 Balash[redacted]
RU

A Ausfuhrzollstelle
DE008103
Hauptzollamt Dortmund
Zollamt Ost
Giselherstr. 16

44319 Dortmund

Ausstellungsdatum
20.04.2012 10:17 Uhr

Empfänger (8) — Nr.
Aleksandr Nazarov
Kudako[redacted]
0000 Balash[redacted]
RU

Positionen (5): 1 — Packst. insgesamt (6): 1 — Bezugsnummer (7): CITROEN .64455 / VKGRGFZ025884

Beförderungskosten, Code für die Zahlungshinweise (S29) — Vers./Ausf.L.Code (15): a) DE — Bestimm.L.Code (17): a) RU

Code für die zu durchfahrenden Länder (S13)
DE, RU

Anmelder/Vertreter (14) — Nr.
[3][redacted] Dortmund
DE

Vertreter der Person, die summ. Anm. abgibt (14b)

Kennzeichen des Beförderungsmittels beim Abgang (18)

Warenort (30)

Verkehrszweig an der Grenze (25): 9 — Rohmasse (kg) (35): 1255

Ausgangszollstelle (29): FI542300 — Nummer des Zollverschlusses (S28): -- Anzahl: --

Packstücke und Warenbezeichnung (31) — Zeichen und Nummern - Container Nr. - Anzahl und Art

Siehe Liste der Positionen

E PRÜFUNG DURCH DIE ZOLLSTELLE
Ergebnis:
Frist (letzter Tag):

K PRÜFUNG DURCH DIE AUSGANGSSTELLE
Ankunftsdatum:
Prüfung der Verschlüsse:
Bemerkungen:

EUROPÄISCHE GEMEINSCHAFT

LISTE DER WARENPOSITIONEN - AUSFUHR

Vordrucke (3) 2 2

MRN 12DE810355674848E5

Á12DE810355674848E5vÈ

Pos.-Nr. (32) Anzahl und Art der Packstücke, Zeichen und Nummern der Packstücke (31.1) Warenbezeichnung (31.4)

Versender/Ausführer (2) Empfänger (8)

Kennzeichen des Beförderungsmittels beim Abgang (18) Warennummer (33)

Kennnummer der Sendung (Unique Consignment Ref. Nr.) (7) Summarische Anmeldung/Vorpapier (40)

Vorgelegte Unterlagen / Bescheinigungen (44.1) Container-Nr. (31.3) Nummer des Zollverschlusses (S28)

Besondere Vermerke (44.2) Verfahren (37) Ausfuhrland (15a) Bestimmungsl. (17a) Rohmasse (kg) (35)

UNDG (44.4) Beförderungskosten, Code für die Zahlungsweise (S29) Anmeldungsart (1) Statistischer Wert (46) Eigenmasse (kg) (38)

1 1 1 NE, Nicht verpackt oder nicht abgepackt

PKW Citroen Nemo Multispace 1.4, Benziner, Hubraum 1360cm3, gebraucht,FG-ID Nr.: VF7AJKFVC94850866

Aleksand[redacted]
Kudako[redacted]
0000 Balas[redacted]
(RU) Russische Föderation

87032290

ohne

Nationale Unterlagen:
T:9DEH
R:
internationaler Zulassungsschein liegt nicht vor und/oder Ausfuhrkennzeichen ist oder ist nicht angebracht - Ausgangsvermerk gilt nicht für Umsatzsteuerzwecke
T:3LNA Q:51
R:
Waren und Technologien, die nicht von Teil I Abschnitt A der Ausfuhrliste erfasst sind (nicht anwendbar bei Ausfuhren in Waffenembargoländer)
Internationale Unterlagen:
T:N380
R:VKGRGFZ025884
Handelsrechnung
T:Y902
R:
Andere Güter als die in den OZ-Fußnoten zu der Maßnahme beschriebenen (VO (EG) Nr. 1005/2009)
T:Y903
R:
Die angemeldeten Waren sind nicht in der Liste der Kulturgüter enthalten

1000 DE RU 1255

1255

26.5 Umsetzung im Unternehmen und beim Mandanten

Die Ausführungen zum EU-Geschäft (➲ Kapitel 18.4 und 18.5) sind entsprechend anzuwenden.

26.6 Umsatzsteuer-Voranmeldung und Umsatzsteuererklärung

Hinweis

Eintragung in die Vordrucke ➲ Kapitel 55

26.7 Nachweis der Ausfuhr auch durch E-Belege möglich!

Hinweis

➲ Kapitel 31

27 Steuerbefreiung, Zuordnung der Warenbewegung, Reihengeschäfte

Rechtsgrundlagen

- BMF, Schreiben vom 10.1.2020, III C 3 – S 7133/19/10002 :004, 2019/1141457, Merkblatt zur Umsatzsteuerbefreiung im nichtkommerziellen Reiseverkehr und Vordruckmuster »Ausfuhr- und Abnehmerbescheinigungen für Umsatzsteuerzwecke bei Ausfuhren im nichtkommerziellen Reiseverkehr«

27.1 Die Basics im Überblick

Hinweis

➲ Kapitel 10.4

27.2 Reihengeschäfte ab dem 1.1.2020

Hinweis

➲ Kapitel 24 und 25

27.3 Zeitlich verzögerte Warenbewegung in das Drittland ist unschädlich!

Mandantenfrage

»Wir haben einen Unternehmerkunden aus der Schweiz, welcher Fahrzeuge (NW und GW) von uns bezieht. Aktuell habe ich den Fall, dass der Kunde ein regelbesteuertes Fahrzeug (NW-Tageszulassung) kauft und für ca. drei bis vier Monate in Deutschland ›zwischenlagern‹ will, bis das Fahrzeug sechs Monate alt ist.
Können wir die Lieferung trotzdem umsatzsteuerfrei ausführen, auch wenn die Ausfuhrnachweise erst in fünf Monaten vorliegen?«

Beraterantwort

Trotz der Transportunterbrechung führt Verkauf zu einer umsatzsteuerfreien Ausfuhrlieferung (§ 4 Nr. 1 Buchst. a, § 6 UStG). Sie können – nein: Sie müssen damit umsatzsteuerfrei abrechnen. Zu Ihrer eigenen Sicherheit sollten Sie aber einen Aufschlag in Höhe der Umsatzsteuer vereinbaren[178].

---

178 *Weimann*, ASR 1/2022, 18.

27.3.1 Keine starre Frist für den Transport

Nach Auffassung des EuGH darf es keine nationale Regelung geben, nach der im Rahmen einer Ausfuhrlieferung die für die Ausfuhr nach Orten außerhalb der EU bestimmten Gegenstände das Hoheitsgebiet der EU innerhalb einer starren Frist – im Urteil: von 90 Tagen – nach der Lieferung verlassen haben müssen, wenn dem Steuerpflichtigen allein durch die Überschreitung dieser Frist die Steuerbefreiung der Lieferung endgültig verwehrt ist. Die Rechtsgrundlage hierfür sieht der EuGH in Art. 146 Abs. 1 und Art. 131 MwStSystRL[179].

Beratungskonsequenzen

Für eine Ausfuhrlieferung genügt bei einem Unternehmenskunden damit **auch eine verzögerte Warenbewegung**.

Das gilt **nur für Unternehmenskunden**, nicht aber für Privatkunden. Die Umsatzsteuerbefreiung für Ausfuhrlieferungen im nichtkommerziellen Reiseverkehr erfordert, dass die Waren innerhalb von drei Monaten nach Kauf in das Drittlandsgebiet gelangen[180].

27.3.2 Grenze: Benutzung noch im Inland

Anders dürfte dies zu beurteilen sein, wenn der zu exportierende Gegenstand im Inland bereits benutzt wird.

Beispiel

Der Kunde lagert das Fahrzeug nicht – wie in der Mandantenfrage – nur zwischen, sondern benutzt es für unternehmerische und/oder private Fahrten in Deutschland.

In diesem Fall würde ein **anderes Fahrzeug als das verkaufte** – nämlich ein erstmals oder intensiver genutztes Fahrzeug – in das Drittland transportiert. Dies dürfte der Annahme einer Ausfuhrlieferung entgegenstehen.

27.3.3 Nettorechnung

Wenn Sie **keine Zweifel an der erklärten Absicht des Kunden** haben, das Fahrzeug in das Drittland zu verbringen, rechnen Sie bitte eine steuerfreie Ausfuhr und damit netto ab.

Beratungskonsequenzen

Dass Sie den **Belegnachweis** der Ausfuhr noch nicht erbringen können, ist hierfür ohne Bedeutung. Denn in zeitlicher Hinsicht kann der Unternehmer den Belegnachweis bis zum Schluss der letzten mündlichen Verhandlung vor dem FG erbringen[181].

---

179 EuGH, Urteil vom 19.12.2013, Rs. C-563/12, BDV Hungary Trading Kft.

180 BMF, Schreiben vom 10.1.2020, III C 3 – S 7133/19/10002 :004, 2019/1141457.

181 BFH, Urteil vom 28.8.2014, V R 16/14, BStBl. II 2015, 46.

Demgegenüber muss der **Buchnachweis** grundsätzlich bis zu dem Zeitpunkt vorliegen, zu dem der Unternehmer die Voranmeldung für den Voranmeldungszeitraum der Ausfuhrlieferung abzugeben hat. Der Unternehmer, der eine Ausfuhrlieferung als steuerfrei erklärt, muss sich durch seine buchmäßigen Aufzeichnungen zumindest dem Grunde nach vergewissern, ob er die Voraussetzungen der Steuerfreiheit als gegeben ansehen kann. Nach dem Zeitpunkt für die Abgabe der Umsatzsteuer-Voranmeldung kann der Unternehmer die buchmäßigen Aufzeichnungen nicht mehr erstmals erstellen, sondern nur noch berichtigen oder ergänzen. Derartige Korrekturen können ebenfalls bis zum Schluss der letzten mündlichen Verhandlung vor dem FG erfolgen[182].

Beratungskonsequenzen

Im Zweifel sollten Sie daher **besser »eine Ausfuhr zu viel als eine Ausfuhr zu wenig« erklären.** Denn während man eine irrtümlich erklärte Ausfuhr in einer Folgeerklärung wieder berichtigen kann, ist es nicht möglich, eine vergessene Ausfuhr erstmals zu deklarieren.

27.3.4 Sicherheitsaufschlag vereinbaren

Das Autohaus sollte sich für den Fall, dass der Transport des Fahrzeugs in ein Drittland vom Kunden nicht nachgewiesen werden kann, gegenüber dem Kunden mit einem **Sicherheitsaufschlag in Höhe der dann entstehenden Umsatzsteuer** absichern.

Beratungskonsequenzen

Im Kundeninteresse empfiehlt es sich, die **Sicherheit gesondert (in einem separaten Dokument) abzurechnen,** um für den Kunden eine (dann unumkehrbare) Mehrbelastung mit EUSt zu vermeiden!

182 BFH, Urteil vom 28.5.2009, V R 23/08, BStBl II 2010, 517, unter II.3

28 Die Grundsatzrechtsprechung von EuGH und BFH zur steuerfreien Ausfuhr

Rechtsgrundlagen

- UStG: § 3 Abs. 5a ff., § 4 Nr. 1 Buchst. a, § 6, § 7
- UStDV: §§ 8 ff
- UStAE: Abschn. 6.1–6.12
- MwStSystRL: Art. 14 ff., 20 ff., 31, 32 ff., 40 ff., 131, 138 f., 140 f., 143 ff., 146 f.

28.1 Begriffliche Klärung

Unter dem Drittlands(Waren-)geschäft – auch »Non-EU-Geschäft« – versteht die Praxis primär Ausgangsumsätze[183] aus Deutschland in Drittländer (➲ Kapitel 10.1.2).

Gesetzgeber (§ 4 Nr. 1 Buchst.- a, § 6, § 7 UStG) und dem folgend die Finanzverwaltung (§§ 8 ff. UStDV, Abschn. 6.1 ff. UStAE) verwenden hierfür die Begriffen »**Ausfuhr**« bzw. »**Ausfuhrlieferung**«.

Beratungskonsequenzen

Für die Prüfung einer Ausfuhr müssen Sie ausschließlich **auf den Warenweg abstellen**:

- Voraussetzung ist, dass der Transport in Deutschland (oder einem anderen EU-Mitgliedstaat) beginnt und in einem Drittland endet.
- Gelangt die Ware aus Deutschland in einen anderen EU-Mitgliedstaat, kommt ausschließlich die Steuerbefreiung der innergemeinschaftlichen Lieferung in Betracht. Die Steuerbefreiung einer Ausfuhrlieferung ist daher **nicht** zu prüfen – auch nicht bei einen Drittlandskunden (➲ Kapitel 21.1)!

28.2 Ausgangslage: Betrugsanfälligkeit der Ausfuhrlieferung

In den Jahren 2000 bis 2003 hat das Zollkriminalamt 2000 Urkunden mit Zollstempeln untersucht, von denen ca. **70 % gefälscht** waren: Stempelfälschungen kamen damit andauernd vor!

Aufgrund einschlägiger Anweisungen der Finanzverwaltung waren daher mit sofortiger Wirkung die auf den Ausfuhrbelegen vorgefundenen Dienststempelabdrucke **stichprobenartig auf Echtheit zu überprüfen**.

Eine **Vernichtung von Originalausfuhrbelegen mit Dienststempelabdrucken** nach digitaler Archivierung ist vor Ablauf der 10-jährigen Aufbewahrungsfrist (§ 147 Abs. 1,

183 Eingangsumsätze aus Drittländern nach Deutschland werden wohl einhellig als »Einfuhren« bezeichnet ➲ Kapitel 39.

Abs. 3 Satz 1 AO) **nicht zulässig**, weil der Stempelfarbe aufgrund ihrer Pigmentierung eine besondere Beweisfunktion zukommt, mithin keine originalgetreue bildliche Wiedergabe und Überprüfung mit den eigens dafür vorgesehenen Prüfgeräten mehr möglich ist[184].

Die einzelnen Bundesländer haben sich dadurch zu – allerdings unterschiedlichen –Gegenmaßnahmen veranlasst gesehen. NRW z. B. hat eine »**Zentralstelle zur Umsatzsteuerbetrugsbekämpfung**« sowie entsprechende »**Schwerpunktermittlungsteams**« eingerichtet und innerhalb der Festsetzungsfinanzämter die Betrugsbekämpfung zentral übertragen.

28.3 Das Grundsatzurteil des EuGH zur Steuerbefreiung der Ausfuhrlieferungen (Entscheidung »Netto Supermarkt«) und die Folgerechtsprechung des BFH

28.3.1 Bisherige deutsche Rechtsauffassung

Voraussetzung für die Steuerbefreiung einer Lieferung als Ausfuhrlieferung war nach gefestigter deutscher Rechtsauffassung das Vorhandensein der von § 6 Abs. 4 UStG, §§ 8 ff. UStDV geforderten Belege. Dabei war der **Ausfuhrnachweis materiell-rechtlicher Bestandteil der Steuerbefreiung**. Eine Lieferung war m. a. W. steuerpflichtig, wenn der Ausfuhrnachweis nicht erbracht werden konnte. Ein gefälschter Ausfuhrnachweis genügte diesen Anforderungen nicht. Das galt auch dann, wenn die Fälschung für den leistenden Unternehmer als solche nicht zu erkennen war[185].

28.3.2 Der Vorlagebeschluss des BFH

Der BFH hat dies mit Vorlagebeschluss vom 2.3.2006[186] in Frage gestellt. Der BFH hat daher den EuGH[187] prüfen lassen, ob bei grenzüberschreitenden Abhollieferungen im nichtkommerziellen Warenverkehr die Steuerfreiheit einer Ausfuhrlieferung versagt werden darf, wenn die Voraussetzungen für die Befreiung zwar tatsächlich nicht vorliegen, der liefernde Unternehmer aber die Fälschung des Ausfuhrnachweises, den der Abnehmer ihm vorlegt, **auch bei Beachtung der Sorgfalt eines ordentlichen Kaufmanns nicht hätte erkennen können**.

---

184 GoBS, BMF-Schreiben vom 7.11.1995, IV A 8 – S 0316 – 52/95, BStBl. I 1995 I, 738, Abschn. VIII b Nr. 2c.

185 BFH, zuletzt bestätigt im Beschluss vom 6.5.2004, V B 101/03, UR 2004, 432; hierzu *Weimann,* UStB 2005, 32 [33].

186 V R 7/03, BStBl. II 2006, 672.

187 Az. des EuGH: Rs. C-271/06.

28.3.3 Die Auffassung des Generalanwalts

Nach **Auffassung des Generalanwaltes** sind angesichts der Fallumstände des Vorlagefalls und des konkreten Beitrages, den der Steuerpflichtige zur Aufdeckung der streitigen Betrugshandlungen geleistet hat, die Voraussetzungen für die Steuerbefreiung aus Gründen

- des **Vertrauensschutzes** und
- der **Verhältnismäßigkeit der Mittel**

gegeben. Der Generalanwalt stützt seine Argumentation sowohl auf die von der **Europäischen Kommission im Verfahren abgegebene Stellungnahme** als auch auf die **EuGH-Rechtsprechung zum Vertrauensschutz** im innergemeinschaftlichen Warenverkehr[188] (➲ Kapitel 13).

28.3.4 Die Entscheidung des EuGH

Der EuGH ist dem Vortrag und der Argumentation des Generalanwalts vollinhaltlich gefolgt[189]:

> § **Rechtsgrundlagen**
>
> **EuGH, Urteil vom 21.2.2008**
>
> »Art. 15 Nr. 2 der Sechsten Richtlinie 77/388/EWG des Rates vom 17. Mai 1977 zur Harmonisierung der Rechtsvorschriften der Mitgliedstaaten über die Umsatzsteuern – Gemeinsames Mehrwertsteuersystem: einheitliche steuerpflichtige Bemessungsgrundlage in der Fassung der Richtlinie 95/7/EG des Rates vom 10. April 1995 ist dahin auszulegen, dass er der von einem Mitgliedstaat vorgenommenen Mehrwertsteuerbefreiung einer Ausfuhrlieferung nach einem Ort außerhalb der Europäischen Gemeinschaft nicht entgegensteht, wenn zwar die Voraussetzungen für eine derartige Befreiung nicht vorliegen, der Steuerpflichtige dies aber auch bei Beachtung der Sorgfalt eines ordentlichen Kaufmanns infolge der Fälschung des vom Abnehmer vorgelegten Nachweises der Ausfuhr nicht erkennen konnte.«

28.3.5 Die Nachfolgeentscheidung des BFH

Der BFH hat die Erkenntnisse des EuGH in seiner Nachfolgeentscheidung wie folgt übernommen:

188 Insbesondere EuGH-Urteil vom 27.9.2007, Rs. C-409/04, Teleos plc. u. a.

189 Rs. C-271/06, Netto Supermarkt GmbH & Co. KG, http://curia.europa.eu, UR 2008, 508.

§ **Rechtsgrundlagen**

BFH, Urteil vom 30.7.2008, V R 7/03, UR 2009, 161

»(1) Aus den im Steuerrecht allgemein geltenden Grundsätzen der Verhältnismäßigkeit und des Vertrauensschutzes ergibt sich, dass die Steuerfreiheit einer Ausfuhrlieferung nicht versagt werden darf, wenn der liefernde Unternehmer die Fälschung des Ausfuhrnachweises, den der Abnehmer ihm vorlegt, auch bei Beachtung der Sorgfalt eines ordentlichen Kaufmanns nicht hat erkennen können (Änderung der Rechtsprechung; Nachfolgeentscheidung zum EuGH-Urteil vom 21.2.2008, Rs. C-271/06 Netto Supermarkt GmbH & Co. KG, BFH/NV Beilage 2008, 199).
(2) Ob die Voraussetzungen hierfür gegeben sind, ist im Erlassverfahren zu prüfen.«

Beratungskonsequenzen

Mit *Martin*[190] – der Senatsvorsitzenden beim erkennenden V. Senats des BFH – ergibt sich hieraus für die Praxis:

1. In der Grundsatzentscheidung hat der EuGH darauf erkannt, dass das Gemeinschaftsrecht einem Billigkeitserlass nicht entgegensteht, wenn zwar die **Voraussetzungen für die Steuerbefreiung an sich nicht** vorliegen, der Steuerpflichtige dies aber auch bei Beachtung der **Sorgfalt eines ordentlichen Kaufmanns** infolge der Fälschung des vom Abnehmer vorgelegten Nachweises der Ausfuhr **nicht erkennen** konnte.
2. Das Ziel, der Steuerhinterziehung vorzubeugen, rechtfertigt zwar Regelungen der Mitgliedstaaten mit **hohen Anforderungen an die Verpflichtungen der Lieferer.** Dabei müssen aber die allgemeinen – (auch) gemeinschaftsrechtlichen – Rechtsgrundsätze der **Rechtssicherheit** und der **Verhältnismäßigkeit** sowie des **Vertrauensschutzes** beachtet werden. Hierbei ist auch zu berücksichtigen, dass die Lieferer letztlich **»Steuereinnehmer für Rechnung des Staats«** sind und im Interesse der Staatskasse handeln. Die Verteilung des Risikos zwischen Unternehmer und der Finanzverwaltung aufgrund eines von einem Dritten begangenen Betrugs muss mit dem Grundsatz der Verhältnismäßigkeit vereinbar sein.
3. Hat der Lieferer die Beleg- und Buchnachweise erbracht, deren Vorlage der Mitgliedstaat nach seinen entsprechenden Regelungen zum Nachweis der Voraussetzungen für die Ausfuhrlieferung verlangt, darf er auf die Rechtmäßigkeit seines Umsatzes vertrauen, wenn er **alle zumutbaren Maßnahmen getroffen** hat, um die Beteiligung an einer Steuerhinterziehung zu vermeiden. Ob er insoweit die Sorgfalt eines ordentlichen Kaufmanns beachtet hat, **haben die nationalen Gerichte zu prüfen.**
4. Die **Verfahrensmodalitäten,** die den Schutz der dem Bürger aus dem Gemeinschaftsrecht erwachsenden Rechte gewährleisten sollen, sind **Sache der innerstaatlichen Rechtsordnung eines jeden Mitgliedstaats.** Fehlt – wie bei der Ausfuhrlieferung im Gegensatz zur innergemeinschaftlichen Lieferung – eine

190 *Martin,* BFH/PR 2009, 154.

materiellrechtliche Regelung zum Vertrauensschutz, sind Vertrauensschutzgesichtspunkte nach Maßgabe der allgemeinen abgabenrechtlichen Regelungen zu berücksichtigen. Die AO enthält zwar eine Reihe von Regelungen zum Verhältnis Steuerpflichtiger/FA (§§ 172 ff.). Darüber hinaus eröffnen die §§ 163, 227 AO verfahrensrechtlich die Möglichkeit, außergewöhnliche Umstände eines Einzelfalls zu berücksichtigen. Liegen die zuvor unter 3. beschriebenen Voraussetzungen vor, ist das **Verwaltungsermessen hinsichtlich der Gewährung einer Billigkeitsmaßnahme auf null reduziert**.

5. Beruft sich der Steuerpflichtige **bereits im Festsetzungsverfahren** auf Vertrauensschutz (§ 163 AO), ist es, wenn nicht besondere Umstände vorliegen, ermessensfehlerhaft, diese Entscheidung nicht mit der Steuerfestsetzung zu verbinden.
6. Womöglich stellt sich nunmehr wieder die **Grundsatzfrage nach einer ausdrücklichen** Vertrauensschutzregelung im UStG – wenn sich ein Unternehmer, der alle ihm obliegenden Sorgfaltspflichten ordentlich erfüllt hat, ohnehin schon auf den Gutglaubensschutz berufen kann!

28.4 EuGH vom 6.9.2012: Wiederholung und Untermauerung des Vertrauensschutzes

Der EuGH hat sich im Urteil Mecsek-Gabona noch einmal der Problematik angenommen. Auch wenn das Urteil primär zum innergemeinschaftlichen Warenverkehr ergangen ist, lassen sich doch die tragenden Gedanken auf Ausfuhren entsprechend anwenden.

Ausführlich zur neuen Rechtsprechung[191]. An dieser Stelle nur die wichtigsten **Erkenntnisse im Kurzüberblick**:

1. Für die Steuerbefreiung ist der Kenntnisstand des Lieferanten **im Lieferzeitpunkt** maßgeblich.
2. Daraus folgt: **Spätere (bessere) Erkenntnis des Lieferanten ist unschädlich!**
3. Es ist den Mitgliedstaaten verwehrt, die Steuerbefreiung von dem Nachweis abhängig zu machen, dass die Ware den Mitgliedstaat physisch verlassen hat. **Damit stellt der EuGH ungefragt die neue Gelangensbestätigung in Frage** (➲ Kapitel 15 FAQ 21).

28.5 Weitere interessante Einzelentscheidungen

28.5.1 Nachweis der Person des Kunden

§ **Rechtsgrundlagen**

FG Nds. v. 28.9.2006, 16 K 541/03 – BFH v. 23.4.2009, V R 47/03

191 Weimann, Umsatzsteuer in der Praxis, 21. Auflage 2023, Kapitel 7.

28.5.1.1 Der Sachverhalt

Die Klägerin (Klin.), eine KG, betreibt ein Uhren- und Schmuckgeschäft. In den drei Streitjahren (1996, 1998 und 1999) erschien Herr K mehrmals im Ladenlokal und erwarb Armbanduhren für Herrn F, dessen Anschrift zunächst mit Abidjan, Elfenbeinküste, dann mit Cotonou, Benin angegeben wurde. F selbst hat den Laden der Klin. niemals betreten. **Eine Vollmacht des F hat sich der Geschäftsführer der Klin. (B) nicht vorlegen lassen.** B hat für F Ausfuhrbescheinigungen ausgestellt, F hat die **Bescheinigungen bei der Ausfuhr aus dem Gemeinschaftsgebiet vom französischen Zoll am Flughafen Paris – Charles de Gaulle abstempeln lassen.** Auf den Ausfuhrbescheinigungen für die Streitjahre 1996 und 1998 ist angekreuzt worden, dass die Angaben zu Namen und Anschrift des Abnehmers mit den Eintragungen im vorgelegten Reisepass übereinstimmen. Anders die Ausfuhrbescheinigung für 1999; hier fehlt eine entsprechender Hinweis. Bei seiner nächsten Einreise in das Gemeinschaftsgebiet hat F die Uhren wieder eingeführt, die anschließend durch K auf diversen Uhrenbörsen veräußert wurden. Außerdem händigte er K die Ausfuhrbescheinigungen aus, die dieser wiederum an B als Geschäftsführer der Klin. weiterleitete. Die Klin. behandelte die Umsätze als steuerfreie Ausfuhrlieferung, da sich ihr der Sachverhalt wie folgt darstellte:

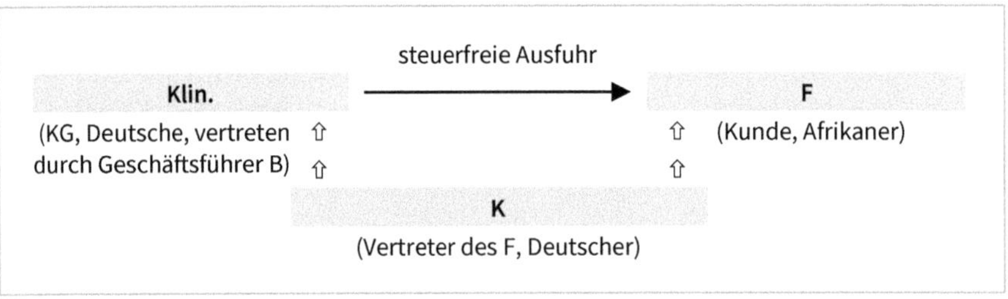

Dem folgte das FA nicht, weil es die Auffassung vertrat, dass die Klin. eine Abschrift oder Kopie des Identifikationsnachweises zu den Buchführungsunterlagen hätte nehmen müssen, um den Nachweis der Veräußerung an einen ausländischen Abnehmer zu führen.

28.5.1.2 Die Entscheidung des FG Niedersachsen

Das FG[192] entschied:

Erwirbt ein im Drittlandsgebiet ansässiger Abnehmer durch einen inländischen Bevollmächtigten Waren zur Ausfuhr in das Drittlandsgebiet, so setzt der Buch- und Belegnachweis nicht voraus, dass sich der Unternehmer eine schriftliche Vollmacht des Abnehmers vorlegen lässt, wenn sich das Handeln des Bevollmächtigten in fremdem Namen aus anderen Umständen ableiten lässt.

---

192 Niedersächsisches FG, Urteil vom 28.9.2006, 16 K 541/03, EFG 2008, 1240.

Danach musste das Gericht differenzieren:

- Die Klage ist für die Veranlagungszeiträume 1996 und 1998 ist begründet.
- Die Klage ist für den Veranlagungszeitraum 1999 ist unbegründet.

Die Klin. zeigte sich nicht selbst für den Transport in das Drittland verantwortlich; den Transport übernahm vielmehr der Kunde. Voraussetzung der Steuerbefreiung ist in diesem **(klassischen) Abholfall**, dass der Kunde des deutschen Unternehmers ein Ausländer ist (§ 4 Nr. 1 Buchst. a, § 6 Abs. 1 Nr. 2, Abs. 2 UStG). Im Umkehrschluss erfolgen Abhollieferungen trotz tatsächlichen Verbringens der Ware in ein Drittland steuerpflichtig, wenn der Kunde ein anderer Deutscher ist. Der Unternehmer hat die – für ihn ja günstigen – Voraussetzungen der Steuerfreiheit gem. § 6 Abs. 4 UStG nachzuweisen. Gelingt ihm dieser Nachweis nicht, ist die Lieferung in aller Regel steuerpflichtig.

28.5.1.2.1 Grundsatz: Bevollmächtigung prüfen!

Erscheint wie im Streitfall der ausländische Abnehmer nicht persönlich beim Unternehmer, sondern erklärt eine dritte Person mit inländischem Wohnsitz, die Ware als Bevollmächtigter des Abnehmers zu erwerben, so hat sich der Unternehmer – nach insoweit wohl unstrittiger – Auffassung des FG grundsätzlich davon zu **vergewissern, ob dieser Dritte tatsächlich für einen ausländischen Abnehmer aufgetreten ist,** etwa indem er sich eine dem Dritten erteilte **Vollmacht des ausländischen Abnehmers vorlegen** lässt. Denn anderenfalls fehlte es an dem gem. § 6 Abs. 4 UStG zu erbringenden Abnehmernachweis, weil der inländische Dritte auch vollmachtlos gehandelt haben oder vorgeben könnte, für eine in Wirklichkeit gar nicht existierende Person zu handeln.

28.5.1.2.2 Ausnahme: Nachweis durch andere Unterlagen

In den Streitjahren 1996 und 1998 rechtfertigten – so das FG – die weiteren Umstände des Sachverhalts die Annahme der Klin., dass Herr K tatsächlich als Bevollmächtigter für Herrn F gehandelt habe. Nach erfolgter Ausfuhr der Uhren sind die **Ausfuhrbescheinigungen über Herrn K wieder an die Klin. zurückgelangt**. In den Ausfuhrbescheinigungen **bestätigen die Zollbehörden,** dass der in ebendiesen als Abnehmer angeführte F die Uhren in das Drittlandsgebiet verbracht hat und dass der in seinem Reisepass angegebene Wohnsitz mit der in den Ausfuhrpapieren genannten Anschrift übereinstimmt. Aufgrund dieser Bestätigungen sei die Klin. – so das FG – zu Recht davon ausgegangen, dass K die Uhren **an F als Abnehmer weitergeleitet** hat und dass F seinen Wohnsitz tatsächlich im Ausland hatte.

28.5.1.2.3 Die zentrale Frage der Revision

Insbesondere diese letzte Schlussfolgerung wird das Revisionsverfahren zu klären haben: **Rechtfertigt der – durch die Ausfuhrbescheinigungen belegte – Umstand, dass F die Uhren (zunächst) in das Drittlandsgebiet verbracht hatte, auch den Schluss auf dessen Abnehmereigenschaft?** Dies scheint recht fraglich, da F die Uhren auch ausgeführt haben könnte, ohne Abnehmer der Klin. gewesen zu sein (so auch *Meyer*, Anmerkungen zum Besprechungsurteil, EFG 2008, 1240). Hierfür spricht z. B., dass F die Uhren wieder ins Inland verbracht und an K ausgehändigt hat, der sie dann veräußerte. Handelt daher ein Dritter im Namen eines (behaupteten) Abnehmers, wird der Lieferant durch Vorlage einer entsprechenden Vollmacht dessen Vertretungsbefugnis nachweisen müssen.

28.5.1.2.4 Streitjahr 1999 wohl eindeutig: keine Steuerbefreiung!

Anders beurteilt das FG – insoweit wohl unstrittig – die Rechtslage im Streitjahr 1999. Hier fehlt in der Ausfuhrbescheinigung eine Angabe darüber, ob die Person, die bei der Klin. die Uhren erworben hat, mit der Person übereinstimmt, die die Uhren bei der französischen Zollbehörde ausgeführt hat. Insoweit ist der Abnehmernachweis nicht geführt und der Umsatz steuerpflichtig.

28.5.1.3 Die Entscheidung des BFH

Der BFH[193] verwies die Sache an das FG zurück:

1. Die Anforderungen an den nach § 6 Abs. 4 UStG i. V. m. §§ 8 ff. UStDV beizubringenden Belegnachweis können nicht durch die Finanzverwaltung um weitere Voraussetzungen, wie z. B. das Erfordernis, die Bevollmächtigung eines für den Abnehmer handelnden Beauftragten belegmäßig nachzuweisen, verschärft werden.
2. Der vom Unternehmer beigebrachte Belegnachweis unterliegt der Nachprüfung durch die Finanzverwaltung. Im Rahmen dieser Prüfung ist nach den allgemeinen Beweisregeln und -grundsätzen zu entscheiden, ob eine vom Vertreter des Abnehmers behauptete Bevollmächtigung besteht. Dabei bestimmt sich die Person des Abnehmers einer Ausfuhrlieferung nach dem der Ausfuhrlieferung zugrunde liegenden Rechtsverhältnis.

Liegen – wie im Urteilsfall – die Voraussetzungen des § 6 Abs. 1 Satz 1 UStG vor und hat der Steuerpflichtige den Buch- und Belegnachweis erbracht, ist für die Steuerbefreiung der Lieferung zwar **grundsätzlich unerheblich, ob** nach der Beförderung in das Drittlandsgebiet aufgrund der **Rückbeförderung in das Gemeinschaftsgebiet** EUSt zu erheben war und ob die Voraussetzungen für eine Steuerfreiheit der Einfuhr nach § 12 der EUSt-Befreiungsverordnung vorlagen.

Im Streitfall bestanden nach dem festgestellten Sachverhalt **erhebliche Zweifel an der Richtigkeit der Nachweisangaben**. Sollte das FG im zweiten Rechtsgang feststellen, dass K und nicht F Abnehmer der Lieferungen war, ist nicht im Steuerfestsetzungs-, sondern **im Billigkeitsverfahren** zu entscheiden, ob eine Steuerfreiheit aufgrund unrichtiger Abnehmerangaben in Betracht kommt, weil der Unternehmer die Unrichtigkeit der Abnehmerangaben nicht erkennen konnte.

---

193 BFH, Urteil vom 23.4.2009, V R 84/07, BStBl. II 2010, 509.

Beratungskonsequenzen

1. **Strenge Anforderungen an den Abnehmernachweis:** Handelt daher ein Dritter bei einer Ausfuhr im Namen eines (behaupteten) ausländischen Abnehmers, wird der Lieferant durch Vorlage einer entsprechenden Vollmacht die Vertretungsbefugnis des Dritten nachweisen müssen. Ausdrücklich hat der BFH dies für **Steuerbefreiung innergemeinschaftlicher Lieferungen** gefordert[194]: »Handelt jemand im fremden Namen, kommt es darauf an, ob er hierzu Vertretungsmacht hat ... Der Unternehmer muss daher die Identität des Abnehmers z. B. durch Vorlage des Kaufvertrages nachweisen. Handelt ein Dritter im Namen des Abnehmers, muss der Unternehmer auch die Vollmacht des Vertreters nachweisen, weil beim Handeln im fremden Namen die Wirksamkeit der Vertretung davon abhängt, ob der Vertreter Vertretungsmacht hat. ...«. Diese Rechtsgedanken werden sich **auf die Ausfuhr übertragen** lassen.
2. **Gutglaubensschutz:** Auch durch unrichtige oder gefälschte Vollmachten wird der Lieferant den erforderlichen Nachweis erbringen können, wenn er den Fehler auch bei Beachtung der Sorgfalt eines ordentlichen Kaufmanns nicht erkennen konnte (EuGH, Urteil vom 21.2.2008, Rs. C-271/06, Netto Supermarkt GmbH & Co. KG ➲ Kapitel 27a.3). Die Frage der Gutgläubigkeit stellt sich aber erst dann, wenn der Unternehmer seinen Nachweispflichten nachgekommen ist[195].
3. **Nachweisführung in Vertretungsfällen:** Der Nachweis sollte grundsätzlich durch eine von dem Vertretenen unterzeichnete **schriftliche Vollmacht** für den Vertreter geführt werden. Außerdem sollten **Ablichtungen der Identitätsnachweise** (Reisepässe o.dgl.) sowohl des Vertreters als auch des Vertretenen zu den Büchern genommen werden. Letztere ermöglichen dem FA nicht nur die Feststellung der Identität des Abnehmers, sondern erleichtern durch einen Vergleich der Unterschriften auch die Prüfung, ob die Vollmacht tatsächlich von dem Vertretenen erteilt worden ist. In diesem Zusammenhang ist darauf hinzuweisen, dass die Vorlage einer Vollmacht, die nicht erkennen lässt, von welcher Person sie unterzeichnet worden ist, zum Nachweis der Vertretungsmacht keineswegs ausreicht[196].
4. Die beleg- und buchmäßigen Nachweispflichten in §§ 8 und 13 UStDV sind gemeinschaftskonform. **Weitere Nachweise** als die, die dort festgeschrieben sind – wie nach Ansicht der Finanzverwaltung stets der Nachweis der Vollmacht, wenn die Ware nicht vom Abnehmer selbst abgeholt wird – **darf das FA grundsätzlich nicht verlangen** und allein schon bei deren Fehlen die Steuerbefreiung versagen.
5. Beleg- und Buchnachweis haben nur den Charakter eines Anscheinsbeweises. Liegen sie vor und bestehen keine konkreten Anhaltspunkte für deren Unrichtigkeit, darf die Steuerbefreiung beansprucht werden. Das FA darf andererseits

194 BFH, Urteil vom 8.11.2007, V R 26/05, BFH/NV 2008, 1067, unter II.1.c, m. w. N.; hierzu ausführlich *Oelmaier,* DStR 2008, 1213.

195 BFH, Urteil vom 8.11.2007, V R 26/05, a. a. O., unter II.2.b.

196 FG Düsseldorf, Beschluss vom 25.6.2008, 1 V 839/08 A (U), n. v.

deren Richtigkeit jedoch prüfen. Bestehen konkrete Anhaltspunkte für die Unrichtigkeit, obliegt es dem Unternehmer, deren Richtigkeit **mit ggf. allen zulässigen Beweismitteln** nachzuweisen.

6. **Umgekehrt gilt:** Ergibt sich bei einer Überprüf der Buch- und Belegangaben nach den allgemeinen Beweisregeln und -grundsätzen aber deren Unrichtigkeit, ist die Lieferung **trotz eines formal geführten Nachweises** vorbehaltlich besonderer Umstände **grundsätzlich steuerpflichtig.**
7. **Den Mandanten zur Vorsicht anhalten:** Der Steuerberater sollte den Mandanten zur konsequenten Einhaltung dieser »Spielregeln« einhalten. Dabei gelten die Grundsätze: Ein Nachweis zu viel ist besser als ein Nachweis zu wenig! Im Zweifel sollte der Mandant eher von einem Umsatz absehen!
8. **Nachholung des Nachweises möglich:** Fehler im Belegnachweis können »bis zum Schluss der mündlichen Verhandlung« – und damit regelmäßig rückwirkend – geheilt werden. Aus der rückwirkenden Heilung ergibt sich, dass in diesem Fall keine Sollzinsen nach § 233a AO entstehen[197].
9. **Eigenverantwortlichen Transport bevorzugen:** Letztlich bestätigt sich, dass die Steuerbefreiung der Ausfuhr ist am wenigsten gefährdet, wenn der Lieferant sich selbst für den Transport verantwortlich zeigt (§ 6 Abs. 1 Satz 1 Nr. 1 UStG). Dem Mandanten sollte daher empfohlen werden, möglichst diese Sachverhaltsgestaltung auch bei seinen ausländischen Kunden durchzusetzen; bei einem deutschen Kunden wäre dies von vorneherein zwingend[198].
10. **Fundstellen:** *Weimann,* PIStB 2008, 323. Vgl. auch die Urteilsanmerkungen von *Martin,* BFH/PR 2009, 385 (zu BFH v. 23.4.2009) und *Meyer,* EFG 2008, 1240 (zu FG Nds. v. 28.9.2006).

28.5.2 Buchnachweis: Sofort richtig buchen, auch wenn die Nachweise erst später kommen!

§ **Rechtsgrundlagen**

BFH, Urteil vom 28.8.2014, V R 16/14, BStBl. II 2015, 46

Der BFH stellt in einem neueren Urteil noch einmal klar, welche Voraussetzungen seines Erachtens an den Beleg- und Buchnachweis zu stellen sind.

28.5.2.1 Der Urteilssachverhalt

Der BFH hatte in etwa über folgenden Sachverhalt zu entscheiden[199]:

197 BFH, Urteil vom 30.3.2006, V R 47/03, UR 2006, 397.

198 Vgl. § 6 Abs. 1 Satz 1 Nr. 2 UStG.

199 *Weimann/Kraatz,* PIStB 2015, 4.

Sachverhalt

Der Kläger (K) lieferte Gegenstände in das Ausland und behandelte die Lieferungen als Ausfuhrlieferungen steuerfrei.
K verbuchte die Ausfuhrlieferungen auf einem separaten Konto unter Bezugnahme auf die jeweilige Rechnung.
Das Finanzamt ging davon aus, dass die Lieferungen steuerpflichtig seien, da K den Beleg- und Buchnachweis aufgrund ungenauer Angaben nicht erbracht habe, und versagte die Steuerfreiheit.
Ein Einspruch des K hatte keinen Erfolg.
Das FG Berlin-Brandenburg[200] gab der Klage statt, da K die Rechnungen nachträglich um Anlagen, die die notwendigen Angaben enthielten, ergänzt hatte.

Der BFH bestätigt die Entscheidung des FG. Verbucht der Unternehmer Ausfuhrlieferungen auf einem separaten Konto unter Bezugnahme auf die jeweilige Rechnung, kann dies ausreichen, um den Buchnachweis nach § 6 Abs. 4 UStG i. V. m. § 13 UStDV dem Grunde nach zu führen.

28.5.2.2 Beweislast des Unternehmers

Der Unternehmer hat die Voraussetzungen für die Steuerbefreiung der Ausfuhrlieferung nachzuweisen (§ 6 Abs. 4 Satz 1 UStG) gem. § 6 Abs. 4 Satz 2 UStG, §§ 8 ff. UStDV hat der Unternehmer den Nachweis zu führen durch

- **Belege** (Belegnachweis) und
- **Aufzeichnungen** (Buchnachweis).

Die Vorschriften beruhen auf der gem. Art. 131 MwStSystRL bestehenden Befugnis der Mitgliedstaaten, die Bedingungen für die Anwendung der Steuerbefreiungen für Ausfuhrlieferungen festzusetzen.

28.5.2.3 Gegenüber den relativ weiten Zeitvorgaben für den Belegnachweis …

Der Unternehmer kann den Belegnachweis bis **zum Schluss der letzten mündlichen Verhandlung vor dem FG** erbringen.

28.5.2.4 … sind die Zeitvorgaben für den Buchnachweis relativ eng

Der Buchnachweis muss grundsätzlich bis zu dem Zeitpunkt vorliegen, zu dem der Unternehmer die Voranmeldung für den Voranmeldungszeitraum der Ausfuhrlieferung abzugeben hat.

---

200 FG Berlin-Brandenburg, Urteil vom 18.2.2014, 5 K 5235/12, EFG 2014, 1045.

Der Unternehmer, der eine Ausfuhrlieferung als steuerfrei erklärt, muss sich durch seine buchmäßigen Aufzeichnungen zumindest dem Grunde nach vergewissern, ob er die Voraussetzungen der Steuerfreiheit als gegeben ansehen kann.

Wichtig!

Nach dem Zeitpunkt für die Abgabe der Umsatzsteuer-Voranmeldung kann der Unternehmer die buchmäßigen Aufzeichnungen **nicht mehr erstmals** erstellen, sondern nur noch berichtigen oder ergänzen. Derartige Korrekturen können dann bis zum Schluss der letzten mündlichen Verhandlung vor dem FG erfolgen.

Beratungskonsequenzen

Im Zweifel sollte der Unternehmer daher **besser »eine Ausfuhr zu viel als zu wenig« erklären**. Denn während man eine irrtümlich erklärte Ausfuhr in einer Folgeerklärung wieder berichtigen kann, ist es nicht möglich, eine vergessene Ausfuhr erstmals zu deklarieren.

28.5.2.5 Separates Konto ausreichend

Um den Buchnachweis i. S. v. § 13 UStDV dem Grunde nach zu führen kann der Unternehmer die Ausfuhrlieferungen auf einem separaten Konto unter Bezugnahme auf die jeweilige Rechnung verbucht.

Beratungskonsequenzen

Es kommt nicht darauf an, ob der Unternehmer zusätzlich ein Warenausgangsbuch i. S. v. § 144 AO führt oder weitergehend seine Buchführung im Allgemeinen ordnungsgemäß ist. Daher können Beleg- und Buchnachweis im finanzgerichtlichen Verfahren vervollständigt werden.

28.5.2.6 Verschuldensunabhängigkeit

Bei Nachweismängeln kommt es nicht darauf an, ob der Unternehmer diese zu vertreten hat. Auch bei schuldhaftem Handeln können daher der Buchnachweis ergänzt oder eine Rechnung berichtigt werden.

Wichtig!

Natürlich wird dann immer zu prüfen sein, ob die Falscherklärung nicht zu einem Steuerdelikt geführt hat.

28.5.2.7 Entsprechende Anwendung auf innergemeinschaftliche Lieferungen

Die vorstehenden Grundsätze sind auf innergemeinschaftliche Lieferungen entsprechend anzuwenden (➲ Kapitel 18.3).

Beratungskonsequenzen

Auch hier gilt also, dass Buchnachweis grundsätzlich bis zu dem Zeitpunkt vorliegen muss, zu dem der Unternehmer die Umsatzsteuer-Voranmeldung für den Voranmeldungszeitraum der Ausfuhrlieferung abzugeben hat.

28.5.3 Kfz-Händler erhält Vertrauensschutz trotz gefälschtem Zollstempel

Hinweis

➲ mybookplus.de > Vertiefende Informationen zu Kapitel 28.5.3

28.5.4 Keine analoge Anwendung des § 6a Abs. 4 UStG auf Ausfuhrlieferungen

Hinweis

➲ mybookplus.de > Vertiefende Informationen zu Kapitel 28.5.4

28.6 UStVA und USt-Erklärung

Hinweis

➲ Kapitel 55 (Fallsammlung internationale Umsätze/Eintragung in die Vordrucke)

29 So funktioniert ATLAS-Ausfuhr

Das neue elektronische Verfahren im Praxisüberblick

§ **Rechtsgrundlagen**

- UStG: § 3 Abs. 5a ff., § 4 Nr. 1 Buchst. a, § 6, § 7
- UStDV: §§ 8 ff.
- UStAE: Abschn. 6.1–6.12
- MwStSystRL: Art. 14 ff., 20 ff., 31, 32 ff., 40 ff., 131, 138 f., 140 f., 143 ff., 146 f.

29.1 Was ist ATLAS-Ausfuhr?

Die Europäische Union hat das Ziel, Warenexporte elektronisch zu überwachen. Diesem Ziel dient das EDV-Projekt **ECS** (**E**xport **C**ontrol **S**ystem)/**AES** (**A**utomated **E**xport **S**ystem) unter Leitung der Europäischen Kommission und unter Mitwirkung der EU-Mitgliedstaaten.

Das zur **Umsetzung der entsprechenden EU-Vorgaben von Deutschland** eingeführte Verfahren heißt **ATLAS** (**A**utomatisiertes **T**arif- und **L**okales Zoll-**A**bwicklungs-**S**ystem) und wurde am 1.8.2006 eingeschränkt in Betrieb genommen[201].

! **Merke!**

ATLAS ist ein internes Informatikverfahren, das auf der Grundlage von Art. 4a Abs. 1 ZK-DVO entwickelt wurde.

Seit dem 1.7.2009 besteht **EU-einheitlich die Pflicht zur Teilnahme** an diesem elektronischen Ausfuhrverfahren, in Deutschland also zur Teilnahme am ATLAS-Verfahren.

Mit ATLAS werden **schriftliche Zollanmeldungen und Verwaltungsakte** (z. B. Einfuhrabgabenbescheide) **durch elektronische Nachrichten ersetzt**. Dadurch wird die Zollabfertigung und Zollsachbearbeitung automatisiert, vereinfacht und beschleunigt.

Sämtliche Dienststellen der deutschen Zollverwaltung sind mit den für ihre Aufgabenbereiche erforderlichen ATLAS-Fachverfahren ausgestattet.

---

201 BMF, Schreiben vom 1.6.2006, IV A 6 – S 7134 – 22/06, BStBl. I 2006, 395.

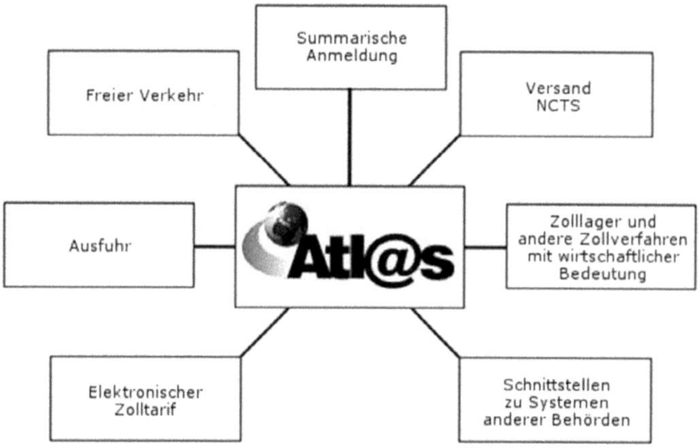

Die Anmeldedaten werden **an zentraler Stelle archiviert** und unter Einhaltung der Datenschutzrichtlinien der

- Zentralstelle für Risikoanalyse (Zoll),
- dem Statistischen Bundesamt,
- dem Bundesamt für Wirtschaft und Ausfuhrkontrolle,
- der Bundesanstalt für Landwirtschaft und Ernährung,
- den Prüfungsdiensten, Zollfahndungsämtern und Landesfinanzverwaltungen

zur Verfügung gestellt[202].

Im Rahmen der **Teilnehmereingabe** werden Zollanmeldungen zur Überführung von Waren

- in den **zollrechtlich freien Verkehr**,
- in die **aktive Veredelung**,
- in das **Umwandlungsverfahren**,
- in ein **Zolllagerverfahren**,
- in ein **Versandverfahren** oder
- in das **Ausfuhrverfahren**

vom Anmelder elektronisch erfasst, der Zollstelle elektronisch übermittelt und dort entsprechend bearbeitet[203].

Der Anmelder erhält die **Entscheidung der Zollstelle** und den Bescheid über Einfuhrabgaben bzw. die Festsetzung/Anerkennung von Bemessungsgrundlagen anschließend ebenfalls auf elektronischem Weg.

202 https://www.zoll.de >Unternehmen >Fachthemen > Zölle > ATLAS.
203 https://www.zoll.de >Unternehmen >Fachthemen > Zölle > ATLAS > ATLAS-Allgemein.

Der weitgehende **Verzicht auf die Vorlage von Unterlagen,** wie Rechnungen oder Präferenznachweise, im Zeitpunkt der Abfertigung führt zu einer zusätzlichen **Verfahrensbeschleunigung** und **Verschlankung des Verwaltungsverfahrens.** Neben der Reduzierung der Papiermenge ergeben sich weitere Vorteile insbesondere durch den **Wegfall von Wegezeiten** zur bzw. von der Zollstelle. Die Zollanmeldung kann vom Anmelder zentral an alle ATLAS-Zollstellen – also auch an Grenzzollstellen – elektronisch übermittelt werden, wodurch ggf. ein **Versandverfahren zur Binnenzollstelle vermieden** werden kann. Eine weitere Möglichkeit ist die Abgabe einer vorzeitigen Zollanmeldung (d. h. vor Eintreffen der Ware), um die Zollabwicklung noch weiter zu beschleunigen und damit noch **schneller über die Ware zu verfügen.**

Die Inanspruchnahme dieser schnellen ATLAS-Zollabwicklung setzt allerdings bestimmte **Hard- und Softwareausstattungen** voraus, wobei zertifizierte Softwareanbieter bzw. Dienstleister unterschiedliche Zugangsmöglichkeiten anbieten. Je nach Anzahl der Abfertigungen reicht das Spektrum von einer kompletten Inhouse-Lösung (EDIFACT-Konvertierung, Datenübertragung mit X.400 bzw. FTAM, ATLAS-Software) bis hin zu einem Online-Zugang über ein Clearing-Center (Rechenzentrum). Zusätzlich kann, unabhängig von einer zollrechtlichen Vertretung i. S. d. Art. 5 VO (EWG) Nr. 2913/92, die Leistung eines dezentralen Kommunikationspartners (DezKP) bzw. Datenübermittlungsdienstleisters (DÜD) in Anspruch genommen werden. Die **Kosten sind abhängig von der Wahl der Variante,** der Anzahl der Lizenzen etc. Es ist daher notwendig, sich spezielle, auf die jeweiligen Bedürfnisse abgestellte Angebote bei den Softwareanbietern bzw. Dienstleistern einzuholen.

29.2 Detailinformationen zum ATLAS-Verfahren

Hinweis

Weitere Informationen der Finanzverwaltung zum ATLAS-Verfahren erhalten Sie auf der Zoll-Homepage des BMF (www.zoll.de) oder auch telefonisch sowie per Telefax oder E-Mail:

- Bei **technischen** Fragen:
  Service Desk ITZBund
  (24 Stunden, 7 Tage/Woche)
  Telefon: 0800 8007 5451
  Telefon: 0049 22899 680 8480 (aus dem Ausland)
  E-Mail: servicedesk@itzbund.de
- Bei **fachlichen** Fragen:
  Service Desk Zoll
  (Mo-Fr 08:00-17:00 Uhr, außer an gesetzlichen Feiertagen)
  Tel.: 0800 8007 5452 oder +49 228 303-2609
  Fax: +49 22899 680 187584
  E-Mail: servicedesk@zoll.bund.de

29.3 Folgerungen für den umsatzsteuerlichen Ausfuhrnachweis

Die Steuerbefreiung der Ausfuhrlieferung erforderte (bislang) papierene Ausfuhrnachweise nach § 6 Abs. 4 UStG i. V. m. §§ 8 ff. UStDV. Letztere werden nunmehr in der Regel durch ein elektronisches Dokument ersetzt, dass dem Anmelder am Ende des Ausfuhrvorgangs von der Ausfuhrzollstelle übermittelt wird:

Checkliste

- Zunächst muss der Unternehmer die Ware auf einem der dazu vorgesehenen elektronischen Verfahrenswege[204] bei der (Binnen-)«**A**us**f**uhr**z**oll**st**elle« **(AfZSt)** zur Ausfuhr anmelden.
- Die AfZSt überführt die Ware in das Ausfuhrverfahren, indem sie
  - das **Ausfuhrbegleitdokument** (**ABD** ➲ Kapitel 26) generiert, das die Ware begleitet. Dieses Dokument wird behandelt wie das Exemplar Nr. 3 des Einheitspapiers. Der Ausführer erhält das ABD als PDF und druckt sich diese aus. Aufgrund der elektronischen Übermittlung der Ausfuhrdaten tragen die Ausfuhrnachweise keine eigenhändige Unterschrift des Ausführers. Stattdessen wird dem Teilnehmer eine Beteiligtenidentifikationsnummer (BIN) zugeteilt, die im IT-Verfahren ATLAS die Unterschrift ersetzt;
  - gleichzeitig die MRN (s. u.) generiert und
  - die Daten vorab elektronisch an die vom Unternehmer angegebenen (Grenz-)Ausgangszollstellen (AgZSt) übermittelt.
- Über den **europäischen Systemverbund** kann die **AgZSt** anhand der für jeden Ausfuhrvorgang angelegten **Registriernummer** (**M**ovement **R**eference **N**umber - **MRN**) in jedem EU-Staat den Vorgang aufrufen und den körperlichen Warenausgang **überwachen**.
- Die **AgZSt übermittelt das Überwachungsergebnis** bzw. den Warenausgang elektronisch der AfZSt.
- Die AfZSt schließt den Ausfuhrvorgang dadurch ab, dass sie dem Anmelder den **»Ausgangsvermerk« in Form eines pdf-Dokuments** (➲ Kapitel 26) elektronisch übermittelt; darin sind die Daten der ursprünglichen Ausfuhranmeldung um die Feststellungen und Ergebnisse der AfZSt ergänzt.

---

204 Zu den Details *Nieskoven*, PIStB 2010, 95.

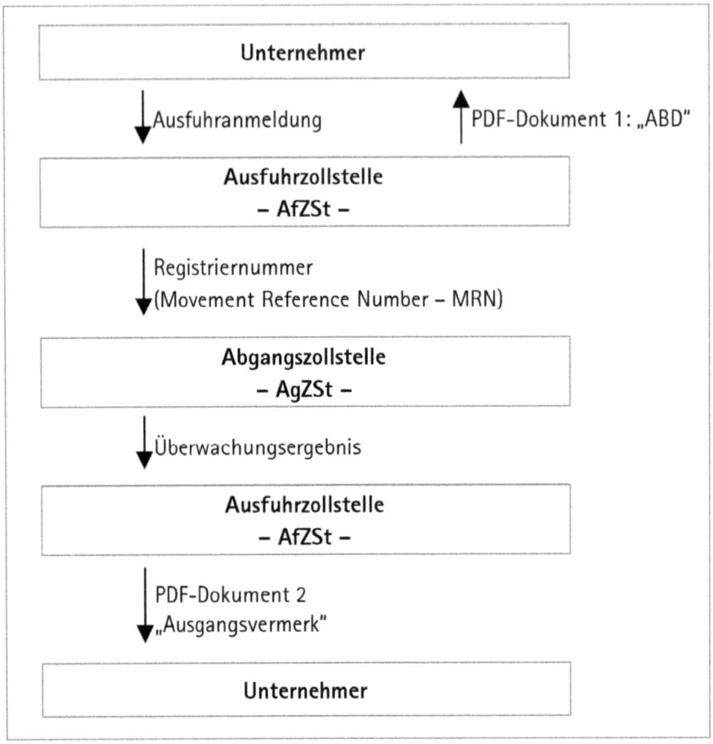

29.4 Umsatzsteuerrechtliche Auswirkungen nicht bestätigter Ausfuhren

Anlässlich des Brexit sind zahlreiche Ausfuhren nach Großbritannien (ohne Nordirland) – insbesondere an den neuen französischen Grenzzollstellen – bisher unbestätigt geblieben. Ausfuhrverfahren konnten daher derzeit zoll- und umsatzsteuerrechtlich nicht abgeschlossen werden[205].

Der Unternehmer kann daher übergangsweise abweichend von den Nachweisen nach § 9 Abs. 1 Satz 1 Nr. 1 bzw. § 10 Abs. 1 Satz 1 Nr. 1UStDV **aus Billigkeitsgründen ausnahmsweise** bis zum 31.12.2022 den Belegnachweis vereinfacht führen ➲ Kapitel 8.3.

205 Finanzministerium Schleswig-Holstein, USt-Kurzinformation vom 28.7.2022, VI 358-S 7133-005.

30 Belegnachweis: Abnehmerversicherung

Muster für Ihr Tagesgeschäft

Bei Liefergeschäften über die Grenze – aus Deutschland heraus sowohl in ein anderes EU-Land (➲ Kapitel 14, 16) als auch in ein Drittland – ist vorrangig zu klären, ob eine der beiden Umsatzsteuerbefreiungen greift, ob also eine Ausfuhrlieferung (§ 4 Nr. 1 Buchst. a i. V. m. § 6 UStG) oder eine innergemeinschaftliche Lieferung (§ 4 Nr. 1 Buchst. b i. V. m. § 6a UStG) vorliegt.

Beratungskonsequenzen

Neue Checklisten helfen Ihnen, diese Frage einfach und zugleich sicher zu klären oder von Ihren Mitarbeitern klären zu lassen – und zwar auch ohne vertiefte (Umsatzsteuer-)Rechtskenntnis(➲ Kapitel 25)!

Bei Abhollieferungen ist **zur Dokumentation die Abnehmerversicherung zu empfehlen**. Nachfolgend die für das Non-EU-Geschäft – also die umsatzsteuerlichen Ausfuhrlieferungen – erforderlichen Muster:

Muster/Abnehmerversicherung Non-EU-Geschäft

Unser Kunde/Käufer:

____
____
____
____

Abholer

____
____
____
____

Sehr geehrter Abholer,

Sie holen im Auftrag unseres Kunden bei uns folgende Ware ab:

____
____

Wir benötigen für unsere Unterlagen Ihre schriftliche Versicherung, dass Sie die Ware in das Non-EU-Land ____

(Bestimmungsland = Drittlandsgebiet, § 1 Abs. 2a Satz 3 UStG)

nach ____

(Endbestimmungsort = Stadt, Gemeinde o. dgl.)

transportieren werden.

Gleichzeitig benötigen wir die Versicherung, dass Sie die Ware

- als unser Kunde oder dessen Mitarbeiter oder dessen Beauftragter
- und nicht als Kunde unseres Kunden oder dessen Mitarbeiter oder dessen Beauftragter

abholen.

Bitte bestätigen Sie uns all dies durch Ihre Unterschrift auf diesem Schriftstück. Sie erhalten von uns eine Kopie für Ihre Unterlagen bzw. für die Unterlagen Ihres Arbeitgebers oder Auftragsgebers.

Mit freundlichen Grüßen

____

[Ort, Datum

____

[Firmenstempel] Unterschrift

____
____
____

Der Unterzeichnete versichert, dass er die oben genannte Ware unmittelbar in ein Non-EU-Land (umsatzsteuerliches Drittlandsgebiet) transportieren wird.

Ort, Datum

____

[Firmenstempel] Unterschrift

____
____
____

Praxistipp

Häufig wird zu ebendiesem Zweck ein **Firmenstempel auf den LKWs mitgeführt** – wenn nicht, ist die Bescheinigung selbstverständlich ohne Stempel gültig.

Muster/Abnehmerversicherung Non-EU-Geschäft

Unser Kunde/Käufer:	Abholer
______________________	______________________
______________________	______________________
______________________	______________________
______________________	______________________

Sehr geehrter Abholer,

Sie holen im Auftrag unseres Kunden bei uns folgendes Fahrzeug ab:
Typ: ____
Fin: ____

Wir benötigen für unsere Unterlagen Ihre schriftliche Versicherung, dass Sie das Fahrzeug in das Non-EU-Land ____
(Bestimmungsland = Drittlandsgebiet, § 1 Abs. 2a Satz 3 UStG)

nach ____
(Endbestimmungsort = Stadt, Gemeinde o. dgl.)

transportieren werden.

Gleichzeitig benötigen wir die Versicherung, dass Sie das Fahrzeug

- als unser Kunde oder dessen Mitarbeiter oder dessen Beauftragter
- und nicht als Kunde unseres Kunden oder dessen Mitarbeiter oder dessen Beauftragter

abholen.

Bitte bestätigen Sie uns all dies durch Ihre Unterschrift auf diesem Schriftstück. Sie erhalten von uns eine Kopie für Ihre Unterlagen bzw. für die Unterlagen Ihres Arbeitgebers oder Auftragsgebers.

Mit freundlichen Grüßen

____

Ort, Datum	[Firmenstempel] Unterschrift
______________________	______________________
	______________________
	______________________

Der Unterzeichnete versichert, dass er das oben genannte Fahrzeug unmittelbar in ein Non-EU-Land (umsatzsteuerliches Drittlandsgebiet) transportieren wird.

Ort, Datum	[Firmenstempel] Unterschrift
______________________	______________________
	______________________
	______________________

Praxistipp

Zur Verwendung des Firmenstempels s. o.!

31 Belegnachweis: E-Belege

E-Nachweis auch für Lohnveredelungen und Güterbeförderungen

Das elektronische Büro hält überall Einzug. Aus diesem Grunde haben § 14 Abs. 1 und 3 UStG bereits zum 1.7.2011 die elektronische Rechnungsstellung erheblich vereinfacht[206]. Auch die seit dem 1.1.2014 zum Nachweis einer innergemeinschaftlichen Lieferung erforderliche Gelangensbestätigung kann elektronisch geführt werden (➲ Kapitel 15). Dagegen war zum Nachweis der Steuerbefreiung von Umsätzen mit Drittlandsbezug und insbesondere von Ausfuhrlieferungen bislang ein »papierintensiver Belegaustausch« die Regel. Letzterer gehört nunmehr der Vergangenheit an.

Beratungskonsequenzen

Das BMF akzeptiert mit Schreiben vom 6.1.2014 auch hier einen elektronischen Belegaustausch[207].

31.1 Sachlicher Geltungsbereich der Nachweiserleichterung

Die Neuregelung betrifft den Belegnachweis für

- Ausfuhrlieferungen (§ 4 Nr. 1 Buchst. a, § 6 UStG)
- Lohnveredelungen an Gegenständen der Ausfuhr (§ 4 Nr. 1 Buchst. a, § 7 UStG)
- Güterbeförderungen im Zusammenhang mit einer Ausfuhr (§ 4 Nr. 3 Buchst. a Doppelbuchst. aa UStG)
- Güterbeförderungen im Zusammenhang mit einer Einfuhr (§ 4 Nr. 3 Buchst. a Doppelbuchst. bb UStG)

31.2 Amtliche Belege als Regelnachweis

Regelnachweis sind auch weiterhin

- über ATLAS-Ausfuhr – ebenfalls elektronische – generierte Ausgangsvermerke (➲ Kapitel 29)
- oder andere zollamtliche Belege (vgl. Abschn. 4.3.3 Abs. 4 Nr. 1, Abschn. 4.3.4 Abs. 4 Sätze 3 und 4, Abschn. 7.2 Abs. 1 UStAE).

---

206 *Weimann*, Umsatzsteuer in der Praxis, 21. Auflage 2023, Kapitel 74.

207 Vgl. auch *Weimann*, GStB 2014, 53.

31.3 Nichtamtliche Alternativnachweise

Für den Belegnachweis reichen oft auch »nichtamtliche Alternativen« – und zwar

- solche, die sowieso üblich – also aus anderen Gründen schon »in der Welt« – sind und lediglich für die Umsatzsteuer mitgenutzt werden (z. B. Frachtbrief, Spediteursbescheinigung), und
- solche, die speziell und ausschließlich zum Nachweis der Steuerbefreiung gefertigt werden (»Bescheinigung für Umsatzsteuerzwecke«).

Im Einzelnen sind dies:

Checkliste

Art des Nachweises/Umsatzes	Fundstellen UStDV und UStAE
Nachweise zur Steuerbefreiung einer Beförderung zur Einfuhr	
• Speditionsauftrag, Rechnungsdoppel und ähnliche »andere Belege«	§ 20 Abs. 2, Abs. 3 UStDV Abschn. 4.3.3 Abs. 4 Nr. 2 UStAE
• spezielle »Bescheinigung für Umsatzsteuerzwecke« bei Eisenbahnfracht	§ 20 Abs. 2, Abs. 3 UStDV Abschn. 4.3.3 Abs. 6 UStAE
Nachweise zur Steuerbefreiung einer Beförderung zur Ausfuhr	
• Speditionsauftrag, Rechnungsdoppel und ähnliche »andere Belege«	§ 20 Abs. 1, Abs. 3 UStDV Abschn. 4.3.4 Abs. 4 UStAE
• spezielle »Bescheinigung für Umsatz-steuerzwecke« bei Eisenbahnfracht	§ 20 Abs. 1, Abs. 3 UStDV Abschn. 4.3.4 Abs. 6 UStAE
• spezielle »Bescheinigung für Umsatzsteuerzwecke« bei Vor- und Nachläufen	§ 20 Abs. 1, Abs. 3 UStDV Abschn. 4.3.4 Abs. 7 UStAE
• Sonderfall EU-Durchfuhr	§ 20 Abs. 1, Abs. 3 UStDV Abschn. 4.3.4 Abs. 8 UStAE
Nachweise zur Steuerbefreiung einer Ausfuhr	
• des Kontrolltyps I	§ 9 Abs. 1 UStDV Abschn. 6.6 Abs. 7 Satz 2 Nr. 2 UStAE
• Versendung mit »anderer Ausfuhranmeldung«	§ 10 Abs. 1 UStDV Abschn. 6.7 Abs. 1a UStAE
• Versendung mit Spediteur, Frachtführer oder Verfrachter	§ 10 UStDV Abschn. 6.7 Abs. 2 UStAE
• vorherige Be- oder Verarbeitung	§ 11 Abs. 1 UStDV Abschn. 6.8 Abs. 3 neu UStAE
• Auslieferung von Druckerzeugnissen durch Vertreter	Abschn. 6.9 Abs. 9 UStAE
• Lohnveredelungen	§ 12 UStDV Abschn. 7.2 Abs. 1 UStAE

31.4 Bisherige Formvorgaben an die Alternativnachweise

Die Alternativnachweise erforderten bislang zwingend

- die Schriftform und damit auch
- die Unterschrift des Austellers und
- den Austausch von Papierbelegen.

31.5 Auch E-Belege sind zulässig!

Das BMF-Schreiben vom 6.1.2014 ergänzt alle in der Checkliste angeführten Vorschriften des UStAE wie folgt:

> § **Rechtsgrundlagen**
>
> **BMF-Schreiben vom 6.1.2014**
>
> Der Beleg kann [Hinweis: ggf. Synonym oder Plural] auch auf elektronischem Weg übermittelt werden; bei einer elektronischen Übermittlung des Belegs ist eine Unterschrift nicht erforderlich, sofern erkennbar ist, dass die elektronische Übermittlung im Verfügungsbereich des Ausstellers begonnen hat. Abschnitt 6a.4 Abs. 3 Satz 2 und Abs. 6 ist entsprechend anzuwenden.

> **Beratungskonsequenzen**
>
> Das BMF führt **keine neuen Nachweise** ein! Es behält die bisherigen Nachweise bei und lässt lediglich deren elektronische Übermittlung zu.

31.5.1 Ein Betrugsfall ist ursächlich für die »nebulöse« Formulierung zum »Verfügungsbereich des Ausstellers«

Das BMF entschied sich für die ungewöhnliche Formulierung als Gegenmaßnahme zu einem aktuell in Rheinland-Pfalz aufgefallenen Betrugsversuch:

> **Sachverhalt**
>
> Unternehmer U machte Steuervergünstigungen unter Hinweis auf E-Mails geltend. U hatte sich die E-Mails unter Verwendung eines fingierten E-Mail-Accounts selbst geschickt. Dem Betriebsprüfer fiel das bei einem eher zufälligen Abgleich des sog. »Headers« (vgl. Abschn. 6a.4 Abs. 3 Satz 2 UStAE) einiger E-Mails auf.

M. E. läuft die Formulierung leer:

- Einerseits hätte es keiner besonderen Absicherung gegen derartige Betrügereien bedurft, da die **allgemeinen Vorschriften (insbes. §§ 369 ff. AO) bereits genügend Schutz bieten**.
- Andererseits genießt der Empfänger auch eines elektronischen Belegs den üblichen **Gutglaubensschutz**. Sicher wird man von ihm nicht verlangen können, Eingangs-E-

Mails komplizierten technischen Prüfungen zu unterziehen, zu denen die weitaus meisten User gar nicht in der Lage sind – und Letzteres erst recht nicht ohne konkreten Anlass.

Beratungskonsequenzen

Die meisten User interessieren sich nicht für den Header. Deshalb zeigen die meisten Mail-Clients nur einen Bruchteil der Header-Zeilen an (from, to, cc, subjekt, date)

Sollten Sie den **Header doch einmal überprüfen** wollen, verfahren Sie – wenn Sie mit Outlook arbeiten – bitte wie folgt:

1. Öffnen Sie die Eingangs-E-Mail.
2. Klicken Sie Datei > Informationen > Eigenschaften.
3. Den Header finden Sie unter »Internetkopfzeilen« am Ende des Menüs.

31.5.2 Archivierung der E-Nachweise

Zur Archivierung wird auf Abschn. 6a.4 Abs. 6 UStAE und damit auf die Vorschriften zur Gelangensbestätigung verwiesen. Damit gilt grundsätzlich »das Übliche«; die FinVerw verweist zu den Anforderungen an die Lesbarkeit und die Archivierung auf

- die GoBS[208] (= Grundsätze ordnungsgemäßer DV-gestützter Buchführungssysteme) und
- die GDPdU[209] (= Grundsätze zum Datenzugriff und zur Prüfbarkeit digitaler Unterlagen).

Beratungskonsequenzen

1. Auszudrucken ist die **(ganze) E-Mail** und nicht lediglich die – ggf. als PDF anhängende – Gelangensbestätigung!
2. Der Ausdruck genügt **(nur) umsatzsteuerlichen Zwecken**! Sind Sie buchführungspflichtig, **verstoßen Sie damit gegen die GoBS und GDPdU**.

31.5.3 Zeitlicher Geltungsbereich der Nachweiserleichterung

Die Nachweiserleichterungen gelten für **nach dem 31.12.2013** ausgeführte Umsätze.

Beratungskonsequenzen

Wahlweise auch schon vorher angewandt werden – und zwar für **Umsätze nach dem 30.6.2011**.

---

208 BMF-Schreiben vom 7.11.1995, IV A 8 – S 0316 – 52/95, BStBl. I 1995, 738 [Hinweis: Schreiben weiter gültig lt. v. 9.4.2013, Nr. 62; zur zweifelhaften Bedeutung dieses Schreibens ➲ Kapitel 1.6].

209 BMF-Schreiben vom 16.7.2001, IV D 2 – S 0316 – 136/01, BStBl. I 2001, 415 [Hinweis: Schreiben weiter gültig lt. v. 9.4.2013, Nr. 63; zur zweifelhaften Bedeutung dieses Schreibens ➲ Kapitel 1.6].

31.6 Fazit

Das BMF-Schreiben bringt eine **echte Erleichterung**: die schon bekannten Belegnachweise werden beibehalten und dürfen nunmehr auch elektronisch übermittelt werden. Die Hinweise zur Überprüfung von Eingangs-E-Mails sollten nicht überwertet werden. Anders als die Vorgaben zur **Archivierung**; diese sollten **strikt eingehalten** werden.

32 Belegnachweis: Eigenbelege nur im absoluten Ausnahmefall!

§ **Rechtsgrundlagen**

BFH, Urteile vom 31.1.2019 und vom 19.3.2015

Wenn Sie Ware steuerfrei in ein Drittland verkaufen wollen, müssen Sie der Finanzverwaltung nachweisen können, dass Sie die Voraussetzungen einer Ausfuhrlieferung auch tatsächlich erfüllen. Diesen Nachweis müssen Sie zwingend schriftlich – durch Belege und Aufzeichnungen – führen. Es reicht **nicht** aus, dass Sie oder Ihr Geschäftspartner sich gegenüber der Finanzverwaltung zum Sachverhalt mündlich äußern (➲ Kapitel 20).

33 Umsatzsteuerfolgen des Brexit für Lieferungen

33.1 »FAQ« – Die häufigsten Fragen und Antworten

Hinweis

➲ Kapitel 8.1

33.2 Übergangsregelungen des BMF

Hinweis

➲ Kapitel 8.2

33.3 Umsatzsteuerrechtliche Auswirkungen nicht bestätigter Ausfuhren

Hinweis

➲ Kapitel 8.3

33.4 Nachträgliche Abrechnung und Erfassung von innergemeinschaftlichen Lieferungen

Frage eines Lesers

»... Zu guter Letzt habe ich noch eine Umsatzsteuerfrage im Zusammenhang mit dem Brexit.

Es wurde Ware vor dem Brexit geliefert, ein Teil davon wurde vergessen zu berechnen. Dieses soll nun nachgeholt werden. Ein Verbringungsnachweis für die komplette Lieferung liegt vor.

Die Frage ist nun, ob die nachträgliche Berechnung abrechnungstechnisch eine innergemeinschaftliche Lieferung oder eine Ausfuhrlieferung ist.

Können Sie mir dazu einen Tipp geben?«

Meine Antwort

1. Für die Beurteilung der Lieferung sind die Verhältnisse zur Zeit ihrer Ausführung maßgeblich.
2. Damit ist die Lieferung nach Ihrer Schilderung eine innergemeinschaftliche.
3. Zu berichtigen sind damit die UStVA bzw. die USt-Erklärung.
4. Zu berichtigen ist aber auch die ZM (➲ Abschn. IV.12 Ausfüllanleitung).
5. Letztere Berichtigung hat innerhalb von 4 Wochen nach Entdeckung des Fehlers zu erfolgen.

34 Neuer Prüfungsschwerpunkt der FinVerw

Überweisung des Sicherheitseinbehalts auf ein Fremdkonto

Die Praxisfälle

Im Drittlandsgeschäft werden vermehrt Fallgestaltungen wie diese auffällig[210]:

> **Beispiel**
>
> Ein deutsches Autohaus (D) verkauft einem russischen Kunden (R) ein Neufahrzeug zum Nettopreis von 20.000 €. R möchte die Ausfuhr selbst vornehmen und von D steuerfrei beliefert werden (Abholfall). D besteht auf vorheriger Zahlung des Nettobetrages und sowie der möglichen Umsatzsteuer darauf zur Sicherheit:
>
> **Zahlbetrag:** 20.000 EUR **+ 19 % USt (3.800 EUR)** = 23.800 EUR
>
> Nach erfolgter Ausfuhr übersendet R dem D den Ausfuhrnachweis (ATLAS-Datei) und begehrt nunmehr die Erstattung des Sicherheitseinbehalts,
>
> **Variante a:** Erst mit dem Erstattungsbegehren erfährt D, dass der Sicherheitseinhalt auf ein von R erstmals benanntes Fremdkonto in Deutschland überwiesen werden soll.
>
> **Variante b:** Die Überweisung auf das Fremdkonto wurde zwischen D und R bereits im Kaufvertrag vereinbart.

Das umsatzsteuerliche Risiko

Die Autohäuser stehen dann vor der Frage, ob dem Erstattungsbegehren bedenkenlos entsprochen werden kann oder ob sich ein Risiko ergibt – zu vergleichen mit der damaligen EU-Problematik der Bezahlung vom »richtigen« Kunden (➲ Kapitel 24.1). Hier gilt es zu unterscheiden:

Der Lieferant erfährt von dem Fremdkonto erstmals nach bereits erfolgter Lieferung

Für die Frage der Steuerbefreiung einer innergemeinschaftlichen Lieferung oder – wie hier – einer Ausfuhrlieferung kommt es nach gefestigter Rechtsprechung von EuGH und BFH neben den Formalien insbesondere auf den **Kenntnisstand des Autohauses im Lieferzeitpunkt** an. Der EuGH hat dies aktuell noch einmal bestätigt[211].

> **In Variante a ...**
>
> ... kann D den Sicherheitseinbehalt wohl bedenkenlos überweisen.

---

210 *Weimann*, ASR 2012/11, 10; GStB 2013, 5.

211 EuGH, Urteil vom 6.9.2012, Rs. C-273/11, Mecsek-Gabona Kft ➲ Kapitel 24.1 und Kapitel 47.2.

Der Lieferant wusste von Anfang an von dem Fremdkonto

Hier hatte D im Lieferzeitpunkt die volle Sachverhaltskenntnis und müsste die gebotene Sorgfalt anwenden, um einen Umsatzsteuerschaden zu vermeiden. Dazu empfiehlt sich folgendes Vorgehen:

Checkliste

- Zunächst sollte D den R dazu zu bewegen versuchen, entgegen seiner ursprünglichen Absicht doch der Erstattung auf ein eigenes Konto zuzustimmen. Danach steht es dem R dann ja frei, das Geld seinerseits auf ein Fremdkonto zu überweisen.
- Sollte R an seinem Wunsch festhalten, muss D den R nach seiner Veranlassung fragen. Dabei kann D gegenüber R ruhig offenlegen, dass er dies aus steuerlichen Gründen tun muss.
- Ist der Vortrag des K schlüssig, kann D mit ihm den Vertrag abschließen. Wichtig ist, dass D die Antwort des R in diesem Fall dokumentiert und die Dokumentation ggf. zur Anlage des Kaufvertrags macht oder zumindest von R gegenzeichnen lässt.
- Der Sicherheitseinbehalt kann dann wie in Variante a überwiesen werden, sobald der Ausfuhrnachweis vorliegt.

Beratungskonsequenzen

Ist der Kundenvortrag nicht schlüssig, sollte der Verkäufer **zum Selbstschutz von einem Kaufvertrag Abstand nehmen**, denn das umsatzsteuerliche Risiko ist beträchtlich!

In Variante b ...

... beträgt das Risiko: 20.000 € : 1,19 x 0,19 = 3.193 €

Andere Fälle wohl unkritisch

Denkbar ist auch, dass K hinsichtlich der Überweisung folgende Wünsche äußert:

- Überweisung auf ein deutsches Konto des R
- Überweisung auf ein Auslandskonto des R

Hierauf wird sich D wohl – wie in Variante a – bedenkenlos einlassen können.

Abschließende Beratungskonsequenzen

Die hier vorgestellten möglichen Rechtsfolgen beruhen auf der **persönlichen Einschätzung des Autors**. Dass die Finanzverwaltung/der Betriebsprüfer diese teilt, ist zwar zu erwarten, letztlich aber doch ungewiss.

Aufgekommen ist die neue Problematik im Rahmen von Finanzamtsprüfungen zum EU-Geschäft nach »alter« Rechtslage (bis 31.12.2019) ➲ Kapitel 24.1. Im Drittlandsgeschäft

(§§ 4 Nr. 1 Buchst. a, 6 UStG) stellten sich jedoch die gleichen Fragen; ein entsprechendes Vorgehen war daher auch hier anzuraten Inwieweit die Neuregelung durch die »Quick Fixes« zum 1.1.2020 auch hier durchschlägt, muss sich noch zeigen.

35 Innergemeinschaftliche Dreiecksgeschäfte

§ **Rechtsgrundlagen**

- UStG: § 25b
- UStDV: keine Anweisung
- UStAE: Abschn. 25b.1
- MwStSystRL: Art. 141, Art. 197

Auf einen Blick – alle wichtigen Neuerungen vorab!

»Verunglücktes Dreiecksgeschäft«: Berichtigung der Rechnung nicht rückwirkend möglich

§ **Rechtsgrundlagen**

EuGH vom 8.12.2022

Bei einem innergemeinschaftlichen Dreiecksgeschäft sollte nach Auffassung deutscher Finanzgerichte Rechnungsberichtigungen auf den Zeitpunkt der erstmaligen Rechnungsausstellung zurückwirken[212].Der EuGH beurteilt das anders ➲ Kapitel 36.

35.1 Allgemeines

§ 25b UStG sieht die vereinfachte Besteuerung von Reihengeschäften mit

- **drei beteiligten Unternehmern**
- **aus drei verschiedenen EU-Mitgliedstaaten**

vor und beruht gemeinschaftsrechtlich auf den Vorgaben der Art. 138 ff., 140 ff. MwSt-SystRL.

Bei einem innergemeinschaftlichen Dreiecksgeschäft würden – bei Anwendung der allgemeinen Regelungen für Reihengeschäfte (§ 3 Abs. 5a ff. ➲ Kapitel 10 ff., 24 f.) – eigentlich folgende Umsätze ausgeführt[213]:

- Eine **innergemeinschaftliche Lieferung des ersten Unternehmers** in der Reihe (= erster Lieferer) in dem Mitgliedstaat, in dem die Beförderung oder Versendung des Gegenstandes beginnt.
- Ein **innergemeinschaftlicher Erwerb des mittleren Unternehmers** in der Reihe (= erster Abnehmer und zweiter Lieferer) in dem Mitgliedstaat, in dem die Beförderung oder Versendung des Gegenstandes endet.

212 Dazu ausführlich *Weimann*, Umsatzsteuer in der Praxis, 20. Auflage 2022, Kapitel 35.01 u. 30.02.
213 Vgl. Abschn. 25b.1 Abs. 1 UStAE und die amtliche Gesetzesbegründung.

- Ein – ggf. **zweiter, vgl. § 3d Satz 2 UStG – innergemeinschaftlicher Erwerb des mittleren Unternehmers** (= erster Abnehmer/zweiter Lieferer) in dem Mitgliedstaat, der dem mittleren Unternehmer die von ihm verwendete USt-IdNr. erteilt hat.
- Eine **(Inlands-)Lieferung des mittleren Unternehmers** (= erster Abnehmer/zweiter Lieferer) an den letzten Abnehmer in dem Mitgliedstaat, in dem die Beförderung oder Versendung des Gegenstandes endet.

Beispiel

Der deutsche Automobilhersteller GAUDI (G) bestellt bei dem österreichischen Walzwerk ROST (R) Bleche. Aufgrund eigener Lieferschwierigkeiten bestellt R die Bleche bei FEUGOT (F) in Frankreich. F bringt die Bleche mit eigenem LKW zu D. Alle Beteiligten treten unter der USt-IdNr. ihrer Länder auf.

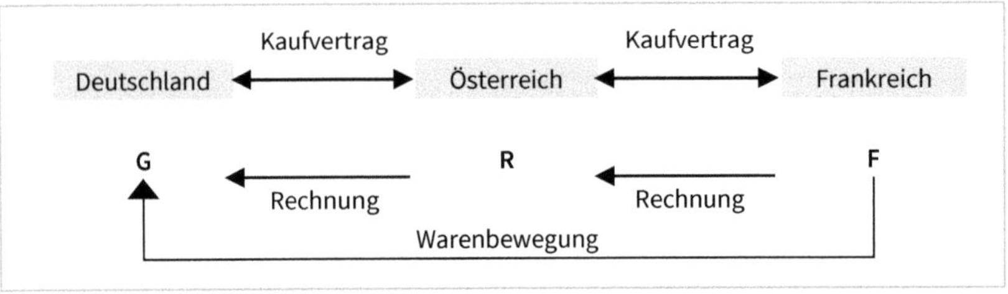

Ohne die Sonderregelung des § 25b UStG wäre der Beispielsfall wie folgt zu lösen:

- F tätigt **in Frankreich** eine steuerfreie innergemeinschaftliche Lieferung an R (§ 4 Nr. 1 Buchst. b i. V. m. § 6a UStG).
- R tätigt **in Deutschland** einen innergemeinschaftlichen Erwerb von F (§ 3d Satz 1 UStG).
- R tätigt **zusätzlich in Österreich** einen innergemeinschaftlichen Erwerb von F., da er die österreichische USt-IdNr. verwandt hat (§ 3d Satz 2 UStG).
- R tätigt **in Deutschland** eine »normale« (Inlands-)Lieferung an G. Die Lieferung ist steuerbar und steuerpflichtig. R hat gegenüber G damit eine Rechnung unter Ausweis deutscher Umsatzsteuer aufzumachen.

➲ Ergebnis:

R müsste sich – sähe § 25b UStG keine Ausnahmereglung vor – aufgrund des innergemeinschaftlichen Erwerbs von F und der Lieferung an D **in Deutschland umsatzsteuerlich registrieren lassen.**

Die Vereinfachung des § 25b UStG besteht nun darin, dass die eigentlich erforderliche steuerliche Registrierung des mittleren Unternehmers (im Beispielsfall: R) im Bestimmungsland vermieden wird. Liegt ein innergemeinschaftliches Dreiecksgeschäft vor, wird die Steuerschuld für die (Inlands-)Lieferung unter den Voraussetzungen des § 25b Abs. 2 UStG von dem ersten Abnehmer auf den letzten Abnehmer übertragen. Im Fall der Übertragung der Steuerschuld gilt zugleich auch der innergemeinschaftliche Erwerb des ersten Abnehmers als besteuert (§ 25b Abs. 3 UStG).

Die Annahme, § 25b UStG regele das »innergemeinschaftliche Dreiecksgeschäft« abschließend, geht weit über die tatsächliche Bedeutung der Vorschrift hinaus. Tatsächlich regelt die Vorschrift nur **eng umgrenzte Fälle des innergemeinschaftlichen Dreiecksgeschäfts**.

Die **Orte der Lieferung im innergemeinschaftlichen Dreiecksgeschäft** bestimmen sich ausschließlich nach allgemeinen Vorschriften des § 3 Abs. 5a ff. UStG.

35.2 Begriff des innergemeinschaftlichen Dreiecksgeschäfts (§ 25b Abs. 1 UStG)

35.2.1 Überblick

Ein innergemeinschaftliches Dreiecksgeschäft setzt voraus, dass

- **drei Unternehmer** (erster Lieferer, erster Abnehmer und letzter Abnehmer) Umsatzgeschäfte abschließen. Dies gilt entsprechend, wenn der letzte Abnehmer eine juristische Person ist, die nicht Unternehmer ist oder den Gegenstand nicht für ihr Unternehmen erwirbt und die in dem Mitgliedstaat für Zwecke der Umsatzsteuer erfasst ist, in dem sich der Gegenstand am Ende der Beförderung oder Versendung befindet (§ 25b Abs. 1 Satz 2 UStG);
- die Geschäfte über **denselben Gegenstand** abgeschlossen werden;
- der Gegenstand **unmittelbar** vom (Ort des) ersten Lieferer(s) an den letzten Abnehmer (§ 25b Abs. 1 Nr. 1 UStG) gelangt;
- die drei Unternehmer **in jeweils (drei) verschiedenen Mitgliedstaaten** für Zwecke der Umsatzsteuer erfasst sind, (§ 25b Abs. 1 Nr. 2 UStG), d. h. eine USt-IdNr. haben;
- der Gegenstand bei der Beförderung/Versendung aus dem Gebiet eines Mitgliedstaates in das Gebiet eines anderen Mitgliedstaates gelangt (§ 25b Abs. 1 Nr. 3 UStG);
- der Gegenstand **durch den ersten** Lieferer oder Abnehmer befördert oder versendet (§ 25b Abs. 1 Nr. 4 UStG) wird.

> **Beratungskonsequenzen**
> **Kein** innergemeinschaftliches Dreiecksgeschäft liegt damit vor, wenn der **letzte Abnehmer in der Reihe** (= also der, der die Ware schlussendlich haben möchte) die Ware **abholt**, befördert oder versendet!

Die Voraussetzungen des § 25b Abs. 1 UStG müssen **sämtlich (kumulativ) erfüllt** sein[214]; ist dies nicht der Fall, gelten auch im innergemeinschaftlichen Dreiecksgeschäft die allgemeinen Vorschriften.

214 Vgl. Abschn. 25b.1 Abs. 1 UStAE.

35.2.2 Beteiligung von drei Unternehmern (§ 25b Abs. 1 Nr. 1 UStG)

> **Beratungskonsequenzen**
> Das Erfordernis der Beteiligung von 3 Unternehmern wird durch ein besonderes **Wahlrecht** entschärft (➲ Kapitel 35.12)!

Der **erste Abnehmer** in dem Dreiecksgeschäft ist als mittlerer Unternehmer in der Reihe zugleich Abnehmer und Lieferer.

Letzte Abnehmer können auch Unternehmer sein, die nur steuerfreie – nicht zum Vorsteuerabzug berechtigte – Umsätze ausführen, sowie **Kleinunternehmer** und **pauschalierende Land- und Forstwirte**. Voraussetzung ist, dass sie umsatzsteuerlich in dem Mitgliedstaat erfasst sind, in dem die Beförderung oder Versendung des Gegenstandes endet.

Letzter Abnehmer kann ferner eine **juristische Person des öffentlichen oder privaten Rechts** sein, die nicht Unternehmer ist oder den Gegenstand nicht für ihr Unternehmen erwirbt, wenn sie in dem Mitgliedstaat, in dem die Warenbewegung endet, für Zwecke der Umsatzsteuer registriert ist; erforderlich ist die Erteilung einer USt-IdNr[215].

Ist der letzte Abnehmer dagegen eine **»normale« Privatperson**, liegen die Voraussetzungen des § 25b UStG nicht vor. Gleiches gilt, wenn an den Umsatzgeschäften mehr als drei Unternehmer beteiligt sind.

35.2.3 Erfassung in jeweils verschiedenen Mitgliedstaaten für Zwecke der Umsatzsteuer (§ 25b Abs. 1 Nr. 2 UStG)

Weitere Voraussetzung für das Vorliegen eines innergemeinschaftlichen Dreiecksgeschäfts ist, dass die beteiligten Unternehmer in jeweils verschiedenen Mitgliedstaaten **für Zwecke der Umsatzsteuer erfasst** sind[216].

Hierfür reicht die **tatsächliche Registrierung für Umsatzsteuerzwecke** (Erteilung einer USt-IdNr.) aus. Die Ansässigkeit in einem dieser Mitgliedstaaten ist nicht erforderlich.

Sind **mehrere der beteiligten Unternehmer** in demselben Mitgliedstaat registriert, liegt kein innergemeinschaftliches Dreiecksgeschäft vor.

> **Beispiel**
> Der in Frankfurt ansässige und umsatzsteuerlich registrierte Unternehmer D bestellt eine dort nicht vorrätige Ware bei dem in Belgien ansässigen Unternehmer B1. B1 gibt die Bestellung weiter an den ebenfalls in Belgien ansässigen Großhändler B2, der die Ware mit eigenem Lkw unmittelbar nach Frankfurt befördert und sie dort an D übergibt.

215 § 25b Abs. 1 Satz 2 UStG; vgl. Abschn. 25b.1 Abs. 2 UStAE.

216 § 25b Abs. 1 Satz 1 Nr. 2 UStG.

D und B2 treten jeweils unter der USt-IdNr. ihres Landes auf; B1 tritt nicht unter seiner belgischen USt-IdNr., sondern unter seiner niederländischen USt-IdNr. auf.

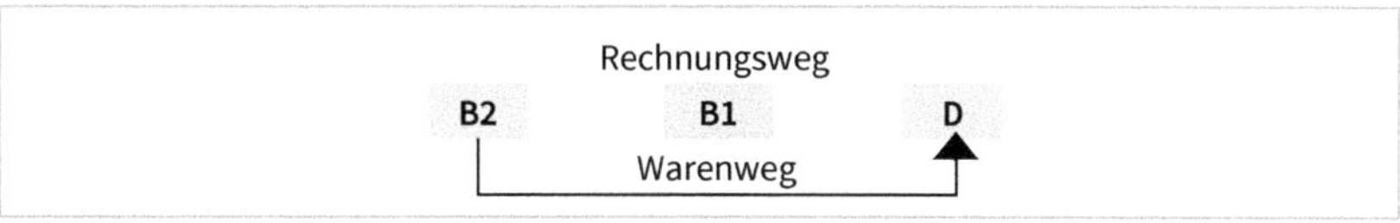

➲ **Folge:**
Die Voraussetzung des § 25b Abs. 1 Nr. 2 UStG für das Vorliegen eines innergemeinschaftlichen Dreiecksgeschäfts ist erfüllt, da die drei beteiligten Unternehmer in jeweils verschiedenen Mitgliedstaaten (Deutschland, Belgien, Niederlande) umsatzsteuerlich registriert sind und mit USt-IdNrn. aus verschiedenen Mitgliedstaaten auftreten. Auf die Ansässigkeit von B 1 und B 2 in demselben Mitgliedstaat kommt es bei der Beurteilung nicht an.

35.2.4 Tatsächliches Gelangen des Liefergegenstandes von einem Mitgliedstaat in einen anderen Mitgliedstaat (§ 25b Abs. 1 Satz 1 Nr. 3 UStG)

Weitere Voraussetzung ist das tatsächliche Gelangen des Gegenstandes der Lieferungen von einem Mitgliedstaat in einen anderen Mitgliedstaat (§ 25b Abs. 1 Satz 1 Nr. 3 UStG).

Diese Voraussetzung ist im Hinblick auf § 3 Abs. 8 UStG auch dann erfüllt, wenn der erste Lieferer den Gegenstand **zuvor in das Gemeinschaftsgebiet eingeführt** hat. Gelangt der Gegenstand allerdings aus dem Drittlandsgebiet unmittelbar in den Mitgliedstaat des letzten Abnehmers, liegt kein innergemeinschaftliches Dreiecksgeschäft vor[217]:

Beispiel

Der Maschinenbauer I in Italien bestellt im März 2024 einen Austauschmotor bei N in den Niederlanden. Dieser hat den Motor seinerseits nicht vorrätig und bestellt in bei D in Deutschland.

a) D weist sein Auslieferungslager in der Ukraine an, den Motor »auf dem kürzesten Wege« mit eigenem LKW zu I zu bringen (**= Warenbewegung 1**); Lieferbedingung: **»unverzollt und unversteuert«**.
b) D weist sein Auslieferungslager in der Ukraine an, den Motor »auf dem kürzesten Wege« mit eigenem LKW zu I zu bringen (**= Warenbewegung 1**); Lieferbedingung: **»verzollt und versteuert«**.
c) D führt den Gegenstand zunächst nach Deutschland ein (Lieferbedingung: **»verzollt und versteuert«**) und verbringt ihn dann mit eigenem LKW zu I (**= Warenbewegung 2**).

---

217 Vgl. Abschn. 25b.1 Abs. 4 Satz 2 UStAE.

Variante a/Warenbewegung 1:
D tätigt eine Beförderungslieferung/bewegte Lieferung an N, § 3 Abs. 6 Satz 1 u. Satz 5 UStG. Ort der Lieferung ist das Auslieferungslager in der Ukraine; die Lieferung ist damit nicht steuerbar. Eine Verlagerung des Lieferorts nach § 3 Abs. 8 UStG kommt nicht in Betracht, da D als Lieferer der Beförderungslieferung nicht zugleich Schuldner der italienischen EUSt ist. N tätigt damit in Italien eine ruhende Lieferung (§ 3 Abs. 7 Satz 2 Nr. 2 UStG) an I.
➲ **Folge:** N muss sich in Italien umsatzsteuerlich registrieren lassen; die Vereinfachung des § 25b UStG findet keine Anwendung!

Variante b/Warenbewegung 1:
D tätigt eine Beförderungslieferung/bewegte Lieferung an N, § 3 Abs. 6 Satz 1 u. Satz 5 UStG. Ort der Lieferung wäre grundsätzlich das Auslieferungslager in der Ukraine; die Lieferung wäre damit nicht steuerbar. D ist als Lieferer der Beförderungslieferung zugleich Schuldner der italienischen EUSt; der Lieferort wird daher nach § 3 Abs. 8 UStG nach Italien verlagert. D tätigt damit in Italien eine Lieferung an N; N tätigt seinerseits in Italien eine ruhende Lieferung (§ 3 Abs. 7 Satz 2 Nr. 2 UStG) an I.
➲ **Folge:** D und N müssen sich in Italien umsatzsteuerlich registrieren lassen; die Vereinfachung des § 25b UStG findet keine Anwendung!

Variante c/Warenbewegung 2:
D tätigt eine Beförderungslieferung/bewegte Lieferung an N, § 3 Abs. 6 Satz 1 und Satz 5 UStG. Ort der Lieferung wäre grundsätzlich das Auslieferungslager in der Ukraine; die Lieferung wäre damit nicht steuerbar. D ist als Lieferer der Beförderungslieferung zugleich Schuldner der deutschen EUSt; der Lieferort wird daher nach § 3

Abs. 8 UStG nach Deutschland verlagert. D tätigt damit in Deutschland eine Lieferung an N; die Lieferung ist als innergemeinschaftliche Lieferung steuerfrei, da die Ware nach Italien verbracht wird. N tätigt seinerseits in Italien einen innergemeinschaftlichen Erwerb von D und eine ruhende Lieferung (§ 3 Abs. 7 Satz 2 Nr. 2 UStG) an I. N müsste sich damit grundsätzlich in Italien umsatzsteuerlich registrieren lassen.

Aber: Die Voraussetzungen des § 25b Abs. 1 UStG sind erfüllt:

- Drei Unternehmer (erster Lieferer, erster Abnehmer und letzter Abnehmer) haben Umsatzgeschäfte abgeschlossen.
- Die Geschäfte betreffen denselben Gegenstand.
- Der Gegenstand ist unmittelbar vom (Ort des) ersten Lieferer(s) an den letzten Abnehmer (§ 25b Abs. 1 Nr. 1 UStG) gelangt.
- Die drei Unternehmer sind in jeweils (drei) verschiedenen Mitgliedstaaten für Zwecke der Umsatzsteuer erfasst, (§ 25b Abs. 1 Nr. 2 UStG), d. h. sie haben eine USt-IdNr.
- Der Gegenstand ist bei der Beförderung aus dem Gebiet eines Mitgliedstaates in das Gebiet eines anderen Mitgliedstaates gelangt (§ 25b Abs. 1 Nr. 3 UStG).
- Der Gegenstand wird durch den ersten Lieferer oder den ersten Abnehmer befördert (§ 25b Abs. 1 Nr. 4 UStG).

➲ **Folge:** Weder D noch N müssen sich in Italien umsatzsteuerlich registrieren lassen; die Vereinfachung des § 25b UStG kommt zur Anwendung!

Der Gegenstand kann durch Beauftragte des ersten Lieferers vor der Beförderung oder Versendung in das übrige Gemeinschaftsgebiet bearbeitet oder verarbeitet worden sein. Gegenstand der Lieferung ist in diesem Fall jeweils der bearbeitete oder verarbeitete Gegenstand[218].

Der Gegenstand der Lieferung kann auch an einen **vom letzten Abnehmer beauftragten Dritten**, z. B. einen Lohnveredelungsunternehmer oder einen Lagerhalter, befördert oder versendet werden[219].

35.2.5 Beförderung oder Versendung durch den ersten Lieferer oder den ersten Abnehmer (§ 25b Abs. 1 Satz 1 Nr. 4 UStG)

Ein innergemeinschaftliches Dreiecksgeschäft setzt weiterhin voraus, dass der Gegenstand durch den ersten Lieferer oder den ersten Abnehmer (= mittlerer Unternehmer) befördert oder versendet wird (§ 25b Abs. 1 Satz 1 Nr. 4 UStG).

Dies gilt für den ersten Abnehmer allerdings nur dann, wenn er in seiner Eigenschaft **als Abnehmer befördert oder versendet**, d. h. die Beförderung oder Versendung der **Lieferung an ihn (erste Lieferung) zugeordnet** wird. Wird die Beförderung oder Versen-

218 Vgl. Abschn. 25b.1 Abs. 4 Satz 5 UStAE.

219 Vgl. Abschn. 25b.1 Abs. 4 Satz 6 UStAE.

dung dagegen der zweiten Lieferung zugeordnet, weil der mittlere Unternehmer in seiner Eigenschaft als Lieferer auftritt (§ 3 Abs. 6 Satz 6 Halbsatz 2 UStG), liegt kein innergemeinschaftliches Dreiecksgeschäft vor[220].

Wird der Gegenstand der Lieferungen **durch den letzten Abnehmer befördert oder versendet (Abholfall)**, ist die Anwendung der Vereinfachungsregelung ausgeschlossen, weil ebenfalls kein innergemeinschaftliches Dreiecksgeschäft vorliegt[221] (➲ Kapitel 35.2.1).

Beratungskonsequenzen

Das wird in anderen Mitgliedstaaten ggf. abweichend beurteilt[222]!

Beispiel

Der belgische Unternehmer B bestellt bei dem deutschen Unternehmer D eine Baumaschine. D hat die Maschine nicht vorrätig und gibt die Bestellung weiter an den spanischen Hersteller SP. Alle Beteiligten treten unter der USt-IdNr. ihres Landes auf.

a) SP befördert die Baumaschine mit eigenem Lkw nach Belgien und übergibt sie dort an B.
b) B lässt die Baumaschine durch einen von ihm beauftragten Spediteur bei SP in Spanien abholen und unmittelbar nach Belgien versenden.

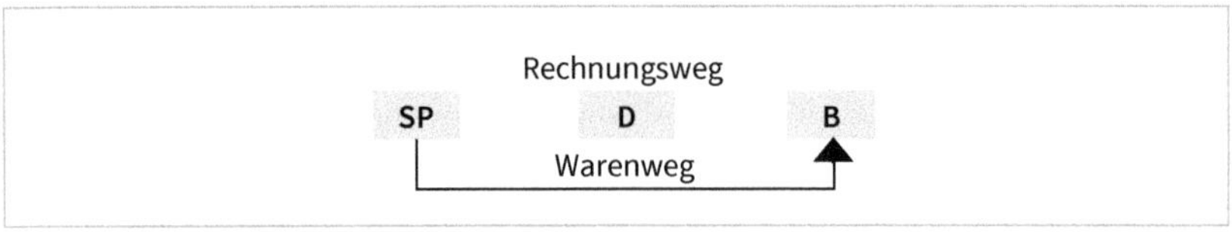

➲ Folge:

a) Es liegt ein innergemeinschaftliches Dreiecksgeschäft i. S. d. § 25b Abs. 1 UStG vor, weil der erste Lieferer den Gegenstand der Lieferungen befördert. Die Beförderung ist der ersten Lieferung (SP an D) zuzuordnen. Ort der Lieferung ist nach § 3 Abs. 6 Satz 5 i. V. m. Satz 1 Spanien (Beginn der Beförderung). Die Lieferung ist als innergemeinschaftliche Lieferung in Spanien steuerfrei.

---

220 Vgl. Abschn. 25b.1 Abs. 5 Sätze 2 f. UStAE.

221 Vgl. Abschn. 25b.1 Abs. 5 Satz 4 UStAE und ➲ Kapitel 31.

222 *Winter,* UR 1998, 209.

- Der Erwerb des Gegenstandes unterliegt bei D grundsätzlich der Besteuerung des innergemeinschaftlichen Erwerbs in Belgien, da die Beförderung dort endet (§ 3d Satz 1 UStG), und in Deutschland, da D seine deutsche USt-IdNr. verwendet (§ 3d Satz 2 UStG).
- Die zweite Lieferung (D an B) ist eine ruhende Lieferung. Lieferort ist nach § 3 Abs. 7 Satz 2 Nr. 2 UStG Belgien, da sie der Beförderungslieferung nachfolgt. Die Lieferung des D ist nach belgischem Recht zu beurteilen (➲ Kapitel 35.4).

b) Es liegt kein innergemeinschaftliches Dreiecksgeschäft i. S. d. § 25b Abs. 1 UStG vor, weil der letzte Abnehmer den Gegenstand der Lieferungen versendet. Die Versendung ist der zweiten Lieferung (D an B) zuzuordnen. Ort der Lieferung ist nach § 3 Abs. 6 Satz 5 i. V. m. Satz 1 Spanien (Beginn der Versendung). Die Lieferung ist als innergemeinschaftliche Lieferung in Spanien steuerfrei.
   - Der Erwerb des Gegenstandes unterliegt bei B grundsätzlich der Besteuerung des innergemeinschaftlichen Erwerbs in Belgien, da die Versendung dort endet (§ 3d Satz 1 UStG).
   - Die erste Lieferung (SP an D) ist eine ruhende Lieferung. Lieferort ist nach § 3 Abs. 7 Satz 2 Nr. 1 UStG ebenfalls Spanien, da sie der Versendungslieferung vorangeht. Die Lieferung ist nach spanischem Recht zu beurteilen. D muss sich demnach in Spanien steuerlich registrieren lassen.

35.3 Übertragung der Steuerschuld auf den letzten Abnehmer (§ 25b Abs. 2 UStG)

Im Fall eines innergemeinschaftlichen Dreiecksgeschäfts i. S. d. § 25b Abs. 1 UStG wird die Steuer für die (Inlands-)Lieferung des ersten Abnehmers an den letzten Abnehmer von dem letzten Abnehmer geschuldet, wenn die in § 25b Abs. 2 Nr. 1 bis 4 UStG genannten Voraussetzungen **sämtlich (= kumulativ)** erfüllt sind. Durch die Übertragung der Steuerschuld wird der **letzte Abnehmer Steuerschuldner** für die vom ersten Abnehmer an ihn ausgeführte Lieferung (§ 13 Abs. 2 Nr. 5 UStG). Die Übertragung der Steuerschuld auf den letzten Abnehmer ist bei Vorliegen der Voraussetzungen **zwingend** vorgeschrieben[223]:

- Der Lieferung ist ein **innergemeinschaftlicher Erwerb** beim ersten Abnehmer **vorausgegangen** (§ 25b Abs. 2 Nr. 1 UStG).
- Der erste Abnehmer ist **nicht in dem Mitgliedstaat ansässig**, in dem die Beförderung oder Versendung endet (§ 25b Abs. 2 Nr. 2 UStG).
- Der **erste Abnehmer verwendet** gegenüber dem ersten Lieferer und dem letzten Abnehmer **dieselbe USt-IdNr.** Diese USt-IdNr. darf ihm nicht von einem der Mitgliedstaaten erteilt worden sein, in dem die Beförderung oder Versendung beginnt oder endet (§ 25b Abs. 2 Nr. 2 UStG).

223 Vgl. Abschn. 25b.1 Abs. 6 UStAE.

- Der erste Abnehmer muss dem letzten Abnehmer eine **Rechnung** i. S. d. § 14 a Abs. 1a und Abs. 2 UStG erteilen, in der die Steuer nicht gesondert ausgewiesen ist (§ 25b Abs. 2 Nr. 3 UStG).
- Der **letzte Abnehmer** muss eine USt-IdNr. des Mitgliedstaates verwenden, in dem die Beförderung oder Versendung endet (§ 25b Abs. 2 Nr. 4 UStG).

35.4 Innergemeinschaftlicher Erwerb des ersten Abnehmers (§ 25b Abs. 3 UStG)

Wird die Steuerschuld wirksam auf den letzten Abnehmer übertragen, **gilt der innergemeinschaftliche Erwerb des ersten Abnehmers nach § 25b Abs. 3 UStG als besteuert**. Diese fiktive Besteuerung des innergemeinschaftlichen Erwerbs beim ersten Abnehmer gilt für die **beiden innergemeinschaftlichen Erwerbe des ersten Abnehmers**, d. h.

- sowohl für den Erwerb in dem Mitgliedstaat, in dem die Beförderung oder Versendung endet[224],
- als auch für den Erwerb in dem Mitgliedstaat, unter dessen USt-IdNr. der erste Abnehmer auftritt[225].

Beispiel

Sachverhalt wie Beispiel in ➲ Kapitel 35.2.5 Alternative b. Der belgische Unternehmer B bestellt bei dem deutschen Unternehmer D eine Baumaschine. D hat die Maschine nicht vorrätig und gibt die Bestellung weiter an den spanischen Hersteller SP. SP befördert die Baumaschine mit eigenem Lkw nach Belgien und übergibt sie dort an B. Alle Beteiligten treten unter der USt-IdNr. ihres Landes auf. D erteilt dem B eine Rechnung i. S. d. § 14 a Abs. 1 a und Abs. 2 UStG.

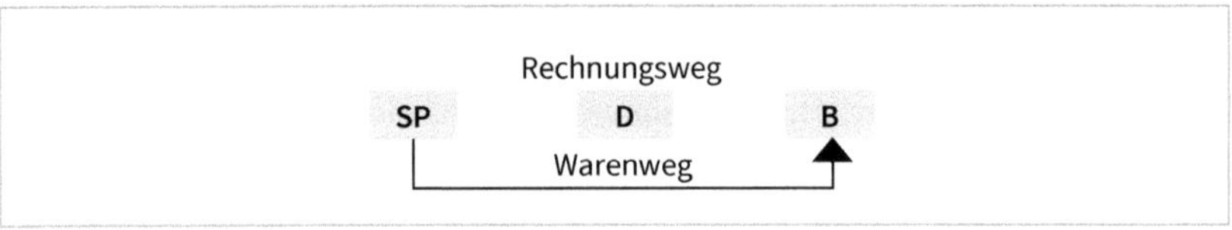

➲ Folge:

Es liegt ein innergemeinschaftliches Dreiecksgeschäft i. S. d. § 25b Abs. 1 UStG vor. **Die Beförderung ist der ersten Lieferung (SP an D) zuzuordnen.** Ort der Lieferung ist nach § 3 Abs. 6 Satz 5 i. V. m. Satz 1 UStG Spanien (Beginn der Beförderung). Die Lieferung ist als innergemeinschaftliche Lieferung in Spanien steuerfrei.

224 Vgl. § 3d Satz 1 UStG.

225 Vgl. § 3d Satz 2 UStG; sowie Abschn. 25b.1 Abs. 7 UStAE.

Der **Erwerb des Gegenstandes unterliegt bei D** grundsätzlich der Besteuerung des innergemeinschaftlichen Erwerbs **in Belgien**, da die Beförderung dort endet[226], **und in Deutschland**, da D seine deutsche USt-IdNr. verwendet[227].
Die **zweite Lieferung (D an B)** ist eine ruhende Lieferung. Lieferort ist nach § 3 Abs. 7 Satz 2 Nr. 2 UStG Belgien, da sie der Beförderungslieferung nachfolgt. D führt demnach eine steuerbare und steuerpflichtige Lieferung in Belgien aus.
Da die **Voraussetzungen des § 25b Abs. 2 UStG erfüllt** sind, wird die Steuerschuld für die belgische (Inlands-)Lieferung des D auf B übertragen:

- Der Lieferung ist ein innergemeinschaftlicher Erwerb durch D vorausgegangen;
- D ist nicht in Belgien ansässig;
- D tritt gegenüber dem ersten Lieferer und dem letzten Abnehmer mit seiner deutschen USt-IdNr. auf;
- D hat dem B eine Rechnung i. S. d. § 14 a Abs. 1a und Abs. 2 UStG erteilt;
- B verwendet als letzter Abnehmer eine USt-IdNr. (belgische) des Mitgliedstaates, in dem die Beförderung endet.

B wird Steuerschuldner für diese Lieferung des D und muss die Steuer im Rahmen seiner belgischen Steuererklärungspflichten anmelden. D hat im Hinblick auf seine in Belgien ausgeführte Lieferung keinen umsatzsteuerlichen Verpflichtungen in Belgien nachzukommen.
Mit der wirksamen Übertragung der Steuerschuld auf B gilt auch der innergemeinschaftliche **Erwerb des D in Belgien als besteuert**[228] mit der Folge, dass D auch hierfür keinen umsatzsteuerlichen Verpflichtungen in Belgien nachkommen muss.
Mit der fiktiven Erwerbsbesteuerung in Belgien **entfällt auch eine Besteuerung des innergemeinschaftlichen Erwerbs in Deutschland** über § 3d Satz 2 UStG, sofern D seiner Erklärungspflicht nach § 18 a Abs. 4 Satz 1 Nr. 3 UStG (für die Zusammenfassende Meldung) nachkommt.
Durch die Anwendung der Vereinfachungsregelung des § 25b UStG wird vermieden, dass sich D in Belgien aufgrund dieses innergemeinschaftlichen Dreiecksgeschäfts registrieren lassen und dort Umsatzsteuererklärungen abgeben muss.
D muss **in Deutschland die Erklärungspflichten** nach § 18b Satz 1 UStG für die Umsatzsteuer-Voranmeldung und die Umsatzsteuererklärung für das Kalenderjahr beachten.

35.5 Besonderheiten bei der Rechnungserteilung

35.5.1 Richtige Rechnung als materielle Voraussetzung für § 25b UStG

Nach § 25b Abs. 2 Nr. 3 UStG ist **materielle Voraussetzung** für die Übertragung einer Steuerschuld, dass der erste Abnehmer dem letzten Abnehmer eine Rechnung i. S. d. § 14a Abs. 7 UStG erteilt, in der die Steuer nicht gesondert ausgewiesen ist[229].

226 § 3d Satz 1 UStG.
227 § 3d Satz 2 UStG.
228 § 25b Abs. 3 UStG.
229 Vgl. Abschn. 25b.1 Abs. 8 Satz 1 UStAE.

Beratungskonsequenzen

Die Rechnungserteilung ist materielle Voraussetzung – d. h. bei einer insoweit **fehlerhaften Rechnung** kommt es nicht zur Übertragung der Steuerschuld (➲ Kapitel 35.5.4 und Kapitel 36)!

Neben den Angaben nach § 14 Abs. 4 UStG (!)[230] sind in der **Rechnung des ersten Abnehmers danach folgende Angaben** erforderlich:

- ein Hinweis auf das Vorliegen eines innergemeinschaftlichen Dreiecksgeschäfts, z. B. »Innergemeinschaftliches Dreiecksgeschäft nach § 25b UStG« oder »Vereinfachungsregelung nach Art. 138f., 140 f. MwStSystRL«,
- ein Hinweis auf die Steuerschuld des letzten Abnehmers,
- die Angabe der USt-IdNr. des ersten Abnehmers,
- die Angabe der USt-IdNr. des letzten Abnehmers.

Beratungskonsequenzen

1. Gemäß § 14a Abs. 7 UStG erfordert die Freistellung, dass der mittlere Unternehmer in seiner Rechnung an den letzten Abnehmer
   – auf das Vorliegen eines innergemeinschaftlichen Dreiecksgeschäfts
   – die Steuerschuld des Rechnungsempfängers

   hinweist.
2. Für Unternehmer ist es wohl unerlässlich, die entsprechenden Rechnungshinweise in den (wichtigsten) Amtssprachen der Mitgliedstaaten der EG zu kennen (➲ Kapitel 35.5.3).
3. Zusätzlich muss die Rechnung auch den allgemeinen Anforderungen[231] genügen.

35.5.2 Hinweis auf das Vorliegen eines innergemeinschaftlichen Dreiecksgeschäfts und die Steuerschuld des letzten Abnehmers bei Ausgangsrechnungen

Der letzte Abnehmer soll durch die Hinweise in der Rechnung eindeutig und leicht erkennen können, dass er letzter Abnehmer in einem innergemeinschaftlichen Dreiecksgeschäft ist und die Steuerschuld auf ihn übertragen wird[232].

Der Hinweis auf das Vorliegen eines innergemeinschaftlichen Dreiecksgeschäfts ist an keine besondere Form gebunden und **kann in deutscher Sprache erfolgen**; möglich sind z. B. die Hinweise[233]

230 Vgl. Abschn. 25b.1 Abs. 8 Satz 2 UStAE.

231 Dazu ausführlich *Weimann*, Umsatzsteuer in der Praxis, 21. Auflage 2023, Kapitel 71.

232 Vgl. Abschn. 25b.1 Abs. 8 Satz 3 UStAE.

233 Vgl. Abschn. 25b.1 Abs. 8 UStAE; ferner *Fritsch*, NWB 1997, 3403.

- »Innergemeinschaftliches Dreiecksgeschäft nach § 25b UStG; die Mehrwertsteuer tragen Sie.«
- »Vereinfachungsregelung nach Art. 141 MwStSystRL; die Mehrwertsteuer tragen Sie.«

Beratungskonsequenzen

Bei der Lieferung eines deutschen Unternehmers im Rahmen eines innergemeinschaftlichen Dreiecksgeschäfts findet § 14a Abs. 7 UStG – also das deutsche Recht – keine unmittelbare Anwendung; vielmehr gelten die **entsprechenden Bestimmungen des EU-Bestimmungslandes**[234].

Zu Kontrollzwecken können die Mitgliedstaaten verlangen, dass Rechnungen, die sich auf Lieferungen von Gegenständen oder auf Dienstleistungen in ihrem Gebiet beziehen, sowie auf Rechnungen, die von Steuerpflichten mit Sitz in ihrem Gebiet empfangen werden, **in die Landessprache übersetzt** werden (Art. 231 MwStSystRL).

Deshalb ist es deutschen Unternehmern eigentlich zu empfehlen, Rechnungshinweise **standardmäßig zweisprachig** aufzumachen: einmal in deutscher Sprache und zusätzlich in der Sprache des letzten Abnehmers (➲ Kapitel 35.5.3).

35.5.3 Hinweis auf das Vorliegen eines innergemeinschaftlichen Dreiecksgeschäfts und die Steuerschuld des letzten Abnehmers bei Eingangsrechnungen

Rechnungshinweise in den Amtssprachen der EU

Der Rechnungshinweis kann vom Rechnungsaussteller in deutscher Sprache aufgenommen worden sein – muss es aber nicht (➲ Kapitel 35.5.2). Die Konsequenzen des § 25b UStG werden in Deutschland auch durch fremdsprachige Hinweise ausgelöst. In den wichtigsten Amtssprachen der EU lauten die Rechnungshinweise wie folgt:

Land	Rechnungshinweise
Belgien:	Driehoeksverkeer – medecontractant aangeduid als schuldenaar van de belasting – Verlegging van heffing op grond van artikel 51 § 2, 2° WBTW/Opération triangulaire – cocontractant désigné comme redevable de la taxe – report de paiement sur la base de l'article 51 § 2, 2° CTVA«
Bulgarien	Основание за неначисляване на данък – чл. 141 2006/112/ЕО
Dänemark	Trekantshandel indenfor EU, momspligtig e fakturamodtager
Deutschland	➲ vgl. Kapitel 35.5.2
Estland	Kolmnurktehing vastavalt Direktiivi 112/2006/EÜ artiklile 197
Finnland	Kolmikantakauppa, laskunsaaja on velvollinen suorittamaan arvonlisäveron (AVL 2 a §)

234 *Stadie* in R/D, § 14a Anm. 65.

Land	Rechnungshinweise
Frankreich	Opération triangulaire intracommunautaire. La T.V.A. est due par le bénéficiaire
Griechenland	ENDOKINOTIKI TRIGONIKI APOSTOLI, IPOHREOS TOU F.P.A. INE O PARALIPTIS TOU TIMOLOGIOU Τριγωνική συναλλαγή υπόχρεος ο αγοραστής άρθρο 15 του Κώδικα ΦΠΑ
Großbritanien	VAT: EC Article 141 Simplification Invoice [Klausel bis zum Brexit. Zu Letzterem ➲ Kapitel 19b]
Irland	Triangulation, invoice recipient is liable for tax
Italien	Operazione triangolare comunitaria ex art. 38 co. 7 DL 331/1993; cessionario designato al pagamento dell' IVA ex art. 44 co. 2 DL 331/1993
Kroatien	Trostrani posao sukladno članku 10 Zakon o PDV-u, odnosno čl. 141 Direktive Vijeća 2006/112/EZ. Prijenos porezne obveze
Lettland	Piegāde saskaņā ar PVN likuma 16.panta (4) daļu
Litauen	PVM įstatymo 95 straipsnio 4 dalis
Luxemburg	Destinataire redevable de la taxe due au titre de la livraison effectue e par l'assujetti non e tabli à l'inté rieur du pays, en application de l'article 26, § 1, a) de la LTVA
Malta	Triangulation: Intra-Community supply pursuant to Article 20 (2) (a) and Item 2 (2) of Part 3 of the Third Schedule to the Malta Value Added Tax Act 1998 – Reverse Charge
Niederlande	Intracommunautaire A-B-C-levering, heffing omzetbelasting wordt verlegd naar ontvanger van de rekening
Österreich	Übergang der Steuerschuld auf den Leistungsempfänger – Dreiecksgeschäft gem. Art. 25 UStG
Polen	VAT: Faktura WE uproszczona na mocy Art. 135–138 ustawy o ptu, Podatek VAT będzie rozliczony przez ostatniego w kolejności podatnika podatku od wartości dodanej
Portugal	Negócio triangular intracomunitário, o devedor fiscal é o destinatário da factura
Rumänien	Masuri de simplificare pentru operatiuni triunghiulare pentru care se aplica mecanismul taxarii inverse – Art. 150 (4) Codul Fiscal
Schweden	Gemenskapsintern trepartshandel, fakturamottagaren är skattskyldig
Slowakai	Ide o trojstranný obchod podľa § 45 zákona č. 222/2004 Z.z. o DPH
Slowenien	Obrnjena davčna obveznost
Spanien:	Operación triangular intracomunitaria; el destinatario de la factura es sujeto pasivo a efectos del IVA
Tschechien	Dodání zboží formou třístranného obchodu dle § 17 zákona o DPH. Daňová povinnost přechází dle § 108 odst. 1 písm. e) zákona o DPH na příjemce plnění (reverse charge)
Ungarn	Háromszögügylet, az adó fizetésére a vevő kötelezett az áfa törvény 141.§ alapján (Áfa törvény 91.§(2) és 141.§)
Zypern	Τριγωνική συναλλαγή

Eingangsrechnungen sind auf derartige Hinweise zu untersuchen. Der **letzte Abnehmer** wird in diesem Fall in seinem Land zum Steuerschuldner[235], d. h. der Eingangsumsatz erhöht seine Steuerschuld. Bei gleichzeitiger Vorsteuerabzugsberechtigung kann er in gleicher Höhe Vorsteuern gegen rechnen[236], sodass **per Saldo ein Nullsummeneffekt** eintritt.

Beratungskonsequenzen

Für den Vorsteueranspruch ist das Vorliegen einer **Eingangsrechnung nicht erforderlich**[237]!

Beispiel

A ist im Januar 2024 der letzte Abnehmer eines Dreiecksgeschäfts. A verwendet die Ware für Umsätze, die zum Vorsteuerabzug berechtigen, und überweist 100.000 € an seinen Lieferanten.
Unter den weiteren Voraussetzungen des § 25b UStG hat A in der UStVA 1/2024 wie folgt zu verfahren:

»Andere Steuerbeträge, ... die nach ... § 25b Abs. 2 UStG geschuldet werden« **(Zeilen 46 des Vordrucks = Kz. 69)**	**19.000 €**
»Vorsteuerbeträge aus ... innergemeinschaftlichen Dreiecksgeschäften (§ 25b Abs. 5 UStG)« **(Zeilen 37 des Vordrucks = Kz. 66)**	**19.000 €**

Die Steuern und die Vorsteuern aus dem Dreiecksgeschäft saldieren sich (= **Nullsummenspiel**!)

Hinweis

Muster-Umsatzsteuer-Voranmeldungen ➲ Kapitel 35.8.3.

35.5.4 Die Folgen von Abrechnungsfehlern

Eine richtige Rechnung ist materielle Voraussetzung des § 25b UStG (➲ Kapitel 35.5.1 und Kapitel 36). Genügt die Rechnung nicht sämtlichen Voraussetzungen des § 14a UStG, geht die Steuerschuld nicht auf den Abnehmer über, sodass der Zwischenhändler die **Umsatzsteuer gleich mehrfach schuldet** (➲ Kapitel 35.1)[238]:

235 Vgl. § 13 Abs. 2 Nr. 5, § 25b Abs. 2 UStG.

236 Vgl. § 25b Abs. 5 UStG.

237 Abschn.15.10 Abs. 1 UStAE; vgl. *Weimann*, Umsatzsteuer in der Praxis, 22. Auflage 2024, Kapitel 75.5.

238 Korn in B/G, § 14a Rz. 21.

- die Steuer sowohl auf den innergemeinschaftlichen Erwerb im Bestimmungsland (dies ist letztlich allerdings ein **Nullsummenspiel**[239],
- die Steuer auf seine Lieferung an den Letztabnehmer im Bestimmungsland (dies löst die **Registrierungspflicht im Bestimmungsland** aus und führt zu einer Steuerschuld),
- die Steuer auf den Erwerb in dem Staat, der die von ihm verwendete USt-IdNr. erteilt hat, bis er die Versteuerung des Erwerbs in dem anderen Staat nachweist (vgl. § 3d Satz 2 UStG; dies ist allerdings wieder ein **Nullsummenspiel**[240]).

35.6 Bemessungsgrundlage (§ 25b Abs. 4 UStG)

Im Fall der Übertragung der Steuerschuld nach § 25b Abs. 2 UStG auf den letzten Abnehmer gilt für die Berechnung der geschuldeten Steuer abweichend von § 10 Abs. 1 UStG die Gegenleistung als Entgelt, d. h. als Nettobetrag **ohne** Umsatzsteuer.

Die Umsatzsteuer ist auf diesen Betrag aufzuschlagen[241].

Beispiel

Der deutsche Unternehmer D bezieht als letzter Abnehmer eines innergemeinschaftlichen Dreiecksgeschäfts im Januar 2024 Maschinenteile von BG in Bulgarien zum Preis von 41.000 BGN (= Bulgarische Lew).

➲ **Folge:**

Zunächst muss D die **Fremdwährung gem. § 16 Abs. 6 UStG in € umrechnen**; bei der Umrechnung ergeben sich

20.959,20 €

(Umrechnungskurs im Januar 2024: 1 € = 1,9558 BGN → 1 BGN = 0,5112 €)

Hierauf ist die deutsche **USt aufzuschlagen**:

20.959,20 € × 19 % = 3.982,25 €

35.7 Aufzeichnungspflichten (§ 25b Abs. 6 UStG)

Neben den allgemeinen Aufzeichnungspflichten nach § 22 UStG (!) sind bei innergemeinschaftlichen Dreiecksgeschäften vom ersten und vom letzten Abnehmer zusätzliche Aufzeichnungspflichten zu erfüllen, wenn sie eine inländische USt-IdNr. verwenden (§ 25b Abs. 6 Satz 1 UStG)[242].

Aus den Aufzeichnungen des ersten Abnehmers müssen

- das vereinbarte Entgelt,
- der Name und die Anschrift des letzten Abnehmers

239 *Weimann*, Umsatzsteuer in der Praxis, 22. Auflage 2024, Kapitel 75.5.

240 *Weimann*, Umsatzsteuer in der Praxis, 22. Auflage 2024, Kapitel 75.5.

241 Vgl. Abschn. 25b.1 Abs. 10 UStAE.

242 Vgl. Abschn. 25b.1 Abs. 11 Satz 1 UStAE.

zu ersehen sein (§ 25b Abs. 6 Satz 1 Nr. 1 UStG).

Aus den Aufzeichnungen des letzten Abnehmers müssen

- die Bemessungsgrundlage der an ihn ausgeführten Lieferungen i. S. d. § 25b Abs. 2 UStG,
- die auf die Bemessungsgrundlage entfallenden Steuerbeträge,
- der Name und die Anschrift des ersten Abnehmers

zu ersehen sein (§ 25b Abs. 6 Satz 1 Nr. 2 UStG).

Verwendet der erste Abnehmer eine USt-IdNr. eines anderen Mitgliedstaates, ist er von den ihm im Inland obliegenden allgemeinen Aufzeichnungspflichten nach § 22 UStG befreit, wenn die Beförderung oder Versendung im Inland endet (§ 25b Abs. 6 Satz 2 UStG)[243].

> **Beratungskonsequenzen**
> Es ist zu beachten, dass die Aufzeichnungspflichten nach dem UStG nur dann für den jeweils Beteiligten maßgebend sind, **wenn der deutsche Fiskus die Besteuerungshoheit hat**; ansonsten sind die Vorschriften des jeweils anderen Mitgliedstaates maßgeblich!

35.8 Umsatzsteuer-Voranmeldungen

Der Unternehmer hat gem. § 18b UStG seine Umsatzsteuer-Voranmeldungen (und Jahressteuererklärungen) um besondere Angaben zu den innergemeinschaftlichen Dreiecksgeschäften zu ergänzen. Diese Erklärungspflichten gelten für den

- ersten Abnehmer (= mittlerer Unternehmer) und den
- letzten Abnehmer,

für den ersten Unternehmer der Reihe ergeben sich keine Besonderheiten.

35.8.1 Umsatzsteuer-Voranmeldung 2024 des ersten Unternehmers

Für den ersten Unternehmer ergeben sich keine Besonderheiten.

> **Beratungskonsequenzen**
> Der erste Unternehmer braucht daher auch nicht zu wissen, dass er sich als erster Leistender an einem innergemeinschaftlichen Dreiecksgeschäft beteiligt.

243 Vgl. Abschn. 25b.1 Abs. 11 Satz 2 UStAE.

35.8.2 Umsatzsteuer-Voranmeldung 2024 des ersten Abnehmers (= mittleren Unternehmers)

Der erste Abnehmer hat eine Eintragung in Zeile 38 (Kennzahl 42) des Vordrucks zur Umsatzsteuer-Voranmeldung vorzunehmen. Einzutragen ist die Bemessungsgrundlage (§ 25b Abs. 4 UStG) seiner Lieferungen an den letzten Abnehmer. Zur (korrespondierenden) Zusammenfassenden Meldung ➲ Kapitel 35.9.1 sowie ausführlich Kapitel 51.

Praxistipp

1. Nochmals: Der **innergemeinschaftliche Erwerb** des ersten Abnehmers gilt bereits als besteuert und **wird daher nicht erklärt!** (➲ Kapitel 35.4)
2. Auch wenn der nachfolgende Vordruck aus Darstellungsgründen handschriftlich ausgefüllt ist: natürlich hat eine Umsatzsteuer-Voranmeldung **eigentlich elektronisch** (»durch Datenfernübertragung«) zu erfolgen (§ 18 Abs. 1 UStG).

Beispiel

Unternehmer U ist in Deutschland ansässig und liefert im Januar 2024 im Rahmen eines innergemeinschaftlichen Dreiecksgeschäfts als mittlerer Unternehmer für 200.000 € Ware an A in Österreich.

➲ Folge:

In die Umsatzsteuer-Voranmeldung Januar 2024 hat U den Umsatz in Zeile 32 (Kennzahl 42) aufzunehmen:

	E. Ergänzende Angaben zu Umsätzen			
32	Lieferungen des ersten Abnehmers bei **innergemeinschaftlichen Dreiecksgeschäften** (§ 25b UStG)	42	200000	
33	Steuerpflichtige Umsätze des leistenden Unternehmers, für die der **Leistungsempfänger** die **Steuer nach § 13b Absatz 5 UStG schuldet**			
34	**Nicht steuerbare sonstige Leistungen** gemäß § 18b Satz 1 Nummer 2 UStG	21		
35	**Übrige nicht steuerbare Umsätze** (Leistungsort nicht im Inland)	45		
36	**Umsatzsteuer (Summe der Zeilen 12 bis 17 und 24 bis 31)**			
	F. Abziehbare Vorsteuerbeträge und Berichtigung des Vorsteuerabzugs			

Formular: 2024USt1A562

35.8.3 Umsatzsteuer-Voranmeldung des letzten Abnehmers

Der letzte Abnehmer hat

- die Steuer, die er nach § 25b Abs. 2 UStG für die Lieferung des ersten Abnehmers schuldet, in Zeile 46 (Kennzahl 69),
- einen Vorsteueranspruch in gleicher Höhe in Zeile 37 (Kennzahl 66)

einzutragen (➲ Kapitel 35.5.2).

Praxistipp

1. Nochmals: Für den Vorsteueranspruch ist das Vorliegen einer **Eingangsrechnung nicht erforderlich!** (Abschn. 15.10 Abs. 1 UStAE)[244]
2. Auch wenn der nachfolgende Vordruck aus Darstellungsgründen handschriftlich ausgefüllt ist: natürlich hat eine Umsatzsteuer-Voranmeldung **eigentlich elektronisch** (»durch Datenfernübertragung«) zu erfolgen ➲ Kapitel 35.8.2.

Beispiel

Unternehmer U ist in Deutschland ansässig und erhält im Januar 2024 als letzter Abnehmer im Rahmen eines innergemeinschaftlichen Dreiecksgeschäfts Ware für 200.000 €.

➲ **Folge:**

In die Umsatzsteuer-Voranmeldung Januar 2024 ist der Umsatz wie folgt aufzunehmen:

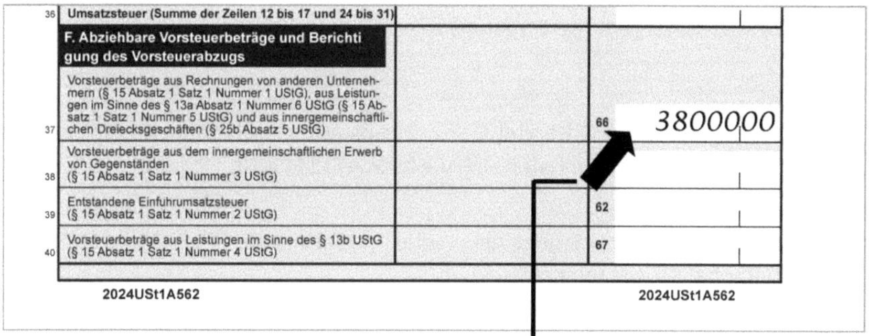

36	**Umsatzsteuer (Summe der Zeilen 12 bis 17 und 24 bis 31)**		
	F. Abziehbare Vorsteuerbeträge und Berichtigung des Vorsteuerabzugs		
37	Vorsteuerbeträge aus Rechnungen von anderen Unternehmern (§ 15 Absatz 1 Satz 1 Nummer 1 UStG), aus Leistungen im Sinne des § 13a Absatz 1 Nummer 6 UStG (§ 15 Absatz 1 Satz 1 Nummer 5 UStG) und aus innergemeinschaftlichen Dreiecksgeschäften (§ 25b Absatz 5 UStG)	66	38000,00
38	Vorsteuerbeträge aus dem innergemeinschaftlichen Erwerb von Gegenständen (§ 15 Absatz 1 Satz 1 Nummer 3 UStG)		
39	Entstandene Einfuhrumsatzsteuer (§ 15 Absatz 1 Satz 1 Nummer 2 UStG)	62	
40	Vorsteuerbeträge aus Leistungen im Sinne des § 13b UStG (§ 15 Absatz 1 Satz 1 Nummer 4 UStG)	67	

2024USt1A562 2024USt1A562

Formular: 2024USt1A562

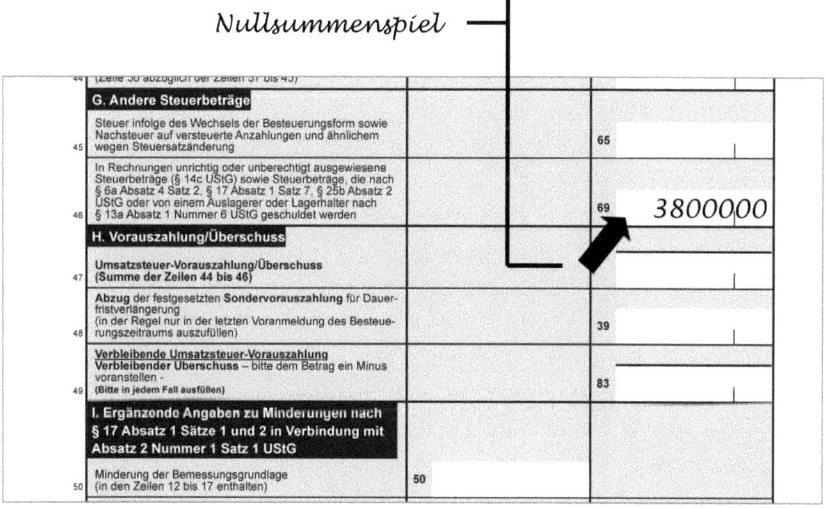

44	(Zeile 36 abzüglich der Zeilen 37 bis 43)		
	G. Andere Steuerbeträge		
45	Steuer infolge des Wechsels der Besteuerungsform sowie Nachsteuer auf versteuerte Anzahlungen und ähnlichem wegen Steuersatzänderung	65	
46	In Rechnungen unrichtig oder unberechtigt ausgewiesene Steuerbeträge (§ 14c UStG) sowie Steuerbeträge, die nach § 6a Absatz 4 Satz 2, § 17 Absatz 1 Satz 7, § 25b Absatz 2 UStG oder von einem Auslagerer oder Lagerhalter nach § 13a Absatz 1 Nummer 6 UStG geschuldet werden	69	38000,00
	H. Vorauszahlung/Überschuss		
47	**Umsatzsteuer-Vorauszahlung/Überschuss (Summe der Zeilen 44 bis 46)**		
48	**Abzug** der festgesetzten **Sondervorauszahlung** für Dauerfristverlängerung (in der Regel nur in der letzten Voranmeldung des Besteuerungszeitraums auszufüllen)	39	
49	**Verbleibende Umsatzsteuer-Vorauszahlung** **Verbleibender Überschuss** – bitte dem Betrag ein Minus voranstellen - **(Bitte in jedem Fall ausfüllen)**	83	
	I. Ergänzende Angaben zu Minderungen nach § 17 Absatz 1 Sätze 1 und 2 in Verbindung mit Absatz 2 Nummer 1 Satz 1 UStG		
50	Minderung der Bemessungsgrundlage (in den Zeilen 12 bis 17 enthalten)	50	

Formular: 2024USt1A563

---

244 Weimann, Umsatzsteuer in der Praxis, 21. Auflage 2023, Kapitel 75.5.

35.9 Zusammenfassende Meldung im Jahr

Der Unternehmer hat gem. § 18 a UStG die Zusammenfassende Meldung um besondere Angaben zu den innergemeinschaftlichen Dreiecksgeschäften zu ergänzen[245].

35.9.1 Zusammenfassende Meldung des mittleren Unternehmers

Der mittlere Unternehmer (= erster Abnehmer) hat seine Lieferung an den letzten Abnehmer zu melden. Er tut dies, indem er die unter Angabe der USt-IdNr. des letzten Abnehmers die Bemessungsgrundlage benennt und durch Eintragung einer »1« in Spalte 3 kennzeichnet.

Praxistipp

Auch wenn der nachfolgende Vordruck aus Darstellungsgründen handschriftlich ausgefüllt ist: natürlich hat eine Zusammenfassende Meldung **eigentlich elektronisch** (»durch Datenfernübertragung«) zu erfolgen (§ 18a Abs. 1 UStG)!

Beispiel

Wie der Beispielsfall in ➲ Kapitel 35.8.2. Der österreichische Abnehmer A bezieht Ware für 1.000 € und hat in Österreich die IdNr. AT12345678.

➲ Folge:

D hat den Umsatz für den Monat Januar/das 1. Quartal 2024 (§ 18a Abs. 1 UStG; vgl. auch ➲ Kapitel 51) wie folgt zu melden:

245 Grundlegend zur Zusammenfassenden Meldung, *Weimann,* UStB 2007, 178 u. 202; UStB 2008, 121; UStB 2009, 76.

zur Zusammenfassenden Meldung für den Meldezeitraum

Umsatzsteuer-Identifikationsnummer

01

02

Berichtigung

03 ☐

Meldung der Warenlieferungen (§ 18a Abs. 4 Nr. 1 u. 2 UStG) vom Inland in das übrige Gemeinschaftsgebiet, der sonstigen Leistungen (§ 18a Abs. 4 Satz 1 Nr. 3 UStG) und der Lieferungen i.S.d. § 25b Abs. 2 UStG im Rahmen innergemeinschaftlicher Dreiecksgeschäfte (§ 18a Abs. 4 Satz 1 Nr. 4 UStG)

Bitte beachten!

Sonstige Leistungen bzw. Dreiecksgeschäfte sind in Spalte 3 extra zu kennzeichnen.

Bei unterschiedlichen Leistungen an denselben Unternehmer ist jeweils eine gesonderte Zeile zu

Zeile	1		2		3
	Länder-kenn-zeichen	USt-IdNr. des Erwerbers/Unternehmers in einem anderen Mitgliedstaat	Summe der Bemessungsgrundlagen volle EUR	Ct	Sonstige Leistungen (falls JA, bitte 1 auswählen) - Dreiecksgeschäfte (falls JA, bitte 2 auswählen)
1	AT	12345678	1000	—	2
2	AT	12345678	300	—	1
3	AT	12345678	5000		

Formular: ZM-Formular Vordruckmuster

35.9.2 Zusammenfassende Meldung des ersten und des letzten Unternehmers

Für den ersten Unternehmer sowie den letzten Abnehmer ergeben sich keine Besonderheiten:

- Der erste Unternehmer hat **im Ursprungsland** die innergemeinschaftliche Lieferung an den ersten Abnehmer zu melden.
- Der letzte Abnehmer hat **keine** Meldung vorzunehmen.

35.10 Buchungssätze

Buchhalterisch ergeben sich nur beim letzten Abnehmer Besonderheiten: er hat eine

- Umsatzsteuerverbindlichkeit und gleichzeitig einen
- Vorsteueranspruch

zu buchen.

Beispiel

Unternehmer U ist in Deutschland ansässig und erhält im Januar 2024 als letzter Abnehmer im Rahmen eines innergemeinschaftlichen Dreiecksgeschäfts Ware für 200.000 €.

➲ **Folge:**

1. Buchungssatz: Ware an Geldkonto 200.000
2. Buchungssatz: Vorsteuer an Umsatzsteuer 38.000 (19 % von 200.000)

1. Ware	200.000,00	1. Geld	200.000,00
2. Vorsteuer	38.000,00	2. Umsatzsteuer	38.000,00

Für die Vorsteuer und die Umsatzsteuer aus innergemeinschaftlichen Dreiecksgeschäften sind **gesonderte Unterkonten** einzurichten.

35.11 Finanzierungsvorteil durch Dreiecksgeschäfte

Die Vorschrift des § 25b UStG war bereits Bestandteil der Neuregelung der Reihengeschäfte durch das Umsatzsteuer-Änderungsgesetz 1997[246]. In der deutschen Unternehmens- und Beratungspraxis begegnet die neue Vorschrift kurioserweise noch immer erheblichen Berührungsängsten, sodass sie eher selten angewandt wird. Dabei wird übersehen, dass sich bei Dreiecksgeschäften **neben der verfahrensrechtlichen Vereinfachung noch ein weiterer Vorteil** einstellt. Die Übertragung der Steuerschuldnerschaft auf den letzten Abnehmer führt bei dem mittleren Unternehmer nämlich zu einem Wegfall des durch die Sollversteuerung verursachten **Vorfinanzierungseffekts** der Umsatzsteuer[247].

246 Umsatzsteuer-Änderungsgesetz 1997 vom 12.12.1996, BGBl. I 1996, 1851 = BStBl. I 1996, 1560.

247 Vgl. *Kleine-Rosenstein,* BBK 2001, 203 = Fach 30, 1135; *Weimann*, UStB 2001, 190.

35.12 Erfordernis der Beteiligung von 3 Unternehmern

Wichtiges Wahlrecht in Abschn. 25b.1 UStAE

In den Anfangsjahren verneinte die deutsche Finanzverwaltung das Vorliegen eines innergemeinschaftlichen Dreiecksgeschäfts i. S. v. § 25b UStG ohne jede Ausnahme dann, wenn an einem Reihengeschäft mehr als drei Unternehmer beteiligt waren[248] (➲ Kapitel 35.2.1). Hieran hält die Verwaltung **schon seit den UStR 2005** nicht mehr fest und spricht nunmehr[249] auch dann von einem innergemeinschaftlichen Dreiecksgeschäft, wenn

- an einem Reihengeschäft **mehr als drei Unternehmer beteiligt** sind und
- die drei unmittelbar **nacheinander liefernden Unternehmer am Ende der Lieferkette** stehen.

Die meisten EU-Mitgliedstaaten teilten diese nunmehr aufgegebene »enge« Auffassung der deutschen Finanzverwaltung nicht. Der Binnenmarkt war insoweit alles andere als harmonisiert; mit der Neuregelung wurde ein **erfreulicher Schritt in Richtung einheitliche Interpretation von EU-Recht** getan[250]. Die deutsche Wirtschaft begrüßt die Regelung insbesondere deshalb, weil sie die bisherigen **Risiken des mittleren Unternehmers vermindert**.

Wenn in der Vergangenheit der Vorlieferant des mittleren Unternehmers ohne dessen Wissen die Ware von einem weiteren Vorlieferanten bezog, lagen nach deutscher Verwaltungsauffassung die Voraussetzungen des § 25b UStG nicht vor. Damit wurde der mittlere Unternehmer im Bestimmungsland steuer- und registrierungspflichtig – eine Konsequenz, die der Unternehmer durch die Wahl eines innergemeinschaftlichen Dreiecksgeschäftes gerade hatte vermeiden wollen.

Die unerwarteten Pflichten wiederum führten beim mittleren Unternehmer in der Regel zu einem erhöhten Verwaltungsaufwand durch Umstellung der Buchführung, Einrichtung der EDV, Bestellung eines Steuerberaters etc., der eigentlich bereits bei der Kalkulation eines Auftrages hätte berücksichtigt werden müssen (➲ Kapitel 10.1.4). Dem mittleren Unternehmer blieb dann allenfalls der Weg, sich durch geschickte Gestaltung seines Einkaufsvertrages zivilrechtlich gegenüber seinem Vorlieferanten schadlos zu halten; den Fiskus freilich interessierten solche Überlegungen nicht.

Die Finanzverwaltung verdeutlicht die damalige Neuregelung an einem Beispiel[251]:

---

248 So noch Abschn. 276b Abs. 2 Satz 2 UStR 2000.

249 Abschn. 25b.1 Abs. 2 Satz 2 UStAE.

250 Vgl. *Weimann*, steuer-journal 2/2005, 21; ders., UStB 2005, 68.

251 Abschn. 25b.1 Abs. 2 UStAE.

Beispiel

Der in Deutschland ansässige Unternehmer D bestellt beim in Belgien ansässigen Unternehmer B dort nicht vorrätige Werkzeugteile. B gibt die Bestellung weiter an den in Luxemburg ansässigen Unternehmer L mit der Bitte, die Teile direkt zu D nach Deutschland auszuliefern. Weil auch L die Werkzeugteile nicht am Lager hat, bestellt er sie beim in Spanien ansässigen Unternehmer SP, der sie weisungsgemäß an D versendet. Alle Unternehmer treten jeweils unter der USt-IdNr. ihres Landes auf. L weist nach, dass er den Gegenstand als Lieferer i. S. v. § 3 Abs. 6 Satz 6 UStG versendet hat:

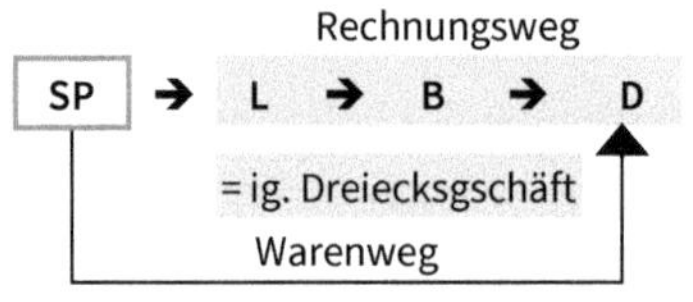

➲ **Folge:**

Zwischen SP, L, B und D liegt ein Reihengeschäft vor. Darüber hinaus ist ein innergemeinschaftliches Dreiecksgeschäft i. S. d. § 25b Abs. 1 UStG zwischen L, B und D anzunehmen, weil L als erster am Dreiecksgeschäft beteiligter Lieferer den Gegenstand der Lieferungen versendet. Die Versendung ist der ersten Lieferung im Dreiecksgeschäft (L an B) zuzuordnen, da L den Gegenstand als Lieferer i. S. v. § 3 Abs. 6 Satz 6 UStG versendet hat[252]. Ort der Lieferung ist nach § 3 Abs. 6 Satz 5 i. V. m. Satz 1 UStG Spanien (Beginn der Versendung). Die Lieferung des L an B ist als innergemeinschaftliche Lieferung in Spanien steuerfrei. Der Erwerb des Gegenstandes unterliegt bei B grundsätzlich der Besteuerung des innergemeinschaftlichen Erwerbs in Deutschland, da die Beförderung dort endet (§ 3d Satz 1 UStG), und in Belgien, da B seine belgische USt-IdNr. verwendet (§ 3d Satz 2 UStG). Die zweite Lieferung im Dreiecksgeschäft (B an D) ist eine ruhende Lieferung. Lieferort ist nach § 3 Abs. 7 Satz 2 Nr. 2 UStG Deutschland, da sie der Beförderungslieferung nachfolgt. SP erbringt eine ruhende Lieferung in Spanien (§ 3 Abs. 7 Satz 2 Nr. 1 UStG), die nach spanischem Recht zu beurteilen ist.

Wie bereits ausgeführt interpretierten die meisten anderen EU-Mitgliedstaaten den Begriff des innergemeinschaftlichen Dreiecksgeschäfts in Art. 28c Teil E Abs. 3 der 6. EG-RL weiter als die deutsche Finanzverwaltung. Daher und aufgrund des Referentenentwurfs zu den ursprünglich beabsichtigten UStR 2004[253] erhoffte sich die Praxis, dass zukünftig auch dann aus einem Reihengeschäft ein innergemeinschaftliches Dreiecksgeschäft abgespalten werden kann, wenn **dem abgespaltenen Geschäft weitere Liefervorgänge folgen**. Insoweit wurde die **Praxis** durch die Neufassung der Umsatzsteuer-Richtlinien sicher **enttäuscht**, da der damalige Abschn. 276b Abs. 2 Satz 2 UStR 2005 (seit 1.10.2010: Abschn. 25b.1 Abs. 2 Satz 2 UStAE) bei Geschäften mit mehr als

252 Abschn. 3.14 Abs. 7 ff. UStAE.

253 Vgl. *Weimann*, UVR 2003, 313.

drei Beteiligten ausdrücklich forderte, dass die drei unmittelbar nacheinander liefernden Unternehmer **am Ende der Lieferkette** stehen.

Beispiel

Der in Deutschland ansässige Unternehmer D bestellt beim in Belgien ansässigen Unternehmer B dort nicht vorrätige Werkzeugteile. B gibt die Bestellung weiter an den in Luxemburg ansässigen Unternehmer L mit der Bitte, die Teile direkt zu D nach Deutschland auszuliefern. Weil auch L die Werkzeugteile nicht am Lager hat, bestellt er sie beim in Spanien ansässigen Unternehmer SP, der sie weisungsgemäß an D versendet. Alle Unternehmer treten jeweils unter der USt-IdNr. ihres Landes auf. SP befördert den Gegenstand mit eigenem LKW zum Endkunden D, § 3 Abs. 6 Satz 5 UStG.

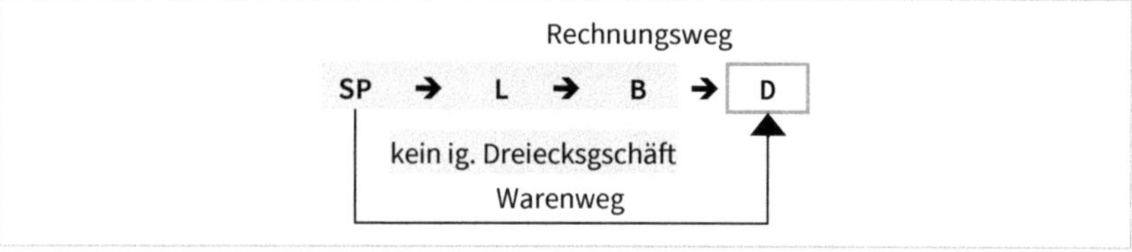

Beratungskonsequenzen

Das Wahlrecht findet Anwendung, wenn Deutschland am Ende des Dreiecksgeschäfts steht, also das Bestimmungsland der Warenlieferung ist. Abschn. 25b.1 Abs. 2 Satz 2 UStAE begünstigt damit de facto nur ausländische Unternehmer, die sich ansonsten in Deutschland hätten registrieren lassen müssen.

36 »Verunglückte« innergemeinschaftliche Dreiecksgeschäfte

Vorsicht bei EU-Verkäufen, denen ein Wareneinkauf im EU-Ausland vorangeht

Neue EuGH-Rechtsprechung führt zu einer Umsatzsteuerfalle

Ein innergemeinschaftliches Dreiecksgeschäft erfordert zwingend, dass in der Rechnung des Zwischenerwerbers auf die Steuerschuldnerschaft des Erwerbers hingewiesen wird. Diesbezügliche Abrechnungsfehler sind nicht rückwirkend heilbar. Darauf hat der EuGH in einem aktuellen Urteil entschieden[254].

36.1 Praxisrelevanz für deutsche Lieferanten

Das Urteil erscheint auf den ersten Blick wenig »spannend«, also wenig praxisrelevant zu sein. Die genauere Betrachtung zeigt jedoch, dass die unterschiedlichsten Branchen immer wieder in innergemeinschaftliche Dreiecksgeschäfte eingebunden sind.

> **Beratungskonsequenzen**
> Die Einbindung erfolgt **in der Regel unbewusst**! Darin liegt die besondere Gefahr! Denn Abrechnungsfehler führen zu einem missglückten Dreiecksgeschäft und damit zu erheblichen Mehrkosten.

36.2 Betroffene Bestellketten

Sie müssen das neue EuGH-Urteil beachten, wenn Sie

- Ware in das EU-Ausland verkaufen,
- welche Sie vorab in einem anderen EU-Mitgliedstaat von einem Vorlieferanten einkaufen **und**
- die Ware von Ihrem Lieferanten direkt zum Kunden transportiert wird **oder**
- Sie die Ware selbst direkt zu Ihrem Kunden transportieren – und zwar in Ihrer Eigenschaft als »Abnehmer« Ihres Vorlieferanten (vgl. Abschn. 25b.1 Abs. 5 UStAE).

---

254 EuGH, Urteil vom 8.12.2022, Rs. C-247/21, Luxury Trust Automobil.

Grundfall

Ein niederländisches Unternehmen (NL) bestellt bei einem deutschen Büroausstatter (D) dringend benötigte Ersatzteile für ein Fotokopiergerät. D kauft die Ersatzteile direkt beim italienischen Hersteller (I). I trägt die Transportverantwortung für die »schnelle Auslieferung« an NL in Amsterdam und rechnet gegenüber D netto ab, liefert die Ersatzteile also steuerfrei innergemeinschaftlich. Alle Beteiligten verwenden gegenüber den Geschäftspartnern die von ihren Ländern erteilten Umsatzsteuer-Identifikationsnummern (USt-IdNr.).

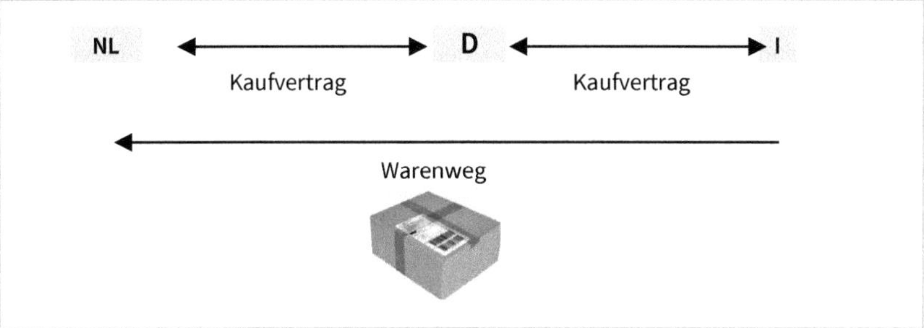

36.3 Betroffene Branchen

Derartige Geschäfte gehören zum Tagesgeschäft der unterschiedlichsten Branchen, wie z. B. dem …

- Ersatzteilhandel

  Beispiel

  Hinweis auf den Grundfall.

- Anlagenbau

  Beispiel

  Wie der Grundfall. D errichtet Anlagenbauer Erdtanksysteme für die Lagerung flüssiger Chemikalien. Eine solche Anlage hat D auch bei NL errichtet. Als eine dort verbaute Pumpe ausfällt, bestellt NL diese bei D. D bestellt die Pumpe seinerseits bei I und lässt sie wie beschrieben von I direkt an NL ausliefern.

- Kfz-Handel

  Beispiel

  Wie der Grundfall. D ist Kfz-Händler und handelt mit High-End-Fahrzeugen, vorzugsweise von italienischen Sportwagenherstellern. Ein solches Fahrzeug bestellt NL bei D. D kauft das Fahrzeug direkt beim italienischen Hersteller (I) und lässt es wie beschrieben von I direkt an NL ausliefern.

36.4 Außerplanmäßige und gleichzeitig schnelle Geschäfte

Häufig erfolgen diese Geschäfte ein Stück weit außerplanmäßig und unter Zeitdruck:

- Eigentlich verkaufen Sie nur Ware, die sich bereits in einem Ihrer Auslieferungslager befindet.
- Der EU-ausländische Kunde benötigt die Ware, die Sie noch bestellen müssen, »ganz schnell«, also recht kurzfristig.

Beratungskonsequenzen

Die Einbindung Ihres Unternehmens in ein innergemeinschaftliches Dreiecksgeschäft erfolgt damit **in der Regel unbewusst**! Gerade darin liegt die besondere Gefahr! (s. o.)!

36.5 Beurteilung nach den allgemeinen Regeln für Reihengeschäfte

Ohne die Sonderregelung des § 25b UStG wäre der Grundfall wie folgt zu lösen (➲ Kapitel 32.1):

- I tätigt **in Italien** eine steuerfreie innergemeinschaftliche Lieferung an D (§ 4 Nr. 1 Buchstabe b i. V. m. § 6 a UStG).
- D tätigt **in den Niederlanden** einen innergemeinschaftlichen Erwerb von I (§ 3d Satz 1 UStG).
- D tätigt **zusätzlich in Deutschland** einen innergemeinschaftlichen Erwerb von I, da er für den Einkauf die deutsche USt-IdNr. verwandt hat (§ 3d Satz 2 UStG).
- D tätigt **in den Niederlanden** eine »normale« (Inlands-)Lieferung an NL. Die Lieferung ist steuerbar und steuerpflichtig. D hat gegenüber NL damit eine Rechnung unter Ausweis der niederländischen Umsatzsteuer aufzumachen.

Beratungskonsequenzen

D müsste sich – sähe § 25b UStG keine Ausnahmereglung vor – aufgrund des innergemeinschaftlichen Erwerbs von I und seiner eigenen Lieferung an NL **in den Niederlanden umsatzsteuerlich registrieren lassen**. Dies wiederum würde für D einen erhöhten Administrativaufwand auslösen durch

- Umstellung der Buchführung
- Einrichtung der EDV
- Bestellung eines Steuerberaters
- Bestellung eines Fiskalvertreters
- ...

der bereits bei der **Kalkulation eines Auftrags** und damit von den (in der Regel mit steuerlichen Fragen wenig befassten) **Ein- und Verkaufsabteilungen** berücksichtigt werden muss (➲ Kapitel 21.1.4). Erfahrungsgemäß beläuft sich dieser **Mehraufwand auf 10.000 € bis 12.000 €** (pro zusätzliche Registrierung).

36.6 Vereinfachung in Deutschland nach § 25b UStG

Liegt ein innergemeinschaftliches Dreiecksgeschäft vor, wird die Steuerschuld für die (Inlands) Lieferung unter den Voraussetzungen des § 25b Abs. 2 UStG von dem ersten Abnehmer (D) auf den letzten Abnehmer (NL) übertragen. Im Fall der Übertragung der Steuerschuld gilt zugleich auch der innergemeinschaftliche Erwerb des ersten Abnehmers als besteuert (§ 25b Abs. 3 UStG).

Beratungskonsequenzen

Die Vereinfachung des § 25b UStG besteht nun darin, dass die eigentlich erforderliche steuerliche Registrierung **des D als mittleren Unternehmers im Bestimmungsland NL entfällt** (➲ Kapitel 32.1).

36.7 Vereinfachung in anderen EU-Mitgliedstaaten nach Art. 141 MwStSystRL

§ 25b UStG gilt ausschließlich für Umsätze, die in Deutschland bewirkt werden. Im Beispielfall geht es aber um die Umsätze des D in den Niederlanden. Maßgebend ist also insoweit das niederländische Umsatzsteuerrecht.

Beratungskonsequenzen

Der deutsche § 25b UStG setzt aber lediglich **EU-Vorgaben durch Art. 141 Mehrwertsteuer-Systemrichtlinie (MwStSystRL)** in deutsches Recht um. Das Umsatzsteuerrecht aller anderen EU-Mitgliedstaaten und auch der Niederlande tut dies ebenfalls. Aus § 25b UStG ergeben sich daher entsprechend auch die Rechtsfolgen in den Niederlanden.

36.8 Besonderheiten bei der Rechnungserteilung

Nach § 25b Abs. 2 Nr. 3 UStG ist materielle Voraussetzung für die Übertragung der Steuerschuld, dass der erste Abnehmer dem letzten jeweils am Dreiecksgeschäft beteiligten Abnehmer eine Rechnung im Sinne des § 14a Abs. 7 UStG erteilt, in der die Steuer nicht gesondert ausgewiesen ist (Abschn. 25b.1 Abs. 8 Satz 1 UStAE ➲ Kapitel 32a).

Beratungskonsequenzen

Im Beispielsfall muss also D zur Vermeidung der Registrierung dem NL eine entsprechende Rechnung erteilen.

Neben den bekannten Rechnungspflichtangaben (§ 14 Abs. 4 UStG) sind in der Rechnung des ersten Abnehmers danach folgende zusätzliche Angaben erforderlich:

- ein Hinweis auf das Vorliegen eines innergemeinschaftlichen Dreiecksgeschäfts, wie z. B. »Innergemeinschaftliches Dreiecksgeschäft nach § 25b UStG« oder »Vereinfachungsregelung nach Artikel 141 MwStSystRL«;
- ein Hinweis auf die Steuerschuld des letzten am Dreiecksgeschäft beteiligten Abnehmers;
- die Angabe der USt-IdNr. des ersten am Dreiecksgeschäft beteiligten Abnehmers und
- die Angabe der USt-IdNr. des letzten am Dreiecksgeschäft beteiligten Abnehmers.

Beratungskonsequenzen

Der letzte am Dreiecksgeschäft beteiligte Abnehmer soll durch die Hinweise in der Rechnung eindeutig und leicht erkennen können, dass er letzter Abnehmer in einem innergemeinschaftlichen Dreiecksgeschäft ist und die Steuerschuld auf ihn übertragen wird (Abschn. 25b.1 Abs. 8 Satz 3 UStAE).

36.9 Strenge Anforderungen des EuGH an die Rechnung

Der EuGH vertritt im Besprechungsurteil eine zumindest in Teilen sicher unerwartet strenge Rechtsauffassung. Das Gericht misst der **Rechnungsangabe »Steuerschuldnerschaft des Leistungsempfängers« materielle Bedeutung** bei. Ein diesbezüglicher Fehler ist nicht rückwirkend heilbar.

36.9.1 Rechnungspflichtangabe

Nach der Mehrwertsteuer-Systemrichtlinie muss die vom Zwischenerwerber ausgestellte Rechnung die Angabe »Steuerschuldnerschaft des Leistungsempfängers« enthalten.

Der Zwischenerwerber kann diese Angabe **nicht durch einen anderen Hinweis** ersetzen.

Der **Sinn und Zweck** der nach Artikel 226 der Mehrwertsteuer-Systemrichtlinie obligatorischen Rechnungsangaben besteht darin, den Rechnungsadressaten über die rechtliche Bewertung des Umsatzes des Rechnungsausstellers zu informieren. Dieser Zweck greift umso mehr, wenn der Rechnungsaussteller der Ansicht ist, dass ausnahmsweise nicht er, sondern der Empfänger der Lieferung die Mehrwertsteuer schuldet.

Die **nach der Richtlinie erforderliche Formalität** ermöglicht es sicherzustellen, dass der Endempfänger einer Lieferung Kenntnis von seinen steuerlichen Pflichten hat. Denn für die Regelung des Übergangs der Steuerschuld auf den Leistungsempfänger ist es gerade kennzeichnend, dass zwischen dem Lieferer und dem steuerpflichtigen Empfänger einer Lieferung keine Mehrwertsteuerzahlung erfolgt, weil Letzterer diese Steuer für diese Lieferung zu entrichten hat. Daher kann insoweit keine Unsicherheit bestehen.

Der Enderwerber im Rahmen eines Dreiecksgeschäfts ist daher **nicht wirksam als Schuldner der Mehrwertsteuer bestimmt** worden, wenn die vom Zwischenerwerber ausgestellte Rechnung nicht die Angabe »Steuerschuldnerschaft des Leistungsempfängers« enthält.

36.9.2 Keine Rückwirkung

Das Weglassen der Angabe »Steuerschuldnerschaft des Leistungsempfängers« auf einer Rechnung kann durch Ergänzung eines Hinweises darauf, dass diese Rechnung ein innergemeinschaftliches Dreiecksgeschäft betrifft und dass die Steuerschuld auf den Empfänger der Lieferung übergeht, **nicht im Nachhinein berichtigt werden**.

Der EuGH stellt ausdrücklich klar, dass er zwar anerkannt hat, dass das Grundprinzip der Neutralität der Mehrwertsteuer verlangt, dass der Vorsteuerabzug oder die Erstattung der Vorsteuer gewährt wird, auch wenn der Steuerpflichtige bestimmten formellen Anforderungen nicht genügt hat. Dies gilt jedoch nur unter der Voraussetzung, dass die **materiellen Anforderungen im Übrigen** erfüllt wurden.

Folglich kann von einer Berichtigung der Rechnung nicht die Rede sein, wenn eine Voraussetzung für die Anwendung der für Dreiecksgeschäfte geltenden Ausnahmeregelung wie die erforderliche Rechnungspflichtangabe fehlt. Denn das nachträgliche Erfüllen einer für die Steuerschuldverlagerung auf den Empfänger einer Lieferung notwendigen Tatbestandsvoraussetzung ist keine Korrektur. Es handelt sich um die **erstmalige Ausstellung der erforderlichen Rechnung, die keine Rückwirkung entfalten kann.**

Beratungskonsequenzen

Damit wendet sich der EuGH gegen die bisherige deutsche Finanzrechtsprechung[255]!

255 Vgl. z. B. FG Rheinland-Pfalz, Urteil vom 28.11.2019, 6 K 1767, nrkr., Az. des BFH: XI R 38/19 (➲ vgl. Vorauflage = 20. Auflage 2022, Kapitel 32.01) und FG Münster, Gerichtsbescheid vom 22.4.2020, 15 K 1219/17 U, nrkr., Az. des BFH: XI R 14/20 (➲ vgl. Vorauflage = 20. Auflage 2022, Kapitel 32.02). Bei Drucklegung sind beide BFH-Verfahren ausgesetzt/ruhen (Beschlüsse vom 19. und 20.10.2021) und erhalten nach Fortsetzung/Wiederaufnahme ein neues Aktenzeichen (www.bundesfinanzhof.de > Anhängige Verfahren; Abfragedatum: 28.3.2023).

36.9.3 Auf die Rechnung des Zwischenerwerbers anzuwendendes nationales Recht

Nicht beantwortet hat der EuGH die Frage des vorlegenden Gerichts, ob die Vorschriften über die Rechnungsstellung des Mitgliedstaats des Zwischenerwerbers oder jene des Mitgliedstaats des Enderwerbers anzuwenden sind.

Dem vorlegenden Gericht stellt sich diese Frage, weil die Steuerpflichtige im Rahmen des Ausgangsverfahrens geltend macht, dass das Umsatzsteuerrecht des Bestimmungslands anzuwenden sei. Danach sei es nicht erforderlich, dass die Rechnungen einen Hinweis auf den Übergang der Steuerschuld enthielten.

Aus den Ausführungen unter den Ziffern 1 und 2 ergibt sich jedoch, dass die Antwort auf diese Frage keine Auswirkung auf den Ausgang des Ausgangsrechtsstreits haben kann. Da auf den streitgegenständlichen Rechnungen die Angabe »Steuerschuldnerschaft des Leistungsempfängers« fehlt, **ist die Bestimmung des Enderwerbers zum Schuldner der Mehrwertsteuer nämlich nicht wirksam erfolgt.** Der Zwischenerwerber ist daher in dem Mitgliedstaat als Schuldner dieser Steuer anzusehen, der ihm die Identifikationsnummer erteilt hat, die er für den fraglichen innergemeinschaftlichen Erwerb verwendet hat.

Die in der Mehrwertsteuer-Systemrichtlinie genannten Anforderungen können jedenfalls nicht von einem Mitgliedstaat zum anderen variieren. Das vorlegende Gericht hat das auf den Ausgangsrechtsstreit anwendbare Recht, sei es das Recht des Mitgliedstaats des Zwischenerwerbers oder das Recht des Mitgliedstaats des Enderwerbers, in Übereinstimmung mit dem Unionsrecht auszulegen.

36.10 Gebrochener Transport

Die Besonderheit der besprochenen Fälle liegt darin, dass der Liefergegenstand im Rahmen der Beförderung oder Versendung **durch eine Warenbewegung unmittelbar** vom ersten Unternehmer an den letzten Abnehmer gelangt. Primäre Rechtsfolge eines Reihengeschäftes ist, dass es zwischen den Beteiligten zu einer Vielzahl von Lieferumsätzen im Sinne des § 3 Abs. 1 UStG kommt.

Reihengeschäfte sind damit nichts anderes als die Aneinanderreihung mehrerer Liefergeschäfte (vgl. Abschn. 3.14 Abs. 2 UStAE). **Je nach Zurechnung der Warenbewegung zu einer (1) der Lieferungen** ergibt sich die Umsatzbesteuerung eines oder mehrerer Lieferanten in der Reihe im europäischen Ausland.

Die Probleme lassen sich vermeiden, wenn mehrere Transporte aneinandergereiht werden und konsequent **beim jeweils eigenen Vertragspartner enden.**

Grundfall- Abwandlung

Wie der Grundfall. Zwischen D und I wird vereinbart, dass I die Ersatzteile selbst mit eigenem LKW oder unter Beauftragung eines Spediteurs / Frachtführers zu D bringt. D bringt die Ersatzteile dann – ebenfalls mit eigenem LKW oder unter Beauftragung eines Dritten – zu NL.

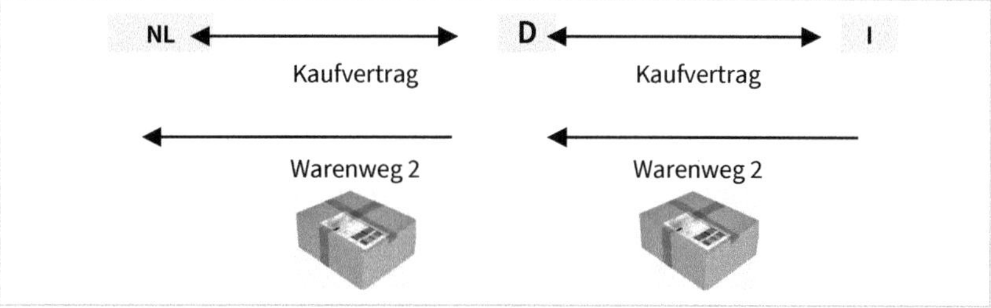

Beratungskonsequenzen

Das Einhalten einer Rechnungspflichtangabe als materielle Voraussetzung für eine Steuervergünstigung – damit beschreitet der EuGH einen neuen Weg. Lieferanten ist daher unbedingt anzuraten, die Vorgaben im Zweifel genauestens einzuhalten – gilt es doch, im Einzelfall ca. 10.000 € bis 12.000 € einzusparen.

37 (Konsignations-)Lager

Rechtsgrundlagen

- BMF, Schreiben vom 28.1.2020, III C 5 – S 7427-b/19/10001 :002, 2020/0077618, Angaben zu Konsignationslagern (§ 6b UStG) in der Zusammenfassenden Meldung (§ 18a UStG)
- BMF, Schreiben vom 10.12.2021, III C 3 – S 7146/20/10001 .005, 2021/1234313, Einführungsschreiben zur Konsignationslagerregelung nach § 6b UStG
- EU-Kommission, Erläuterungen vom 20.12.2019 zu den MwSt-Änderungen in der EU, welche die Konsignationslagerregelung, Reihengeschäfte und die Steuerbefreiung für innergemeinschaftliche Lieferungen von Gegenständen betreffen (»2020 Quick Fixes«)

Vordrucke

- BZSt, Anleitung zur Meldung über ausgeführte Beförderungen oder Versendungen i. S. d. § 6b Abs. 1 Nr. 4 UStG (Konsignationslagerregelung; Stand: 1/2022)

➲ mybookplus.de > Wichtiges aus anderen Behörden

37.1 Typische Fallgestaltung

Ein typisches Lagergeschäft wäre das Folgende:

Beispiel

Grieche G bestellt beim Deutschen D eine Werkzeugmaschine. Für G ist es wichtig, dass die Maschine möglichst ohne Unterbrechungszeiten im Einsatz ist. G macht daher seine Bestellung von einem gleichzeitig von D in Griechenland einzurichtenden Lager abhängig, dem er bei Bedarf alle Verschleißteile entnehmen kann. Die Lagerhaltung soll auf die voraussichtliche Funktionsdauer der Maschine begrenzt sein. Die Ersatzteile sollen dem G erst bei tatsächlicher Entnahme aus dem Lager in Griechenland berechnet werden.

37.2 Beurteilung bis 31.12.2019

Lagerbeschickung und -entnahmen wirkten sich in der Vergangenheit wie folgt aus:

Beurteilung bis 31.12.2019

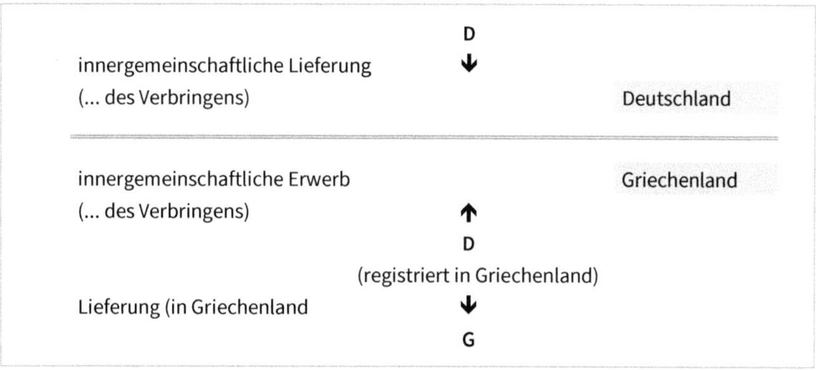

- Die Lagerbeschickung führt bei D in Deutschland zu einem (steuerfreien) Verbringen, § 3 Abs. 1a UStG (Abschn. 3.12 Abs. 3 Satz 7 UStAE).
- Die Lagerbeschickung führt bei D in Griechenland zu einem innergemeinschaftlichen Erwerb, vgl. § 1 a Abs. 2 UStG.
- D muss sich in Griechenland steuerlich registrieren lassen.
- D muss eventuelle Lagerentnahmen durch B in Griechenland versteuern und **der griechischen Umsatzsteuer unterwerfen!** Rechnungen des Lagerhalters müssen m. a. W. die Umsatzsteuer des Landes (hier: Griechenland) ausweisen, in dem sich das Lager befindet.
- Weil das zahlreichen Mitgliedstaaten zu kompliziert war, hatten diese bereits vor dem 1.1.2020 – **eigentlich unzulässige – Vereinfachungen** eingeführt.

37.3 Neuregelung ab 1.1.2020

§ **Rechtsgrundlagen**

Die Neuregelung findet sich in

- § 6b UStG (Konsignationslagerregelung)
- § 18a Abs. 6, Abs. 7 UStG (Zusammenfassende Meldung)
- § 22 Abs. 4f, Abs. 4g UStG (Aufzeichnungspflichten)

37.4 Beurteilung nach der Neuregelung

Die Neuregelung bewirkt, dass die Abverkäufe

- als einzige **Lieferung im Ursprungsland** und
- als innergemeinschaftlichen **Erwerb in dem Bestimmungsland** anzusehen,
- wenn die Ware dem Lager innerhalb von **12 Monaten** entnommen wird.

Beurteilung ab dem 1.1.2020

	D ↓	
innergemeinschaftliche Lieferung an G		Deutschland
innergemeinschaftliche Erwerb Erwerb von		Griechenland
	↑ G	

- Die Lagerbeschickung führt bei D in Deutschland zu einer steuerfreien innergemeinschaftlichen Lieferung.
- Die Lagerbeschickung führt bei G in Griechenland zu einem innergemeinschaftlichen Erwerb, vgl. § 1a Abs. 2 UStG.

Beratungskonsequenzen

Durch die Neuregelung wird **vermieden, dass sich der Lieferer** in jedem Mitgliedstaat, in den er Gegenstände in ein Konsignationslager überführt, **registrieren lassen muss.**

Auswirkungen ergeben sich

- nicht nur für neu eingerichtete, sondern auch für **bereits bestehende Lager,** und
- nicht für Lager, die Sie beim Kunden führen, sondern auch für solche, die ein **Lieferant bei Ihnen** führt.

37.5 Einführungsschreiben des BMF

Zwei Jahre nach Einführung der nunmehr EU-weit gültigen Konsignationslager-Regelung hat sich das BMF dazu in einem Einführungsschreiben positioniert[256].

Der Umsatzsteuer-Anwendungserlass wurde mit dem Schreiben um einen **neuen Abschn. 6b.1 UStAE** ergänzt.

Die Grundsätze des Schreibens sind auf alle Umsätze, die die Lieferung von Gegenständen in ein Lager im Sinne des § 6b UStG betreffen, anzuwenden, für die der Transport durch Beförderung oder Versendung am oder nach dem 1.1.2020 begonnen hat.

Beratungskonsequenzen

Für alle vor dem 1.1.2020 im Abgangsmitgliedstaat begonnenen, aber nach dem 31.12.2019 im Bestimmungsmitgliedstaat endenden Lieferungen ist die Vereinfachungsregelung nicht anzuwenden. Insoweit gelten die bisherigen Regelungen weiter[257].

---

256 BMF, Schreiben vom 10.12.2021 ➲ mybookplus.de > Wichtiges aus dem BMF..

257 Dazu ausführlich *Weimann*, Umsatzsteuer in der Praxis, 21. Auflage 2023, Kapitel 33.

37.5.1 Hintergrund

Folge der Globalisierung ist unter anderem auch die wachsende Bedeutung von (Konsignations-)Lagern grenzüberschreitend tätiger EU-Unternehmen im EU-Ausland. Obwohl durch die Lager beträchtliche Umsatzvolumina generiert werden, behandelt die MwStSystRL derartige Lagergeschäfte primär ausschließlich nach den allgemeinen Bestimmungen und damit sowohl für die beteiligten Unternehmen als auch für die Mitgliedstaaten **unnötig verwaltungs- und kostenintensiv**[258]:

Checkliste 1: Anwendung der allgemeinen Regeln

Für einen deutschen Unternehmer (D) mit entsprechenden Lieferungen in einen anderen EU-Mitgliedstaat heißt das (➲ oben, Kapitel 37.2):

- Die Lagerbeschickung führt für D im Ursprungsland Deutschland zu einem (steuerfreien) innergemeinschaftlichen Verbringen (§ 3 Abs. 1a UStG).
- Die Lagerbeschickung führt für D im Bestimmungsland zu einem innergemeinschaftlichen Erwerb (§ 1a Abs. 2 UStG).
- D muss sich im Bestimmungsland steuerlich registrieren lassen.
- D muss Lagerentnahmen durch den Kunden im Bestimmungsland versteuern und der dortigen Umsatzsteuer unterwerfen. Rechnungen des D müssen die Umsatzsteuer des Landes ausweisen, in dem sich das Lager befindet.

Aus diesem Grunde hatten **einige Mitgliedstaaten im Alleingang** durch nationale Gesetze und Verwaltungsanweisungen »vereinfachende« Sonderregelungen eingeführt. Die gewünschte Vereinfachung erreichen diese Sonderregelungen jedoch allenfalls bei vordergründiger Betrachtung. Schnell zeigte sich, dass das unabgestimmte und zugleich richtlinienwidrige Vorgehen die Unternehmen und die Finanzverwaltungen der jeweils anderen Länder vor große Probleme stellte und erhebliche umsatzsteuerliche Risiken mit sich brachte[259].

Um dem entgegen zu wirken wurde mit Art. 17a MwStSystRL **erstmals eine EU-weite Regelung** für Konsignationslager eingeführt. Deutschland hat diese Regelung durch § 6b UStG zum 1.1.2020 im Rahmen der sog. »Quick Fixes« umgesetzt. Die dadurch erreichte Vereinfachung:

Checkliste 2: Anwendung der Konsignationslagerregelung (§ 6b Abs. 2 UStG)

Wenn die Voraussetzungen nach § 6b Abs. 1 UStG erfüllt sind, gilt zum Zeitpunkt der Lieferung des Gegenstandes an den Erwerber, sofern diese Lieferung innerhalb der Frist nach § 6b Abs. 3 UStG bewirkt wird, Folgendes:

- Die Lieferung an den Erwerber wird einer im Abgangsmitgliedstaat steuerbaren und steuerfreien innergemeinschaftlichen Lieferung (§ 6a UStG) gleichgestellt.
- Die Lieferung an den Erwerber wird einem im Bestimmungsmitgliedstaat steuerbaren innergemeinschaftlichen Erwerb (§ 1a Abs.1 UStG) gleichgestellt.

---

258 *Weimann,* PIStB 2022, 332.

259 Vgl. *Weimann*, Umsatzsteuer in der Praxis, 21. Auflage 2023, Kapitel 33.

37.5.2 Neuer Abschn. 6b.1 UStAE

Nachfolgend ein Überblick zu den wichtigsten Inhalten der neuen Verwaltungsanweisung:

37.5.2.1 Definition »Konsignationslager« (Abschn. 6b.1 Abs. 1 UStAE)

Lager im Sinne des § 6b UStG sind Warenlager, in welche der liefernde Unternehmer oder ein von ihm beauftragter Dritter Gegenstände

- aus dem Gebiet eines Mitgliedstaates (Abgangsmitgliedstaat)
- in das Gebiet eines anderen Mitgliedstaates (Bestimmungsmitgliedstaat)
- in einen zum Verbleib gedachten Bestand und
- zur Entnahme nach eigenem Ermessen
- durch einen dem liefernden Unternehmer bekannten Erwerber
- befördert oder versendet.

37.5.2.2 Keine Ansässigkeit im Bestimmungsland (Abschn. 6b.1 Abs. 2 UStAE)

Die Vereinfachungsregelung nach § 6b UStG kommt **nicht** in Betracht, wenn der Unternehmer im Bestimmungsmitgliedstaat ansässig ist, d. h. wenn er dort

- seinen Sitz,
- seine Geschäftsleitung oder
- eine Betriebsstätte (vgl. Abschnitt 3a.1 Abs. 3) oder
- in Ermangelung eines Sitzes, einer Geschäftsleitung oder einer Betriebsstätte seinen Wohnsitz oder gewöhnlichen Aufenthalt

hat. Dies gilt unabhängig davon, ob eine der vorgenannten Ansässigkeitsformen am Liefergeschehen beteiligt ist.

Bereits

- ein im Eigentum des Unternehmers befindliches **Lager** oder
- ein durch den Unternehmer angemietetes oder gepachtetes Lager, welches mit eigenen Mitteln (z. B. mit eigenem Personal), aus dem Bestimmungsmitgliedstaat betrieben wird,

begründet eine solche Ansässigkeit.

Beratungskonsequenzen

Bei Ansässigkeit kommt die Vereinfachungsregelung nicht zur Anwendung. Damit bleibt es bei den **kosten- und verwaltungsintensiven allgemeinen Regeln** (➲ oben, Kapitel 37.5.1).

Eine alleinige **Registrierung für mehrwertsteuerliche Zwecke** im Bestimmungsmitgliedstaat begründet jedoch noch **keine** Ansässigkeit.

37.5.2.3 Transport bei verbindlicher Bestellung oder Bezahlung (Abschn. 6b.1 Abs. 3 Satz 3 UStAE)

Hat der spätere Erwerber vor dem Zeitpunkt der Entnahme des Liefergegenstandes diesen bereits verbindlich bestellt oder bezahlt, kann die Vereinfachungsregelung nach § 6b UStG unter den übrigen Voraussetzungen angewendet werden, wenn der liefernde Unternehmer und der spätere Erwerber deren Anwendung z. B. in einem Rahmenvertrag vereinbaren.

> **Beratungskonsequenzen**
> Eine Versendungslieferung kann unter der Bedingung, dass der Abnehmer bereits bei Beginn der Versendung feststeht, auch dann vorliegen, wenn der Liefergegenstand nach dem Beginn der Versendung für kurze Zeit in einem Auslieferungs- oder Konsignationslager, welches nicht in den Anwendungsbereich der Konsignationslagerregelung nach § 6b UStG fällt, gelagert wird (Abschn. 3.12 Abs. 3 Satz 8 UStAE unter Hinweis auf BFH-Urteile vom 20.10.2016, V R 31/15, und vom 16.11.2016, V R 1/16). Nach Auffassung des BFH gilt die Lieferung also mit Beginn der Beförderung oder Versendung ausgeführt (➲ Kapitel 38). Dies wird in anderen EU-Mitgliedstaaten teilweise anders gesehen. Lieferant und Kunde können die sich daraus ergebenden Unwägbarkeiten umgehen, indem sie sich auf Anwendung des § 6b UStG einigen und diesen dann natürlich auch »leben«.

37.5.2.4 Lager mit mehreren potentiellen Erwerbern denkbar (Abschn. 6b.1 Abs. 3 Satz 5 f. UStAE)

Für ein Lager im Sinne des § 6b UStG können auch **Vereinbarungen mit mehreren bekannten Erwerbern** geschlossen werden. Sind entsprechende Vereinbarungen mit mehreren Erwerbern geschlossen, muss für jeden Erwerber entsprechend des § 22 Abs. 4f und 4g UStG sichergestellt sein, dass die Gegenstände dem jeweiligen Erwerber eindeutig und klar zugeordnet werden können. Zur Ersetzung eines Erwerbers (➲ unten, Ziffer 5.2.7).

37.5.2.5 Lager können auch mobil sein (Abschn. 6b.1 Abs. 4 UStAE)

Ein Lager im Sinne des § 6b UStG kann zum Beispiel ein Konsignationslager oder ein Auslieferungslager sein.

Ein Lager nach Satz 1, in welches die Gegenstände der Lieferung gelangen, muss **nicht zwingend ein Lager im Sinne eines Gebäudes** sein. Eine Zwischenlagerung der Gegenstände in einem Lager im Sinne des § 6b UStG kann an jedem räumlich und physisch bestimmbaren Ort erfolgen, für den ein vorhandener Inhaber gegeben ist und für den die eingelagerten Gegenstände der Art und Menge nach bestimmbar sind. Die Angaben müssen mit den Aufzeichnungen nach § 22 Abs. 4f UStG übereinstimmen.

Hierzu zählen sowohl **ortsfeste Behälterlager** für körperliche Gegenstände in flüssigem oder gasförmigem Aggregatzustand, z. B. ortsfeste Tanklager (oberirdisch oder unterirdisch), als auch **jeder andere räumlich und physisch bestimmbare Ort** wie z. B.

- Eisenbahnwaggons,
- Container,
- Trailer,
- Binnenschiffe,

wenn hinreichend nachgewiesen wird, dass es sich um ein Lager im Sinne des § 6b UStG handelt (vgl. hierzu § 22 Abs. 4f Nr. 6 UStG).

Für eine **leichte und eindeutige Nachprüfbarkeit** muss daher für jeden Zeitpunkt bis zur Entnahme mit hinreichender Sicherheit leicht und einwandfrei aus den Aufzeichnungen im Sinne des § 22 Abs. 4f UStG erkennbar sein, wo sich die Gegenstände bis zum Zeitpunkt der Entnahme durch den Erwerber befinden.

37.5.2.6 Verwendung der USt-IdNr. (Abschn. 6b.1 Abs. 5 UStAE)

Der dem liefernden Unternehmer bekannte und zur Entnahme der Gegenstände berechtigte Erwerber muss zum Zwecke der Inanspruchnahme der Konsignationslagerregelung die ihm vom Bestimmungsmitgliedstaat erteilte USt-IdNr. verwenden. Hinsichtlich der **Auslegung des Begriffs der Verwendung** der von einem anderen Mitgliedsstaat erteilten und gültigen USt-IdNr. siehe Abschn. 3a.2 Abs. 10 Sätze 2 – 10 UStAE.

Beratungskonsequenzen

1. Dies entspricht der (strengen) deutschen Auffassung, dass der Abnehmer seine USt-IdNr. des Bestimmungslandes gegenüber dem Lieferer nachweislich verwenden muss, während die MwStSystRL lediglich fordert, dass sie dem Lieferer bekannt ist.
2. Die Verwendung einer anderen als vom Bestimmungsmitgliedstaat erteilten USt-IdNr. schließt die Anwendung des § 6b UStG hingegen aus.

37.5.2.7 Erwerberwechsel (Abschn. 6b.1 Abs. 6 UStAE)

Wird der berechtigte Erwerber durch einen anderen Erwerber innerhalb von 12 Monaten ersetzt, müssen alle Voraussetzungen des Absatzes 1 Satz 3 erfüllt sein. Die vertragliche Vereinbarung für die Substitution muss zudem **bereits am Tag des Wirksamwerdens des Erlöschens der bisherigen Vereinbarung wirksam abgeschlossen** sein.

Es ist auch möglich, dass der neue Erwerber **nur über einen Teil** der sich im Lager im Sinne des § 6b UStG befindlichen Gegenstände eine Vereinbarung abschließt.

Durch den Wechsel eines Erwerbers wird die **12-Monatsfrist nach § 6b Abs. 3 UStG nicht verlängert**. Die Frist beginnt im Zeitpunkt der ersten Ankunft der Waren im Lager (Einlagerung) im anderen Mitgliedstaat, in den sie versendet oder befördert wurden.

Eine **im Rahmen der Substitution erfolgende Beförderung** durch den Unternehmer an einen anderen Lagerort im Bestimmungsmitgliedstaat bleibt unschädlich und verlängert nicht die 12-Monatsfrist nach § 6b Abs. 3 UStG.

Beispiel 1

Der deutsche Zulieferer A befördert im Rahmen einer Lagerabrufvereinbarung mit Unternehmer B (berechtigter Erwerber) ab Februar 01 Motorenteile in ein Lager in Frankreich. Im September desselben Jahres ändern A und B ihre Vereinbarung für den Teil der Motorenteile, die von B noch nicht entnommen wurden. Diese Motorenteile verbleiben im Lager. Gleichzeitig schließt A mit Unternehmer C (weiterer berechtigter Erwerber) eine Vereinbarung über die noch im Lager befindlichen Motorenteile ab. C entnimmt diese Motorenteile im November und Dezember 01.

➲ **Folge**

Im Februar 01 hat A die Beförderung der Motorenteile aufzuzeichnen und in der ZM die verwendete USt-IdNr. des B anzugeben. Auch der Lagerhalter muss im Februar 01 die Ankunft der Waren im Bestand registrieren.

Für die entnommenen Motorenteile durch B gilt jeweils im Zeitpunkt der Entnahme für A die Annahme einer innergemeinschaftlichen Lieferung und für B die eines innergemeinschaftlichen Erwerbes (§ 6b Abs. 2 UStG).

Ab dem Zeitpunkt der Änderung der Vereinbarung im September 01 tritt die Rechtsfolge des § 6b Abs. 2 UStG für A und B nicht mehr ein.

Die Ersetzung des B durch C nach § 6b Abs. 5 UStG ist von A nach § 22 Abs. 4f UStG aufzuzeichnen und in der ZM anzugeben. C hat seine ihm vom Bestimmungsmitgliedstaat erteilte USt-IdNr. gegenüber A zu verwenden. Bei Entnahme der Motorenteile durch C im November und Dezember 01 tritt die Rechtsfolge des § 6b Abs. 2 UStG ein.

Beispiel 2

Sachverhalt wie in Beispiel 1, jedoch erfolgt die neue Vereinbarung mit C erst im Oktober 01.

➲ **Folge**

Alle Ausführungen in Beispiel 1 finden analog Anwendung. Die Vereinbarung mit C im Oktober 01 stellt jedoch für die bereits im Lager befindlichen Motorenteile keine wirksame Ersetzung im Sinne des § 6b Abs. 5 UStG dar, da die vertragliche Vereinbarung mit dem neuen Erwerber C nicht bereits am Tag des Wirksamwerdens des Erlöschens der bisherigen Vereinbarung mit B abgeschlossen war.

Die Beförderung oder Versendung durch A in sein Lager gilt am Tag des Wegfalls der Voraussetzungen nach § 6b Abs. 1 UStG im September 01 als ein einer innergemeinschaftlichen Lieferung gleichgestelltes Verbringen nach § 6b Abs. 6 in Verbindung mit § 6a Abs. 2 und § 3 Abs. 1a Satz 1 UStG.

A unterliegt somit einer unverzüglichen Registrierungspflicht im Bestimmungsmitgliedstaat.

37.5.2.8 Bei Drittlandsware keine EUSt-Befreiung (Abschn. 6b.1 Abs. 12 UStAE)

Eine Kombination der Steuerbefreiung nach § 5 Abs. 1 Nr. 3 UStG (Einfuhr mit anschließender steuerfreier innergemeinschaftlicher Lieferung) mit einer Beförderung/ Versendung in ein Lager im Sinne des § 6b UStG ist nicht möglich, da es hier an einer unmittelbar ausgeführten innergemeinschaftlichen Lieferung fehlt.

> **Beratungskonsequenzen**
>
> Bei Lieferungen aus dem Drittland mit Anwendung der Vereinfachung nach § 6b UStG ist keine EUSt-Befreiung möglich. Der Einfuhr folgt in diesem Fall **nicht unmittelbar** eine innergemeinschaftliche Lieferung.

37.5.2.9 Zwölf-Monatsfrist

37.5.2.9.1 Fristbeginn (Abschn. 6b.1 Abs. 15 UStAE)

Die Vereinfachungsregelung nach § 6b UStG setzt eine Entnahme des Gegenstandes aus dem Lager im Sinne des § 6b UStG durch den berechtigten Erwerber binnen eines Zeitraums von 12 Monaten voraus (12-Monatsfrist nach § 6b Abs. 3 UStG).

Der Zeitraum von 12 Monaten beginnt am Tag nach Beendigung des Warentransportes im Bestimmungsmitgliedstaat (Einlagerung im Lager). Für die Berechnung der Frist gelten die Grundsätze der Artikel 2 und 3 der Verordnung (EWG, Euratom) Nr. 1182/71 vom 3. 6. 1971.

> **Beratungskonsequenzen**
>
> § 108 Abs. 1 AO findet insoweit keine Anwendung.

Der Unternehmer hat die Einhaltung der Frist durch Angabe des Tags der Einlagerung und des Tags der Entnahme (Lieferung im Sinne des § 6b Abs. 2 UStG) nachzuweisen. Der Inhalt und der Umfang der Aufzeichnungspflichten ergibt sich aus § 22 Abs. 4f UStG.

> **Beispiel 3**
>
> Der deutsche Zulieferer A befördert im Rahmen einer Lagerabrufvereinbarung mit Unternehmer B (berechtigter Erwerber) ab Januar 01 Motorenteile in ein Lager in Frankreich. Ein Warentransport beginnt am Donnerstag, 14.1.01, von Deutschland nach Frankreich und trifft am selben Tag am Lagerort in Frankreich ein. Die Motorenteile werden ebenfalls am 14.1.01 eingelagert.
>
> ➲ **Folge**
>
> Die 12-Monatsfrist beginnt nach Art. 3 Abs. 1 Unterabs. 2 der Verordnung (EWG, Euratom) Nr. 1182/71 vom 3.6.1971 am Freitag, den 15.1.01.
>
> Grundsätzlich würde diese nach Art. 3 Abs. 2 Buchst. c der Verordnung (EWG, Euratom) Nr. 1182/71 vom 3.6.1971 am Sonnabend, 15.1.02, enden.

Aufgrund Art. 2 Abs. 1 Unterabs. 2 der Verordnung (EWG, Euratom) Nr. 1182/71 vom 3.6.1971 endet diese am Montag, 17.1.02.
Die Rechtsfolge nach § 6b Abs. 3 UStG tritt somit am Tag nach Ablauf der 12-Monatsfrist am Dienstag, 18.1.02 ein (siehe Abschn. 6b.1 Abs. 17 UStAE).

37.5.2.9.2 Folge einer Fristüberschreitung (Abschn. 6b.1 Abs. 17 UStAE)

Wird die Lagerfrist nach § 6b Abs. 3 UStG überschritten und liegt keine der Voraussetzungen des § 6b Abs. 6 UStG vor, ist für die Waren am Tag nach Ablauf der 12-Monatsfrist ein einer innergemeinschaftlichen Lieferung **gleichgestelltes Verbringen** im Sinne des § 6a Abs. 2 in Verbindung mit § 3 Abs. 1a UStG anzunehmen (➲ oben, Checkliste 1).

Hieraus ergibt sich für den Unternehmer die **Pflicht zur unverzüglichen Registrierung** in dem Mitgliedstaat, in dem sich das Lager im Sinne des § 6b UStG befindet. Dies gilt auch dann, wenn das im Bestimmungsmitgliedstaat einem innergemeinschaftlichen Erwerb gleichgestellte Verbringen steuerbefreit wäre.

Gegebenenfalls besteht, in Abhängigkeit von den Bestimmungen in dem Mitgliedstaat, in dem sich das Lager im Sinne des § 6b UStG befindet, die Möglichkeit, einen **Fiskalvertreter** zu beauftragen.

Bemessungsgrundlage für das der innergemeinschaftlichen Lieferung und dem innergemeinschaftlichen Erwerb gleichgestellte Verbringen ist der Einkaufspreis zuzüglich der Nebenkosten für den Gegenstand oder mangels eines Einkaufspreises die Selbstkosten, jeweils zum Zeitpunkt des Umsatzes und ohne Umsatzsteuer (§ 10 Abs. 4 Satz 1 Nr. 1 UStG).

Beispiel 4

Sachverhalt wie in Beispiel 1, jedoch entnimmt Unternehmer C die Waren erst im April 02. Alle Ausführungen in Absatz 6 Beispiel 1 Sätze 1 bis 11 finden analog Anwendung. Jedoch wurde für die verbliebenen Motorenteile im Lager die 12-Monatsfrist überschritten (siehe § 6b Abs. 3 UStG), sodass am Tag nach Ablauf des Zeitraums von 12 Monaten die Beförderung oder Versendung durch A als das einer innergemeinschaftlichen Lieferung gleichgestellte Verbringen nach § 6b Abs. 3 UStG in Verbindung mit § 6a Abs. 2 und § 3 Abs. 1a Satz 1 UStG gilt.

➲ Folge

A muss sich spätestens im Zeitpunkt, in dem das Ereignis (am Tag nach Ablauf der 12-Monatsfrist) eintritt, unverzüglich im Bestimmungsmitgliedstaat für Mehrwertsteuerzwecke registrieren lassen und die Erteilung einer USt-IdNr. beantragen. Nur dann und bei Vorliegen der übrigen tatbestandlichen Voraussetzungen, etwa der Abgabe einer zutreffenden ZM, kann eine Steuerbefreiung im Sinne des § 4 Nr. 1b UStG für dieses innergemeinschaftliche Verbringen nach § 6b Abs. 3 in Verbindung mit § 6a Abs. 2 UStG vorliegen.

37.5.2.10 Gegenstandsbezogene Vereinfachung (Abschn. 6b.1 Abs. 19 UStAE)

Die Anwendung der Regelung ist gegenstandsbezogen. Ein Ausschluss der Vereinfachungsregelung für eine bestimmte Lieferung eines oder mehrerer Gegenstände führt daher **nicht** zur grundsätzlichen Versagung der Regelung für weitere Lieferungen von Gegenständen in ein Lager im Sinne des § 6b UStG.

37.5.2.11 Freigrenze für »kleine Verluste« (Abschn. 6b.1 Abs. 22 UStAE)

In den Fällen des § 6b Abs. 6 Satz 4 UStG, in denen der Gegenstand

- nach dem Ende der Beförderung oder Versendung in das Lager im Sinne des § 6b UStG und
- vor dem Zeitpunkt der Lieferung
- durch Zerstörung, Verlust oder Diebstahl

verloren geht, ist die Anwendung des § 6b Abs. 2 UStG grundsätzlich ausgeschlossen. Die Voraussetzungen nach § 6b Abs. 1 und 5 UStG gelten an dem Tag, an dem die Zerstörung, der Verlust oder der Diebstahl festgestellt wird, als nicht mehr erfüllt.

Gewöhnliche, branchenübliche, sich aus den Erfahrungen der letzten Lagerungsjahre ergebende Mengenverluste von Gegenständen, die aufgrund ihrer Beschaffenheit oder infolge unvorhersehbarer Umstände nach dem Ende der Beförderung oder Versendung und vor dem Zeitpunkt der Lieferung entstanden sind, gelten als sog. »kleine Verluste«, für die § 6b Abs. 6 Satz 4 UStG keine Anwendung findet.

Beratungskonsequenzen

Von »kleinen Verlusten« ist im Regelfall auszugehen, wenn diese wert- oder mengenmäßig **weniger als 5 % des Gesamtbestands (Freigrenze)** der identischen Gegenstände betragen, der an dem Tag der Zerstörung, des Verlustes oder des Diebstahls oder, falls ein solcher Tag nicht bestimmt werden kann, an dem Tag, an dem die Zerstörung oder das Fehlen der Gegenstände erkannt worden ist, festgestellt wurde.

Beispiel 5

Der deutsche Zulieferer A befördert im Rahmen einer Lagerabrufvereinbarung mit Unternehmer B (berechtigter Erwerber) ab Februar 01 5.000 Motorenteile in ein Lager im Sinne des § 6b UStG in Frankreich. Am 2.10.01 werden 6.000 Motorenteile bei einem Diebstahl entwendet und im Rahmen der Inventur stellt A im Dezember 01 fest, dass von den jährlich gelieferten 60.000 Motorenteilen 300 Stück durch Rost unbrauchbar geworden sind. Am Tag der Inventur befinden sich noch 10.000 Motorenteile im Lager. Aus den Unterlagen des A ist zu entnehmen, dass in den Jahren 00 und 01 bereits jährlich 300 bis 400 Motorenteile selbige Mängel durch Verrostung aufgewiesen haben.

➲ **Folge**
Im Februar 01 hat A die Beförderung der 5 000 Motorenteile aufzuzeichnen und in der ZM die verwendete USt-IdNr. des Unternehmers B anzugeben.
Für die 6.000 entwendeten Motorenteile tritt am 2.10.01 die Rechtsfolge nach § 6b Abs. 6 Satz 4 UStG ein und die Lieferung gilt als ein einer innergemeinschaftlichen Lieferung gleichgestelltes Verbringen nach § 6b Abs. 6 in Verbindung mit § 6a Abs. 2 und § 3 Abs. 1a Satz 1 UStG. A unterliegt für die 6.000 Motorenteile somit einer unverzüglichen Registrierungspflicht im Bestimmungsmitgliedstaat und muss die Erteilung einer USt-IdNr. beantragen.
Für den im Dezember 01 im Rahmen der Inventur festgestellten Verlust der 300 Motorenteile tritt aus Vereinfachungsgründen (weniger als 5 % des Gesamtbestandes der am Tag der Feststellung im Lager befindlichen identischen Gegenstände) die Rechtsfolge des § 6b Abs. 6 UStG nicht ein. A unterläge nur für die 300 Motorenteile nicht einer Registrierungspflicht im Bestimmungsmitgliedstaat.
A ist bereits durch den Diebstahl im Bestimmungsland zur Registrierung verpflichtet, eine Meldung für den »kleinen« Verlust der 300 Motorenteile muss nicht erfolgen.

37.5.2.12 Folgen des Brexit (Abschn. 6b.1 Abs. 24 UStAE)

Das Vereinigte Königreich Großbritannien und Nordirland ist mit Ablauf des 31.12.2020 Drittlandsgebiet. Allerdings wird Nordirland für die Umsatzbesteuerung des Warenverkehrs auch nach dem 31.12. 2020 als zum Gemeinschaftsgebiet gehörig behandelt. Für Konsignationsgeschäfte führt dies zu diversen Sonderregeln.

37.5.3 Inkrafttreten

Die Grundsätze des Schreibens vom 10.12.2021 sind auf alle Umsätze, die die Lieferung von Gegenständen in ein Lager im Sinne des § 6b UStG betreffen, anzuwenden, für die der Transport durch Beförderung oder Versendung am oder nach dem 1.1.2020 begonnen hat.

Beratungskonsequenzen
Das BMF-Schreiben soll daher auch **rückwirkend gelten.**

Für alle vor dem 1.1.2020 im Abgangsmitgliedstaat begonnenen, aber nach dem 31.12.2019 im Bestimmungsmitgliedstaat endenden Lieferungen ist die Vereinfachungsregelung nicht anzuwenden.

37.5.4 Erklärungspflichten

Zum Verfahren zur Abgabe der Zusammenfassenden Meldungen nach § 18a UStG für Lieferungen im Rahmen der Konsignationslagerregelung nach § 6b UStG vgl.

- BMF, Schreiben vom 28.1.2020, III C 5 – S 7427-b/19/10001 :002, 2020/0077618
- BZSt, Ausfüllanleitung, Stand: 1/2022[260] ➲ mybookplus.de > Wichtiges aus anderen Behörden

37.5.5 Erläuterungen der EU-Kommission

Letztlich hinzuweisen ist auf die »Erläuterungen der EU-Kommission zu den Änderungen der EU-Mehrwertsteuervorschriften in Bezug auf Konsignationslagerregelungen, Reihengeschäfte und die Steuerbefreiung für innergemeinschaftliche Lieferungen von Gegenständen«.

37.6 Abgabe einer Meldung an das BZSt

Unternehmer, die Beförderungen oder Versendungen i. S. d. § 6b Abs. 1 UStG (Konsignationslagerregelung) ausgeführt haben, sind verpflichtet, hierüber eine Meldung an das BZSt **nach folgendem Muster** abzugeben:

260 Beim BZSt abgefragt am 14.12.2023.

Umsatzsteuer-Identifikationsnummer (USt-IdNr.)

01 | D | E | 1 | 2 | 3 | 4 | 5 | 6 | 7 | 8 | 9

Bitte 9 Ziffern eintragen

Bundeszentralamt für Steuern
- Dienstsitz Saarlouis -

66738 Saarlouis

Meldung über Beförderungen oder Versendungen im Sinne des § 6b Abs. 1 Nr. 4 UStG (Konsignationslagerregelung)

Ausfüllmuster

Meldezeitraum

02 **Februar** **2020**

Angaben zum Unternehmen
Name
Mustermann
Art des Unternehmens

Strasse | Hausnummer
Musterstr. | 1
Postleitzahl | Ort
11111 | Musterstadt
Telefon (Angabe freiwillig)

E-Mail-Adresse
max.mustermann@muster.d

03 ☐ **Berichtigung**
(falls ja, bitte anklicken)

Sachverhalt siehe Folgeseite!

☐ Ich versichere, die Angaben in dieser Meldung wahrheitsgemäß nach bestem Wissen und Gewissen gemacht zu haben.

Bei der Anfertigung dieser Meldung hat mitgewirkt:

Name

Funktion der/des Mitwirkenden (Steuerberater*in etc.)

Strasse | Hausnr.

Postleitzahl | Ort

Telefon

E-Mail-Adresse

Datenschutzhinweis:
Die mit der Meldung angeforderten Daten werden aufgrund der §§ 149 ff. Abgabenordnung (AO) und § 18a UStG erhoben. Informationen über die Verarbeitung personenbezogener Daten in der Finanzverwaltung und über Ihre Rechte nach der Datenschutz-Grundverordnung sowie über Ihre Ansprechpartner in Datenschutzfragen entnehmen Sie bitte dem allgemeinen Informationsschreiben der Finanzverwaltung. Dieses Informationsschreiben finden Sie unter https://www.bzst.de/Datenschutzinfo.

USt Meldung 01/2022 7

Formular: USt Meldung 01/2022

Umsatzsteuer-Identifikationsnummer (USt-IdNr.)

01 D E 1 2 3 4 5 6 7 8 9

Meldezeitraum

02 **Februar** **2020**

03 ☐ **Berichtigung**

Ausfüllmuster

Zeile	Länderkennzeichen	USt-IdNr. des vorgesehenen Erwerbers	2 Tatbestand	3 Länderkennzeichen	USt-IdNr. des ursprünglich vorgesehenen Erwerbers
1	AT	U 8 7 6 5 4 3 2 1	1		
2	FR	9 8 7 6 5 4 3 2 1 0 9	1		
3	AT	U 8 7 6 5 4 3 2 1	3	AT	U 7 7 7 5 5 5 1 1
4	DK	1 1 1 1 1 1 1 1	2		
5					
6					
7					
8					
9					
10					
11					
12					
13					
14					
15					
16					
17					
18					
19					
20					
21					
22					
23					
24					
25					

Sachverhalt zum Muster:

Die Firma Mustermann in Musterstadt mit der USt-IdNr. DE123456789 hat im Februar 2020 folgende Beförderungen oder Versendungen i.S.d. § 6b Abs. 1 UStG (Konsignationslagerregelung) ausgeführt:

1. Zwei Beförderungen von Gegenständen, bei denen der österreichische Unternehmer mit der USt-IdNr. ATU87654321 als Erwerber vorgesehen ist.
2. Drei Beförderungen von Gegenständen, bei denen der französische Unternehmer mit der französischen USt-IdNr. FR98765432109 als Erwerber vorgesehen ist.
3. Außerdem hat ein Erwerberwechsel stattgefunden: Für einen Teil der Gegenstände, die für den österreichischen Unternehmer mit der USt-IdNr. ATU77755511 vorgesehen waren, ist nun der österreichische Unternehmer mit der USt-IdNr. ATU87654321 als Erwerber vorgesehen.
4. Des Weiteren fand noch eine Rückbeförderung statt: die im Januar 2020 in das Konsignationslager gebrachten Gegenstände, für die der dänische Unternehmer mit der USt-IdNr. DK11111111 als Erwerber vorgesehen war, wurden nach Deutschland zurückgebracht.

Fa. Mustermann muss die Meldung wie dargestellt ausfüllen.

USt Meldung 01/2022 8

Formular: USt Meldung 01/2022

Weitere Einzelheiten ergeben sich aus der Ausfüllanleitung des BZSt (Stand: 1/2022 ➲ mybookplus.de > Wichtiges aus anderen Behörden.

38 EU-Lieferungen in ein deutsches Warenlager bei feststehenden Abnahmeverpflichtungen

BMF folgt der neueren BFH-Rechtsprechung

§ **Rechtsgrundlagen**

- BMF, Schreiben vom 10.10.2017, III C 3 – S 7103-a/15/10001, 2017/0854904, Grenzüberschreitende Warenlieferungen in ein inländisches sog. Konsignationslager; BFH-Urteile vom 20.10.2016, V R 31/15, und vom 16.11.2016, V R 1/16, BStBl. I 2017, 1442 (weiter gültig lt. BMF v. 10.3.2023, Anlage 1, Nr. 1493; zur zweifelhaften Bedeutung dieses Schreibens ➲ Kapitel 1.6).
- BMF, Schreiben vom 31.10.2018, III C 3 – S 7103-a/15/10001, 2018/0894236, Grenzüberschreitende Warenlieferungen in ein inländisches sog. Konsignationslager; BFH-Urteile vom 20.10.2016, V R 31/15, und vom 16.11.2016, V R 1/16, BStBl. I 2018, 1203 (weiter gültig lt. BMF v. 18.3.2021, Anlage 1, Nr. 1400; zur zweifelhaften Bedeutung dieses Schreibens ➲ Kapitel 1.6).

Das EU-Umsatzsteuerrecht beurteilt Lieferungen aus Auslieferungs- und Konsignationslagern nach den allgemeinen Lieferregeln. Sonderbestimmungen dazu gibt es (derzeit noch) nicht. Bei Anwendung der allgemeinen Regeln kamen die deutsche Rechtsprechung und Finanzverwaltung lange Zeit zum gleichen Ergebnis. Das änderte sich erst im Jahr 2015. Einzelne Finanzgerichte verließen den »Mainstream«[261] und wurden in ihrer Rechtsauffassung vom Bundesfinanzhof bestätigt[262]. Das BMF hat die neue Rechtsauffassung nunmehr übernommen[263] – die zeitweiligen Differenzen scheinen damit ausgeräumt!

38.1 Typische Fallgestaltung

Die BFH-Urteile ergingen allesamt zu einer Fallgestaltung wie dieser:

Beispiel

Der griechische Feinkostproduzent G liefert seine Ware zur Verfügung seines deutschen Kunden (D) in ein Konsignationslager in Deutschland.

38.2 Bisherige deutsche Rechtsauffassung

Für grenzüberschreitende Lagergeschäfte gibt es weder im UStG noch im Unionsrecht besondere Vorgaben. Zur Anwendung kommen daher die allgemeinen Vorschriften. Dabei sind zwei Grundfälle zu differenzieren:

261 Vgl. *Weimann*, Umsatzsteuer in der Praxis, 15. Auflage 2017, Kapitel 33a sowie *Weimann*, PIStB 2016, 262.

262 BFH, Urteile vom 20.10.2016, V R 31/15 und vom 16.11.2016, V R 1/16.

263 BMF, Schreiben vom 10.10.2017, a. a. O.; ➲ mybookplus.de > Wichtiges aus dem BMF.

- **Allgemeines Lager/Konsignationslager:** Bei diesem Typus handelt es sich um ein Lager, aus welchem **üblicherweise mehrere Abnehmer** beliefert werden, wobei die Entscheidung darüber, welche Ware an welchen Kunden geliefert/verkauft wird, noch nicht abschließend getroffen wurde.
- **Call-Off Stock:** Bei diesem Typus handelt es sich um ein Lager, welches **exklusiv für einen Kunden eingerichtet** wird. Der Kunde entnimmt die Ware entsprechend seinem Bedarf.

Die deutsche Finanzverwaltung differenziert die oben genannten Lagertypen nicht[264]. Wurde daher die Ware aus einem anderen EU-Mitgliedstaat nach Deutschland in das Lager verbracht, musste sich der Unternehmer **ausnahmslos immer** in Deutschland für umsatzsteuerliche Zwecke registrieren lassen, um den innergemeinschaftlichen Erwerb aufgrund des Verbringens erklären zu können. Die anschließende Entnahme aus dem Lager behandelte die Verwaltung als steuerbare und steuerpflichtige Inlandslieferung[265].

Der Beispielsfall ...

... beurteilt sich aus deutscher Sicht – ausnahmslos immer, s. o. – wie folgt:

	G	
innergemeinschaftliche Lieferung	↓	
(... des Verbringens)		Griechenland
innergemeinschaftliche Erwerb		Deutschland
(... des Verbringens)	↑	
	G	
	(registriert in Deutschland)	
Lieferung (in Deutschland)	↓	
	D	

- Die Lagerbeschickung führt bei G in Griechenland nach dortigem Recht zu einem (steuerfreien) Verbringen.
- Die Lagerbeschickung führte bei G in Deutschland zu einem innergemeinschaftlichen Erwerb, vgl. § 1a Abs. 2 UStG.
- G musste sich in Deutschland steuerlich registrieren lassen.
- G musste eventuelle Lagerentnahmen durch D in Deutschland versteuern und **der deutschen Umsatzsteuer unterwerfen**! Rechnungen des Lagerhalters mussten m.a.W. immer die Umsatzsteuer des Landes (hier: Deutschland) ausweisen, in dem sich das Lager befindet.

264 Vgl. Abschn. 3.12. Abs. 3 Satz 7 UStAE.

265 Vgl. PIStB 2016, 130.

38.3 Neue Rechtsprechung des BFH zu Lieferungen aus der EU

Lieferungen in ein deutsches Warenlager

Der BFH differenziert nunmehr danach, ob bei einer Lageraufstockung zu **Beginn der Versendung** der Abnehmer

- bereits feststeht oder
- noch nicht feststeht.

> **Beratungskonsequenzen**
> Maßgebend ist der Transportbeginn – bildlich gesprochen also der Zeitpunkt, in dem die **Ware zum ersten Mal mit Zielrichtung auf den Kunden »angefasst« wird**.

38.3.1 Lieferung an einen bereits feststehenden Abnehmer

Der BFH hat darauf erkannt, dass Lieferungen aus dem übrigen Gemeinschaftsgebiet an einen inländischen Abnehmer auch dann als Versendungslieferungen i. S. v. § 3 Abs. 6 Satz 1 UStG zu beurteilen sind, wenn der Liefergegenstand nach dem Beginn der Versendung **für kurze Zeit in einem Auslieferungslager zwischengelagert** wird.

Voraussetzung ist aber, dass der Abnehmer bereits **bei Beginn der Versendung** feststeht[266]. In diesem Fall[267]

- wird die Lieferung grundsätzlich bereits bei Beginn der Versendung im übrigen Gemeinschaftsgebiet ausgeführt und
- unterliegt beim inländischen Abnehmer ggf. der Erwerbsbesteuerung nach § 1a UStG.

38.3.2 Lieferung an einen noch nicht feststehenden Abnehmer

Mit einem zweiten Urteil hat der BFH die vorgenannte Rechtsprechung bestätigt, wenngleich sich **im entschiedenen Fall der Ort der streitigen Lieferungen am Ort des Konsignationslagers** im Inland befand, weil bei Versendung der Waren aus dem übrigen Gemeinschaftsgebiet der inländische Abnehmer noch nicht feststand.

Die **Einlagerung der Ware** in das Konsignationslager stellt bei diesem Sachverhalt ein innergemeinschaftliches Verbringen durch den liefernden Unternehmer dar, in dessen Folge der Unternehmer im Inland einen innergemeinschaftlichen Erwerb nach § 1a Abs. 2 UStG bewirkt.

---

266 Vgl. Vorauflage (15. Auflage), Kapitel 33a sowie *Weimann*, PIStB 2016, 262.

267 BFH, Urteil vom 20.10. 2016, V R 31/15, BStBl. I 2017, 1076.

Daneben erbringt der Unternehmer eine im Inland steuerbare und steuerpflichtige Lieferung an den Abnehmer, sobald die **Ware dem Lager entnommen** wird. Der im übrigen Gemeinschaftsgebiet ansässige liefernde Unternehmer muss sich in Deutschland umsatzsteuerlich registrieren lassen[268].

38.4 Übernahme der neuen Rechtsauffassung durch die Finanzverwaltung

Das BMF folgt dem BFH und ändert dazu den UStAE an den entscheidenden Schnittstellen (Änderungen wie vom BMF sind durch **Fett**druck hervorgehoben[269]):

> § **Rechtsgrundlagen**
>
> **Abschn. 1a.2 Abs. 6 UStAE n. F.**
>
> »[1]Eine nicht nur vorübergehende Verwendung liegt auch dann vor, wenn der Unternehmer den Gegenstand mit der konkreten Absicht in den Bestimmungsmitgliedstaat verbringt, ihn dort (unverändert) **an einen noch nicht feststehenden Abnehmer** weiterzuliefern. [2]In den vorgenannten Fällen ist es nicht erforderlich, dass der Unternehmensteil im Bestimmungsmitgliedstaat die abgabenrechtlichen Voraussetzungen einer Betriebsstätte (vgl. Abschnitt 3a.1 Abs. 3) erfüllt. [3]Verbringt der Unternehmer Gegenstände zum Zweck des Verkaufs außerhalb einer Betriebsstätte in den Bestimmungsmitgliedstaat und gelangen die nicht verkauften Waren unmittelbar anschließend wieder in den Ausgangsmitgliedstaat zurück, kann das innergemeinschaftliche Verbringen aus Vereinfachungsgründen auf die tatsächlich verkaufte Warenmenge beschränkt werden.
>
> Beispiel:
> [1]Der niederländische Blumenhändler N befördert im eigenen LKW Blumen nach Köln, um sie dort auf dem Wochenmarkt zu verkaufen. [2]Die nicht verkauften Blumen nimmt er am selben Tag wieder mit zurück in die Niederlande.
> [3]N bewirkt in Bezug auf die verkauften Blumen einen innergemeinschaftlichen Erwerb nach § 1a Abs. 2 UStG in Deutschland. [4]Er hat den Verkauf der Blumen als Inlandslieferung zu versteuern. [5]Das Verbringen der nicht verkauften Blumen ins Inland muss nicht als innergemeinschaftlicher Erwerb im Sinne des § 1a Abs. 2 UStG, das Zurückverbringen der nicht verkauften Blumen nicht als innergemeinschaftliche Lieferung im Sinne des § 3 Abs. 1a in Verbindung mit § 6a Abs. 2 UStG behandelt werden.
> **[4]Steht der Abnehmer bei der im übrigen Gemeinschaftsgebiet beginnenden Beförderung oder Versendung bereits fest, liegt kein innergemeinschaftliches Verbringen, sondern eine Beförderungs- oder Versendungslieferung vor, die grundsätzlich mit Beginn der Beförderung oder Versendung im übrigen Gemein-**

268 BFH, Urteil vom 16.11.2016, V R 1/16, BStBl. I 2017, 1079.

269 Vgl. BMF, Schreiben vom 10.10.2017, a. a. O.; ➲ mybookplus.de > Wichtiges aus dem BMF.

schaftsgebiet als ausgeführt gilt (§ 3 Abs. 6 Satz 1 UStG). [5]Hiervon ist auszugehen, wenn der Abnehmer die Ware bei Beginn der Beförderung oder Versendung bereits verbindlich bestellt oder bezahlt hat (vgl. BFH-Urteil vom 16.11.2016, V R 1/16, BStBl. 2017 II S. XXX). [6]In diesem Fall steht es der Annahme einer Beförderungs- oder Versendungslieferung nicht entgegen, wenn

- **die Ware von dem mit der Versendung Beauftragten zunächst in ein inländisches Lager des Lieferanten gebracht und erst nach Eingang der Zahlung durch eine Freigabeerklärung des Lieferanten an den Abnehmer (»shipment on hold«) herausgegeben wird (vgl. BFH-Urteil vom 30.7.2008, XI R 67/07, BStBl. 2009 II S. 552), oder**
- **[1]die Ware kurzzeitig (für einige Tage oder Wochen) in einem auf Initiative des Abnehmers eingerichteten Auslieferungs- oder Konsignationslager im Inland zwischengelagert wird und der Abnehmer vertraglich ein uneingeschränktes Zugriffsrecht auf die Ware hat (vgl. BFH-Urteil vom 20.10.2016, V R 31/15, BStBl. 2017 II S. XXX). [2]Es liegt dann nur eine kurze Unterbrechung, aber kein Abbruch der begonnenen Beförderung oder Versendung vor.**

[7]Ein im Zeitpunkt des Beginns der Beförderung oder Versendung nur wahrscheinlicher Abnehmer ohne tatsächliche Abnahmeverpflichtung ist nicht einem zu diesem Zeitpunkt bereits feststehenden Abnehmer gleichzustellen (vgl. BFH-Urteil vom 20.10.2016, V R 31/15, BStBl. 2017 II S. XXX). [8]In derartigen Fällen stellt die Einlagerung von Ware aus dem übrigen Gemeinschaftsgebiet in ein inländisches Auslieferungs- oder Konsignationslager ein innergemeinschaftliches Verbringen durch den liefernden Unternehmer im Sinne des § 1a Abs. 2 UStG dar. [9]Die Lieferung an den Abnehmer findet in derartigen Fällen erst mit der Entnahme der Ware aus dem Lager statt und ist folglich im Inland steuerbar.«

§ **Rechtsgrundlagen**

Abschn. 3.12 UStAE n. F.

...

(3) [1]Eine Versendungslieferung im Sinne des § 3 Abs. 6 Satz 1 UStG setzt voraus, dass der Gegenstand an den Abnehmer oder in dessen Auftrag an einen Dritten versendet wird, d. h. die Beförderung durch einen selbständigen Beauftragten ausgeführt oder besorgt wird. [2]Die Versendung beginnt mit der Übergabe des Gegenstands an den Beauftragten. [3]Der Lieferer muss bei der Übergabe des Gegenstands an den Beauftragten alles Erforderliche getan haben, um den Gegenstand an den bereits feststehenden Abnehmer, der sich grundsätzlich aus den Versendungsunterlagen ergibt, gelangen zu lassen. [4]Von einem feststehenden Abnehmer ist auszugehen, wenn er zwar dem mit der Versendung Beauftragten im Zeitpunkt der Übergabe des Gegenstands nicht bekannt ist, aber mit hinreichender Sicherheit leicht und einwandfrei aus den unstreitigen Umständen, insbesondere aus Unterlagen abgeleitet werden kann (vgl. BFH-Urteil vom 30. 7. 2008, XI R 67/07, BStBl. 2009 II S. 552). [5]**Gleiches gilt, wenn der Abnehmer den Liefergegenstand bei Beginn der Versendung bereits verbindlich bestellt oder bezahlt hat (vgl. BFH-Urteil vom**

16.11.2016, V R 1/16, BStBl. 2017 II S. 1079); eine nur wahrscheinliche Begründung einer Abnehmerstellung ohne tatsächliche Abnahmeverpflichtung reicht nicht aus (vgl. BFH-Urteil vom 20.10.2016, V R 31/15, BStBl. 2017 II S. 1076). [6]Dem **Tatbestand, dass der Abnehmer feststeht,** steht nicht entgegen, dass der Gegenstand von dem mit der Versendung Beauftragten zunächst in ein inländisches Lager des Lieferanten gebracht und erst nach Eingang der Zahlung durch eine Freigabeerklärung des Lieferanten an den Abnehmer herausgegeben wird (vgl. BFH-Urteil vom 30.7.2008, XI R 67/07, a. a. O.). [7]Entscheidend ist, dass der Lieferant im Zeitpunkt der Übergabe des Gegenstands an den Beauftragten die Verfügungsmacht dem zu diesem Zeitpunkt feststehenden Abnehmer verschaffen will. **[8]Unter der Bedingung, dass der Abnehmer bereits bei Beginn der Versendung feststeht, kann eine Versendungslieferung auch dann vorliegen, wenn der Liefergegenstand nach dem Beginn der Versendung für kurze Zeit in einem Auslieferungs- oder Konsignationslager gelagert wird (vgl. BFH-Urteile vom 20.10.2016, V R 31/15, a. a. O., und vom 16.11.2016, V R 1/16, a. a. O.; vgl. auch Abschnitt 1a.2 Abs. 6 Sätze 4 bis 9).**

...

(7) [1]§ 3 Abs. 6 und 7 UStG regeln den Lieferort und damit zugleich auch den Zeitpunkt der Lieferung (vgl. BFH-Urteil vom 6.12.2007, V R 24/05, BStBl. 2009 II S. 490, Abschnitt 13.1 Abs. 2 und 6); **dies gilt hinsichtlich der Verschaffung der Verfügungsmacht auch in den Fällen einer Beförderungs- oder Versendungslieferung nach § 3 Abs. 6 Satz 1 UStG, in denen der Liefergegenstand nach dem Beginn der Beförderung oder Versendung für kurze Zeit in einem Auslieferungs- oder Konsignationslager gelagert wird.** [2]Die Anwendbarkeit ...

38.5 Inkrafttreten

Die Grundsätze des neuen BMF-Schreibens sind **in allen offenen Fällen** anzuwenden.

Für **vor dem 1.1.2020 ausgeführte**

- Lieferungen und
- innergemeinschaftliche Erwerbe

lässt es die Finanzverwaltung auch für Zwecke des Vorsteuerabzugs des Leistungsempfängers unbeanstandet, wenn der leistende Unternehmer weiterhin nach Abschn. 1a.2 Abs. 6 und Abschn. 3.12 Abs. 3 UStAE in der bisherigen Fassung verfährt[270].

270 BMF, Schreiben vom 31.10.2018, a. a. O.

38.6 Anwendungsbereich

Welche Lagergeschäfte des Mandanten sind betroffen – und welche nicht?

38.6.1 Ausgangsumsätze

Die neue Rechtsauffassung gilt

- ausschließlich für Lieferungen aus der EU in ein deutsches Warenlager und
- **nicht** für Lieferungen aus Deutschland in ein EU-Warenlager

(siehe unten, ➲ Kapitel 38.7).

> **Beratungskonsequenzen**
> Lagergeschäfte des deutschen Mandanten im EU-Ausland führen damit unverändert weiter zu den altbekannten Problemen (➲ Kapitel 37).

38.6.2 Eingangsumsätze

Entnimmt der deutsche Mandant Ware aus Konsignationslagern ausländischer Lieferanten, ist Vorsicht geboten!

Die bisher zutreffende Bruttorechnung führt unter den Voraussetzungen des BFH-Urteils vom 20.10.2016 (➲ Kapitel 38.4) zu einem überhöhten Steuerausweis und berechtigt damit nicht zum Vorsteuerabzug[271].

38.7 Fazit

Die neue Rechtsprechung wirkt sich für den deutschen Unternehmer (Mandanten) **vor allem einkaufsseitig** aus, wenn nämlich Teile **(ausländischer) Zulieferer aus Lagern in Deutschland** entnommen werden.

Entnimmt der Mandant Teile aus einem derartigen Lager, sind die entsprechenden (Alt-)Verträge **zeitnah** (➲ Kapitel 38.5) **zu überprüfen und ggf. umzustellen.**

> **Beratungskonsequenzen**
> Letzteres wird nicht einfach sein, da **dem ausländischen Zulieferer hierzu die neue deutsche Rechtslage erklärt** werden muss.
> Das **überzeugende Argument** wird sicher sein, dass der Zulieferer zukünftig auf eine Registrierung in Deutschland verzichten kann und damit Kosten einspart.

271 § 14c Abs. 1 UStG, Abschn. 15.2 Abs. 1 Satz 2 UStAE.

39 Umsatzsteuerlager und Lieferungen vor Einfuhr

Warengeschäfte mit Ausländern vorteilhaft gestalten!

Hinweis

➲ mybookplus.de > Vertiefende Informationen > Kapitel 39

40 Ort der Lieferung beim Fernverkauf seit 1.7.2021

Hinweis

➲ mybookplus.de > Vertiefende Informationen > Kapitel 40

41 Haftung für Umsatzsteuer beim Handel mit Waren im Internet

Hinweis

➲ mybookplus.de > Vertiefende Informationen > Kapitel 41

42 Verwertung von Sicherungsgut

Hinweis

➲ mybookplus.de > Vertiefende Informationen > Kapitel 42

43 Sonderfragen des Anlagenbaus

Hinweis

➲ mybookplus.de > Vertiefende Informationen > Kapitel 43

44 Differenzbesteuerung

Besonderheiten des Gebrauchtwagenhandels

Rechtsgrundlagen

- UStG: § 25a
- UStDV: keine Anweisung
- UStAE: Abschn. 25a.1
- MwStSystRL: Art. 311–341
- OFD Frankfurt/Main, Vfg. v. 15.3.2016, S 7421 A - 5 - St 111, Verwertung sicherungsübereigneter Gegenstände unter Anwendung der Differenzbesteuerung nach § 25a UStG
- BMF, Schreiben vom 17.7.2019, III C 2 – S 7421/19/10003 :001, 2019/0549684, Identität des erworbenen und veräußerten Gegenstands; Anwendung des EuGH-Urteils vom 18.1.2017 (»Sjelle Autogenbrug«) – Rs. C-471/15 – und des BFH-Urteils vom 23.2.2017 – V R 37/15 (weiter gültig lt. BMF v. 10.3.2023, Anlage 1, Nr. 1941; zur zweifelhaften Bedeutung dieses Schreibens ➲ Kapitel 1.6).
- BMF, Schreiben vom 28.8.2020, III C 2 – S 7203/19/10001 :001, 2020/0827982, Behandlung von verdeckten Preisnachlässen im Zusammenhang mit sog. Streckengeschäften im Gebrauchtwagenhandel (weiter gültig lt. BMF v. 10.3.2023, Anlage 1, Nr. 1745; zur zweifelhaften Bedeutung dieses Schreibens ➲ Kapitel 1.6).

Hinweis

Dieses Kapitel **fokussiert den für die Praxis wichtigen Handel mit Gebrauchtfahrzeugen.**

Andere Sparten (insbes. der Handel mit Kunstgegenständen, Sammlungsstücken und Antiquitäten) werden allenfalls am Rande gestreift.

44.1 Sachlicher Anwendungsbereich: Gebrauchtgegenstände

44.1.1 Nur körperliche Gegenstände

§ 25a UStG enthält eine **Sonderregelung für die Besteuerung der Lieferungen** nach § 1 Abs. 1 Nr. 1 UStG von

- **beweglichen körperlichen Gegenständen**

  Beratungskonsequenzen

  ... also auch **Kfz!**

- einschließlich Kunstgegenständen, Sammlungsstücken und Antiquitäten,

- ausgenommen Edelsteine und Edelmetalle (§ 25a Abs. 1 Nr. 3 UStG)[272]
- sofern für diese Gegenstände **kein Recht zum Vorsteuerabzug** bestand.

Sie werden nachfolgend als »**Gebrauchtgegenstände**« bezeichnet, weil sie nach der Verkehrsauffassung bereits »gebraucht« sind.

44.1.2 Verkauf von Ersatzteilen aus Altfahrzeugen sowie von Fahrzeugen zum Ausschlachten

Der EuGH hat bereits im Jahr 2017 in einem Verfahren zum dänischen Umsatzsteuerrecht darauf erkannt, dass ein Verwerter aus von Privat angekauften Alt- und Schrottfahrzeugen ausgebaute Gebrauchtteile differenzbesteuert verkaufen darf. In einem aktuellen Urteil zum belgischen Umsatzsteuerrecht bleibt der EuGH auf der Linie dieser Rechtsprechung. Danach können endgültig stillgelegte Kraftfahrzeuge als Gebrauchtgegenstände differenzbesteuert zum Ausschlachten weitverkauft werden[273].

44.1.2.1 Hintergrund

Art. 311 ff. MwStSystRL sehen eine Sonderregelung unter anderem für Gebrauchtgegenstände vor. Letztere definiert Art. 311 Abs. 1 Nr. 1 MwStSystRL wie folgt:

»Gebrauchtgegenstände« sind bewegliche körperliche Gegenstände, die keine Kunstgegenstände, Sammlungsstücke oder Antiquitäten und keine Edelmetalle oder Edelsteine im Sinne der Definition der Mitgliedstaaten sind und die in ihrem derzeitigen Zustand oder nach Instandsetzung erneut verwendbar sind.

In Deutschland setzt § 25a UStG die Sonderregelung um. Ziel der Regelung ist nach dem 51. Erwägungsgrund der MwStSystRL u. a. das **Vermeiden von Doppelbesteuerungen**. Dazu ausführlich die Begründungen der Besprechungsurteile.

44.1.2.2 Verkauf von aus dem Altfahrzeug generierten Ersatzteilen

> **Beispiel 1**
>
> Autohaus A nimmt von einem Privatkunden einen Citroën SM in Zahlung. Das fünfzig Jahre alte Fahrzeug ist nicht mehr fahrbereit und ein wirtschaftlicher Totalschaden. Da Ersatzteile für diesen Fahrzeugtyp rar sind, schlachtet A das Fahrzeug aus und verkauft die Ersatzteile an den privaten Autoliebhaber und -sammler P.

Der EuGH hält die Differenzbesteuerung für anwendbar[274]. Nach dem Wortlaut von Art. 311 Abs. 1 Nr. 1 MwStSystRL sind »Gebrauchtgegenstände«

- bewegliche körperliche Gegenstände, die
- in ihrem derzeitigen Zustand oder

---

272 Zu den Begriffen »Edelsteine« und »Edelmetalle« Hinweis auf Abschn. 25a.1 Abs. 1 Sätze 4 ff. UStAE.

273 *Weimann*, GStB 2024, 61; vgl. auch *Weimann*, ASR 12/2023, 6.

274 EuGH, Urteil vom 18.1.2017, Rs. C-471/15, Sjelle Autogenbrug.

- nach Instandsetzung
- erneut verwendbar sind.

Aus dieser Bestimmung folgt nicht, dass der dort verwendete Begriff »Gebrauchtgegenstände« bewegliche körperliche Gegenstände, die in ihrem derzeitigen Zustand oder nach Instandsetzung erneut verwendbar sind, ausschließt, wenn sie von einem anderen Gegenstand stammen, dessen Bestandteile sie waren. Dass ein gebrauchter Gegenstand, der Bestandteil eines anderen Gegenstands ist, von diesem getrennt wird, stellt nämlich die Einstufung des entnommenen Gegenstands als »Gebrauchtgegenstand« nicht in Frage, sofern er »in seinem derzeitigen Zustand oder nach Instandsetzung« erneut verwendbar ist.

44.1.2.2.1 Die Gegenstände haben ihre Funktion beibehalten

Für die Einordnung als »Gebrauchtgegenstand« ist demnach nur erforderlich, dass dem gebrauchten Gegenstand unverändert die Funktionen zukommen, die er im Neuzustand hatte, und dass er daher in seinem derzeitigen Zustand oder nach Instandsetzung erneut verwendbar ist.

Dies ist bei den streitbefangenen Autoteilen der Fall, weil ihnen, auch wenn sie vom Altfahrzeug getrennt werden, unverändert die Funktionen zukommen, die sie im Neuzustand hatten, und sie somit **zu denselben Zwecken erneut verwendbar** sind.

44.1.2.2.2 Die Gegenstände haben ihre Identität beibehalten

Das Vorbringen der dänischen Regierung, die Einordnung als »Gebrauchtgegenstand« setze eine Identität zwischen dem angekauften und dem verkauften Gegenstand voraus, was beim Ankauf eines vollständigen Kraftfahrzeugs und dem Wiederverkauf von Teilen, die aus diesem Fahrzeug entnommen wurden, nicht der Fall sei, ist nicht geeignet, eine solche Auslegung in Frage zu stellen. Denn ein Kraftfahrzeug besteht aus einzelnen Teilen, die zusammengefügt wurden und daher auch wieder voneinander getrennt und in ihrem derzeitigen Zustand oder nach Instandsetzung wiederverkauft werden können.

44.1.2.2.3 Vermeidung einer Doppelbesteuerung

Die Nichtanwendung dieser Regelung auf Ersatzteile, die aus von Privatpersonen angekauften Altfahrzeugen entnommen wurden, liefe dem Ziel der Sonderregelung der Differenzbesteuerung zuwider, das nach dem **51. Erwägungsgrund der MwStSystRL** u. a. darin besteht, auf dem Gebiet der Gebrauchtgegenstände Doppelbesteuerungen zwischen Steuerpflichtigen zu vermeiden.

Würden Lieferungen solcher Ersatzteile durch einen steuerpflichtigen Wiederverkäufer mit Mehrwertsteuer belegt, hätte dies nämlich eine Doppelbesteuerung zur Folge, weil

- zum einen im Verkaufspreis dieser Teile schon zwangsläufig die **beim Kauf des Fahrzeugs entrichtete Mehrwertsteuer** berücksichtig wurde, und
- zum anderen, weil dieser Betrag **weder** von dieser Person **noch** vom steuerpflichtigen Wiederverkäufer **abgezogen werden** konnte.

44.1.2.2.4 Ermittlung der Differenz

Die dänische und die griechische Regierung weisen auf Schwierigkeiten hin, die sich bei der Bestimmung der Steuerbemessungsgrundlage der Differenz (Handelsspanne) und insbesondere des Einkaufspreises der einzelnen Ersatzteile nach Art. 315 MwStSystRL ergeben könnten.

Etwaige praktische Schwierigkeiten im Zusammenhang mit der Anwendung der Differenzbesteuerung können es nach Auffassung des EuGH jedoch **nicht rechtfertigen**, bestimmte Gruppen steuerpflichtiger Wiederverkäufer von dieser Regelung auszunehmen, weil weder Art. 313 noch irgendeine andere Bestimmung der MwStSystRL die Möglichkeit eines solchen Ausschlusses vorsieht.

44.1.2.2.5 Hinweis des EuGH auf Aufzeichnungspflichten und die Möglichkeit einer Gesamtdifferenz

Außerdem muss sich die Steuerbemessungsgrundlage, die nach der Differenzbesteuerungsregelung bestimmt wurde, aus **Aufzeichnungen** ergeben, die es ermöglichen, zu überprüfen, ob sämtliche Voraussetzungen für die Anwendung dieser Regelung erfüllt sind.

Darüber hinaus ist daran zu erinnern, dass die Mitgliedstaaten zur Vereinfachung der Steuererhebung und nach Konsultation des Mehrwertsteuerausschusses für bestimmte Umsätze oder für bestimmte Gruppen von steuerpflichtigen Wiederverkäufern vorsehen können, dass die Steuerbemessungsgrundlage für Lieferungen von Gegenständen, die der Differenzbesteuerung unterliegen und auf die ein und derselbe Mehrwertsteuersatz angewandt wird, die **Gesamtdifferenz** im Sinne von Art. 318 MwStSystRL ist.

> **Beratungskonsequenzen**
> Die zu einem dänischen Vorlageersuchen ergangene EuGH-Entscheidung hat sich **auch in Deutschland ausgewirkt**. Denn nach damaliger deutscher Rechtsauffassung musste es sich bei dem weiterveräußerten Gegenstand um den Nämlichen handeln. Daher kam § 25a UStG nicht in Betracht, wenn der Unternehmer einen erworbenen Gegenstand in seine Bestandteile zerlegt[275]. In Folge des Urteils hat sich die deutsche Finanzverwaltung der neuen Rechtsprechung ausdrücklich angeschossen (**Abschn. 25a.1 Abs. 4 Satz 4 UStAE**).

---

275 FG Münster, Urteil vom 27.4.1999, 15 K 7988/98 U und FG Berlin-Brandenburg, Urteil vom 1.10.2015, 7 K 7183/13.

44.1.2.3 Verkauf des kompletten Altfahrzeugs

> **Beispiel 2**
>
> Wie Beispiel 1. A schlachtet das Fahrzeug aber nicht aus, sondern verkauft dem P das komplette Fahrzeug. P hat ein noch fahrbereites Fahrzeug dieses Typs und will bei Bedarf die benötigten Ersatzteile selbst ausbauen.

Der Sachverhalt des neuen Ausgangsverfahrens unterscheidet sich vom Ausgangsverfahren »Sjelle Autogenbrug« durch die Tatsache, dass der Steuerpflichtige die Teile nicht aus dem endgültig stillgelegten Fahrzeug entnommen hat, sondern das komplette Fahrzeug **in seinem derzeitigen Zustand »zum Ausschlachten« wiederverkauft** hat, d. h. für eine weitere Verwendung der Teile dieses Fahrzeugs als Ersatzteile.

Allerdings kann dieser Unterschied, wie auch die **Europäische Kommission** in ihren schriftlichen Erklärungen im Wesentlichen ausführt, nicht zu der Annahme führen, dass die Argumentation in Sachen »Sjelle Autogenbrug« nicht auf den im Ausgangsverfahren in Rede stehenden Sachverhalt übertragen werden könnte.

Die vom Steuerpflichtigen erworbenen Fahrzeuge sind endgültig stillgelegt und können daher nicht wiederverkauft werden, um in ihrem derzeitigen Zustand oder nach Instandsetzung wiederverwendet zu werden. Da das Fahrzeug als solches als beweglicher körperlicher Gegenstand per definitionem in seinem derzeitigen Zustand oder nach Instandsetzung nicht erneut verwendbar im Sinne der Sonderregelung ist, sind für die Prüfung, ob es als Gebrauchtgegenstand angesehen und ob demnach darauf die Differenzbesteuerung angewandt werden kann, **nur die Bestandteile des Fahrzeugs zu berücksichtigen**, die im Rahmen eines Wiederverkaufs an andere Personen erneut verwendbar sind[276].

44.1.2.3.1 Doppelbesteuerung soll vermieden werden

Eine Auslegung, nach der ein endgültig stillgelegtes Fahrzeug als Gebrauchtgegenstand unter die Regelung der Differenzbesteuerung fallen kann, weil manche seiner Bestandteile erneut verwendbar sind, steht mit dem Ziel dieser Regelung in Einklang. Der EuGH wiederholt insoweit seine Ausführungen in der Rechtssache »Sjelle Autogenbrug« (➲ s. o., Kapitel 44.1.2.2.3)

44.1.2.3.2 Prüfung, ob das Kfz verwendbare Bestandteile enthält

Das vorlegende Gericht muss prüfen,

- ob die wiederverkauften Fahrzeuge noch Bestandteile enthielten, die die Funktionen behalten haben, die sie im Neuzustand hatten, und die daher in ihrem derzeitigen Zustand oder nach Instandsetzung erneut verwendbar sind, oder
- ob die Fahrzeuge nicht in Wirklichkeit verkauft wurden, um einfach verschrottet oder in einen anderen Gegenstand umgewandelt zu werden. Ein Fahrzeug, aus dem

276 EuGH, Urteil vom 17.5.2023, Rs. C-365/22, IT.

die Bestandteile, die die Funktionen behalten haben, die sie im Neuzustand hatten, vom Käufer nicht entnommen werden, um in ihrem derzeitigen Zustand oder nach Instandsetzung erneut verwendet zu werden, bleibt nämlich nicht in seinem Wirtschaftszyklus und kann daher nicht in den Genuss der Differenzbesteuerung kommen.

44.1.2.3.3 Berücksichtigung aller objektiven Umstände

Im Rahmen dieser Prüfung muss das vorlegende Gericht **alle objektiven Umstände** berücksichtigen, unter denen der Wiederverkauf erfolgt ist. Wie aus der Rechtsprechung des Gerichtshofs hervorgeht, haben die in der Mehrwertsteuerrichtlinie verwendeten Begriffe nämlich objektiven Charakter und sind unabhängig von Zweck und Ergebnis der betreffenden Umsätze anwendbar.

Checkliste: Differenzbesteuerung beim Verkauf eines stillgelegten Kfz

Während die Berücksichtigung der Absicht eines an einem Geschäft beteiligten Steuerpflichtigen, abgesehen von Ausnahmefällen, mit den Zielen des gemeinsamen Mehrwertsteuersystems unvereinbar ist, sind hingegen objektive Faktoren zu prüfen wie

- die Präsentation
- der Zustand des Fahrzeugs
- der Gegenstand des Vertrags,
- der Wert, zu dem die Fahrzeuge verkauft wurden,
- die Abrechnungsmethode oder auch
- die wirtschaftliche Tätigkeit der Person, die die Fahrzeuge erworben hat.

44.1.2.3.4 Empfehlung einer Selbstverpflichtung des Kunden

Der EuGH fordert die Prüfung aller objektiven Umstände. Für den Wiederverkäufer kann es daher von Bedeutung sein, ob der Käufer aus dem Fahrzeug Ersatzteile zu generieren beabsichtigt. Daher sollte der Wiederverkäufer den Käufer eine entsprechende Selbstverpflichtung unterschreiben lassen. Hält der Käufer diese nicht ein, muss er für eventuelle steuerliche Nachteile des Wiederverkäufers (Regelbesteuerung und Nachzahlungszinsen) aufkommen.

Musterschreiben: Selbstverpflichtung (Vertragsklausel)

Die Vertragsparteien gehen einvernehmlich davon aus, dass das Geschäft differenzbesteuert werden kann. Für den Fall, dass diese Annahme falsch sein sollte und die einer Mehrsteuer wider Erwarten von Vertragspartner zu § ■ *[Autohaus]* verlangt wird, schuldet der Vertragspartner zu § ■ *[Ihr Kunde]* diese Steuer mit allen Nebenleistungen zusätzlich zu dem in § ■ vereinbarten Kaufpreis.

44.2 Persönlicher Anwendungsbereich: Wiederverkäufer

Der Anwendungsbereich der Differenzbesteuerung ist auf Wiederverkäufer beschränkt. Als Wiederverkäufer gelten Unternehmer, die

- **im Rahmen ihrer gewerblichen Tätigkeit**
- **üblicherweise**
- **Gebrauchtgegenstände erwerben** und
- sie danach – gegebenenfalls nach Instandsetzung – **im eigenen Namen wieder verkaufen**

(= **gewerbsmäßige Händler**), und die Veranstalter öffentlicher Versteigerungen, die Gebrauchtgegenstände im eigenen Namen und auf eigene oder fremde Rechnung versteigern[277].

Beratungskonsequenzen

... also auch der **typische Gebrauchtwagenhändler!**

Der Wiederverkäufer muss solche Geschäfte üblicherweise tätigen[278]. Dabei kann der An- und Verkauf der Gebrauchtgegenstände auch auf einen **Teil- oder Nebenbereich des Unternehmens** beschränkt sein[279].

Beispiel

Ein **Kreditinstitut** veräußert bei Verwertungsreife von Privatpersonen sicherungsübereigneten Kfz.

➲ **Folge**

Der Verkauf der Gegenstände unterliegt der Differenzbesteuerung. Das Kreditinstitut ist insoweit als Wiederverkäufer anzusehen.

44.3 Ort des Eingangsumsatzes

Der Ort der Lieferung der Gegenstände an den Wiederverkäufer muss **im Inland oder im übrigen Gemeinschaftsgebiet** liegen (➲ Kapitel 10.1.2).

Wird ein Gegenstand im Drittlandsgebiet erworben und in das Inland eingeführt, unterliegt die spätere Lieferung des Gegenstands nur unter den Voraussetzungen des § 25a Abs. 2 UStG (Sonderregelung für Kunstgegenstände, Sammlungsstücke und Antiquitäten) der Differenzbesteuerung[280].

277 Vgl. BFH-Urteil vom 2. 3. 2006, V R 35/04, BStBl. II 2006, 675.
278 Abschn. 25a.1 Abs. 2 Satz 2 UStAE.
279 Abschn. 25a.1 Abs. 2 Satz 3 UStAE.
280 Abschn. 25a.1 Abs. 3 UStAE.

44.4 Erwerb des Liefergegenstands in »Wiederverkaufsabsicht«

Dem EuGH lag folgender Sachverhalt vor:

Sachverhalt

Unternehmer U machte Steuervergünstigungen unter Hinweis auf E-Mails geltend. Die Klägerin (Kl.) war ein Autoleasingunternehmen. Neben Neuwagen erwarb Kl. auch Gebrauchtwagen von Nichtunternehmern ohne Mehrwertsteuer. Diese Gebrauchtwagen verwendete sie zunächst als Leasingfahrzeuge; später veräußerte sie diese.

§ **Rechtsgrundlagen**

EuGH, Urteil vom 8.12.2005, Rs. C-280/04

Der EuGH hat erkannt[281],

»Art. 26a Teil A Buchst. e der 6. Richtlinie in der durch die Richtlinie 94/5 geänderten Fassung ist dahingehend auszulegen, dass als ‚steuerpflichtiger Wiederverkäufer' im Sinne dieser Vorschrift ein Unternehmen angesehen werden kann, das im Rahmen seiner normalen Tätigkeit Fahrzeuge wieder verkauft, die es für seine Leasingtätigkeit als Gebrauchtwagen erworben hatte, und für das der Wiederverkauf **im Augenblick der Anschaffung** des Gebrauchtgegenstandes nicht das Hauptziel, sondern nur sein **zweitrangiges und dem der Vermietung untergeordnetes Ziel** darstellt«.

Darauf aufbauend hat der **BFH** entschieden[282], dass die Veräußerung eines PKW, den ein Kioskbetreiber als Gebrauchtwagen ohne Vorsteuerabzugsberechtigung erworben und in seinem Unternehmen genutzt hat, bei richtlinienkonformer Auslegung nicht der Differenzbesteuerung nach § 25 a UStG unterliegt, sondern nach den allgemeinen Vorschriften des UStG zu versteuern ist. § 25 a Abs. 1 Nr. 1 UStG ist dahin zu verstehen, dass der Unternehmer bei der konkreten Lieferung, die der Differenzbesteuerung unterworfen werden soll, als Wiederverkäufer gehandelt haben muss. Dies ist nur dann der Fall, wenn der **Wiederverkauf des Gegenstandes bei seinem Erwerb zumindest nachrangig beabsichtigt war** und dieser **Wiederverkauf aufgrund seiner Häufigkeit zur normalen Tätigkeit des Unternehmers gehört.**

Das **BMF** übernimmt diese Rechtsauffassung mit Schreiben vom 11.10.2011[283] und schreibt Abschn. 25a.1 Abs. 4 Satz 3 UStAE entsprechend fort. Die Grundsätze dieses Schreibens sind **in allen offenen Fällen anzuwenden.** Für vor dem 1.1.2012 ausgeführte Umsätze wird es nicht beanstandet, wenn der Unternehmer Lieferungen von Gegenständen des Anlagevermögens unter Berufung auf Abschn. 25 a.1 Abs. 4 Satz 3

---

281 Jyske Finans A/S, BFH/NV Beilage 2006, 131.

282 BFH, Urteil vom 29.6.2011, XI R 15/10, BStBl. II 2011, 839.

283 A. a. O.

UStAE in der am 10.10.2011 geltenden Fassung der Differenzbesteuerung nach § 25 a UStG unterwirft.

44.5 Umsatzsteuerunbelasteter Eingangsumsatz

Die Differenzbesteuerung setzt nach § 25a Abs. 1 Nr. 2 UStG ferner voraus, dass für die Lieferung des Gegenstands an den Wiederverkäufer

- Umsatzsteuer im Gemeinschaftsgebiet nicht geschuldet oder
- nach § 19 Abs. 1 UStG (Besteuerung der Kleinunternehmer) nicht erhoben oder
- die Differenzbesteuerung im Gemeinschaftsgebiet vorgenommen

wurde.

Checkliste

Der Wiederverkäufer kann die Regelung danach anwenden, wenn er den Gegenstand im Inland oder im übrigen Gemeinschaftsgebiet erworben hat von

- einer **Privatperson** oder einer **juristischen Person des öffentlichen Rechts**, die nicht Unternehmer ist,
- einem **Unternehmer aus dessen nichtunternehmerischen Bereich**,
- einem **Unternehmer, der mit seiner Lieferung des Gegenstands unter eine Steuerbefreiung fällt**, die zum Ausschluss vom Vorsteuerabzug führt;
  Beispiel: Erwerb des Kfz eines Humanmediziners[284],
- einem **Kleinunternehmer**, der nach dem Recht des für die Besteuerung zuständigen Mitgliedstaates von der Steuer befreit oder auf andere Weise von der Besteuerung ausgenommen ist, oder
- einem **anderen Wiederverkäufer**, der auf die Lieferung ebenfalls die Differenzbesteuerung angewendet hat. Die Differenzbesteuerung ist hiernach auch bei Verkäufen von Händler an Händler möglich;
  Beispiel: Erwerb eines Gebrauchten von einem befreundeten Gebrauchtwagenhändler.

vgl. Abschn. 25a.1 Abs. 5 Satz 2 UStAE.

Der Erwerb eines Gegenstands von einem **Land- und Forstwirt**, der auf die Umsätze aus seinem land- und forstwirtschaftlichen Betrieb die Durchschnittssatzbesteuerung des § 24 UStG anwendet, erfüllt nicht die Voraussetzung des § 25a Abs. 1 Nr. 2 Buchst. a UStG[285].

Von der Differenzbesteuerung sind Gebrauchtgegenstände ausgenommen, die im übrigen Gemeinschaftsgebiet erworben worden sind, sofern der Lieferer dort die **Steuerbefreiung für innergemeinschaftliche Lieferungen** angewendet hat (§ 25a Abs. 7 Nr. 1 Buchst. a UStG)[286].

---

284 Vgl. § 4 Nr. 14, § 15 Abs. 2 Satz 1 Nr. 1 UStG.

285 Abschn. 25a.1 Abs. 5 Satz 3 UStAE.

286 Abschn. 25a.1 Abs. 5 Satz 4 UStAE.

44.6 Besonderheiten für Kunstgegenstände, Sammlungsstücke oder Antiquitäten

Hinweis

Zu den Besonderheiten (§ 25a Abs. 2, Abs. 8 Satz 2 UStG) vgl. Abschn. 25a.1 Abs. 6 und Abs. 7 UStAE[287].

44.7 Bemessungsgrundlage

44.7.1 Allgemeines

Wird ein Gebrauchtgegenstand durch den Wiederverkäufer nach § 1 Abs. 1 Nr. 1 Satz 1 UStG geliefert, ist als Bemessungsgrundlage der Betrag anzusetzen, um den der Verkaufspreis den Einkaufspreis für den Gegenstand übersteigt (»**Marge**«); die in dem Unterschiedsbetrag enthaltene **Umsatzsteuer ist herauszurechnen**.

Nebenkosten, die nach dem Erwerb des Gegenstands angefallen, also nicht im Einkaufspreis enthalten sind, z. B. Reparaturkosten, mindern nicht die Bemessungsgrundlage[288].

Beratungskonsequenzen

1. **Fallen Nebenleistungen an,** kommt es darauf an, ob sie bereits beim oder erst nach dem Erwerb anfallen[289]:
   - Reparaturen, durch **die im Zeitpunkt des Erwerbs bereits vorhandene** Schäden und Mängel beseitigt werden, mindern die Bemessungsgrundlage. Der Zusammenhang sollte **dokumentiert werden**, d. h. für spätere Finanzamtsprüfungen **aus der Fahrzeugakte ersichtlich** sein!
   - Fallen die Nebenleistungen **erst nach dem Erwerb** an (**Beispiel:** Ein Gebrauchtwagenhändler nimmt optische Arbeiten an dem Fahrzeug vor, nachdem er es einige Zeit ohne Erfolg angeboten und erkannt hat, dass es sich so nicht verkaufen lässt), hat dies auf den Einkaufspreis keinen Einfluss. Diese Kosten mindern die Bemessungsgrundlage nicht, wirken sich aber insofern auf die Bemessungsgrundlage aus, als bei Wiederverkauf ein höherer Preis erzielt werden kann, sodass sich die **Differenz zwischen Einkaufs- und Verkaufspreis erhöht**.
   - Fallen die Nebenleistungen **schon beim Erwerb** an (**Beispiel:** Kosten für **Abmeldung und Überführung** eines Gebrauchten), erhöhen diese den Einkaufspreis und verringern somit die Marge.

---

287 Hinweis auch auf *Weimann* in: UNI, § 25a, 2.5.

288 Abschn. 25a.1 Abs. 8 Sätze 1 f. UStAE; zu Kunstgegenständen, Sammlungsstücken oder Antiquitäten vgl. Abschn. 25a.1 Abs. 8 Sätze 3 f. UStAE.

289 *Weimann* in UNI, § 25a, 2.6.1; *Ammenwerth/Janzen/Fuss,* Umsatzsteuer im Kfz-Gewerbe, 13. Auflage 2020, Kap. 5.3.2.

2. **Garantieleistungen** sind regelmäßig Nebenleistungen. Hier ist allerdings wie folgt zu unterscheiden:
   - Tritt der **Wiederverkäufer selbst als Garantiegeber** auf (übernimmt er also – zu einem erhöhten Verkaufspreis – eine bestimmte Garantieleistung), ist dies wie ein **Fall der Nebenleistung nach dem Erwerb** durch den Wiederverkäufer zu beurteilen; die **Differenz zwischen Einkaufs- und Verkaufspreis erhöht** sich.
   - **Vermittelt er lediglich eine Reparaturkostenversicherung**, die dem Käufer als Versicherungsnehmer einen unmittelbaren Anspruch gegen die Versicherung verschafft, bleibt der Verkaufspreis davon unberührt.

44.7.2 Unentgeltliche und verbilligte Abgaben

Lieferungen, für die die Mindestbemessungsgrundlage (§ 10 Abs. 5 UStG) anzusetzen ist, und Lieferungen i. S. d. § 3 Abs. 1b UStG werden nach dem Unterschied zwischen dem tatsächlichen Einkaufspreis und dem Einkaufspreis zuzüglich der Nebenkosten für den Gegenstand zum Zeitpunkt des Umsatzes (§ 10 Abs. 4 Satz 1 Nr. 1 UStG) – abzüglich Umsatzsteuer – bemessen. Bei den vorbezeichneten Lieferungen kommt eine Differenzbesteuerung **im Normalfall** allerdings im Hinblick auf § 3 Abs. 1b Satz 2 UStG **nicht** in Betracht, weil diese Vorschrift die Berechtigung zum vollen oder teilweisen Vorsteuerabzug voraussetzt[290].

44.7.3 Inzahlungnahme von Gebrauchten: Der verdeckte Preisnachlass ist Geschichte!

Das BMF hat die Inzahlungnahme von Gebrauchtfahrzeugen grundlegend neu geregelt[291]. An die Stelle des gemeinen Werts tritt nunmehr der subjektive Wert. Einen verdeckten Preisnachlass kann es damit nicht mehr geben. Für das Privatkundengeschäft kann das von Vorteil sein!

44.7.3.1 Inzahlungnahme von Gebrauchten führt zu Tausch mit Baraufgabe

Nimmt ein Kraftfahrzeughändler beim Verkauf eines Kraftfahrzeugs einen Gebrauchtwagen in Zahlung und leistet der Käufer in Höhe des Differenzbetrags eine Zuzahlung, liegt ein **Tausch mit Baraufgabe** vor.

290 Abschn. 25a.1 Abs. 9 UStAE.

291 BMF, Schreiben vom 28.8.2020, III C 2 – S 7203/19/10001 :001, 2020/0827982.

Zum Entgelt des Händlers gehört

- neben der Zuzahlung
- auch der Wert des in Zahlung genommenen gebrauchten Fahrzeugs.

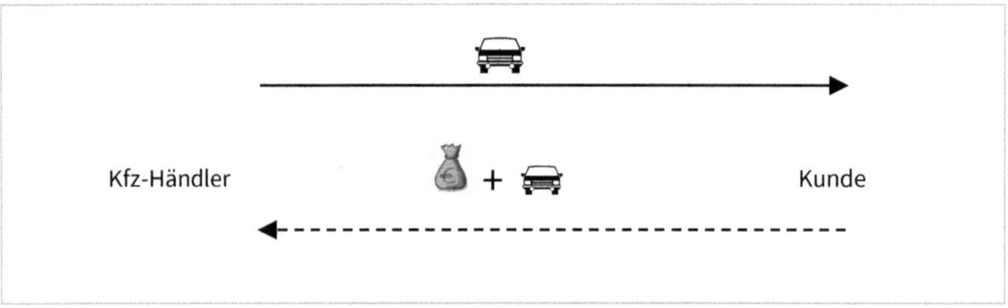

44.7.3.2 Bisher maßgebend war der gemeine Wert des Gebrauchtwagens

Die Vereinfachungsregelung in Abschn. 10.5 Abs. 4 UStAE stellte bislang auf den gemeinen Wert des vom Händler in Zahlung genommenen Fahrzeugs ab. Der BFH hat dies zwar **grundsätzlich als Vereinfachung anerkannt**, jedoch gleichzeitig darauf hingewiesen, dass die Bemessungsgrundlage bei Tauschumsätzen (§ 3 Abs. 12 UStG) anhand des subjektiven Wertes und nicht des gemeinen Wertes festzustellen ist[292].

44.7.3.3 Nunmehr stellt auch die Finanzverwaltung ausschließlich auf den subjektiven Wert ab

Subjektiver Wert ist derjenige, den der Leistungsempfänger der Leistung beimisst, die er sich verschaffen will und deren Wert dem Betrag entspricht, den er zu diesem Zweck aufzuwenden bereit ist. Dieser Wert umfasst **alle Ausgaben einschließlich der Nebenleistungen**, die der Empfänger der jeweiligen Leistung aufwendet, um diese Leistung zu erhalten (vgl. Abschn. 10.5 Abs. 1 Satz 3 f. UStAE).

Bei der Inzahlungnahme eines Kfz ergibt sich nach dem neuen BMF-Schreiben der subjektive Wert aus dem individuell vereinbarten Verkaufspreis zwischen dem Kraftfahrzeughändler und dem Käufer abzüglich der vom Käufer zu leistenden Zuzahlung. Denn dies ist der Wert, den der Händler dem Gebrauchtwagen beimisst und den er bereit ist, hierfür aufzuwenden:

	Individuell vereinbarter Kaufpreis
./.	Zuzahlung
=	subjektiver Wert

292 BFH, Urteil vom 25.4.2018, XI R 21/16.

44.7.3.4 Steuerberechnung

Der subjektive Wert beinhaltet – wie auch die Zuzahlung – immer auch die gesetzliche Umsatzsteuer. Diese ermittelt sich daher wie folgt:

	subjektiver Wert
+	Zuzahlung
=	Bruttoleistung des Kunden
:	1,19
=	Bemessungsgrundlag
×	0,19
=	**gesetzliche Umsatzsteuer**

44.7.3.5 Damit entfällt die Berücksichtigung verdeckter Preisnachlässe

Zukünftig kann sich damit kein verdeckter Preisnachlass mehr ergeben[293]:

- Von Vorteil ist sicher, dass damit die schwierige und häufig streitbefangene Ermittlung des Nachlasses obsolet ist.
- Nachteilig – vor allem für das Privatkundengeschäft – ist, dass sich die Umsatzsteuerbelastung im Einzelfall erhöhen könnte. Dieses wiederum lässt sich aber vermeiden durch eine »moderate« Kaufpreisbestimmung (s. u.).

Beratungskonsequenzen

Die Auswirkungen der Neuregelungen werden am deutlichsten bei einem **Blick auf die geänderten bzw. aufgehobenen Vorschriften** des UStAE. Dies sind

- Abschn. 10.5 Abs. 4 Satz 3 ff.
- Abschn. 10.5 Abs. 5
- Abschn. 25.1 Abs. 10

Ersatzlos entfallen die bislang in den Vorschriften enthaltenen umfangreichen **Fallbeispiele und Einzelberechnungen.**

44.7.3.6 Steuerung der Gesamtbelastung des Privatkunden über die Höhe des Kaufpreises

Bei der Inzahlungnahme eines Gebrauchtwagens stehen zwei Faktoren **an sich unveränderbar fest**[294]:

- das in Zahlung zunehmende Fahrzeug und
- die Barzahlung vom Kfz-Händler zusätzlich erwartete »Netto«-Barzahlung.

293 *Weimann*, ASR 4/2021, 4.

294 *Weimann*, ASR 4/2021, 4.

Egal, wie hoch der Kfz-Händler den individuell vereinbarten Kaufpreis auch angesetzt hat - mehr erhält er vom Kunden nicht.

Beratungskonsequenzen

Setzt der Kfz-Händler den Kaufpreis moderat an, ergibt sich eine geringere Umsatzsteuerbelastung des Geschäfts – und zwar **ohne jeden finanziellen Nachteil für Händler oder Kunde**[295].

Beispiel

Ein Kfz-Händler nimmt beim Neuwagenverkauf an einen Privatkunden dessen bisheriges Fahrzeug in Zahlung und erhält zusätzlich eine Baraufgabe i. H. v. 10.000 €:

	Netto-Kaufpreis	25.000 €	27.500 €	30.000 €
+	USt (19%)	4.750 €	5.225 €	5.700 €
=	Kaufpreis	29.750 €	32.725 €	35.700 €
./.	Baraufgabe	10.000 €	10.000 €	10.000 €
=	subjektiver Wert des in Zahlung genommenen Kfz	19.750 €	22.725 €	25.700 €

Damit ergeben sich jeweils folgende Umsatzsteuerbelastungen und dem Kfz-Händler anteilig verbleibende Baraufgaben:

	Baraufgabe insgesamt	10.000 €	10.000 €	10.000 €
./.	USt (19%)	4.750 €	5.225 €	5.700 €
=	Baraufgabe, die dem Händler letztlich verbleibt	5.250 €	4.775 €	4.300 €

44.7.3.7 Anwendungsregel und Nichtbeanstandung

Die Grundsätze des neuen BMF-Schreibens sind **in allen offenen Fällen** anzuwenden. Es wird hinsichtlich aller bis vor dem 1.1.2022 entstandener gesetzlicher Umsatzsteuer – auch für Zwecke des Vorsteuerabzugs – von der Finanzverwaltung nicht beanstandet werden, wenn die Unternehmer Tauschumsätze entsprechend der bisherigen Fassung der Abschn. 10.5 und 25a.1 Abs. 10 UStAE behandelt.

44.7.4 Grundsatz: Einzeldifferenz

Die Bemessungsgrundlage ist vorbehaltlich des Abschn. 25a.1 Abs. 12 UStAE (➲ Kapitel 44.7.5) für **jeden Gegenstand einzeln** zu ermitteln (Einzeldifferenz).

Ein positiver Unterschiedsbetrag zwischen dem Verkaufspreis – oder dem an seine Stelle tretenden Wert – und dem Einkaufspreis eines Gegenstands kann für die Berechnung der zu entrichtenden Steuer **nicht mit einer negativen Einzeldifferenz** aus dem Umsatz eines anderen Gegenstands oder einer negativen Gesamtdifferenz (➲ Kapi-

295 *Weimann*, a. a. O.

tel 44.7.5) **verrechnet** werden. Bei einem negativen Unterschiedsbetrag beträgt die Bemessungsgrundlage 0 Euro; dieser Unterschiedsbetrag kann **auch in späteren Besteuerungszeiträumen nicht** berücksichtigt werden[296].

Wird ein Gegenstand nicht im Jahr der Anschaffung veräußert, entnommen oder zugewendet, ist der noch nicht berücksichtigte Einkaufspreis **im Jahr der tatsächlichen Veräußerung, Entnahme oder Zuwendung** in die Berechnung der Einzeldifferenz einzubeziehen.

> **Beratungskonsequenzen**
> Eine **Saldierung mit positiven Differenzen** aus anderen Umsatzgeschäften ist mithin **unzulässig.**

44.7.5 Ausnahme: Gesamtdifferenz

Bei Gegenständen, deren Einkaufspreis den Betrag von 500 € nicht übersteigt, kann die Bemessungsgrundlage anstatt nach der Einzeldifferenz nach der Gesamtdifferenz ermittelt werden. Die Gesamtdifferenz ist der Betrag, um den **jeweils bezogen auf den Besteuerungszeitraum**

- die **Summe der Verkaufspreise** und der Werte nach § 10 Abs. 4 Satz 1 Nr. 1 UStG
- die Summe der Einkaufspreise

übersteigt; die in dem Unterschiedsbetrag enthaltene Umsatzsteuer ist herauszurechnen.

Für die **Ermittlung der Verkaufs- und Einkaufspreise** sind die Abschn. 25a.1 Abs. 8–10 UStAE (➲ Kapitel 44.7.1 bis Kapitel 44.7.3) entsprechend anzuwenden.

Kann ein Gegenstand **endgültig nicht mehr veräußert, entnommen oder zugewendet** werden (z. B. wegen **Diebstahl oder Untergang**), ist die Summe der Einkaufspreise entsprechend zu mindern.

Die Voraussetzungen für die Ermittlung der Bemessungsgrundlage nach der Gesamtdifferenz müssen **grundsätzlich für jeden einzelnen Gegenstand** erfüllt sein. Wendet der Wiederverkäufer für eine **Mehrheit von Gegenständen** oder für Sachgesamtheiten einen Gesamteinkaufspreis auf (z. B. beim Kauf von Sammlungen oder Nachlässen) und werden die Gegenstände üblicherweise später einzeln verkauft, kann wie folgt verfahren werden[297]:

- Beträgt der **Gesamteinkaufspreis bis zu 500 €,** kann aus Vereinfachungsgründen von der Ermittlung der auf die einzelnen Gegenstände entfallenden Einkaufspreise abgesehen werden.
- **Übersteigt der Gesamteinkaufspreis den Betrag von 500 €,** ist der auf die einzelnen Gegenstände entfallende Einkaufspreis grundsätzlich im Wege **sachgerechter**

296 Abschn. 25a.1 Abs. 11 UStAE.

297 Abschn. 25a.1 Abs. 12 UStAE.

Schätzung zu ermitteln. Die Schätzung kann auf wertbestimmende Einzelgegenstände so lange beschränkt werden, bis der Gesamtbetrag für die restlichen Gegenstände 500 € oder weniger beträgt.

Beispiel

Der Antiquitätenhändler A kauft eine Wohnungseinrichtung für 3.000 €. Dabei ist er insbesondere an einer antiken Truhe (geschätzter anteiliger Einkaufspreis 1.500 €) und einem Weichholzschrank (Schätzpreis 800 €) interessiert. Die restlichen Einrichtungsgegenstände, zu denen ein Fernsehgerät (Schätzpreis 250 €) gehört, will er an einen Trödelhändler verkaufen.

➲ **Folge:**

A muss beim **Weiterverkauf der Truhe und des Weichholzschranks** die Bemessungsgrundlage nach der Einzeldifferenz ermitteln.

Das **Fernsehgerät** hat er den Gegenständen zuzuordnen, für die die Bemessungsgrundlage nach der Gesamtdifferenz ermittelt wird. Das Gleiche gilt für die **restlichen Einrichtungsgegenstände.** Da ihr Anteil am Gesamtpreis 450 € beträgt, kann von einer Ermittlung der auf die einzelnen Gegenstände entfallenden Einkaufspreise abgesehen werden.

Die Gesamtdifferenz **kann nur einheitlich für die gesamten innerhalb eines Besteuerungszeitraums (= Kalenderjahr, § 16 Abs. 1 Satz 2 UStG) ausgeführten Umsätze** ermittelt werden, die sich auf Gegenstände mit Einkaufspreisen bis zu 500 € beziehen. Es ist nicht zulässig, die Gesamtdifferenz innerhalb dieser Preisgruppe auf bestimmte Arten von Gegenständen zu beschränken. Für Gegenstände, deren Einkaufspreis 500 € übersteigt, ist daneben die Ermittlung nach der Einzeldifferenz vorzunehmen.

Die positive Gesamtdifferenz eines Besteuerungszeitraums kann **nicht mit einer negativen Einzeldifferenz verrechnet** werden.

Ist die **Gesamtdifferenz eines Besteuerungszeitraums negativ,** beträgt die **Bemessungsgrundlage 0 €**; der negative Betrag kann nicht in späteren Besteuerungszeiträumen berücksichtigt werden.

Bei der Berechnung der **Besteuerungsgrundlagen für die einzelnen Voranmeldungszeiträume** ist entsprechend zu verfahren. Allerdings können innerhalb desselben Besteuerungszeitraums negative mit positiven **Gesamtdifferenzen einzelner Voranmeldungszeiträume verrechnet** werden[298].

Ein **Wechsel von der Ermittlung nach der Einzeldifferenz zur Ermittlung nach der Gesamtdifferenz und umgekehrt** ist nur zu Beginn eines Kalenderjahres zulässig[299].

298 Abschn. 25a.1 Abs. 12 UStAE.

299 Abschn. 25a.1 Abs. 14 UStAE.

44.8 Steuersatz

Bei der Differenzbesteuerung ist die Steuer **stets mit dem allgemeinen Steuersatz** zu berechnen. Dies gilt auch für solche Gegenstände, für die bei der Besteuerung nach den allgemeinen Vorschriften der ermäßigte Steuersatz in Betracht käme (z. B. Kunstgegenstände und Sammlungsstücke)[300].

44.9 Steuerbefreiungen

Wird auf eine Lieferung in das übrige Gemeinschaftsgebiet die Differenzbesteuerung angewendet, ist die Steuerbefreiung für innergemeinschaftliche Lieferungen ausgeschlossen (➲ Kapitel 44.12). Die übrigen Steuerbefreiungen des § 4 UStG bleiben unberührt[301].

44.10 Verbot des offenen Steuerausweises

Das Verbot des gesonderten Ausweises der Steuer in einer Rechnung[302] gilt auch dann, wenn der Wiederverkäufer einen Gebrauchtgegenstand an einen anderen Unternehmer liefert, der eine gesondert ausgewiesene Steuer aus dem Erwerb dieses Gegenstands als Vorsteuer abziehen könnte[303].

Liegen die Voraussetzungen für die Differenzbesteuerung vor und weist ein Wiederverkäufer für die Lieferung eines Gebrauchtgegenstands die auf die Differenz entfallende Steuer dennoch gesondert aus, **schuldet er die gesondert ausgewiesene Steuer nach § 14c Abs. 2 UStG. Zusätzlich** zu dieser Steuer schuldet er für die Lieferung des Gegenstands die **Steuer nach § 25a UStG**.

Beratungskonsequenzen

1. Das anders lautende **Urteil des BFH vom 13.11.1996**[304] steht dem nicht entgegen, da dieses Fälle mit gesondertem USt-Ausweis bis VZ 1994 betrifft[305].
2. **Wird eine Rechnung mit gesondertem Steuerausweis erteilt, ist darin der Verzicht** auf die Steuerbefreiung im Einzelfall zu sehen. Ein solcher Verzicht ist nach § 25a Abs. 8 UStG möglich, jedoch bei Anwendung der Gesamtdifferenz (➲ Kapitel 44.7.5) ausgeschlossen[306].

---

300 Abschn. 25a.1 Abs. 15 Sätze 1 und 2 UStAE.

301 Abschn. 25a.1 Abs. 15 Sätze 3 und 4 UStAE.

302 § 14a Abs. 6 Satz 2 UStG.

303 Abschn. 25a.1 Abs. 16 UStAE.

304 XI R 69/95, BStBl. II 1997, 579.

305 Vgl. auch BMF, Schreiben vom 11.8.1997, Az IV 6 3 – S 7421–30/97, BStBl. I 1997, 806; *Fritsch,* UR 1997, 413.

306 *Leonard* in Bunjes/Geist, 9. Aufl. 2009, § 25a Rz. 13.

44.11 Aufzeichnungspflichten

Der Wiederverkäufer, der Umsätze von Gebrauchtgegenständen nach § 25a UStG versteuert, hat

- für jeden Gegenstand getrennt
- den Verkaufspreis oder den Wert nach § 10 Abs. 4 Satz 1 Nr. 1 UStG
- den Einkaufspreis
- die Bemessungsgrundlage

aufzuzeichnen[307].

Aus Vereinfachungsgründen kann er in den Fällen, in denen lediglich ein Gesamteinkaufspreis für mehrere Gegenstände vorliegt, den Gesamteinkaufspreis aufzeichnen,

- wenn dieser den Betrag von 500 € insgesamt nicht übersteigt oder
- soweit er nach Abzug der Einkaufspreise einzelner Gegenstände den Betrag von 500 € nicht übersteigt.

Die besonderen Aufzeichnungspflichten gelten als erfüllt, wenn sich die aufzeichnungspflichtigen Angaben **aus den Buchführungsunterlagen entnehmen** lassen. Der Wiederverkäufer hat die Aufzeichnungen für die Differenzbesteuerung **getrennt von den übrigen Aufzeichnungen** zu führen.

§ 25a UStG **erfordert keine zeitnahen** Aufzeichnungen[308].

44.12 Besonderheiten im innergemeinschaftlichen Warenverkehr

Die Differenzbesteuerung kann **grundsätzlich auch auf Lieferungen vom Inland in das übrige Gemeinschaftsgebiet** angewendet werden. Sie ist in diesem Fall stets im Inland vorzunehmen; die Regelung des § 3c UStG und die Steuerbefreiung für innergemeinschaftliche Lieferungen i. S. v. § 4 Nr. 1 Buchst. b, § 6a UStG finden keine Anwendung[309]. Wird bei der Lieferung eines Gegenstands vom übrigen Gemeinschaftsgebiet in das Inland die Differenzbesteuerung im übrigen Gemeinschaftsgebiet angewendet, **entfällt eine Erwerbsbesteuerung** im Inland[310].

Die Differenzbesteuerung ist **ausgeschlossen, wenn der Wiederverkäufer ein neues Fahrzeug** i. S. v. § 1b Abs. 2, Abs. 3 UStG in das übrige Gemeinschaftsgebiet liefert. Die Lieferung ist im Inland unter den Voraussetzungen des § 4 Nr. 1 Buchst. b, § 6a UStG als innergemeinschaftliche Lieferung steuerfrei.

307 § 25a Abs. 6 Satz 2 UStG; Abschn. 25a.1 Abs. 17 UStAE.
308 FG Berlin, EFG 2000, 522; vgl. auch *Leonard,* a. a. O., Rz. 14.
309 Abschn. 25a.1 Abs. 18 UStAE.
310 Abschn. 25a.1 Abs. 20 UStAE.

Der Erwerber des neuen Fahrzeugs hat im übrigen Gemeinschaftsgebiet einen innergemeinschaftlichen Erwerb zu besteuern[311].

44.13 Verzicht auf die Differenzbesteuerung (Musterschreiben)

Ein Verzicht auf die Anwendung der Differenzbesteuerung ist **bei jeder einzelnen Lieferung** eines Gebrauchtgegenstands möglich. Abschn. 9.1 Abs. 3 und Abs. 4 UStAE sind sinngemäß anzuwenden.

Im Fall der **Besteuerung nach der Gesamtdifferenz** ist ein Verzicht ausgeschlossen. Der Verzicht ist auch für solche Gegenstände möglich, für die der Wiederverkäufer nach § 25a Abs. 2 UStG die Anwendung der Differenzbesteuerung erklärt hat (Kunstgegenstände, Sammlungsstücke, Antiquitäten)[312]. Der Verzicht auf die Differenzbesteuerung nach § 25a Abs. 8 UStG hat zur **Folge**, dass auf die Lieferung die **allgemeinen Vorschriften des UStG anzuwenden** sind[313].

An eine besondere **Form oder Frist** ist der Verzicht nicht gebunden und ist daher - auch konkludent, also durch schlüssiges Verhalten - möglich, solange die Steuerfestsetzung noch nicht bestandskräftig ist, also noch nicht unanfechtbar geworden ist oder unter dem Vorbehalt der Nachprüfung steht. Auch bei Änderung oder Aufhebung der Steuerfestsetzung kann der Verzicht ausgeübt werden[314].

Wird der Umsatz als steuerpflichtig behandelt, wird also insbesondere dem Leistungsempfänger eine Rechnung mit gesondertem USt-Ausweis erteilt, gilt dies als Verzicht auf die Anwendung der Differenzbesteuerung i. S. d. § 25a Abs. 8 UStG. Aber **Vorsicht:** Wird die Steuer nur auf die Differenz ausgewiesen, nimmt der Fiskus keinen Verzicht i. S. d. Vorschrift an, sondern er wird einen Haftungsbescheid erlassen!

Auch die **Rücknahme des Verzichts** ist an keine Form oder Frist gebunden. Wurden allerdings Rechnungen/Gutschriften mit offenem USt-Ausweis erteilt, müssen diese berichtigt werden; der Wiederverkäufer muss die Originalrechnung zurückverlangen und eine neue Rechnung unter Beachtung der Differenzbesteuerungsvorschrift (also ohne USt-Ausweis!) ausstellen. Zur Rücknahme des Verzichts seitens des Wiederverkäufers bedarf es keiner Zustimmung des Erwerbers[315]. Bei Verzicht auf die Anwendung der Differenzbesteuerung kann der Wiederverkäufer den Vorsteuerabzug gem. § 25a Abs. 8 Satz 2 UStG frühestens für den Voranmeldungszeitraum geltend machen, in dem die Steuer für die Lieferung entsteht[316].

311 Abschn. 25a.1 Abs. 19 UStAE.

312 Abschn. 25a.1 Abs. 21 Sätze 4 f. UStAE.

313 Abschn. 25a.1 Abs. 21 Satz 6 UStAE.

314 Abschn. 25a.1 Abs. 21 Satz 2 i. V. m. Abschn. 9.1 Abs. 3 u. Abs. 4 UStAE.

315 Abschn. 25a.1 Abs. 21 Satz 1 i. V. m. Abschn. 9.1 Abs. 4 UStAE.

316 *Weimann* in UNI, § 25a, 2.12.

Beratungskonsequenzen

Erwirbt der Wiederverkäufer 2 Gebrauchtgegenstände von einem anderen Wiederverkäufer 1, sollte er sich vertraglich zusichern lassen, dass der Vorlieferer nicht nachträglich auf die Anwendung der Differenzbesteuerung verzichtet und eine Rechnung mit offenem USt-Ausweis erstellt. Denn sonst hat Wiederverkäufer 2 die Differenzbesteuerung zu Unrecht angewandt. Er muss dann die USt auf die volle Bemessungsgrundlage entrichten, darf dann allerdings auch den Vorsteuerabzug geltend machen.

Musterschreiben

Der Erwerber erwirbt den Gegenstand ... als Wiederverkäufer. Verzichtet er beim Wiederverkauf auf die Anwendung der Differenzbesteuerung gem. § 25a UStG, verpflichtet er sich, die Ausübung dieser Option dem Verkäufer mitzuteilen. Dieser ist dann berechtigt, ebenfalls auf die Anwendung der Differenzbesteuerung zu verzichten. In diesem Fall ist der Verkäufer verpflichtet, dem Erwerber eine berichtigte Rechnung mit USt-Ausweis zu erteilen. Die Vertragsparteien sind sich dann darüber einig, dass sich der Endpreis wie folgt ermittelt:
.... EUR zzgl. 19 % USt = ... EUR.

44.14 Verwertung von sicherungsübereigneten Gegenständen

Anwendung der Differenzbesteuerung nach § 25a UStG

44.14.1 Allgemeines

Werden bewegliche Unternehmensgegenstände zur betrieblichen Finanzierung an ein Kreditinstitut sicherungsübereignet (z. B. Gebrauchtfahrzeuge) und tritt die Verwertungsreife für diese Gegenstände ein, liegt im Zeitpunkt der Verwertung umsatzsteuerrechtlich ein sog »Doppelumsatz« oder »Dreifachumsatz« vor (vgl. Abschn. 1.2 Abs. 1, 1 a und 4 UStAE). Sowohl der Sicherungsgeber als auch der Sicherungsnehmer können unter den Voraussetzungen des § 25a Abs. 1 UStG die Differenzbesteuerung anwenden (➲ Kapitel 40.1.2).

44.14.2 Differenzbesteuerung (§ 25a UStG) im Rahmen eines »Doppelumsatzes«

44.14.2.1 Lieferung des Sicherungsgebers an den Sicherungsnehmer

Der als Sicherungsgeber auftretende Unternehmer kann die Differenzbesteuerung für die Lieferung an das Kreditinstitut nach § 25a Abs. 1 UStG anwenden, wenn er die zur Sicherung übereigneten Gegenstände von Privatpersonen, Kleinunternehmern oder differenzbesteuert erworben hat.

Der differenzbesteuerte Umsatz bemisst sich hierbei nach dem vom Kreditinstitut erzielten Veräußerungspreis abzüglich des Einkaufspreises des Gegenstands aus dem Ankauf. Verwertungskosten, die durch die Verwertung anfallen, sind bei der Bemessungsgrundlage nicht zu berücksichtigen, vgl. hierzu Tz. 4.

Die Umsatzsteuer ist aus dem ermittelten Differenzbetrag mit dem Regelsteuersatz herauszurechnen[317].

Erfolgt die Sicherungsverwertung außerhalb des Insolvenzverfahrens, schuldet das Kreditinstitut für die bis zum 30.9.2014 ausgeführten differenzbesteuerten Umsätze die Steuer nach § 13b Abs. 2 Nr. 2 UStG. Für nach dem 30.9.2014 erbrachte differenzbesteuerte Umsätze schuldet der Sicherungsgeber die Steuer nach § UStG § 13a UStG (vgl. § 13b Abs. 5 Satz 9 UStG)[318].

44.14.2.2 Lieferung des Sicherungsnehmers an den Erwerber

Das Kreditinstitut als Sicherungsnehmer ist seinerseits berechtigt, auf den Weiterverkauf der Gegenstände die Differenzbesteuerung anzuwenden[319].

Die Bemessungsgrundlage für diesen Umsatz beträgt jedoch 0,00 €, weil der tatsächliche Verkaufspreis und der hiervon abzuziehende Einkaufspreis (= Verkaufspreis der Lieferung von dem Sicherungsgeber an das Kreditinstitut) betragsmäßig identisch sind[320].

44.14.3 Rechnungserteilung

Wird die Differenzbesteuerung i. S. d. § 25a UStG angewandt, hat die Rechnung die **Angabe »Gebrauchtgegenstände/Sonderregelung«** zu enthalten. Die Umsatzsteuer darf in der Rechnung nicht gesondert auswiesen werden[321].

Ist § 13b UStG anzuwenden (vgl. Tz. 2.1), ist die Rechnung zusätzlich mit der **Angabe »Steuerschuldnerschaft des Leistungsempfängers«** zu versehen[322]. Weist der Wiederverkäufer dennoch die sich aus der Differenzbesteuerung ergebende Umsatzsteuer in seiner Rechnung gesondert aus, schuldet er den Steuerbetrag nach § 14c Abs. 2 UStG[323].

44.14.4 Vorsteuerabzug

Soweit das Kreditinstitut als Sicherungsnehmer für die Lieferung der sicherungsübereigneten Gegenstände die Differenzbesteuerung nach § 25a.1 Abs. 2 UStG anwendet,

317 § 25a Abs. 3 Satz 3 und Abs. 5 Satz 1 UStG.

318 OFD Frankfurt/Main, Vfg. v. 15.3.2016, a. a. O., Ziffer 2.1. Die bisherige Rundvfg. OFD Frankfurt/M. v. 15.10.2014 (BeckVerw 291273) wurde aufgehoben.

319 Vgl. § 25a Abs. 1 Nr. 1 und Nr. 2 Buchst. b UStG.

320 OFD Frankfurt/Main, Vfg. v. 15.3.2016, a. a. O., Ziffer 2.2,

321 § 14a Abs. 6 UStG.

322 § 14a Abs. 5 UStG.

323 OFD Frankfurt/Main, Vfg. v. 15.3.2016, Ziffer 3; vgl. auch Abschn. 25a.1 Abs. 1 UStAE.

kann er die ggf. nach § 13b Abs. 5 UStG geschuldete Umsatzsteuer **nicht** als Vorsteuer abziehen[324]. Darüber hinaus ist er nicht berechtigt, eine vom Sicherungsgeber nach § 14c Abs. 2 UStG geschuldete Umsatzsteuer als Vorsteuer abzuziehen[325].

Hinsichtlich der **Verwertungskosten** des Sicherungsnehmers ist ein Vorsteuerabzug dagegen nicht grundsätzlich ausgeschlossen.

44.14.5 Nachweisführung zur Anwendung des § 25a UStG

Es ist **Sache der Vertragsparteien**, Vereinbarungen über die zutreffende Anwendung der Differenzbesteuerung nach § 25a UStG – möglichst bereits im Zeitpunkt der Sicherungsübereignung – zu treffen[326].

324 Vgl. auch Abschn. 25a.1. Abs. 7 Satz 6 UStAE.

325 OFD Frankfurt/Main, Vfg. v. 15.3.2016, Ziffer 4.

326 OFD Frankfurt/Main, Vfg. v. 15.3.2016, Ziffer 5.

45 Fahrzeuglieferungen

Sonderregeln für das EU-Geschäft mit Neufahrzeugen

§ **Rechtsgrundlagen**

- UStG: § 1b, § 2a, § 6a Abs. 1 Satz 1 Buchst. c, § 15 Abs. 4a, § 16 Abs. 5a, § 18 Abs. 10
- UStDV: § 17a ff.
- UStAE: Abschn. 1b.1
- MwStSystRL: Art. 2, Art. 9
- BMF-Schreiben vom 23.12.1992, IV A 3 – S 7143 – 2/92, Umsatzsteuerbefreiung für die innergemeinschaftliche Lieferung neuer Kraftfahrzeuge; hier: Nachweis der Beförderung oder Versendung in das übrige Gemeinschaftsgebiet, BStBl. I 1993, 46 (formell aufgehoben, materiell aber weiter gültig lt. BMF v. 10.3.2023; zur zweifelhaften Bedeutung dieses Schreibens ➲ Kapitel 1.6).

Bitte beachten Sie!

Schon lange Pflicht, in der Praxis aber immer wieder übersehen: die Meldung nach der Fahrzeuglieferungs-Meldepflichtverordnung

Veräußert ein Kfz-Händler ein neues Fahrzeug in ein anderes EU-Land, ist der Verkauf auch dann umsatzsteuerfrei, wenn der Kunde keine USt-IdNr. hat (§ 6a Abs. 1 Nr. 2 Buchst. c UStG). Ein Pkw ist neu, wenn er nicht mehr als 6.000 km zurückgelegt hat oder seine erste Inbetriebnahme im Zeitpunkt der Lieferung nicht mehr als sechs Monate zurückliegt (§ 1 b Abs. 3 Nr. 1 UStG).

Der Kunde muss im Gegenzug im Bestimmungsland einen innergemeinschaftlichen Erwerb versteuern (im deutschen Recht nach § 1b UStG). Dies konnte die Finanzverwaltung des Bestimmungslandes bislang nicht kontrollieren, weil Fahrzeugverkäufe an Abnehmer ohne USt IdNr. nicht in die zusammenfassende Meldung (dazu nachfolgender ➲ Kapitel 51) eingehen.

Seit dem 1.7.2010 müssen daher Lieferungen neuer Fahrzeuge an Abnehmer ohne USt-IdNr. elektronisch an das BZSt gemeldet werden. Das BZSt übermittelt die Daten an die ausländische Finanzbehörde, die dann die Erwerbsbesteuerung überprüfen kann (➲ s. u. Kapitel 45.7).

45.1 Einführung

Grundsätzlich folgt die Besteuerung des Kfz-Handels den **allgemeinen Regeln** des Umsatzsteuerrechts. Dies gilt insbesondere für die Lieferung von

- Neufahrzeugen an andere Unternehmer
- Neufahrzeugen nichtunternehmerische Kunden im Inlandsgeschäft und Drittlandsgeschäft
- Kraftfahrzeugteilen.

Sonderregeln gelten aber für die Lieferung von

- gebrauchten Fahrzeugen unter den Voraussetzungen des § 25a UStG (Differenzbesteuerung ➲ Kapitel 44)
- **Neufahrzeugen an nichtunternehmerische Kunden im EU-Geschäft** (§ 4 Nr. 1 Buchst. b, § 6a Abs. 1 Satz 1 Buchst. c UStG)
- **Neufahrzeugen durch (nichtunternehmerische) »Fahrzeuglieferer«** (§ 2a UStG).

45.2 Überblick über die Sonderbestimmungen

Während für **EU-Umsätze (von Unternehmern) an Privatpersonen** – abgesehen von den Besonderheiten des Fernverkaufs (§ 3c UStG ➲ Kapitel 40) – grundsätzlich das sog. »Urspungslandsprinzip«[327] gilt, sieht das EU-Umsatzsteuerrecht[328] für die Besteuerung der **Umsätze mit Neufahrzeugen ausschließlich das Bestimmungslandprinzip** vor[329].

Eine weitere Besonderheit ergibt sich daraus, dass das Umsatzsteuerrecht eigentlich nur die Tätigkeit von Unternehmern im Rahmen ihres Unternehmens besteuert[330], und damit Lieferungen und Leistungen von Nicht-Unternehmern oder von Unternehmern außerhalb ihres Unternehmens – die sog. **»Nicht-Umsätze«** – grundsätzlich unbesteuert bleiben. Auch dies soll bei der EU-Lieferung von Neufahrzeugen anders sein; das UStG kreiert hierfür die **spezielle Unternehmereigenschaft des – eigentlich nicht-unternehmerischen – »Fahrzeuglieferers«**[331].

Die Sonderregeln des UStG, insbesondere die der

- § 1b UStG (Innergemeinschaftlicher Erwerb neuer Fahrzeuge)
- § 2a UStG (Fahrzeuglieferer)
- § 4 Nr. 1 Buchst. b, § 6a Abs. 1 Satz 1 Buchst. c UStG (innergemeinschaftliche Lieferung neuer Fahrzeuge)
- § 15 Abs. 4a UStG (Vorsteuerabzug des Fahrzeuglieferers)

---

327 Nach dem Ursprunglandprinzip werden Erzeugnisse mit der Umsatzsteuer des Landes belastet, in dem sie produziert werden. Bei grenzüberschreitenden Leistungen ist das Ursprungslandprinzip nur unzureichend mit dem Ziel einer Verbrauchsbesteuerung zu vereinbaren (*Lippross,* Umsatzsteuer, 24. Aufl. 2017, 1.3.1.b).

328 Art. 2 Abs. 1 Buchst. b Ziffer ii, Abs. 2 MwStSystRL.

329 Nach dem Bestimmungslandprinzip werden Warenlieferungen beim Export von der Mehrwertsteuer entlastet und im Importland nach den dortigen Vorschriften mit Einfuhrumsatzsteuer (innerhalb der EU: Erwerbsteuer) belastet (*Lippross,* a. a. O., 1.3.1.a). Das Bestimmungslandprinzip entspricht dem Verbrauchsteuergedanken und gewährleistet Wettbewerbsneutralität, weil Importwaren derselben Mehrwertsteuerbelastung unterliegen wie Inlandswaren. Das Bestimmungslandprinzip hat sich in der EG bewährt und wird auch vom GATT (**G**eneral **A**greement on **T**arifs and **T**rade = Allgemeines Zoll- und Handelsabkommen vom 30.10.1947) als das angemessene Prinzip für die Besteuerung des internationalen Handels angesehen.

330 Vgl. § 1 Abs. 1 Nr. 1 UStG.

331 § 2a UStG.

- § 16 Abs. 5a UStG (Fahrzeugeinzelbesteuerung)
- § 18 Abs. 10 UStG (Besteuerungsverfahren)

dienen also dazu, die Besteuerung der Lieferung von Neufahrzeugen im U-Geschäft **vom Ursprungslandprinzip auf das Bestimmungslandprinzip umzustellen** bzw. – bei den »Nichtumsätzen« – die Besteuerung erst einmal **einzuführen**.

45.3 Begriff des Fahrzeugs (§ 1b Abs. 2 UStG)

Fahrzeuge i. S. d. Sonderregeln sind – neben den Luft- oder Wasserfahrzeugen –

- zur Personen- oder Güterbeförderung bestimmte
- motorbetriebene Landfahrzeuge
- mit einem Hubraum von mehr als 48 ccm oder einer Leistung von mehr als 7,2 KW,

§ 1b Abs. 2 UStG; die **EG-rechtliche Grundlage** der Vorschrift ist Art. 2 Abs. 1 Buchst. b Ziffer ii, Abs. 2 Buchst. a Ziffer i MwStSystRL.

Die Fahrzeuge müssen **zur Personen- oder Güterbeförderung bestimmt** sein[332]. Damit kommt § 1b UStG nicht zur Anwendung auf

- Fahrzeuge als **Sammler- oder Museumsstücke**[333];
- **selbstfahrende Arbeitsmaschinen und land- und forstwirtschaftliche Zugmaschinen**, die nach ihrer Bauart oder ihren besonderen, mit dem Fahrzeug verbundenen Einrichtungen nicht zur Beförderung von Personen oder Gütern bestimmt und geeignet sind[334] (z. B. Bagger, Feuerlöschfahrzeuge, Kräne, Planierraupen, Mähdrescher, Schneepflüge).

Motorbetriebene Landfahrzeuge sind insbesondere Personenkraftwagen, Lastkraftwagen, Motorräder, Motorroller, Mopeds und motorbetriebene Wohnmobile und Caravans[335]. Die **straßenverkehrsrechtliche Zulassung** ist nicht erforderlich[336].

Keine Landfahrzeuge sind Wohnwagen, Packwagen und andere **Anhänger ohne eigenen Motor**, die nur von Kraftfahrzeugen mitgeführt werden können[337].

Bei einem **Schrottfahrzeug** wird man allerdings nicht mehr von einem Fahrzeug i. S. v. § 1b Abs. 2 UStG sprechen können[338].

---

332 Abschn. 1b.1 Satz 2 UStAE.
333 *Bülow* in S/W/R, § 1b Rz. 12.
334 Abschn. 1b.1 Satz 5 UStAE.
335 Abschn. 1b.1 Satz 5 UStAE.
336 Abschn. 1b.1 Satz 4 UStAE.
337 Abschn. 1b.1 Satz 5 UStAE.
338 *Bülow,* a. a. O., § 1b Rz. 21.

45.4 Begriff des Neufahrzeugs (§ 1b Abs. 3 UStG)

Ein Landfahrzeug gilt als neu, wenn es

- nicht mehr als 6.000 km zurückgelegt hat oder
- wenn seine erste Inbetriebnahme im Zeitpunkt des Erwerbs nicht mehr als sechs Monate zurückliegt,

§ 1b Abs. 3 Nr. 1 UStG; die **EG-rechtliche Grundlage** der Vorschrift ist Art. 2 Abs. 2 Buchst. b Ziffer i MwStSystRL.

Beratungskonsequenzen

Damit bei einem EU-Geschäft an Privat die Sonderregel für Neufahrzeuge nicht zur Anwendung kommt, muss das Fahrzeug also

- **mehr als 6.000 km** »auf dem Tacho« haben *und*
- älter ein halbes Jahr sein.

Zu den **Luft- oder Wasserfahrzeugen** vgl. § 1b Abs. 3 Nr. 2, Nr. 3 UStG.

Folge der **6.000-km–Grenze** ist, dass auch sehr alte Fahrzeuge (z. B. Sammler- oder Ausstellungsfahrzeuge) als neu i. S. dieser Vorschrift gelten können, wenn sie wenig in Betrieb waren[339]. Hier wird man allerdings beachten müssen, dass derartige Fahrzeuge wahrscheinlich als Ausstellungs- oder Museumsstücke nicht zur Personen- oder Güterbeförderung bestimmt sind[340].

Unklar ist der Begriff der **ersten Inbetriebnahme**. Definiert man diese als Zeitpunkt, zu dem das Fahrzeug vom ersten Erwerber zum ersten Mal bestimmungsgemäß benutzt wurde, wird bei **zulassungspflichtigen Fahrzeugen** in der Regel der Tag der ersten Zulassung maßgeblich sein[341]. Ob dies auch auf die **Tageszulassung** durch Kfz-Händler zutrifft erscheint zweifelhaft, auch wenn § 18 Abs. 10 Nr. 1 UStG anordnet, dass die für die Zulassung oder Registrierung zuständigen Behörden den Finanzbehörden die erstmalige Zuteilung eines amtlichen Kennzeichens mitzuteilen haben[342].

Der **Tag der ersten Inbetriebnahme** kann (wohl eher theoretisch) auch vor dem Tag der ersten Zulassung liegen[343]. Nicht zu berücksichtigen sind dabei Zeiten oder zurückgelegte Strecken, die der **Erprobung des Fahrzeugs beim Hersteller** oder dem **Betrieb zum Zweck des Transports** (z. B. beim Be- und Entladen von PKW-Transportern) dienen[344].

339 *Bülow*, a. a. O., § 1b Rz. 21.

340 Vgl. Abschn. 1b.1 Satz 2 UStAE und ➲ Kapitel 44.3.

341 *Mößlang* in S/R, § 1b Rz. 7.

342 *Mößlang*, a. a. O.

343 Vgl. auch § 18 Abs. 10 Nr. 2 UStG; *Bülow*, a. a. O., § 1b Rz. 19; *Leonard* in B/G, 9. Aufl. 2009, § 1b Rz. 13; *Stadie*, a. a. O. Anm. 19; a. A. *Tehler* in Reiß/Kraeusel/Langer, UStG, § 1b Rz. 15.

344 *Leonard*, a. a. O.; *Mößlang*, a. a. O.

Problematisch ist die Einbeziehung **nicht zulassungspflichtiger Fahrzeuge**. Hier ist die Kontrolle des steuerlichen Erwerbs kaum möglich. Es bleibt den Finanzbehörden nur die Möglichkeit, über Kontrollmitteilungen aus Lieferländern bzw. mittels Einzelauskunftsersuchen einschlägige Sachverhalte in Erfahrung zu bringen[345].

Maßgebend sind die oben genannten Kriterien für das Vorhandensein eines neuen Fahrzeugs der **Zeitpunkt des Erwerbs** und nicht auf den Zeitpunkt der Beförderung oder Versendung[346]: das Fahrzeug ist damit **nicht mehr neu, wenn es keine der beiden Voraussetzungen** erfüllt[347].

Für die Frage, ob ein Fahrzeug neu ist, ist derjenige **nachweispflichtig**, der sich darauf beruft. Das kann sowohl das Finanzamt sein, das den Erwerb besteuern möchte, als auch der Steuerpflichtige, der den Erwerb im Inland versteuern möchte, um in den Genuss des ggf. niedrigeren deutschen Steuersatzes zu kommen[348].

Bei einem **Schrottfahrzeug** wird man allerdings nicht mehr von einem Fahrzeug i. S. v. § 1b Abs. 2 UStG sprechen können[349].

45.5 Die einzelnen Fallgruppen im Neuwagengeschäft

45.5.1 Lieferung des deutschen Kfz-Händlers an Unternehmenskunden

Die Umsatzbesteuerung folgt den **allgemeinen Prinzipien**; es ergeben sich keine Besonderheiten (➲ s. o., Kapitel 45.1).

45.5.2 Lieferung des deutschen Kfz-Händlers an nichtunternehmerische Kunden im Inlandsgeschäft und Drittlandsgeschäft

Die Umsatzbesteuerung folgt den **allgemeinen Prinzipien**; es ergeben sich keine Besonderheiten (➲ s. o., Kapitel 45.1).

45.5.3 Lieferung des deutschen Kfz-Händlers an nichtunternehmerische Kunden im EU-Geschäft

§ Rechtsgrundlagen

BMF-Schreiben vom 23.12.1992, IV A 3 – S 7143 – 2/92, Umsatzsteuerbefreiung für die innergemeinschaftliche Lieferung neuer Kraftfahrzeuge; hier: Nachweis der Beförderung oder Versendung in das übrige Gemeinschaftsgebiet, BStBl. I 1993, 46. Das Schreiben ist vor dem 27.3.2012 ergangen und formell aufgehoben, materiell

345 *Bülow,* a. a. O., § 1b Rz. 22.

346 *Leonard,* a. a. O., Rz. 14.

347 *Leonard,* a. a. O., Rz. 13.

348 *Leonard,* a. a. O., Rz. 14; *Stadie,* a. a. O. Anm. 19; a. A. *Tehler* in Reiß/Kraeusel/Langer, UStG, § 1b Rz. 15.

349 *Bülow,* a. a. O., § 1b Rz. 21; vgl. bereits oben ➲ Kapitel 45.3.

aber weiter gültig lt. BMF v. 18.3.2021; zur zweifelhaften Bedeutung dieses Schreibens ➲ Kapitel 1.6).

Bei der Lieferung eines Neufahrzeugs im EU-Geschäft kann gem. § 4 Nr. 1 Buchst. b, § 6a Abs. 1 Satz 1 Buchst. c UStG »**jeder andere Erwerber**« der Abnehmer sein, also auch ein

- Nichtunternehmer

  Beispiel: Ein niederländischer Arbeitnehmer kauft bei einem Autohaus in Kerken ein Neufahrzeug.
- Unternehmer, der das Fahrzeug nicht für sein Unternehmen erwirbt.

  Beispiel: Ein belgischer Schokoladenvertreter kauft bei einem Autohaus bei einer Werbereise durch Deutschland ein Neufahrzeug für seine Tochter.

In diesem Fall gelten für den **Buchnachweis** die besonderen Sollvorschriften des § 17c Abs. 4 UStDV. Der Unternehmer soll Folgendes aufzeichnen:

- Namen und Anschrift des Erwerbers;
- die handelsübliche Bezeichnung des gelieferten Fahrzeugs;
- den Tag der Lieferung;
- das vereinbarte Entgelt bzw. – bei Ist-Versteuerung nach § 20 – das vereinnahmte Entgelt und den Tag der Vereinnahmung;
- die Merkmale, die das Fahrzeug nach § 1b Abs. 2 und 3 als neu ausweisen (s. o. ➲ Kapitel 45.4);
- die Beförderung oder Versendung in einen anderen Mitgliedstaat;
- den Bestimmungsort des Fahrzeugs in einem anderen Mitgliedstaat.

Daneben sind nach einer Anweisung des BMF zur Vermeidung von Missbräuchen weitere, ergänzende Nachweispflichten zu erfüllen:

- Eine innergemeinschaftliche Lieferung ist danach nur dann gegeben, wenn auch der Nachweis erbracht wird, dass das Fahrzeug **in einem anderen EU-Mitgliedstaat zum Straßenverkehr amtlich zugelassen** worden ist.
- Nur wenn dies nicht möglich ist, kann der Nachweis auch in einer anderen gleichermaßen eindeutigen und leicht nachprüfbaren Weise geführt werden, z. B. durch den **Nachweis der Erwerbsbesteuerung**.

45.5.4 Erwerb des deutschen Kfz-Händlers von einem (nichtunternehmerischen) »Fahrzeuglieferer«

Hier ergeben sich für den Kfz-Händler keine Besonderheiten:

- Die **Erwerbsbesteuerung** erfolgt im normalen Voranmeldungsverfahren.
- Ist der Unternehmer vorsteuerabzugsberechtigt, kann er in derselben Voranmeldung die Erwerbsteuer als **Vorsteuer** wieder in Abzug bringen.

Damit ergibt sich in der Regel ein **Nullsummenspiel**! (➲ Kapitel 55.7.)

45.5.5 Lieferungen und Erwerbe durch Nichtunternehmer

Besonderheiten gelten für **außerunternehmerische Vorgänge** (Geschäfte unter Privatleuten)[350].

Beratungskonsequenzen

Die erforderlichen Erklärungen sehen Sie (... als Steuerberater ...) in ➲ Kapitel 55.3.

45.6 Berücksichtigung der Fahrzeuglieferungen und -erwerbe in den Vordrucken

UStVA 2024 – USt-Erklärung 2023 – ZM

Hinweis

➲ Kapitel 55.2 und Kapitel 55.3

45.7 Meldung nach der Fahrzeuglieferungs-Meldepflichtverordnung

Schon lange Plicht, in der Praxis aber ohne böse Absicht immer wieder übersehen

Insbesondere Kfz-Händler, die

- neue Fahrzeuge
- in einen anderen EU-Mitgliedstaat
- an einen Käufer ohne USt-IdNr.

liefern, haben **seit dem 1.7.2010** eine besondere Meldepflicht[351].

45.7.1 Das bisherige Problem

Veräußert ein Kfz-Händler ein neues Fahrzeug (s. o., ➲ Kapitel 45.4) in ein anderes EU-Land, ist der Verkauf auch dann umsatzsteuerfrei, wenn der Kunde keine USt-IdNr. hat (§ 6a Abs. 1 Nr. 2 Buchst. c UStG ➲ s. o., Kapitel 45.5.3) hat.

Der Kunde muss im Gegenzug im Bestimmungsland einen innergemeinschaftlichen Erwerb versteuern (im deutschen Recht nach § 1b UStG). Dies konnte die Finanzverwal-

350 Vgl. in UNI *Weimann*, § 1b und *Heß*, § 16, 2.4 sowie *Heizmann*, § 15, 2.8.

351 Fahrzeuglieferungs-Meldepflichtverordnung – FzgLiefgMeldV, BGBl. I 2009, 630.

tung des Bestimmungslandes bislang nicht kontrollieren, weil Fahrzeugverkäufe an Abnehmer ohne USt-IdNr. nicht in die Zusammenfassende Meldung (➲ Kapitel 51) eingehen.

45.7.2 Die Lösung: Elektronische Meldung ans BZSt

Seit dem 1.7.2010 ist das BZSt daher über derartige Geschäfte in einer **Art »Zusammenfassende Meldung«** gesondert zu informieren. Die Meldung soll sicherstellen, dass der Kunde im Gegenzug im Bestimmungsland einen innergemeinschaftlichen Erwerb versteuert. Dazu übermittelt das BZSt die Daten an die ausländische Finanzbehörde, die dann die Erwerbsbesteuerung überprüfen kann.

45.7.3 Einzelmeldungen erforderlich – Checkliste

Jedes Fahrzeug ist **gesondert** zu melden[352]. Meldezeitraum ist das **Kalendervierteljahr**. Die Meldung erfolgt für den **Meldezeitraum**, in dem das Fahrzeug geliefert worden ist und ist bis zum 10. Tag nach Ablauf des Meldezeitraums abzugeben. Wird für die UStVA eine **Dauerfristverlängerung** gewährt, gilt diese auch für die neue Meldepflicht. Die Meldung muss **folgende Angaben** enthalten[353]:

Checkliste

Pflichtangaben nach der FzgLiefgMeldV

- Name, Anschrift, Steuernummer und USt-IdNr. des Lieferers
- Name und Anschrift des Erwerbers
- Datum der Rechnung
- Bestimmungsmitgliedstaat
- Entgelt (Kaufpreis)
- Art des Fahrzeugs (Land-, Wasser- oder Luftfahrzeug)
- Fahrzeughersteller und Fahrzeugtyp (Typschlüsselnummer)
- Datum der ersten Inbetriebnahme, wenn vor Rechnungsdatum
- Kilometerstand
- Kraftfahrzeug-Identifizierungs-Nummer

45.7.4 Sanktionen bei Verstoß gegen die Meldepflicht

Ein Verstoß gegen die Meldepflicht kann mit einer **Geldbuße in Höhe von 5.000 €** geahndet werden (§ 26a UStG).

---

352 § 1 Abs. 1 Satz 2 FzgLiefgMeldV.

353 § 1 Abs. 1 Satz 3 FzgLiefgMeldV.

45.7.5 Details zur Meldung

Hinweis

- Muster einer Meldung an das BZSt
- Zusammenstellung von zu der Meldung oft gestellten Fragen und den dazugehörigen Antworten (»FAQs«).

➲ mybookplus.de > Wichtiges aus anderen Behörden

Weitere Informationen erhalten Sie auf der **Homepage des BZSt**[354].

45.7.6 Auswirkungen auf die UStVA

Zeilen 19 und 20 des Vordrucks, Kz. 44 und 49

Sind Fahrzeuglieferungen aufgrund der FzgLiefgMeldV zu melden, sind die nämlichen Bemessungsgrundlagen auch in der UStVA anzugeben.

15	zu anderen Steuersätzen	35		36	
16	Lieferungen land- und forstwirtschaftlicher Betriebe nach § 24 UStG an Abnehmer **mit** Umsatzsteuer-Identifikationsnummer	77			
17	Umsätze, für die eine Steuer nach § 24 UStG zu entrichten ist (Sägewerkserzeugnisse, Getränke und alkoholische Flüssigkeiten, z. B. Wein)	76		80	
	B. Steuerfreie Lieferungen, sonstige Leistun gen und unentgeltliche Wertabgaben **Steuerfreie Umsätze mit Vorsteuerabzug** **Innergemeinschaftliche Lieferungen** (§ 4 Nummer 1 Buchstabe b UStG)				
18	an Abnehmer **mit** Umsatzsteuer-Identifikationsnummer	41			
19	neuer Fahrzeuge an Abnehmer **ohne** Umsatzsteuer-Identifikationsnummer	44			

2024USt1A561 - September 2023 - **2024USt1A561**

Formular: 2024USt1A561

Steuernummer - 2 -

		Bemessungsgrundlage ohne Umsatzsteuer EUR		Steuer EUR Ct
20	neuer Fahrzeuge außerhalb eines Unternehmens (§ 2a UStG)	49		
21	**Weitere steuerfreie Umsätze mit Vorsteuerabzug** z. B. **Ausfuhrlieferungen**, Umsätze nach § 4 Nummer 2 bis 7 UStG			
22	**Steuerfreie Umsätze ohne Vorsteuerabzug** z. B. Umsätze nach § 4 Nummer 8 bis 29 UStG	48		
23	**C. Innergemeinschaftliche Erwerbe** **Steuerfreie innergemeinschaftliche Erwerbe** von bestimmten Gegenständen und Anlagegold (§§ 4b und 25c UStG)	01		

Formular: 2024USt1A562

354 https://www.bzst.de/DE/Unternehmen/Umsatzsteuer/ZusammenfassendeMeldung/zusammenfassendemeldung_node.html.

Gegenmaßnahmen zum Umsatzsteuerbetrug

46 Vorsicht vor einer »Fahrt im Umsatzsteuerkarussell«

Gefahren des redlichen Unternehmers aus betrügerischen Einkäufen

§ **Rechtsgrundlagen**

- EU-Kommission, Vorschlag für eine Verordnung des Rates zur Änderung der Verordnung (EU) Nr. 904/2010 hinsichtlich des zertifizierten Steuerpflichtigen, BR-Drs. 659/17 vom 4.10.2017.
- EU-Kommission, Vorschlag für eine Richtlinie des Rates zur Änderung der Richtlinie 2006/112/EG in Bezug auf die Harmonisierung und Vereinfachung bestimmter Regelungen des Mehrwertsteuersystems und zur Einführung des endgültigen Systems der Besteuerung des Handels zwischen Mitgliedstaaten, BR-Drs. 660/17 vom 4.10.2017.
- EU-Kommission, Pressemitteilung vom 4.10.2017.
- EU-Kommission, Mitteilung vom 27.6.2012, com (2012) 722 final, Aktionsplan zur Verstärkung der Bekämpfung von Steuerbetrug und Steuerhinterziehung.

➲ mybookplus.de > Wichtiges aus anderen Behörden

Auf einen Blick vorab – neue Maßnahmen zur Betrugsbekämpfung ab 1.1.2020!

Auch mit dem Ziel der Betrugsbekämpfung soll das Besteuerungsverfahren EU-weit umgestellt werden (➲ Kapitel 9). Da für die Umstellung ein zeitlicher Vorlauf unabdingbar ist, greifen ab 2020 **europaweite Sofortmaßnahmen** (➲ Kapitel 9.4). Diese ergänzt der deutsche Gesetzgeber durch Übernahme entsprechender Rechtsprechung in den Gesetzestext; die Beteiligung an einer Steuerhinterziehung führt ab sofort auch qua Gesetzes zur Versagung von Vorsteuerabzug und Steuerbefreiung (§ 25f UStG – neu – ➲ Kapitel 49).

46.1 Gefahren auch für den redlichen Unternehmer!

Karussellgeschäfte sind Betrugsgeschäfte: »Gauner« versuchen, sich ungerechtfertigte Vorsteuern zu erschleichen. Als redlicher Unternehmer (oder dessen Steuerberater) ist man geneigt, sich damit nicht zu beschäftigen – getreu dem Motto: »Das betrifft uns doch nicht; wir lassen uns doch auf so etwas erst gar nicht ein!«

Weit gefehlt! Für den redlichen Unternehmer besteht die Gefahr, in derartige Geschäfte »eingelassen zu werden«. Häufig ist dann der eigene **Vorsteuerabzug dadurch in Gefahr, dass man ohne Wissen am Ende einer Betrugskette steht**.

46.2 Der durch die Betrügereien verursachte Steuerschaden

Neues Zahlenmaterial der EU-Kommission

Das Ausmaß der durch Umsatzsteuerbetrug verursachten Steuerschäden lässt sich nur schwer bestimmen. Dies nicht nur deshalb, weil die »Gauner« ihren »Erfolg« in keine Statistik einfließen lassen, sondern auch, weil viele Mitgliedstaaten die Zahlen entweder erst gar nicht erheben oder die von ihnen erhobene Zahlen dann nicht veröffentlichen wollen.

Im Zusammenhang mit ihren Vorschlägen zur Betrugsbekämpfung ab 2020 (ursprünglich angedacht war 2019 (➲ Kapitel 9) hat die **EU-Kommission im Oktober 2017 überraschend konkrete Zahlen** veröffentlicht[355]:

- Insgesamt gehen jedes Jahr mehr als **150 Milliarden €** (= 150.000.000.000 €) an Mehrwertsteuern verloren.
- Schätzungen zufolge verursacht allein der grenzüberschreitende Betrug jährliche Mehrwertsteuereinbußen von rund **50 Milliarden €**.
- Umgelegt entsprechen die 50 Milliarden € in etwa **100 € pro EU-Bürger**.

Weitgehend seriöse Schätzungen liegen dem Europäischen Rechnungshof ausweislich eines Sonderberichts offensichtlich nur zu **Deutschland (Steuerschaden 2005 etwa 17 Mrd. €)** und dem Vereinigten Königreich (Steuerschaden 2005/2006 etwa 18 Mrd. €) vor.

Weitere »eindrucksvolle« – und damit beängstigende – Zahlen:

- Die Einnahmeausfälle – so mutmaßt das Europäische Parlament – könnten das **Volumen des Jahresgesamthaushaltes der Gemeinschaft übersteigen**[356]!
- **Allein in Deutschland** belief sich der Steuerschaden ausweislich eines Sonderberichts des Europäischen Rechnungshof in 2005 auf etwa **17 Mrd. €**.
- Der durchschnittliche **Umfang der Schattenwirtschaft** in den verschiedenen Mitgliedstaaten beträgt **ca. 20 %** (8–32 %)[357].

Die Mitgliedstaaten nehmen tatsächlich nur zwischen 40 % (Griechenland) und 90 % (Luxemburg) ihrer theoretisch möglichen Mehrwertsteuer ein[358]. Mit anderen Worten **»verschenkt« Griechenland 60 % der Mehrwertsteuereinnahmen**!

---

355 EU-Kommission, Pressemitteilung vom 4.10.2017; ➲ mybookplus.de > Wichtiges aus anderen Behörden.

356 BR-Drs.1004/08 vom 19.12.2008; hierzu *Weimann,* UStB 2009, 52.

357 EU-Kommission, Mitteilung vom 27.6.2012, Aktionsplan zur Verstärkung der Bekämpfung von Steuerbetrug und Steuerhinterziehung, com (2012) 722 final; ➲ mybookplus.de > Wichtiges aus anderen Behörden.

358 EU-Kommission, Mitteilung vom 27.6.2012, a. a. O.; ➲ mybookplus.de > Wichtiges aus anderen Behörden.

Einen wichtigen Anteil an den Steuerschäden haben die grenzüberschreitenden Warengeschäfte, nicht zuletzt durch den Karussellbetrug; diese Schäden einzudämmen ist eine – wenn nicht gar die vorrangigste – **Intention aller Neuregelungen bei den Warengeschäften (EU ➲** Kapitel 9, 11, 37 und 49).

46.3 Der Aufbau dieser besonderen Spezies der Betrugsgeschäfte

Karussellgeschäfte sind Liefergeschäfte, bei denen in den Fiskus schädigender Absicht Rechnungen mit Umsatzsteuer ausgestellt werden, um dem Rechnungsempfänger den Vorsteuerabzug zu ermöglichen, ohne die ausgewiesene und geschuldete Steuer zu entrichten. Die Anfangs recht einfach »gestrickten« Betrugsgeschäfte wurden **in der Folgezeit »verfeinert«, um der Finanzverwaltung die Aufdeckung zu erschweren.** Mittlerweile verlaufen Karussellgeschäfte in der Regel **zumindest vierstufig**[359]:

- **Ausgangslieferant (Stufe 1):** Der **Ausgangslieferant** ist in einem anderen EU-Staat ansässig und beliefert seinen Abnehmer, den missing trader, steuerfrei innergemeinschaftlich.
- **missing trader (Stufe 2):** Der erste Empfänger der Ware versteuert im Bestimmungsland den innergemeinschaftlichen Erwerb (Nullsummenspiel!) und verkauft die Ware umsatzsteuerpflichtig an einen vorab bestimmten Inländer. **Auf dieser Stufe entstehen die Steuerausfälle,** da von vorneherein weder die Absicht besteht, eine Marge zu erzielen noch die in Rechnung gestellte Umsatzsteuer zu begleichen; der auf der zweiten Stufe tätige Unternehmer wird daher als missing trader bezeichnet. Der missing trader veräußert die Ware unter dem Einstandspreis und wird so vermögenslos. Er »taucht ab«, sobald die Finanzverwaltung versucht, die fällige Umsatzsteuer beizutreiben, und wird durch einen noch nicht auffällig gewordenen neuen missing trader ersetzt. Das Finanzamt wird keine Möglichkeit zur Einsicht in die Bücher des missing trader haben; darum bleibt unbeantwortet, warum die Ware unter dem Einstandspreis veräußert wurde.
- **buffer (Stufe 3):** Abnehmer des missing traders ist der ebenfalls im Bestimmungsland ansässige buffer. Der buffer dient der **Verschleierung des Lieferweges** und verkauft die Ware an den nächsten Abnehmer des Karussells. Der buffer hat eine unauffällige Umsatzsteueranmeldung mit Vorsteuer aus dem Wareneinkauf und Umsatzsteuer aus dem Warenverkauf; es kommt zu einer Zahllast.
- **distributor (Stufe 4):** Auch der distributor (manchmal auch »exporter« genannt) ist als Abnehmer des buffers im Bestimmungsland ansässig. Der distributor veräußert die Ware steuerfrei innergemeinschaftlich zurück an den Ausgangslieferanten. Damit ist das **Karussell geschlossen**; die Ware kann über einen neuen missing trader wieder in Umlauf gebracht werden.

---

359 Vgl. statt vieler *Kemper,* UR 2005, 1; *Tiedtke,* UR 2004, 6; zur »Technik der Karussellgeschäfte« vgl. auch Hessisches FG, EFG 2003, 890.

Beispiel

Der in Belgien ansässige Unternehmer B verkauft im Februar 2023 Rahmen innergemeinschaftlicher Lieferungen hochwertige Kfz an den in Deutschland angemeldeten Scheinunternehmer S. Vereinbarungsgemäß beträgt der Kaufpreis 1.700.000 €.

S verkauft die Kfz für 1.500.000 € zzgl. 19 % USt (285.000 €) an den deutschen Händler H1. Während H1 sich die Vorsteuern erstatten lässt, meldet S gegenüber dem Finanzamt die USt an, ohne diese auch bezahlen zu können, da er aus den insgesamt erhaltenen 1.785.000 € zunächst seine Lieferverbindlichkeiten gegenüber B i. H. v. 1.700.000 € begleicht und durch den Verkauf unter dem Einstandspreis vermögenslos wurde.

H1 verkauft die Kfz für 1.800.000 € zzgl. 19 % USt (342.000 €) an den ebenfalls deutschen Händler H2 und lässt sich die Vorsteuern aus dem Wareneinkauf von S i. H. v. 285.000 € vom Finanzamt erstatten.

H2 verkauft die Kfz für 1.900.000 € steuerfrei innergemeinschaftlich an B zurück und lässt sich die Vorsteuern aus dem Wareneinkauf von H1 i. H. v. 342.000 € vom Finanzamt erstatten.

B (= Ausgangslieferant)

- steuerfreie innergem. Lieferung an S
- innergem. Erwerb mit Vorsteuerabzug von H2

↓

S (= missing trader)

- innergem. Erwerb mit Vorsteuerabzug von B
- unbeglichene USt-Schuld: **285.000 € (= Steuerschaden!!!)**

↓

H1 (= buffer)

- USt aus der Lieferung an H2: 342.000 €
- Vorsteuer aus der Lieferung des S: 285.000 €

↓

H2 (= distributor/exporter)

- steuerfreie innergem. Lieferung an B
- Vorsteuerabzug aus der Lieferung des H1: 342.200 €

↓

➲ **Folge:**

Das Finanzamt wird die **Umsatzsteuer des missing traders niederschlagen** müssen; der **Steuerschaden beträgt mithin 285.500 €.**

46.4 EuGH und BFH zu den Voraussetzungen des Vertrauensschutzes

EuGH und BFH haben sich bereits intensiv mit Fragen des Umsatzsteuerkarusselle und des Gutglaubensschutzes auseinandersetzen. Die höchst interessanten Urteile haben insgesamt zwar insgesamt die Position des (gutgläubigen) Unternehmers gestärkt; allerdings sind die insbesondere vom BFH definierten **Voraussetzungen an den Gutglaubensschutz sehr streng**[360]**!**

46.5 Folge des Karussellbetrugs

Verkürzte Meldefristen für die ZM – mit faktischen Auswirkungen auch auf die UStVA!

Eine Folge des Umsatzsteuerbetrugs war die **Neufassung des Art. 263 MwStSystRL**; danach ist »eine zusammenfassende Meldung ... für jeden Kalendermonat innerhalb einer Frist von höchstens einem Monat ... abzugeben, ...«[361].

Faktisch führt dies auch zu einer Fristverkürzung bei der Umsatzsteuer-Voranmeldung[362].

360 Zur aktuellen Rechtsprechung des EuGH sowie den dazu gehörenden Schlussanträgen des Generalanwalts vgl. *Weimann*, Umsatzsteuer in der Praxis, 21. Auflage 2023, Kapitel 7.1.

361 Vgl. *Weimann*, Umsatzsteuer in der Praxis, 21. Auflage 2023, Kapitel 48.

362 Vgl. *Weimann*, Umsatzsteuer in der Praxis, 21. Auflage 2023, Kapitel 62.

47 Neuer Vorstoß der Finanzverwaltung bei Außenprüfungen

Gezielte Aufklärung des Unternehmens zum USt-Missbrauch

Hinweis

Ihr guter Glaube ist in Gefahr! Hüten Sie sich vor übereilten Unterschriften!

Aktuell: Umsatzsteuerverschärfung durch § 25f UStG

Die neue Vorschrift führt ausweislich der Überschrift zur »Versagung des Vorsteuerabzugs und der Steuerbefreiung bei Beteiligung an einer Steuerhinterziehung«. Der Gesetzgeber übernimmt damit die Rechtsprechung von EuGH, BFH und FGs und wird im Zweifel dazu führen, dass die Finanzverwaltung das hier vorgestellte Merkblatt nunmehr intensiver einsetzen wird (➲ Kapitel 49).

Der Umsatzsteuerbetrug kostet die Bundesrepublik Deutschland weiter jährlich rund 15 Milliarden Euro. Den Betrug zu bekämpfen bleibt damit ein vorrangiges Ziel der Finanzverwaltung. Daran gibt es wenig zu kritisieren. Kritisch zu sehen ist aber die Art und Weise, wie die Verwaltung die Problematik neuerdings angeht. Da sie der wahren Täter eher selten habhaft wird, geht die Tendenz dahin, deren redliche Geschäftspartner ins Unrecht zu setzen und Umsatzsteuereinbußen dadurch auszugleichen, dass Letzteren der Vorsteuerabzug versagt wird. Zu offensichtlich diesem Ziel hat die Finanzverwaltung ein Papier entwickelt, dass sie ausgewählten Unternehmern zunächst »erläutert« und danach »aushändigt«; die Unternehmer sollen dies durch ihre Unterschrift bestätigen[363].

47.1 Der Inhalt des Merkblatts

47.1.1 Die Einleitung

Die Finanzverwaltung leitet das Papier wie folgt ein:

Auszug aus dem Merkblatt

Merkblatt zur Umsatzsteuer
Beachtung des gemeinschaftsrechtlichen Missbrauchsverbots

1. Ausgangslage

In der Bundesrepublik Deutschland finden immer wieder Umsatzsteuerhinterziehungen in erheblichem Umfang statt, bei denen mehrere Unternehmen auch in

363 *Weimann*, GStB 2015, 68.

grenzüberschreitende Lieferketten eingebunden werden. Die Finanzbehörden haben darauf hinzuwirken, dass Umsatzsteuern nicht verkürzt und Steuererstattungen nicht zu Unrecht gewährt werden. Hierbei werden die Finanzbehörden auch präventiv im Interesse der Sicherstellung des Umsatzsteueraufkommens, zur Vermeidung von Wettbewerbsverzerrungen und zum Schutz steuerehrlicher Unternehmer tätig.

2. Gemeinschaftsrechtliches Missbrauchsverbot

Nach der Rechtsprechung des Europäischen Gerichtshofs und des Bundesfinanzhofes ist der Vorsteuerabzug zu versagen, wenn aufgrund objektiver Umstände feststeht, dass der Unternehmer wusste oder hätte wissen müssen, dass dieser Umsatz in eine vom Lieferer bzw. Leistenden oder einem anderen Wirtschaftsteilnehmer auf einer vorhergehenden Umsatzstufe begangenen Steuerhinterziehung einbezogen war. Hat das Finanzamt diese objektiven Umstände rechtlich hinreichend nachgewiesen bzw. substantiiert vorgetragen, obliegt es im Rahmen der Feststellungslast dem Unternehmer, dies zu widerlegen. Hierzu muss er die Feststellungen des Finanzamtes durch substantiierte Argumente und Beweise entkräften.
Dies gilt in gleicher Weise für die Beanspruchung der Steuerfreiheit für innergemeinschaftliche Lieferungen und die Haftung für die schuldhaft nicht abgeführte Steuer gemäß § 25d UStG. …

Hierzu ist anzumerken, dass schon die **Bezeichnung »Merkblatt« verharmlosend und damit ein Stück weit irreführend** ist. Es geht der Finanzverwaltung nicht darum, dem Unternehmer ein Hilfsmittel an die Hand zu geben. Vielmehr soll der Unternehmer mit dem Ziel belehrt werden, ihm später einmal den guten Glauben abzusprechen und den Vorsteuerabzug und eventuelle Billigkeitsmaßnahmen zu versagen.

Wichtig!

Da der Unternehmer zu bestimmten Verhaltensweisen veranlasst und auf die Konsequenzen vermeintlichen Fehlverhaltens hingewiesen werden soll (➲ siehe unten, Kapitel 12.1.3), wäre eine Bezeichnung wie »Belehrung über die Mitwirkungspflichten zur Bekämpfung von Umsatzsteuerbetrug und die Folgen ihrer Verletzung« sicher treffender.

In Abschnitt 2 wird die **Rechtsprechung des EuGH pauschal und unspezifiziert** – insbesondere ohne Angabe von Aktenzeichen – in markigen Sätzen wiedergegeben.

Beratungskonsequenzen

Ja, die Aussagen entstammen der EuGH-Rechtsprechung, werden aber hier aus dem Zusammenhang gegriffen. Dass der EuGH diesbezüglich gerade keine Generalisierung wünscht und vielmehr gegensteuert, zeigt sich an seiner jüngeren Rechtsprechung (➲ siehe unten, Kapitel 12.2.1 und Kapitel 12.2.2).

47.1.2 Die »schwarze Liste«

Der Einleitung folgt eine »schwarze Liste«, in der die Finanzverwaltung Anhaltspunkte auflistet, die ihres Erachtens für einen Umsatzsteuerbetrug sprechen sollen.

Auszug aus dem Merkblatt

... 3. Betroffene Geschäfte

Das Finanzamt macht den Unternehmer hiermit darauf aufmerksam, dass er bei der Anbahnung und Abwicklung von Geschäften auf ungewöhnliche Geschäftsverhältnisse achten muss. Dem Unternehmer wird deshalb zur Kenntnis gebracht, dass folgende Umstände darauf deuten können, dass ein Unternehmen in einen Umsatzsteuerbetrug eingebunden sein kann.

a) Allgemein

Der Unternehmer wird durch einen Dritten aufgefordert/gebeten, sich an Umsätzen zu beteiligen, bei denen der Dritte z. B.

- Lieferanten und/oder Abnehmer vermittelt.
- Einkaufs- und/oder Verkaufspreise vorgibt.
- Zahlungsmodalitäten vorgibt.
- Lieferwege vorgibt.

b) Bei einem Kauf

- Der Lieferant bietet Ware an, deren **Preis unter dem Marktpreis** liegt.
- **Der Lieferant ist ein neu gegründetes Unternehmen** oder hat gerade seine Geschäftstätigkeit begonnen.
- Der Lieferant ist in der Branche unbekannt.
- Der **Gesellschaftszweck des Lieferanten laut Handelsregister** entspricht nicht dem tatsächlich ausgeübten oder ist sehr allgemein gehalten.
- ...
- Es bestehen Zweifel an der umsatzsteuerlichen Registrierung des Lieferanten.
- Die Geschäftsadresse des Lieferanten ist ungewöhnlich, z. B. eine Büroservice- oder c/o-Adresse.
- Der Lieferant verfügt über **keine oder keine angemessenen Lagerräume** oder lässt Ware nur über eine Spedition lagern.
- Die verantwortlichen Personen des Lieferanten haben **keinen Wohnsitz in der Nähe des Unternehmens oder in Deutschland** und/oder sind der deutschen Sprache nicht mächtig.
- Die schriftlichen Anfragen des Lieferanten wirken laienhaft, z. B. bezüglich Briefpapier, Schrift, Logo.
- ...
- Die **E-Mail-Adresse ist in einem anderen Staat vergeben**.
- Der Lieferant bietet Waren an, die der Unternehmer schon einmal eingekauft hat (z. B. identische Fahrzeug-Identifikationsnummer, IMEI-Nummer u ä. Seriennummern).
- ...

c) Bei einem Verkauf

- Der Abnehmer ist ein neu gegründetes Unternehmen ...

Hinweis

Die »schwarze Liste« ist hier nur auszugsweise wiedergegeben. Die Anhaltspunkte, die für einen betrügerischen Verkauf aufgelistet werden, entsprechen denen für den Einkauf; auf eine Wiedergabe an dieser Stelle wurde daher verzichtet. Hervorhebungen durch **Fett**druck sind vom Autor. Den **vollständigen Originaltext** finden Sie in Kapitel 12.4, der **Anlage zu diesem Kapitel**.

Die vermeintlichen Anhaltspunkte für einen Umsatzsteuerbetrug sind eine »bunte Mischung« von zweifelsohne kritischen Geschäftsumständen mit solchen, die zum Teil völlig üblich und damit unauffällig oder auch gar nicht nach prüfbar sind:

- Sicherlich sollte es einem Einkäufer auffallen, wenn derselbe Artikel von ihm schon einmal eingekauft wurde (gleiche Fahrzeug-Identifikations- oder IMEI-Nummer); das spricht für ein »klassisches« Karussellgeschäft.
- Ähnliches gilt für Ware, die weit unter dem Marktwert angeboten wird. Aber muss der Einkäufer auch Preise hinterfragen, die leicht darunter liegen? Kann das von ihm überhaupt erwartet werden oder ist es nicht vielmehr so, dass ein jeder Einkäufer gute Chancen zu nutzen wird?
- Was spricht gegen ein Geschäft mit einem neu gegründeten oder bislang unbekannten Unternehmen? Woraus ergibt sich das Erfordernis eines Abgleichs mit Handelsregisterauszügen; diese vor einem Geschäft einzusehen ist den meisten Branchen vollkommen fremd.
- Informationen über Lagerkapazitäten des Geschäftspartners abzufragen ist unüblich, die Arbeit mit einer Spedition dagegen in den meisten Branchen an der Tagesordnung.
- Ein ausländischer oder im Ausland wohnender Geschäftsführer ist sicher nichts Ungewöhnliches; gleiches gilt für eine ausländische Internet- oder E-Mail-Anschrift (...@com).

Beratungskonsequenzen

Die Tatbestandsmerkmale scheinen weit hergeholt und wenig aussagekräftig[364]. Die Finanzverwaltung wird daher genauestens argumentieren müssen, warum ein Merkmal im konkreten Einzelfall der Annahme eines guten Glaubens entgegensteht. Für den Unternehmer/Berater wird es in der Regel nicht schwer sein, die Argumente zu entkräften.

---

364 *Weimann*, GStB 2015, 68.

47.1.3 Die Belehrung und der Unterschriftsteil

Das Papier schließt wie folgt:

> **Auszug aus dem Merkblatt**
>
> ... Liegen objektive Umstände vor, die darauf schließen lassen, dass der Unternehmer in einen Umsatzsteuerbetrug eingebunden war und hat der Unternehmer insbesondere oben genannte Anhaltspunkte dafür ignoriert oder übersehen, kann im Einzelfall
>
> - die Versagung des Vorsteuerabzugs (§ 15 UStG),
> - die Versagung der Steuerfreiheit bei innergemeinschaftlichen Lieferungen (§ 4 Nr. 1b i. V. m. § 6a UStG) oder
> - eine Haftung für schuldhaft nicht abgeführte Steuer (§ 25d UStG)
>
> als mögliche Rechtsfolge in Frage kommen. Der Unternehmer sollte deshalb in der Lage sein, im Einzelfall gegenüber dem Finanzamt dokumentieren zu können, dass aufgetretene Anhaltspunkte untersucht wurden.
>
> Der Unternehmer sollte auch alle ihm zur Verfügung stehenden Angaben über die beteiligten Unternehmer und Kontaktpersonen (Name, Adresse, Telefonnummer, Faxnummer, E-Mail-Adresse) aufbewahren. Treten Bevollmächtige (z. B. Angestellte, Vermittler) auf, sollten Handlungsvollmachten für diese Personen vorgelegt werden.
>
> **Vorsorglich wird darauf hingewiesen, dass die Beachtung der Hinweise dieses Merkblattes nicht automatisch zur Gewährung des Vorsteuerabzugs oder der Steuerbefreiung für innergemeinschaftliche Lieferungen führt.**
>
> **Die o. g. Anhaltspunkte, die auf Umsatzsteuerbetrug hinweisen können, sind nicht abschließend. Der Unternehmer muss auch bei weiteren Auffälligkeiten seiner kaufmännischen Sorgfaltspflicht nachkommen.**
>
> Das Merkblatt wurde erläutert durch ....
>
> Das Merkblatt wurde ausgehändigt an ....
>
> Datum: .... Empfang wird bestätigt: ....

Hier zeigt sich, was die Verwaltung will: dem Unternehmer soll durch das Merkblatt die **Gutgläubigkeit im Vorgriff genommen** werden.

> **Beratungskonsequenzen**
>
> Es stellt sich die Frage, ob der Unternehmer der Aufforderung zur Unterschrift Folge leisten sollte oder nicht. Unterschreibt der Unternehmer nicht, wird der Beamte das Gespräch protokollieren und das Dokument nachweisbar übersenden, etwa per Einschreiben mit Rückschein. Wesentlich wichtiger scheint es zu sein, sofort mit einer Gegenäußerung zu reagieren (➲ siehe unten, Kapitel 47.3).

47.2 Das Merkblatt widerspricht der neueren Rechtsprechung

47.2.1 EuGH vom 21.6.2012: Der Einkäufer hat keine generelle Pflicht zur Verifizierung von Eingangsrechnungen

Die Steuerverwaltung kann von einem Steuerpflichtigen, der sein Recht auf Vorsteuerabzug ausüben möchte, **nicht generell verlangen zu prüfen**, ob der Aussteller der Rechnung über die Gegenstände und Dienstleistungen, für die dieses Recht geltend gemacht wird, Steuerpflichtiger ist, über die fraglichen Gegenstände verfügte und sie liefern konnte und seinen Verpflichtungen hinsichtlich der Erklärung und der Abführung der Mehrwertsteuer nachgekommen ist, um sich zu vergewissern, dass auf der Ebene der Wirtschaftsteilnehmer einer vorgelagerten Umsatzstufe keine Unregelmäßigkeiten und Steuerhinterziehung vorliegen, oder entsprechende Unterlagen vorzulegen[365].

Es ist nämlich grundsätzlich **Sache der Steuerbehörden,** bei den Steuerpflichtigen die erforderlichen Kontrollen durchzuführen, um Unregelmäßigkeiten und Mehrwertsteuerhinterziehung aufzudecken und gegen den Steuerpflichtigen, der diese Unregelmäßigkeiten oder Steuerhinterziehung begangen hat, Sanktionen zu verhängen[366].

Die Steuerbehörde **würde ihre eigenen Kontrollaufgaben auf die Steuerpflichtigen übertragen,** wenn sie oben genannte Maßnahmen aufgrund der Gefahr der Verweigerung des Vorsteuerabzugsrechts den Steuerpflichtigen auferlegt[367].

Beratungskonsequenzen

Der Rechnungsempfänger darf also von der Finanzverwaltung **nicht mittelbar zu Nachprüfungen bei seinem Vertragspartner verpflichtet** werden, die ihm grundsätzlich nicht obliegen.

47.2.2 EuGH vom 6.9.2012: Guter Glaube erfordert nur die verständige Würdigung aller bekannten Umstände

In der Entscheidung Mecsek-Gabona[368] nimmt der EuGH auch Stellung zu der Frage, welche Nachweishandlungen einem Wirtschaftsteilnehmer zur Wahrung seiner Rechte zumutbar sind. Für die Beurteilung eines (Ausgangs- oder Eingangs-)Umsatzes kommt es danach immer auf den **Kenntnisstand der Beteiligten bei Ausführung des Umsatzes** an!

---

365 EuGH, Urteil vom 21.6.2012, Rs. C-80/11 u. C-142/11, C-80/11, C-142/1, Mahagében und Dávid, Rn. 61 bis 65; vgl. auch Urteil vom 31.1.2013, Rs. C-643/11, LVK, HFR 2013, 361, Rz. 61.

366 *Weimann,* GStB 2015, 68.

367 EuGH, Urteil vom 21.6.2012, a. a. O., Rn. 62 ff.

368 EuGH, Urteil vom 6.9.2012, Rs. C-273/11, Mecsek-Gabona, BFH/NV 2012, 1919.

Beratungskonsequenzen

Sind **alle *bekannten* Umstände verständig gewürdigt**, ist der gute Glaube gewahrt[369]!

47.2.3 FG Münster vom 12.12.2013: Kein Vorsteuerabzug? – Dann muss das Finanzamt dem Einkäufer Betrugsabsicht nachweisen!

Das FG Münster hat sich der in ➲ Kapitel 47.2.1 vorgestellten EuGH-Rechtsprechung angeschlossen und – zur Fortbildung des Rechts (§ 128 Abs. 3 FGO i. V. m. § 115 Abs. 2 Nr. 2 FGO) – die Beschwerde zum BFH zugelassen[370]. Die Finanzverwaltung hat darauf – soweit ersichtlich – verzichtet.

Beratungskonsequenzen

In diesem Verzicht steckt eine große Aussagekraft! Rechnet die Finanzverwaltung nämlich mit einer für sie negativen Entscheidung des BFH, vermeidet sie gerne, dass ein Streitfall »hochgekocht« wird, verzichtet auf Rechtsmittel und wendet die – wahrscheinlich falsche, aber profiskalische – Rechtsauffassung weiter an.

47.3 Gegenäußerung nach Aushändigung des Merkblatts

So pauschal, wie die Finanzverwaltung den guten Glauben durch den Einsatz des Merkblatts zu beseitigen versucht, sollten Unternehmer und Berater versuchen, diesen wieder herzustellen.

Dazu empfiehlt sich – ebenfalls möglichst per Einschreiben mit Rückschein – in etwa folgende schriftliche Gegenäußerung[371]:

Musterschreiben

»Wir bestätigen, das Merkblatt erhalten zu haben, erkennen jedoch nach nochmaliger sorgfältiger Überprüfung unserer Ein- und Verkaufsbeziehungen keinerlei Auffälligkeiten.
Sollten behördlicherseits bereits konkrete andere Erkenntnisse vorliegen, bitten wir zur Abwendung eines Schadens von unserem Unternehmen, uns diese zeitnah schriftlich mitzuteilen.«

Beratungskonsequenzen

Der letzte Satz **bringt die Finanzverwaltung insoweit in Zugzwang,** als bei einem Zurückhalten besserer Erkenntnisse über eine (Staats-)Haftung nachzudenken sein wird.

---

369 Ausführliche Urteilsbesprechung bei *Weimann*, Umsatzsteuer in der Praxis, 21. Auflage 2023, Kapitel 7.

370 FG Münster, Beschluss vom 12.12.2013, 5 V 1934/13 U, BB 2014, 543, SIS 14 06 08.

371 *Weimann,* GStB 2015, 68.

47.4 Anlage: Merkblatt (Volltext)

Merkblatt zur Umsatzsteuer

Beachtung des gemeinschaftsrechtlichen Missbrauchsverbots

1. Ausgangslage

In der Bundesrepublik Deutschland finden immer wieder Umsatzsteuerhinterziehungen in erheblichem Umfang statt, bei denen mehrere Unternehmen auch in grenzüberschreitende Lieferketten eingebunden werden. Die Finanzbehörden haben darauf hinzuwirken, dass Umsatzsteuern nicht verkürzt und Steuererstattungen nicht zu Unrecht gewährt werden. Hierbei werden die Finanzbehörden auch präventiv im Interesse der Sicherstellung des Umsatzsteueraufkommens, zur Vermeidung von Wettbewerbsverzerrungen und zum Schutz steuerehrlicher Unternehmer tätig.

2. Gemeinschaftsrechtliches Missbrauchsverbot

Nach der Rechtsprechung des Europäischen Gerichtshofs und des Bundesfinanzhofes ist der Vorsteuerabzug zu versagen, wenn aufgrund objektiver Umstände feststeht, dass der Unternehmer wusste oder hätte wissen müssen, dass dieser Umsatz in eine vom Lieferer bzw. Leistenden oder einem anderen Wirtschaftsteilnehmer auf einer vorhergehenden Umsatzstufe begangenen Steuerhinterziehung einbezogen war. Hat das Finanzamt diese objektiven Umstände rechtlich hinreichend nachgewiesen bzw. substantiiert vorgetragen, obliegt es im Rahmen der Feststellungslast dem Unternehmer, dies zu widerlegen. Hierzu muss er die Feststellungen des Finanzamtes durch substantiierte Argumente und Beweise entkräften.
Dies gilt in gleicher Weise für die Beanspruchung der Steuerfreiheit für innergemeinschaftliche Lieferungen und die Haftung für die schuldhaft nicht abgeführte Steuer gemäß § 25d UStG. …

3. Betroffene Geschäfte

Das Finanzamt macht den Unternehmer hiermit darauf aufmerksam, dass er bei der Anbahnung und Abwicklung von Geschäften auf ungewöhnliche Geschäftsverhältnisse achten muss. Dem Unternehmer wird deshalb zur Kenntnis gebracht, dass folgende Umstände darauf deuten können, dass ein Unternehmen in einen Umsatzsteuerbetrug eingebunden sein kann.

a) Allgemein

Der Unternehmer wird durch einen Dritten aufgefordert/gebeten, sich an Umsätzen zu beteiligen, bei denen der Dritte z. B.

- Lieferanten und/oder Abnehmer vermittelt.
- Einkaufs- und/oder Verkaufspreise vorgibt.
- Zahlungsmodalitäten vorgibt.
- Lieferwege vorgibt.

b) Bei einem Kauf

- Der Lieferant bietet Ware an, deren Preis unter dem Marktpreis liegt.
- Der Lieferant ist ein neu gegründetes Unternehmen oder hat gerade seine Geschäftstätigkeit begonnen.
- Der Lieferant ist in der Branche unbekannt.
- Der Gesellschaftszweck des Lieferanten laut Handelsregister entspricht nicht dem tatsächlich ausgeübten oder ist sehr allgemein gehalten.

- Der Lieferant bietet eine Warenmenge an, die für die Größe des Unternehmens und/ oder seine fehlende Erfahrungen in der Branche unüblich sind (z. B. ungewöhnlich hohe Stückzahlen trotz Neugründung).
- Es bestehen Zweifel an der umsatzsteuerlichen Registrierung des Lieferanten.
- Die Geschäftsadresse des Lieferanten ist ungewöhnlich, z. B. eine Büroservice- oder c/o-Adresse.
- Der Lieferant verfügt über keine oder keine angemessenen Lagerräume oder lässt Ware nur über eine Spedition lagern.
- Die verantwortlichen Personen des Lieferanten haben keinen Wohnsitz in der Nähe des Unternehmens oder in Deutschland und/oder sind der deutschen Sprache nicht mächtig.
- Die schriftlichen Anfragen des Lieferanten wirken laienhaft, z. B. bezüglich Briefpapier, Schrift, Logo.
- Der Lieferant hat keinen Internetauftritt.
- Der Lieferant ist ausschließlich über eine Mobilfunknummer und/oder ausländische Telefonnummern erreichbar.
- Die E-Mail-Adresse ist in einem anderen Staat vergeben.
- Der Lieferant bietet Waren an, die der Unternehmer schon einmal eingekauft hat (z. B. identische Fahrzeug-Identifikationsnummer, IMEI-Nummer u. ä. Seriennummern).
- Es gibt keine oder unübliche Reklamationsbedingungen.
- Die Lieferbedingungen sind für die Branche ungewöhnlich.
- Die Waren werden von einem nicht an dem Umsatz beteiligten Unternehmen geliefert.
- Zubehör oder Ausstattung der Ware sind für den Bestimmungsort ungewöhnlich (z. B. ausländische Bedienungsanleitungen, Software, Netzstecker).
- Die vom Lieferanten vorgegebene Zahlungsart ist Barzahlung oder eine ungewöhnliche Zahlungsart.
- Der vom Lieferanten vorgegebene Zahlungsweg ist ungewöhnlich, z. B. Zahlung nicht an den Lieferanten, sondern an einen Dritten.
- Das vom Lieferanten angegebene Bankkonto befindet sich nicht in dem Land, in dem das Unternehmen betrieben wird.

c) **Bei einem Verkauf**

- Der Abnehmer ist ein neu gegründetes Unternehmen oder hat gerade seine Geschäftstätigkeit begonnen.
- Der Abnehmer ist in der Branche unbekannt.
- Der Gesellschaftszweck des Abnehmers laut Handelsregister entspricht nicht dem tatsächlich ausgeübten oder ist sehr allgemein gehalten.
- Es bestehen Zweifel an der umsatzsteuerlichen Registrierung des Abnehmers.
- Die Geschäftsadresse des Abnehmers ist ungewöhnlich, z. B. eine Büroservice- oder c/o-Adresse.
- Der Abnehmer bestimmt, dass die Waren in ein anderes Land geliefert werden sollen, als das, in dem der Abnehmer sein Unternehmen betreibt oder steuerlich registriert ist.
- Die schriftlichen Anfragen des Abnehmers wirken laienhaft, z. B. bezüglich Briefpapier, Schrift, Logo.
- Der Abnehmer hat keinen Internetauftritt.

- Der Abnehmer ist ausschließlich über eine Mobilfunknummer erreichbar.
- Die E-Mail-Adresse ist nicht in dem Staat vergeben, in dem der Abnehmer sein Unternehmen betreibt.
- Der Abnehmer besteht auf ungewöhnliche Lieferbedingungen.
- Der Abnehmer besteht auf Barzahlung oder einer ungewöhnlichen Zahlungsart.
- Die Zahlung erfolgt nicht durch den Abnehmer selbst, sondern einen Dritten, der nicht am Umsatz beteiligt ist.
- Die Zahlung erfolgt aus einem anderen Land, als dem, in dem der Abnehmer sein Unternehmer betreibt.
- Das vom Abnehmer genutzte Bankkonto befindet sich nicht in dem Land, in dem das Unternehmen betrieben wird.

Hinweis

Liegen objektive Umstände vor, die darauf schließen lassen, dass der Unternehmer in einen Umsatzsteuerbetrug eingebunden war und hat der Unternehmer insbesondere oben genannte Anhaltspunkte dafür ignoriert oder übersehen, kann im Einzelfall

- die Versagung des Vorsteuerabzugs (§ 15 UStG),
- die Versagung der Steuerfreiheit bei innergemeinschaftlichen Lieferungen (§ 4 Nr. 1b i. V. m. § 6a UStG) oder
- eine Haftung für schuldhaft nicht abgeführte Steuer (§ 25d UStG)

als mögliche Rechtsfolge in Frage kommen. Der Unternehmer sollte deshalb in der Lage sein, im Einzelfall gegenüber dem Finanzamt dokumentieren zu können, dass aufgetretene Anhaltspunkte untersucht wurden.

Der Unternehmer sollte auch alle ihm zur Verfügung stehenden Angaben über die beteiligten Unternehmer und Kontaktpersonen (Name, Adresse, Telefonnummer, Faxnummer,
E-Mail-Adresse) aufbewahren. Treten Bevollmächtige (z. B. Angestellte, Vermittler) auf, sollten Handlungsvollmachten für diese Personen vorgelegt werden.

Vorsorglich wird darauf hingewiesen, dass die Beachtung der Hinweise dieses Merkblattes nicht automatisch zur Gewährung des Vorsteuerabzugs oder der Steuerbefreiung für innergemeinschaftliche Lieferungen führt.

Die o. g. Anhaltspunkte, die auf Umsatzsteuerbetrug hinweisen können, sind nicht abschließend. Der Unternehmer muss auch bei weiteren Auffälligkeiten seiner kaufmännischen Sorgfaltspflicht nachkommen

Das Merkblatt wurde erläutert

durch ....

Das Merkblatt wurde ausgehändigt

an ....

Datum: .... Empfang wird bestätigt: ....

48 Umsatzsteuerbetrug: So dokumentieren Sie/Ihre Mandanten den guten Glauben prüfungssicher!

Aktuell: Umsatzsteuerverschärfung durch § 25f UStG

Die neue Vorschrift führt ausweislich der Überschrift zur »Versagung des Vorsteuerabzugs und der Steuerbefreiung bei Beteiligung an einer Steuerhinterziehung«. Der Gesetzgeber übernimmt damit die Rechtsprechung von EuGH, BFH und FGs und wird im Zweifel dazu führen, dass die Finanzverwaltung das ➲ in Kapitel 47 vorgestellte Merkblatt noch intensiver einsetzen wird (➲ Kapitel 49). Eine prüfungssichere Dokumentation wird damit noch wichtiger!

48.1 Die »schwarze Liste« der Finanzverwaltung

Die Finanzverwaltung listet in Abschnitt 3 des neuen Merkblatts (➲ Kapitel 47.4) die Anhaltspunkte auf, die ihres Erachtens für einen Umsatzsteuerbetrug sprechen, und beschreibt in der anschließenden Belehrung die sich daraus für den Unternehmer ergebenden

- die Rechtsfolgen einer Nichtbeachtung und
- Dokumentationspflichten.

Merkblatt/Belehrung

(Hinweis: ➲ Hervorhebungen durch **Fett**druck sind vom Autor.)

»... Liegen objektive Umstände vor, die darauf schließen lassen, dass der Unternehmer in einen Umsatzsteuerbetrug eingebunden war und hat der Unternehmer insbesondere oben genannte Anhaltspunkte dafür ignoriert oder übersehen, kann im Einzelfall

- die Versagung des Vorsteuerabzugs (§ 15 UStG),
- die Versagung der Steuerfreiheit bei innergemeinschaftlichen Lieferungen (§ 4 Nr. 1b i. V. m. § 6a UStG) oder
- eine Haftung für schuldhaft nicht abgeführte Steuer (§ 25d UStG)

als mögliche Rechtsfolge in Frage kommen. **Der Unternehmer sollte deshalb in der Lage sein, im Einzelfall gegenüber dem Finanzamt dokumentieren zu können, dass aufgetretene Anhaltspunkte untersucht wurden.** ...«

Beratungskonsequenzen

Sie werden also von der Finanzverwaltung aufgefordert, ab dem Einsatz des Merkblattes die benannten Auffälligkeiten zu prüfen.

Wenn Sie das vorher bereits unaufgefordert tun, genügen Sie damit auf jeden Fall den Anforderungen der Verwaltung und vermeiden damit spätere dahingehende Beanstandungen.

48.2 Welche Unternehmen sind besonders betroffen?

Die Dokumentationsempfehlungen richten sich vor allem an Unternehmen, deren Branchen schon einmal von Umsatzsteuer-Karussellen betroffen waren, also insbesondere der Handel mit

- Kraftfahrzeugen
- Schmuck
- Handys und Smartphones
- Tablet-PCs
- Camcordern

Beratungskonsequenzen

Potentiell betrugsgefährdet sind vor allem Branchen, die mit kleinen und zugleich teuren Wirtschaftsgütern handeln:

- klein, weil sich dann die Ware für die Betrüger leichter lagern und bewegen lässt, und
- teuer, damit sich ein nennenswertes Betrugsvolumen ergibt.

48.3 Dokumentation der Prüfung in der Belegbuchhaltung

Um Prüfungsbeanstandungen schon im Vorfeld abzuwenden, sollten Sie ab sofort den guten Glauben dokumentieren. Dazu empfiehlt es sich, die Durchführung der von der Finanzverwaltung geforderten Prüfungshandlungen ab sofort »eins zu eins« vorzunehmen[372]:

Dokumentation/Wareneinkauf – Ausschluss der Einbeziehung in einen Umsatzsteuerbetrug

Um ausschließen zu können, dass dieser Wareneinkauf unserem Lieferanten einen Umsatzsteuerbetrug ermöglicht, wurden insbesondere folgende Feststellungen getroffen bzw. Prüfungen vorgenommen:

1. Zu dem Einkauf wurde unser Unternehmen nicht durch einen Dritten aufgefordert oder gebeten. Insbesondere hat uns kein Dritter den Lieferanten vermittelt und/oder uns den Einkaufspreis oder die Zahlungsmodalitäten vorgeben.
2. Der Einkaufspreis ist der Höhe nach unauffällig und liegt nicht unter dem Marktpreis.
3. Es ist nicht ersichtlich, dass unser Lieferant ein neu gegründetes Unternehmen ist oder die Geschäftstätigkeit gerade erst begonnen hat.
4. Der Lieferant
   - ☐ ist in der Branche bzw. uns selbst aus früheren Einkäufen bekannt.
   - ☐ beliefert uns erstmals, scheint aber in der Branche bekannt zu sein und ist unauffällig.

372 *Weimann*, GStB 2015, 371.

5. Wir hatten keine besondere Veranlassung, den Gesellschaftszweck unseres Lieferanten im Handelsregister zu prüfen.
6. Die Menge der uns verkauften Ware ist unauffällig.
7. Es bestehen keine Zweifel an der umsatzsteuerlichen Registrierung des Lieferanten.
8. Die Geschäftsadresse des Lieferanten ist unauffällig und insbesondere keine Büroservice- oder c/o-Adresse.
9. Im Hinblick auf die Lagermöglichkeiten unseres Lieferanten wurden keine Auffälligkeiten bekannt.
10. Die Entscheidungsträger unseres Lieferanten
    - ☐ haben einen Wohnsitz in der Nähe des Unternehmens oder in Deutschland und/oder sind der deutschen Sprache mächtig.
    - ☐ haben einen Wohnsitz im Ausland und/oder sind der deutschen Sprache nicht mächtig. Das ist aber unauffällig, da es sich um einen internationalen Geschäftskontakt handelt.
11. Die schriftlichen Anfragen unseres Lieferanten wirken bezüglich des Briefpapiers, der Schrift, des Logos etc. professionell.

12 Unser Lieferant hat einen Internetauftritt.

13. Unser Lieferant
14. Die E-Mail-Adresse unseres Lieferanten ist
    - ☐ in Deutschland vergeben.
    - ☐ in einem anderen Staat vergeben. Das ist unauffällig, da es sich um einen internationalen Geschäftskontakt handelt.
15. Wir haben die nicht bereits schon einmal eingekauft (Abgleich mit den Fahrzeug-Identifikationsnummern/IMEI-Nummern/Seriennummern unserer bisherigen Einkäufe).
16. Der Lieferant verwendet keine unüblichen Reklamationsbedingungen.
17. Die Lieferbedingungen sind branchenüblich.
18. Die Ware wird nicht von einem nicht an dem Umsatz beteiligten Unternehmen geliefert.
19. Zubehör oder Ausstattung der Ware sind unauffällig (keine unüblichen ausländischen Bedienungsanleitungen, Software, Netzstecker).
20. Die vom Lieferanten vorgegebene Zahlungsart ist unauffällig und insbesondere keine Barzahlung.
21. Der vom Lieferanten vorgegebene Zahlungsweg ist unauffällig und insbesondere keine Zahlung an einen Dritten.
22. Das vom Lieferanten angegebene Bankkonto befindet sich
    - ☐ in Deutschland.
    - ☐ nicht in dem Land, in dem das Unternehmen betrieben wird. Das ist unauffällig, da es sich um ein international tätiges Unternehmen handelt.
23. Auch andere Auffälligkeiten wurden geprüft, aber nicht festgestellt.

Der Unterzeichner bestätigt, die vorstehenden Ziffern 1–23 geprüft zu haben.

- ☐ Bei der Prüfung ergaben sich keinerlei Auffälligkeiten.
- ☐ Zu Ziffer/n _______ ist folgendes anzumerken:

____

Datum: ______________ Unterschrift: ______________________________

Dokumentation/Warenverkauf – Ausschluss der Einbeziehung in einen Umsatzsteuerbetrug

Um ausschließen zu können, dass dieser Warenverkauf unserem Kunden einen Umsatzsteuerbetrug ermöglicht, wurden insbesondere folgende Feststellungen getroffen bzw. Prüfungen vorgenommen:

1. Zu dem Verkauf wurde unser Unternehmen nicht durch einen Dritten aufgefordert oder gebeten. Insbesondere hat uns kein Dritter den Kunden vermittelt und/oder uns den Verkaufspreis oder die Zahlungsmodalitäten vorgeben.
2. Es ist nicht ersichtlich, dass unser Kunde ein neu gegründetes Unternehmen ist oder die Geschäftstätigkeit gerade erst begonnen ha
3. Der Kunde
   - ☐ ist in der Branche bzw. uns selbst aus früheren Verkäufen bekannt.
   - ☐ wird uns erstmals beliefert, ist aber unauffällig.
4. Wir hatten keine besondere Veranlassung, den Gesellschaftszweck unseres Kunden im Handelsregister zu prüfen.
5. Die Menge der dem Kunden verkauften Ware ist unauffällig.
6. Es bestehen keine Zweifel an der umsatzsteuerlichen Registrierung des Lieferanten.
7. Die Geschäftsadresse des Kunden ist unauffällig und insbesondere keine Büroservice- oder c/o-Adresse.
8. Der Kunde bestimmt, dass die Ware
   - ☐ nach Deutschland geliefert wird.
   - ☐ in das Ausland geleifert wird. Das ist aber unauffällig, da es sich insgesamt um internationales Geschäft handelt.
9. Die schriftlichen Anfragen unseres Kunden wirken bezüglich des Briefpapiers, der Schrift, des Logos etc. professionell.

10 Unser Kunde hat einen Internetauftritt.

11. Unser Kunde
    - ☐ hat einen deutschen Festnetzanschluss.
    - ☐ ist ausschließlich über eine Mobilfunknummer und/oder ausländische Telefonnummern erreichbar. Das ist unauffällig, da es sich um einen internationalen Geschäftskontakt handelt.
12. Die E-Mail-Adresse unseres Kunden ist
    - ☐ in Deutschland vergeben
    - ☐ in einem anderen Staat vergeben. Das ist unauffällig, da es sich um einen internationalen Geschäftskontakt handelt.
13. Die Lieferbedingungen sind branchenüblich.
14. Die vom Kunden erbetene Zahlungsart ist unauffällig und insbesondere keine Barzahlung.
15. Der vom Kunden gewählte Zahlungsweg ist unauffällig und insbesondere keine Zahlung von einem Dritten.
16. Das Bankkonto, von dem aus der Kunde uns bezahlt, befindet sich
    - ☐ in Deutschland.
    - ☐ nicht in dem Land, in dem das Unternehmen betrieben wird. Das ist unauffällig, da es sich um ein international tätiges Unternehmen handelt.

17. Auch andere Auffälligkeiten wurden geprüft, aber nicht festgestellt.
    Der Unterzeichner bestätigt, die vorstehenden Ziffern 1–17 geprüft zu haben.
    ☐ Bei der Prüfung ergaben sich keinerlei Auffälligkeiten.
    ☐ Zu Ziffer/n _______ ist folgendes anzumerken:

    ____

    ____

    Datum: ______________ Unterschrift: ______________________

Beratungskonsequenzen

Die Finanzverwaltung weist ausdrücklich darauf hin, dass **im Einzelfall weitere Prüfungen geboten** sein können: Die o. g. Anhaltspunkte, die auf Umsatzsteuerbetrug hinweisen können, sind nicht abschließend. Der Unternehmer muss auch bei weiteren Auffälligkeiten seiner kaufmännischen Sorgfaltspflicht nachkommen«. Aus diesem Grund enden beide Musterblätter mit der Feststellung: »Auch andere Auffälligkeiten wurden geprüft, aber nicht festgestellt.«

49 Beteiligung an Steuerhinterziehung führt zur Versagung von Vorsteuerabzug und Steuerbefreiung

Hinweis

➲ mybookplus.de > Vertiefende Informationen > Kapitel 49

50 Überblick: Wer will was wann wissen?

50.1 Erklärungen an das Finanzamt zur eigentlichen Umsatzsteuererhebung

Das Verfahren zur eigentlichen Umsatzsteuerfestsetzung und -erhebung durch das Finanzamt hat einen **zweistufigen Aufbau:**

- **Im Laufe eines Jahres** hat der Unternehmer Vorauszahlungen zu leisten oder Erstattungen zu beantragen. Hierfür müssen dem **Finanzamt** – in der Regel monatlich – **Umsatzsteuer-Voranmeldungen** (UStVA) eingereicht werden. Mit diesen UStVA muss der Unternehmer **selbst** die **Rechtsgrundlagen für seine Vorauszahlungen** schaffen[373].
- **Nach Ablauf des Kalenderjahres** ist für das Finanzamt eine **Umsatzsteuer(-jahres-) erklärung** zu erstellen, mit der die **Jahressteuerschuld** – oder der Jahreserstattungsanspruch – ermittelt wird. Mit der Jahreserklärung schafft der Unternehmer – wie bei der UStVA – ebenfalls selbst die Rechtsgrundlagen, hier allerdings für die Jahressteuerfestsetzung[374].

50.2 Zusätzliche Erklärungen zur Kontrolle und Statistik

Neben dem eigenen Finanzamt wollen auch das Bundeszentralamt für Steuern (BZSt) und das Statistische Bundesamt (StatBA) regelmäßig informiert werden:

- Zur Überwachung der Besteuerung zunächst des innergemeinschaftlichen Warenverkehrs und seit dem 1.1.2010 des **innergemeinschaftlichen Waren- und Dienstleistungsverkehrs** haben die EU-Mitgliedstaaten ein umfängliches und relativ gut funktionierendes Kontrollsystem installiert, das sog. Mehrwertsteuer-Informations-Austausch-System – MIAS. Wesentliche Grundlage dieses Systems ist die **Zusammenfassende Meldung** (ZM), die ein meldepflichtiger Unternehmer vierteljährlich bzw. **monatlich/vierteljährlich** dem BZSt zu übermitteln hat (➲ Kapitel 51).
- Die bei entsprechender Erklärungspflicht grundsätzlich **monatliche Meldung zur Intrahandelsstatistik** des StatBA dient ausschließlich dem Zweck, den Warenverkehr zwischen der Bundesrepublik Deutschland und den anderen EG-Mitgliedstaaten statistisch zu erfassen; dazu werden alle innergemeinschaftlichen Ein- und Verkäufe des Unternehmers abgefragt (➲ Kapitel 52).

---

373 Hierzu ausführlich *Weimann*, Umsatzsteuer in der Praxis, 21. Auflage 2023, Kapitel 62.

374 Hierzu ausführlich *Weimann*, Umsatzsteuer in der Praxis, 21. Auflage 2023, Kapitel 64 und Kapitel 64a.

50.3 Aufzeichnungs- und Aufbewahrungspflichten

Die Aufzeichnungsvorschriften begründen für die Zwecke der Umsatzbesteuerung mit Vorsteuerabzug **besondere Aufzeichnungspflichten** ***neben*** **den allgemeinen Buchführungs- und Aufzeichnungspflichten** nach §§ 140 ff. AO (➲ Kapitel 54.1).

Aus der Verpflichtung des Unternehmers, zur Feststellung der Steuer und der Grundlagen ihrer Berechnung Aufzeichnungen zu machen, folgt, dass er die vorgesehenen Angaben **schriftlich und räumlich zusammenhängend niederlegt** (= aufbewahrt). Dabei ist er nicht an eine bestimmte Form gebunden (➲ Kapitel 54.2).

51 Zusammenfassende Meldung

Was das BZSt monatlich/vierteljährlich wissen möchte

Rechtsgrundlagen

- UStG: § 18a
- UStAE: Abschn. 18a. 1 ff.
- MwStSystRL: Art. 262 ff.
- BMF, Schreiben vom 15.6.2010, IV D 3 – S 7427/08/10003-03 (2010/0457796), Zusammenfassende Meldung (§ 18a UStG), BStBl. I 2010, 569 (formell aufgehoben, materiell aber weiter gültig lt. BMF, Schreiben vom 18.3.2021, Anlage 2 Ziffer 115, BStBl I 2021, 390; zur zweifelhaften Bedeutung dieses Schreibens ➲ Kapitel 1.6).
- BMF, Schreiben vom 23.11.2011, IV D 3 - S 7420/0 :003, 2011/0939674, Bundeseinheitlich Vordrucke; Aufforderung zur Abgabe einer berichtigten Umsatzsteuer-Voranmeldung -erklärung nach § 18b UStG (Vordruckmuster USt 1 ZS), BStBl. I 2011, 1159 (formell aufgehoben, materiell aber weiter gültig lt. BMF, Schreiben vom 18.3.2021, Anlage 2 Ziffer 111, BStBl I 2021, 390; zur zweifelhaften Bedeutung dieses Schreibens ➲ Kapitel 1.6).
- BMF, Schreiben vom 9.10.2020, III C 3 – S 7140/19/10002 :007, 2020/1027480, Gesetz zur weiteren steuerlichen Förderung der Elektromobilität und zur Änderung weiterer steuerlicher Vorschriften; Einführungsschreiben zu den geänderten Anforderungen bei innergemeinschaftlichen Lieferungen, BStBl. II 2020, 1038; weiter gültig lt. BMF, Schreiben vom 10.3.2023, Anlage 1 Ziffer 1579; zur zweifelhaften Bedeutung dieses Schreibens ➲ Kapitel 1.6).
- BMF, Schreiben vom 20.5.2022, III C 3 – S 7140/19/10002 :001, Steuerbefreiung der innergemeinschaftlichen Lieferungen (§ 4 Nr. 1 Buchst. b i. V. m. § 6a UStG); Änderung des Umsatzsteuer-Anwendungserlasses, BStBl. I 2022, 738; weiter gültig lt. BMF, Schreiben vom 10.3.2023, Anlage 1 Ziffer 1580; zur zweifelhaften Bedeutung dieses Schreibens ➲ Kapitel 1.6).

Vordrucke

- BZSt, Anleitung zur Zusammenfassenden Meldung (USt ZM 1/2021)
- BZSt, Merkblatt Elektronische Berichtigung der Zusammenfassenden Meldung
- Zusammenfassende Meldung – Vordruck für 2020 ff.

Auf einen Blick vorab – Auswirkungen der ZM auf die Steuerbefreiung innergemeinschaftlicher Lieferungen

Hinweis

➲ Kapitel 21 und Kapitel 23

51.1 Vordrucke

Vordrucke

- Zusammenfassende Meldung – Vordruck »Anleitung zur Zusammenfassenden Meldung« (USt ZM 1/2021)
- BMF, Elektronische Berichtigung der Zusammenfassenden Meldung (Merkblatt, Stand: 02/2014, weiter aktuell lt. www.bzst.de, Abfragedatum: 10.12.2023)

Beratungskonsequenzen

Die Vordrucke kommen damit seit dem Jahr 2010 **im Wesentlichen unverändert** zum Einsatz.
Für die Praxis heißt das: Der Ausfüllende (Unternehmer/Steuerberater/Mitarbeiter) kann sich im Jahr 2024 **an den Zusammenfassenden Meldungen für 2023 orientieren.**

51.2 »FAQ« – Die häufigsten Fragen und Antworten

Die nachfolgenden Ausführungen bauen auf FAQ des BZSt[375] auf und ergänzen, erläutern oder kürzen diese, soweit dies erforderlich oder geboten erscheint.

FAQ 1: Wer muss eine ZM an das BZSt übermitteln?

Sofern entsprechende Lieferungen oder sonstige Leistungen erbracht wurden (siehe Frage »Was ist zu melden?«), sind die folgenden Unternehmen zur Abgabe einer ZM verpflichtet:

- Unternehmer im Sinne des § 2 Abs. 1 UStG
- Unternehmer im Sinne des § 2 Abs. 2 Nr. 2 UStG (Organgesellschaft)
- Pauschalierende Land- und Forstwirte

Kleinunternehmer i. S. d. § 19 Abs. 1 UStG müssen **keine** ZM übermitteln.

FAQ 2: Was ist zu melden?

In der ZM sind für

- innergemeinschaftliche Warenlieferungen, das heißt Lieferungen oder Versendungen in einen anderen EU-Mitgliedsstaat – § 18a Abs. 6 UStG,
- innergemeinschaftliche sonstige Leistungen, das bedeutet eine steuerbare sonstige Leistung die für ein Unternehmen in einem anderen EU-Mitgliedsstaat erbracht wurde und für die der Leistungsempfänger die Steuer schuldet – § 3a Abs. 2 UStG,
- innergemeinschaftliche Dreiecksgeschäfte gemäß § 25b Abs. 2 UStG

375 Homepage des BZSt (www.bzst.de), Abfrage am 10.12.2023.

die

- USt-IdNr. des Erwerbers oder Leistungsempfängers,
- die Bemessungsgrundlage und
- die Art des Umsatzes

anzugeben.

Im Rahmen der **Konsignationslagerregelung** sind bei Beförderungen und Versendungen in einen anderen EU-Mitgliedsstaat (§ 6b Abs. 1 UStG) ebenfalls die USt-IdNr. des vorgesehenen Erwerbers anzugeben.

Rückbeförderungen und Rückversendungen sind unter Angabe der USt-IdNr. des vorgesehenen Erwerbers und des jeweiligen Tatbestandes zu melden.

Im Falle des **Erwerberwechsels** ist zusätzlich zur USt-IdNr. des vorgesehenen Erwerbers und des Tatbestandes auch die USt-IdNr. des ursprünglich vorgesehenen Erwerbers anzugeben.

FAQ 3: Muss ich auch eine ZM abgeben, wenn ich keine Lieferungen oder sonstigen Leistungen an Empfänger in einem anderen EU-Mitgliedsstaat erbracht habe oder keine Beförderungen oder Versendungen i. S. d. § 6b Abs. 1 UStG (Konsignationslagerregelung) aufgeführt habe?

Wurden keine der in der Frage »Was ist zu melden?« genannten Umsatzarten getätigt, ist **keine** ZM zu übermitteln.

FAQ 4: Muss ich auch den Bezug von Waren melden?

Warenbezüge (Erwerbe) aus anderen EU-Mitgliedstaaten sind **nicht** zu melden.

FAQ 5: Wann ist zu melden? Welche Fristen gibt es?

Die ZM ist bis zum 25. Tag nach Ablauf des Meldezeitraumes an das BZSt elektronisch zu übermitteln (§ 18a Abs. 1 Satz 1 UStG).

> **Beratungskonsequenzen**
> Die Regelungen über die **Dauerfristverlängerung** (§ 18 Abs. 6 UStG i. V. m. §§ 46 ff. UStDV) gelten **nicht** für die ZM (Abschn. 18a.2 Abs. 1 Satz 2 UStAE).

FAQ 6: Für welchen Meldezeitraum muss ich die ZM abgeben?

In Abhängigkeit von den jeweiligen Voraussetzungen kommen als Meldezeitraum für die Übermittlung der ZM

- das Kalendervierteljahr
- der Kalendermonat oder

- in Ausnahmefällen das Kalenderjahr in Betracht.

Weitere Informationen erhalten Sie in den nachfolgenden Fragen.

FAQ 7: Wann ist die ZM für den Meldezeitraum Kalendervierteljahr abzugeben?

Beträgt die Summe der Bemessungsgrundlagen für innergemeinschaftliche Warenlieferungen und innergemeinschaftliche Dreiecksgeschäfte gemäß § 25b Abs. 2 UStG

- weder für das laufende Kalendervierteljahr
- noch für eines der vier vorangegangenen Kalendervierteljahre
- **jeweils** mehr als 50.000 Euro,

kann die ZM bis zum 25. Tag nach Ablauf des Kalendervierteljahres elektronisch übermittelt werden (§ 18a Abs. 1 Satz 2 UStG).

Zur **Prüfung der 50.000-Euro-Grenze** ➲ Kapitel 51.4 (s. u.)

FAQ 8: Wann muss ich eine ZM für den Meldezeitraum Kalendermonat abgeben?

Die ZM ist für den Kalendermonat abzugeben, wenn die Summe der Bemessungsgrundlagen für innergemeinschaftliche Warenlieferungen und innergemeinschaftliche Dreiecksgeschäfte gemäß § 25b Abs. 2 UStG

- weder für das laufende Kalendervierteljahr
- noch für eines der vier vorangegangenen Kalendervierteljahre
- **jeweils** mehr als 50.000 Euro,

> ➔ **Beratungskonsequenzen**
> Der **Wechsel** zur monatlichen Abgabe erfolgt **automatisch**!
> Das Unternehmen hat auf seine Abgabepflichten **selbst zu achten**!
> Es erfolgt **keine Mitteilung des BZSt** über die Änderung des Meldezeitraums.

Zur **Prüfung der 50.000-Euro-Grenze** ➲ Kapitel 51.4 (s. u.)

FAQ 9: Wann muss ich die ZM abgeben, wenn der Betrag von 50.000 € im laufenden Kalendervierteljahr überschritten wurde?

Sofern die Summe der Bemessungsgrundlagen für die vorgenannten Umsätze im laufenden Kalendervierteljahr den Betrag von 50.000 € überschritten hat, ist die ZM bis zum 25. Tag nach Ablauf des Kalendermonats, in dem dieser Betrag überschritten wurde, für diesen Kalendermonat und die bereits abgelaufenen Kalendermonate dieses Kalendervierteljahres elektronisch zu übermitteln (§ 18a Abs. 1 Satz 3 UStG).

Beispiel

Der Unternehmer M hat bislang die ZM für den Meldezeitraum Kalendervierteljahr abgegeben. Im Mai beträgt die Summe der Bemessungsgrundlagen 57.000 €.
M muss nun bis zum 25. Juni eine ZM für die Monate April und Mai abgeben. Die ZM für Juni und alle folgenden Monate ist dann bis zum 25. Tag nach Ablauf des jeweiligen Kalendermonats zu übermitteln.

Zur **Prüfung der 50.000-Euro-Grenze** ausführlich ➲ Kapitel 51.4 (s. u.)

FAQ 10: Welcher Meldezeitraum gilt für innergemeinschaftliche sonstige Leistungen?

Innergemeinschaftliche sonstige Leistungen sind grundsätzlich bis zum **25. Tag nach Ablauf des Kalendervierteljahres** elektronisch zu übermitteln (§ 18a Abs. 2 Satz 1 UStG).

Sofern das Unternehmen bereits für Lieferungen zur monatlichen Abgabe der ZM verpflichtet ist, sind die Angaben zu den innergemeinschaftliche sonstige Leistungen **im jeweils letzten Monat des Kalendervierteljahres** zu machen (§ 18a Abs. 2 Satz 2 UStG).

FAQ 11: Kann ich die ausgeführten innergemeinschaftlichen sonstigen Leistungen auch in die von mir für den Kalendermonat abzugebende ZM für Lieferungen aufnehmen?

Ja! Die im gleichen Zeitraum ausgeführten innergemeinschaftlichen sonstigen Leistungen können auch in die Monats-ZM aufgenommen werden (§ 18a Abs. 3 UStG).

FAQ 12: In welchen Ausnahmefällen kann die ZM für das Kalenderjahr abgegeben werden?

Die Abgabe einer Jahres-ZM ist nur dann zulässig, wenn Sie

- zum einen bei Ihrem Finanzamt von der Verpflichtung zur Abgabe der Umsatzsteuer-Voranmeldungen und Entrichtung der Umsatzsteuer-Vorauszahlungen befreit sind und
- zum anderen die folgenden Voraussetzungen erfüllen (§ 18a Abs. 9 UStG):
  - Die Summe der Lieferungen und sonstigen Leistungen hat im vorangegangenen Kalenderjahr 200.000 € nicht überstiegen und wird im laufenden Kalenderjahr voraussichtlich nicht übersteigen,
  - die Summe der innergemeinschaftlichen Warenlieferungen oder innergemeinschaftlichen sonstigen Leistungen hat im vorangegangenen Kalenderjahr 15.000 € nicht überstiegen und wird im laufenden Kalenderjahr voraussichtlich nicht übersteigen und
  - es handelt sich bei den innergemeinschaftlichen Warenlieferungen nicht um Lieferungen neuer Fahrzeuge an Abnehmer mit USt-IdNr.

FAQ 13: Ich gebe die ZM vierteljährlich ab. Muss ich eine Jahresmeldung zusätzlich abgeben?

Nein! Anders als beim Finanzamt und den dort abzugebenden Umsatzsteuer-Voranmeldungen ist bei der ZM **keine** Jahreserklärung einzureichen.

FAQ 14: Ich bin Kleinunternehmer und habe eine Aufforderung zur Abgabe der ZM erhalten. Warum?

Bitte überprüfen Sie Ihre Umsatzsteuererklärung.

Haben Sie Umsätze erklärt, für die eine ZM abzugeben ist? Dann berichtigen Sie bitte Ihre Umsatzsteuererklärung.

Anderenfalls nehmen Sie bitte mit Ihrem zuständigen Finanzamt Kontakt auf.

FAQ 15: Ich bin Kleinunternehmer und besitze eine USt-IdNr. Bin ich allein aufgrund des Besitzes einer USt-IdNr. verpflichtet, eine ZM abzugeben?

Nein!

FAQ 16: Wie kann ich eine ZM abgegeben?

Die ZM ist grundsätzlich auf elektronischen Weg nach amtlich vorgeschriebenem Datensatz durch Datenfernübertragung zu übermitteln. Derzeit stehen **zwei Portale** zur elektronischen Übermittlung der ZM zur Verfügung:

- ELSTER-Dienstleistungsportal der Finanzverwaltung – für alle Unternehmer geeignet (Ausnahme: Massenmelder)
- BZSt-Online-Portal (zwingend für Massenmelder)

Aus technischen Gründen ist es derzeit nicht möglich, dass Unternehmer, die die **Konsignationslagerregelung** nach § 6b UStG in Anspruch nehmen, die hierfür erforderlichen Angaben (§ 18a Abs. 1 Satz 1 i. V. m. Abs. 6 Nr. 3 und Abs. 7 Satz 1 Nr. 2a UStG) im Rahmen des bestehenden Verfahrens zur Abgabe der ZM nach § 18a UStG vornehmen können.

Zur Erfüllung der bestehenden Meldepflichten und damit auch zur Erfüllung der Voraussetzungen nach § 6b Abs. 1 Nr. 4 UStG steht für die Übergangszeit ein **Vordruck auf dem Formularserver** der Bundesfinanzverwaltung zur Verfügung.

Für die Übermittlung stehen Ihnen eine Online- und Offlineversion des Formulars zur Verfügung.

Bei Nutzung des Online-Formulars haben Sie die Möglichkeit, das Formular nach dem Ausfüllen elektronisch an das BZSt zu übermitteln. Sie erhalten direkt eine Übermittlungsbestätigung am Bildschirm angezeigt.

Sofern Sie das Offline-Formular nutzen, ist dieses nach dem Ausfüllen per DE-Mail an das BZSt DE-Mail-Postfach (konsignationslager@bzst.de-mail.de) zu übersenden. Sie erhalten eine Bestätigung in Ihr DE-Mail-Postfach.

FAQ 17: Gibt es eine Ausnahme zur elektronischen Übermittlung der ZM?

Zur Vermeidung von **unbilligen Härten** kann Ihr Finanzamt auf Antrag eine Ausnahme von der elektronischen Übermittlung gestatten. Soweit Ihr Finanzamt nach § 18 Abs. 1 Satz 2 UStG auf eine elektronische Übermittlung der Umsatzsteuer-Voranmeldung verzichtet hat, gilt dies auch für die ZM.

FAQ 18: Wie überwacht das BZSt den fristgerechten Eingang der ZM?

Die Abgabepflicht für eine ZM korrespondiert mit den Angaben in den Umsatzsteuer-Voranmeldungen oder der -Jahreserklärung.

Dies bedeutet konkret, dass die Erklärung innergemeinschaftlicher Lieferungen, innergemeinschaftlicher sonstiger Leistungen oder innergemeinschaftlicher Dreiecksgeschäfte in der Umsatzsteuervoranmeldung oder in der Umsatzsteuererklärung automatisiert zu einer Abgabepflicht für die ZM führt.

FAQ 19: Kann ich eine Verlängerung der Abgabefrist beantragen?

Hat ein Unternehmen keine Möglichkeit, die ZM in der dafür vorgesehenen Frist abzugeben, besteht die Möglichkeit

- vor Ablauf der Abgabefrist und
- unter Angabe von Gründen

beim BZSt eine Verlängerung der Frist zu beantragen.

Nutzen Sie hierfür bitte das Kontaktformular.

FAQ 20: Wann werden Zwangsgelder festgesetzt?

Ist ein Unternehmen der Pflicht zur Abgabe der ZM trotz der vorhergehenden Erinnerung und Androhung eines Zwangsgeldes nicht nachgekommen, so kann vom BZSt ein Zwangsgeld festgesetzt werden, um den Unternehmen zur Einhaltung seiner Mitwirkungspflicht zu zwingen.

> **Beratungskonsequenzen**
> Die Zahlung des Zwangsgeldes führt **nicht** zu einer Erledigung der Abgabepflicht!

Die ZM wird auch nach Zahlung eines ersten Zwangsgeldes vom BZSt **weiterhin eingefordert** und es können noch **weitere Zwangsgelder** festgesetzt werden.

Erst durch Abgabe der ZM oder nach erfolgter Berichtigung der abgegebenen Umsatzsteuer-Voranmeldungen oder Umsatzsteuererklärung und anschließender Mitteilung des zuständigen Finanzamtes, die den Wegfall der Meldepflicht dem BZSt bestätigt, ist der Vorgang abgeschlossen.

FAQ 21: Was geschieht bei ungültigen ausländischen USt-IdNrn.?

Nach Abgabe der ZM werden die ausländischen USt-IdNrn. in die Datenbank des BZSt übernommen und auf Gültigkeit und Schlüssigkeit (Plausibilität) überprüft.

Sind die USt-IdNrn. ungültig, erhält das Unternehmen eine **automatisierte schriftliche Aufforderung zur Berichtigung**.

Darüber hinaus werden die plausiblen, ausländischen USt-IdNrn. mit dem Datenbestand in den anderen Mitgliedstaaten abgeglichen. In diesem Verfahrensschritt wird geprüft, ob die USt-IdNr. einem Unternehmen tatsächlich zugeteilt wurde und ob sie im angegebenen Zeitraum auch gültig war. Ist dies nicht der Fall, erhält das deutsche Unternehmen auch in diesen Fällen eine automatisierte Aufforderung zur Berichtigung.

Beratungskonsequenzen

Zur Bestätigung von ausländischen USt-IdNrn. durch das BZSt ➲ Kapitel 7

FAQ 22: Muss ich ungültige USt-IdNrn. beim BZSt berichtigen?

Das Unternehmen ist verpflichtet, unrichtige oder unvollständige Angaben in seiner ZM auf elektronischem Weg innerhalb eines Monats zu berichtigen (§ 18a Abs. 10 UStG).

FAQ 23: Wo finde ich Beispiele für die Berichtigung einer ZM?

Ausführliche Beispiele finden Sie im Themenbereich »Berichtigung« sowie in der ZM-Ausfüllanleitung und dem Merkblatt zur Berichtigung einer ZM. Hinweis auch auf ➲ Kapitel 51.5 (s. u.)

FAQ 24: Wo finde ich ausführlichere Informationen?

Ausführlichere Informationen finden Sie in

- ZM-Ausfüllanleitung ➲ Kapitel 51.3 (s. u.)
- Ausfüllanleitung für Meldungen im Rahmen der Konsignationslagerregelung
- Abschn. 18a.1 bis 18a.5 UStAE

51.3 Grundsätzliches zur Zusammenfassenden Meldung

Das BZSt hat die Anleitung zur zusammenfassenden Meldung zuletzt im Januar 2021 vollständig überarbeitet[376].

376 BZSt, Anleitung zur Zusammenfassenden Meldung (USt ZM 1/2021), Abschnitt 1.1, ➲ mybookplus.de > Wichtiges von anderen Behörden.

Darin werden Insbesondere folgende Themenbereiche praxisgerecht aufbereitet und anhand zahlreicher Fallbeispiele erläutert:

- Elektronische Abgabe und Abgabe auf Papier ➲ Anleitung USt ZM 1/2021, Abschnitt I.1
- Wer muss eine ZM abgeben? ➲ Anleitung USt ZM 1/2021, Abschnitt I.2
- Zusammenhang zwischen UStVA und ZM ➲ s. u. Kapitel 51.6
- Was ist zu melden? ➲ Anleitung USt ZM 1/2021, Abschnitt II
- Wann ist zu melden? ➲ Anleitung USt ZM 1/2021, Abschnitt III
- So werden die Vordrucke ausgefüllt ➲ Anleitung USt ZM 1/2021, Abschnitt IV
- Nachträgliche Änderung der umsatzsteuerlichen Bemessungsgrundlage ➲ Anleitung USt ZM 1/2021, Abschnitt IV.10
- Berichtigungen➲ Anleitung USt ZM 1/2021, Abschnitt IV.12
- Folgen einer unterlassenen oder verspäteten Berichtigung der ZM ➲ Anleitung USt ZM 1/2021, Abschnitt IV.13
- Aufbau der USt-IdNrn. in den EU-Mitgliedstaaten ➲ Anleitung USt ZM 1/2021, Abschnitt IV.14
- Ausfüllmuster ➲ Anleitung USt ZM 1/2021, Anlagen auf S. 13 f.

51.4 Erstmaliges Überschreiten der 50.000-Euro-Grenze

51.4.1 Frage des Mandanten

Echtfall

»Unser Unternehmen lieferte bislang nur gelegentlich an EU-Unternehmenskunden.
Die Bemessungsgrundlage lag dabei im Quartal immer unter 50.000 €; wir haben daher vierteljährlich eine Zusammenfassende Meldung erstellt.
Im Dezember 2021 liegen wir erstmals über 50.000 €.
Was müssen wir jetzt tun?«

51.4.2 Beraterantwort

Das Mandantenunternehmen (M) muss ab dem vierten Quartal 2021 die ZM monatlich erstellen. Das gilt auch für das Kalenderjahr 2022.

Im ersten Quartal 2023 kann M dann – wenn gewünscht und auch die weiteren Voraussetzungen dafür vorliegen – wie bisher auf eine vierteljährliche ZM zurückwechseln.

Rechtsgrundlagen

§ 18a UStG

(1) [1]Der Unternehmer im Sinne des § 2 hat bis zum 25. Tag nach Ablauf jedes Kalendermonats (Meldezeitraum), in dem er innergemeinschaftliche Warenlieferungen oder Lieferungen im Sinne des § 25b Absatz 2 ausgeführt hat, dem Bundeszentralamt für Steuern eine Meldung (Zusammenfassende Meldung) nach amtlich vorgeschriebenem Datensatz durch Datenfernübertragung zu übermitteln, in der er die Angaben nach Absatz 7 Satz 1 Nummer 1, 2, 2a und 4 zu machen hat. [2]Soweit die Summe der Bemessungsgrundlagen für innergemeinschaftliche Warenlieferungen und für Lieferungen im Sinne des § 25b Absatz 2 weder für das laufende Kalendervierteljahr noch für eines der vier vorangegangenen Kalendervierteljahre jeweils mehr als 50 000 Euro beträgt, kann die Zusammenfassende Meldung bis zum 25. Tag nach Ablauf des Kalendervierteljahres übermittelt werden. [3]Übersteigt die Summe der Bemessungsgrundlage für innergemeinschaftliche Warenlieferungen und für Lieferungen im Sinne des § 25b Absatz 2 im Laufe eines Kalendervierteljahres 50 000 Euro, hat der Unternehmer bis zum 25. Tag nach Ablauf des Kalendermonats, in dem dieser Betrag überschritten wird, eine Zusammenfassende Meldung für diesen Kalendermonat und die bereits abgelaufenen Kalendermonate dieses Kalendervierteljahres zu übermitteln. ...

(2) ...

Checkliste: ZM vierteljährlich oder monatlich?

- Die ZM ist bis zum 25. Tag nach Ablauf jedes Kalendermonats an das BZSt zu übermitteln, wenn die Summe der Bemessungsgrundlagen für innergemeinschaftliche Warenlieferungen (§ 18a Abs. 6 UStG) und Lieferungen im Sinne des § 25b Abs. 2 UStG im Rahmen von innergemeinschaftlichen Dreiecksgeschäften
  - für das laufende Kalendervierteljahr oder
  - für eines der vier vorangegangenen Kalendervierteljahre
  - **jeweils** mehr als 50.000 € beträgt (Abschn. 18a.2 Abs. 1 Satz 1 UStAE).
- Die Regelungen über die **Dauerfristverlängerung** nach § 18 Abs. 6 UStG und §§ 46 bis 48 UStDV gelten **nicht** für die ZM (Abschn. 18a.2 Abs. 1 Satz 2 UStAE).
- Übersteigt **im Laufe eines Kalendervierteljahres** die Summe der Bemessungsgrundlagen für innergemeinschaftliche Warenlieferungen (§ 18a Abs. 6 UStG) und Lieferungen im Sinne des § 25b Abs. 2 UStG im Rahmen von innergemeinschaftlichen Dreiecksgeschäften 50.000 €, ist die ZM bis zum 25. Tag nach Ablauf des Kalendermonats, in dem dieser Betrag überschritten wird, zu übermitteln (Abschn. 18a.2 Abs. 2 Satz 1 UStAE).
- Wird die Betragsgrenze von 50.000 € **im zweiten Kalendermonat** eines Kalendervierteljahres überschritten, kann der Unternehmer eine ZM für die bereits abgelaufenen Kalendermonate dieses Kalendervierteljahres übermitteln, in der die Angaben für diese beiden Kalendermonate zusammengefasst werden, oder jeweils eine ZM für jeden der abgelaufenen Kalendermonate dieses Kalendervierteljahres (Abschn. 18a.2 Abs. 2 Satz 2 UStAE).

- Überschreitet der Unternehmer die Betragsgrenze **im dritten Kalendermonat** eines Kalendervierteljahres, wird es nicht beanstandet, wenn er statt einer ZM für dieses Kalendervierteljahr jeweils gesondert eine ZM für jeden der drei Kalendermonate dieses Kalendervierteljahres übermittelt (Abschn. 18a.2 Abs. 2 Satz 3 UStAE).

Beispiel

[Nach Abschn. 18a.2 Abs. 2 UStAE, fortgeschrieben auf das Mandantenunternehmen im Echtfall]

M liefert im Oktober 2021 Ware für 20.000 € und im November 2021 für 35.000 € an EU-Unternehmer in Belgien. Ferner liefert D im Dezember 2021 Ware für 50.000 € an einen französischen Unternehmer. Die Rechnungsstellung erfolgte jeweils zeitgleich mit der Ausführung der Lieferungen.

➲ Folge

M ist verpflichtet, die Umsätze Oktober bis Dezember 2021 bis zum 25.1.2021 dem BZSt zu melden. **Wahlweise** kann M

- für die Monate Oktober, November und Dezember 2021 jeweils eine gesonderte ZM
- für die Monate Oktober bis Dezember 2021 eine gemeinsame (kumulierte) ZM

übermitteln.

51.4.3 Was tun, wenn die 50.000-Euro-Grenze in der Folgezeit wieder unterschritten wird?

Im ersten Quartal 2023 kann M – falls gewünscht und die weiteren Voraussetzungen dafür vorliegen – rein rechtlich wie bisher auf eine vierteljährliche ZM zurückwechseln.

Beratungskonsequenzen

Davon allerdings ist eigentlich abzuraten: einmal an Monatsmeldungen gewöhnt, sollte dieser Turn auch beibehalten werden.

Letztlich wird ein jedes Unternehmen diese Frage aber **mit dem Steuerberater klären** müssen.

51.5 Berichtigung einer ZM

Nach Eingang der ZM beim BZSt erfolgt ein Abgleich der gemeldeten innergemeinschaftlichen Umsatzarten mit den Angaben in den Umsatzsteuer-Voranmeldungen und -Jahreserklärungen. Darüber hinaus werden die gemeldeten ausländischen USt-IdNrn. auf Plausibilität und Gültigkeit überprüft.

Bei unplausiblen Daten oder Abweichungen zwischen den Angaben in den Umsatzsteuer-Erklärungen und den ZM erhalten die Unternehmen automatisierte Benachrichtigungsschreiben, damit eine Berichtigung erfolgt.

Die nachfolgenden Ausführungen bauen auf den Erläuterungen des BZSt[377] auf und ergänzen, erläutern oder kürzen diese, soweit dies erforderlich oder geboten erscheint.

Ergänzend hinzuweisen ist auf das **spezielle Merkblatt des BZSt**[378].

51.5.1 Fristen

Die Frist zur Berichtigung der ZM beträgt **einen Monat nach Kenntnis** der fehlerhaften ZM (§ 18a Abs. 10 UStG).

51.5.2 Folgen bei Nichtberichtigung

Sofern das Unternehmen der Pflicht zur Berichtigung nicht nachkommt, kann die **Steuerbefreiung** der Lieferung oder sonstigen Leistung von dem zuständigen Finanzamt **versagt** werden (➲ Kapitel 23).

Des Weiteren kann die Nichtberichtigung der ZM als **Ordnungswidrigkeit** mit einer Geldbuße von bis zu 5.000 Euro geahndet werden (§ 26a Abs. 1 Nr. 5 UStG).

51.5.3 Berichtigungs-Form

Die Berichtigung der ZM hat, wie die Abgabe der ZM, auf elektronischem Weg zu erfolgen. In den Portalen (ELSTER oder BOP) zur Verfügung gestellten Formularen ist hierfür ein entsprechendes Feld zu bestätigen. Die Berichtigung kann weder schriftlich noch telefonisch erfolgen.

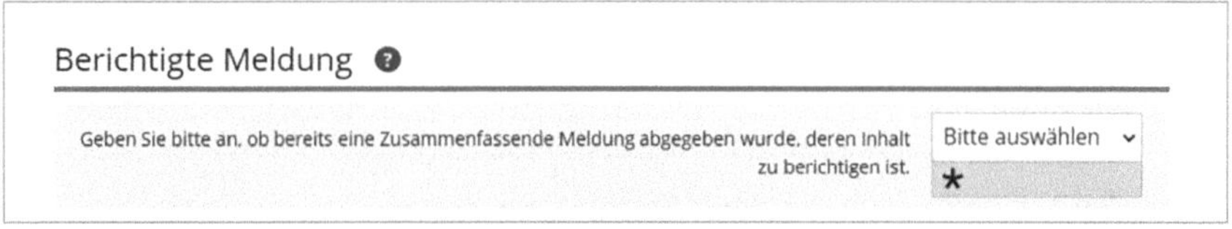

Für jeden zu berichtigenden Meldezeitraum ist eine gesonderte berichtigte ZM elektronisch zu übermitteln. Korrekt gemeldete Angaben sind in der berichtigten ZM nicht zu wiederholen.

51.5.4 Was und wie ist zu berichtigen?

51.5.4.1 Unvollständige ZM

Sofern in der Ursprungs-ZM ein Umsatz nicht gemeldet wurde, ist dieser in der Berichtigungs-ZM einzutragen.

---

377 Homepage des BZSt (www.bzst.de), Abfrage am 5.4.2023.

378 BZSt, Merkblatt Elektronische Berichtigung der Zusammenfassenden Meldung ➲ mybookplus.de > Wichtiges von anderen Behörden.

Beispiel

Unternehmer M führt an den spanischen Unternehmer P mit USt-IdNr. ES111111112 im 3. Kalendermonat eine innergemeinschaftliche Warenlieferung in Höhe von 5.000 € aus. Bei Abgabe der ZM für den 3. Kalendermonat übersieht er diesen Umsatz.

➲ **Folge**

Unternehmer M hat nun eine korrigierte ZM für den 3. Kalendermonat abzugeben. In dieser erklärt er nur die fehlende innergemeinschaftliche Lieferung an P:

	Umsatzsteuer-Identifikationsnummer (USt-IdNr.)	Summe	Art der Leistung
1.	ES111111112	5000	Innergemeinschaftliche Lieferung

51.5.4.2 Unrichtiger Meldezeitraum

Sofern ein Umsatz in einem nicht korrekten Meldezeitraum erklärt wurde, ist die ZM für diesen Meldezeitraum zu berichtigen.

Beispiel

Unternehmer M führt an den spanischen Unternehmer P mit USt-IdNr. ES111111112 im 3. Kalendermonat eine innergemeinschaftliche Warenlieferung in Höhe von 13.000 € aus. Er trägt diese Lieferung irrtümlich in der ZM für den 2. Kalendermonat ein.

➲ Folge

Für den 2. Kalendermonat hat M eine berichtigte ZM abzugeben. In dieser trägt er den gemeldeten Umsatz mit der Summe der Bemessungsgrundlage »0« ein. Des Weiteren ist eine ZM für den 3. Kalendermonat abzugeben.

Berichtigungs-ZM für den 2. Kalendermonat

	Umsatzsteuer-Identifikationsnummer (USt-IdNr.)	Summe	Art der Leistung
1.	ES111111112	0	Innergemeinschaftliche Lieferung

ZM für den 3. Kalendermonat

	Umsatzsteuer-Identifikationsnummer (USt-IdNr.)	Summe	Art der Leistung
1.	ES111111112	13000	Innergemeinschaftliche Lieferung

51.5.4.3 Unrichtige ausländische USt-IdNr.

Sofern ein Umsatz mit einer nicht korrekten ausländischen USt-IdNr. gemeldet wurde, ist die ZM zu berichtigen. Hierfür ist zum einen die ursprüngliche Meldezeile zu stornieren und zum anderen korrekt einzutragen.

Beispiel

Unternehmer M führt an den spanischen Unternehmer P mit USt-IdNr. ES111111112 im 3. Kalendermonat eine innergemeinschaftliche Warenlieferung in Höhe von 21.000 € aus. In der ZM für den 3. Kalendermonat trägt er die USt-IdNr. ES111111113 ein.

➲ Folge

Für den 3. Kalendermonat hat M eine berichtigte ZM abzugeben. In dieser trägt er

1. für die Stornierung den gemeldeten Umsatz mit der nicht korrekten USt-IdNr. ES111111113 mit der Summe der Bemessungsgrundlage »0« und
2. den getätigten Umsatz mit der korrekten USt-IdNr. ES111111112 mit der korrekten Summe der Bemessungsgrundlage ein.

	Umsatzsteuer-Identifikationsnummer (USt-IdNr.)	Summe	Art der Leistung
1.	ES111111113	0	Innergemeinschaftliche Lieferung
2.	ES111111112	21000	Innergemeinschaftliche Lieferung

51.5.4.4 Unrichtige Summe der Bemessungsgrundlage

Ein gemeldeter Umsatz mit einer nicht korrekten Summe der Bemessungsgrundlage ist zu berichtigen. Hierfür ist eine berichtigte ZM mit den korrekten Angaben abzugeben.

Beispiel

Unternehmer M führt an den spanischen Unternehmer P mit USt-IdNr. ES111111112 im 3. Kalendermonat eine innergemeinschaftliche Warenlieferungen in Höhe von 20.000 € aus. In der ZM für den 3. Kalendermonat trägt er irrtümlich 30.000 € ein.

➲ Folge

Für den 3. Kalendermonat hat M eine berichtigte ZM abzugeben. In dieser trägt er eine Meldezeile mit der korrekten Summe der Bemessungsgrundlage (20.000 €) ein.

	Umsatzsteuer-Identifikationsnummer (USt-IdNr.)	Summe	Art der Leistung
1.	ES111111112	20000	Innergemeinschaftliche Lieferung

51.5.4.5 Unrichtige Art des Umsatzes

Wurde in einer Meldezeile die Art des Umsatzes nicht korrekt erklärt, ist die ZM zu berichtigen. Hierfür ist zum einen die ursprüngliche Meldezeile zu stornieren und zum anderen korrekt einzutragen.

Beispiel

Unternehmer M führt an den spanischen Unternehmer P mit USt-IdNr. ES111111112 im 3. Kalendermonat eine innergemeinschaftliche Warenlieferung in Höhe von 20.000 € aus. In der ZM für den 3. Kalendermonat wählt er irrtümlich in der 3. Spalte sonstige Leistung aus.

➲ **Folge**

Für den 3. Kalendermonat hat M eine berichtigte ZM abzugeben. In dieser trägt er

1. für die Stornierung den gemeldeten Umsatz unter Angabe der Summe der Bemessungsgrundlage »0« ein und wählt in der 3. Spalte sonstige Leistung aus
2. den getätigten Umsatz mit der korrekten Summe der Bemessungsgrundlage mit der Auswahl innergemeinschaftliche Lieferung in der 3. Spalte ein.

	Umsatzsteuer-Identifikationsnummer (USt-IdNr.)	Summe	Art der Leistung
1.	ES111111112	75000	Innergemeinschaftliche Lieferung

51.5.5 Rabatte, Stornierungen

Die nachträgliche Änderung der Bemessungsgrundlage, zum Beispiel durch gewährte Rabatte/Skonti oder Ausbuchung aufgrund von Uneinbringlichkeit, stellt **keine Berichtigung der ZM** dar.

Der geänderte Umsatz ist **in dem Monat zu erklären, in dem die Änderung eingetreten ist**.

Beispiel

Unternehmer M führt an den spanischen Unternehmer P mit USt-IdNr. ES111111112 im 3. Kalendermonat eine innergemeinschaftliche Warenlieferung in Höhe von 100.000 € aus und erklärt dies korrekt für den 3. Kalendermonat.

Im 4. Kalendermonat führt er ebenfalls eine innergemeinschaftliche Warenlieferung an P in Höhe von 80.000 € aus und gewährt ihm für die erste Lieferung einen Preisnachlass von 5.000 €.

➲ **Folge**
In der ZM für den 4. Kalendermonat erklärt M eine saldierte innergemeinschaftliche Warenlieferung an P in Höhe von (80.000 € - 5.000 € =) 75.000 €.

	Umsatzsteuer-Identifikationsnummer (USt-IdNr.)	Summe	Art der Leistung
1.	ES111111112	75000	Innergemeinschaftliche Lieferung

51.6 Zusammenhang zwischen UStVA/Umsatzsteuererklärung und ZM

51.6.1 Grundsätzliches

➲ Anleitung USt ZM 1/2021[379], Abschnitt I.3

51.6.2 Berichtigung von USt-Voranmeldungen und -Jahreserklärungen nach Datenabgleich des BZSt

Das BMF hat den Vordruck »USt 1 ZS – Aufforderung zur Abgabe einer berichtigten Umsatzsteuer-Voranmeldung/-erklärung nach § 18b UStG« neu bekannt gegeben[380].

379 BZSt, Anleitung zur Zusammenfassenden Meldung (USt ZM 1/2021), Abschnitt 1.1, ➲ mybookplus.de > Wichtiges von anderen Behörden.

380 BMF, Schreiben vom 5.11.2019 (Neubekanntgabe von Vordruckmustern nach Anpassung auf Grund der Datenschutz-Grundverordnung).

Finanzamt	
Steuernummer / Geschäftszeichen	

(Bitte bei allen Rückfragen angeben)

Auskunft erteilt	Zimmer
Telefon	Durchwahl

Name des Unternehmers (wenn das Schreiben an den Empfangsbevollmächtigten gerichtet ist)

Zutreffendes ist ☒ angekreuzt.

☐ **Umsatzsteuer-Voranmeldung**	für ____ Jahr	☐ I. Kalendervierteljahr	☐ Januar	☐ Juli
☐ **Umsatzsteuererklärung**	für ____ Jahr	☐ II. Kalendervierteljahr	☐ Februar	☐ August
		☐ III. Kalendervierteljahr	☐ März	☐ September
		☐ IV. Kalendervierteljahr	☐ April	☐ Oktober
			☐ Mai	☐ November
			☐ Juni	☐ Dezember

Sehr geehrte ____________________ ,

das Bundeszentralamt für Steuern hat mich darüber unterrichtet, dass Sie auf Grund der Aufforderung zur Abgabe einer Zusammenfassenden Meldung mitgeteilt haben, keine innergemeinschaftlichen Lieferungen, keine steuerpflichtigen sonstigen Leistungen im Sinne von § 3a Abs. 2 Umsatzsteuergesetz (UStG), für die der Leistungsempfänger in einem anderen EU-Mitgliedstaat die Steuer dort schuldet, bzw. keine Umsätze im Rahmen eines innergemeinschaftlichen Dreiecksgeschäfts nach § 25b Abs. 2 UStG ausgeführt zu haben. Demgegenüber haben Sie derartige Umsätze in der o.a. Umsatzsteuer-Voranmeldung/Umsatzsteuererklärung erklärt.

Auf Grund Ihrer Erklärung gegenüber dem Bundeszentralamt für Steuern bitte ich Sie, bis zum ____________ eine berichtigte Umsatzsteuer-Voranmeldung/Umsatzsteuererklärung für den o.a. Zeitraum abzugeben.

Auf die Verpflichtung, die ursprüngliche Umsatzsteuer-Voranmeldung/Umsatzsteuererklärung unverzüglich zu berichtigen, wenn nachträglich erkannt wird, dass hierin unrichtige Angaben zu den o.g. Umsätzen enthalten sind (§ 18b Satz 5 UStG), weise ich hin. Sollten Sie dieser Verpflichtung nicht nachkommen, gehe ich davon aus, dass Sie die Steuerbefreiung für innergemeinschaftliche Lieferungen nach § 6a UStG zu Unrecht in Anspruch genommen haben bzw. bei den steuerpflichtigen sonstigen Leistungen die Voraussetzungen für die Anwendung des § 3a Abs. 2 UStG nicht vorgelegen haben und es sich um im Inland zu versteuernde Leistungen handelt.

Mit freundlichen Grüßen

____

USt 1 ZS - Aufforderung zur Abgabe einer berichtigten Umsatzsteuer-Voranmeldung/-erklärung nach § 18b UStG - (01.19)

Formular: USt 1 ZS – Aufforderung zur Abgabe einer berichtigten Umsatzsteuer-Voranmeldung/-erklärung nach § 18b UStG – (01.19)

Der Vordruck kommt zur Anwendung, wenn ein Finanzamt vom BZSt darüber unterrichtet wird, dass ein Unternehmer auf Grund der Aufforderung zur Abgabe einer Zusammenfassenden Meldung mitgeteilt hat,

- keine innergemeinschaftlichen Lieferungen,
- keine steuerpflichtigen sonstigen Leistungen i. S. v. § 3a Abs. 2 Umsatzsteuergesetz (UStG), für die der Leistungsempfänger in einem anderen EU-Mitgliedstaat die Steuer dort schuldet, und
- keine Umsätze im Rahmen eines innergemeinschaftlichen Dreiecksgeschäfts nach § 25b Abs. 2 UStG

ausgeführt zu haben, derartige Umsätze aber in der Umsatzsteuer-Voranmeldung oder in der Umsatzsteuererklärung deklariert hat. In diesen Fällen sind die fehlerhaften Erklärungen **unverzüglich zu berichtigen** (§ 18b Satz 5 und Satz 6 UStG).

> **Beratungskonsequenzen**
> Erfolgt keine Berichtigung, geht die Finanzverwaltung regelmäßig davon aus, dass der Unternehmer die Steuerbefreiung für innergemeinschaftliche Lieferungen nach § 6a UStG zu Unrecht in Anspruch genommen haben bzw. bei den steuerpflichtigen sonstigen Leistungen die Voraussetzungen für die Anwendung des § 3a Abs. 2 UStG nicht vorgelegen haben und es sich um **im Inland zu versteuernde Leistungen** handelt. Mehrsteuern und Zinsbelastungen drohen – ein derartiges **Anschreiben sollte sehr ernst genommen werden**!

52 Intrastat-Meldung

Was das Statistische Bundesamt wissen möchte

Vordrucke

- Statistisches Bundesamt, Leitfaden zur Intrahandelsstatistik[381] 2023

➲ mybookplus.de > Wichtiges aus anderen Behörden

52.1 Praxisrelevanz

Die Intrastat-Meldung ist die Meldung zur Intrahandelsstatistik des Statistischen Bundesamts (StatBA) in Wiesbaden. Die Meldung dient ausschließlich dem Zweck, den Warenverkehr zwischen der Bundesrepublik Deutschland und den anderen EG-Mitgliedstaaten statistisch zu erfassen; dazu werden **alle innergemeinschaftlichen Ein- und Verkäufe** des Unternehmers abgefragt.

52.2 Praxiswissen

52.2.1 Wer muss was melden?

Die Intrahandelsstatistik betrifft ausschließlich »**Warenbewegungen von EU nach EU**« (also von einem europäischen Mitgliedstaat in einen anderen europäischen Mitgliedstaat, sog. »**Intrahandel**«), und damit

- **persönlich** nur die am Intrahandel beteiligten Unternehmer
- **sachlich** nur diese Warenbewegungen, die umsatzsteuerlich in der Regel den innergemeinschaftlichen Lieferungen und innergemeinschaftlichen Erwerben entsprechen.

Beratungskonsequenzen

Vereinfacht gilt[382]:

- Im **Versendungsfall** ist in der Regel derjenige auskunftspflichtig, der eine innergemeinschaftliche Lieferung i. S. d. Umsatzsteuergesetzes (UStG) ausführt.
- Entsprechend ist im **Eingangsfall** grundsätzlich derjenige auskunftspflichtig, der einen innergemeinschaftlichen Erwerb i. S. d. UStG tätigt.

Die Meldungen erfolgen für **Versendungen** und für **Eingänge getrennt**.

381 Der Titel »Leitfaden ...« trat ab dem Jahr 2015 an die Stelle der bisherigen Bezeichnungen »Merkblatt zur Intrahandelsstatistik« bzw. »Anleitung zum Ausfüllen der Intrastat-Vordrucke«. Der aktuelle Leitfaden wurde veröffentlicht als 25. Auflage 2023.

382 IHK Südlicher Oberrhein, Intrastat – statistische Erfassung des Warenverkehrs, Nr. 3302064, https://www.ihk.de/freiburg/international/import-export/intrastat-statistische-erfassung-des-warenverkehrs-3302064, 7.12.2023.

Es steht dem Auskunftspflichtigen frei, sich bei den Meldungen **durch einen Dritten vertreten** zu lassen. Voraussetzung ist, dass der Vertreter in der EU ansässig ist.

52.2.2 Ab wann ist zu melden?

Pro Jahr betragen die **Aufgriffsgrenzen**, ab der für den Unternehmer eine Meldepflicht entsteht, **unverändert**

- für **Einkäufe 800.000 €** und
- für **Verkäufe 500.000 €.**

Die Aufgriffsgrenzen müssen Sie **fortlaufend – also auch unterjährig – prüfen**; die Meldepflicht beginnt mit dem Monat, in dem die Schwelle überschritten wurde, d. h. für diesen Monat ist die erste statistische Meldung für die jeweilige Verkehrsrichtung abzugeben[383].

Die Intrastat kennt **keine Bagatellgrenze** für Produkte von geringem Wert[384].

Beratungskonsequenzen

1. Wenn Sie glauben, dass Sie auf Grund Ihrer Beteiligung an innereuropäischen Warengeschäften zur Abgabe von Intrastat-Meldungen verpflichtet sind, sollten Sie **als Unternehmer auf jeden Fall Ihren Steuerberater informieren** und sich mit diesem abstimmen.
2. Zur ersten Orientierung und Einarbeitung genügt in der Regel der »**Leitfaden zur Intrahandelsstatistik**«[385].
3. Bei Praxisproblemen haben sich dann – sowohl für Unternehmer als auch deren Berater die **AHKs als kompetente Ansprechpartner bewährt** (➲ Kapitel 56). Diese bieten in der Regel auch Schulungen zur Intrastat an.

52.2.3 Informationsfluss StatBA – FinVerw

Da das StatBA von der Finanzverwaltung aus Ihren Umsatzsteuer-Voranmeldungen über Ihre innergemeinschaftlichen Geschäfte informiert wird, sollten Sie die **korrespondierenden Erklärungen auf jeden Fall miteinander abgleichen.**

Eine direkte **Rückinformation vom StatBA** an die Finanzverwaltung ist (derzeit) aber **nicht** vorgesehen (➲ vgl. Kapitel 53).

---

383 StatBA, z. Zt. der Drucklegung aktueller Leitfaden 2023, Kapitel 1.3.2.

384 IHK Südlicher Oberrhein, a. a. O.

385 ➲ mybookplus.de > Wichtiges aus anderen Behörden.

Beratungskonsequenzen

Allerdings kommt es – z. B. auch auf Grund eher technischer Probleme – zu regelmäßigen Abstimmungen zwischen der Finanzverwaltung und dem StatBA. Die Finanzverwaltung wird dann stets »bemüht« sein, die **Erkenntnisse aus dem Gedanken- oder Erfahrungsaustausch für eigene Ermittlungen auszuwerten!**

52.3 Homepages des StatBA

Hinweis

https://www.destatis.de
https://www-idev.destatis.de > Hilfeseite zur Anmeldung der Intrahandelsstatistik

53 Kontrollmöglichkeiten und Routinen der FinVerw

Innergemeinschaftlichen Waren- und Dienstleistungsverkehr

Die Datenbanken, in die Umsätze eingehen:

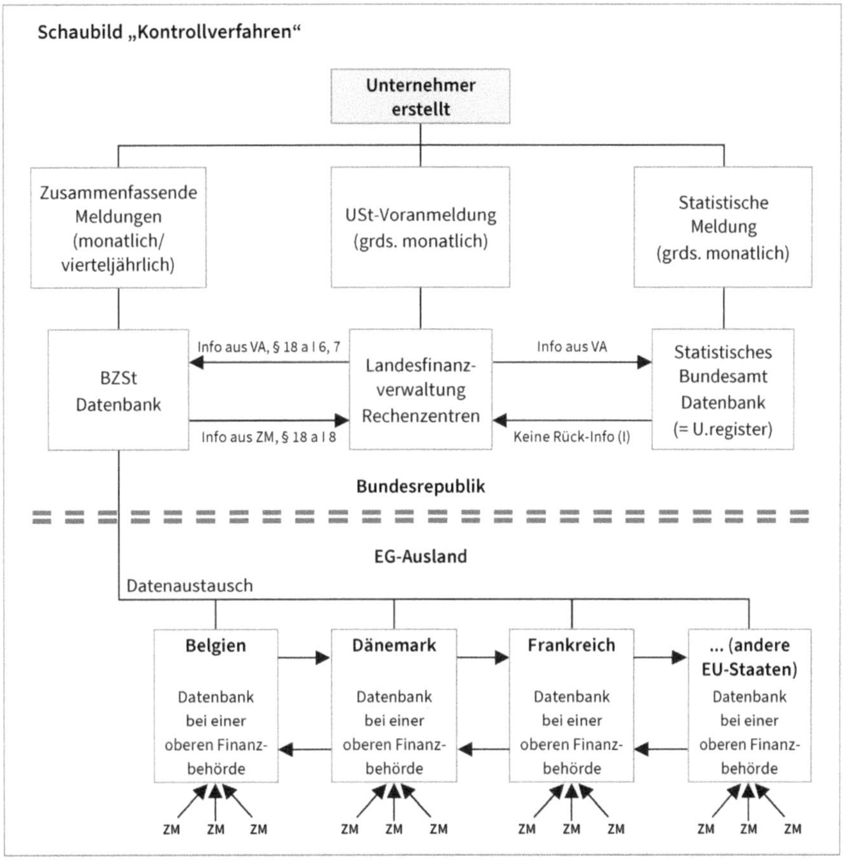

54 Aufzeichnungs- und Aufbewahrungspflichten

Hinweis

➲ mybookplus.de > Vertiefende Informationen > Kapitel 54

55 Fallsammlung internationale Umsätze

Eintragung in die Vordrucke zur UStVA, USt-Erklärung und ZM

55.1 Innergemeinschaftliche Lieferung/Regelfall

Hinweis

Umsatzsteuerliche Basics ➲ Kapitel 13 ff.

55.1.1 UStVA 2024

Zeile			
	Unternehmer – ggf. abweichende Firmenbezeichnung – Anschrift – Telefon – E-Mail-Adresse		
3			
4			
5			
	Voranmeldungszeitraum		
	bei **monatlicher** Abgabe bitte hier ankreuzen		bei **vierteljährlicher** Abgabe bitte hier ankreuzen
6	Januar	Mai	September	I. Kalendervierteljahr
7	Februar	Juni	Oktober	II. Kalendervierteljahr
8	März	Juli	November	III. Kalendervierteljahr
9	April	August	Dezember	IV. Kalendervierteljahr
10	**Berichtigte Anmeldung**	**10**	1 = Ja
11	**Belege** (z. B. Verträge, Rechnungen) sind beigefügt bzw. werden gesondert eingereicht	**22**	1 = Ja

Zeile		Bemessungsgrundlage ohne Umsatzsteuer EUR	Steuer EUR Ct
	A. Steuerpflichtige Lieferungen, sonstige Leistungen und unentgeltliche Wertabgaben		
	Steuerpflichtige Umsätze		
12	zum Steuersatz von 19 %	**81**	
13	zum Steuersatz von 7 %	**86**	
14	zum Steuersatz von 0 %	**87**	
15	zu anderen Steuersätzen	**35**	**36**
16	Lieferungen land- und forstwirtschaftlicher Betriebe nach § 24 UStG an Abnehmer **mit** Umsatzsteuer-Identifikationsnummer	**77**	
17	Umsätze, für die eine Steuer nach § 24 UStG zu entrichten ist (Sägewerkserzeugnisse, Getränke und alkoholische Flüssigkeiten, z. B. Wein)	**76**	**80**
	B. Steuerfreie Lieferungen, sonstige Leistungen und unentgeltliche Wertabgaben		
	Steuerfreie Umsätze mit Vorsteuerabzug		
	Innergemeinschaftliche Lieferungen (§ 4 Nummer 1 Buchstabe b UStG)		
18	an Abnehmer **mit** Umsatzsteuer-Identifikationsnummer	**41** ⬉	
19	neuer Fahrzeuge an Abnehmer **ohne** Umsatzsteuer-Identifikationsnummer		

2024USt1A561 - September 2023 - 2024USt1A561

Formular: 2024USt1A561

55.1.2 USt-Erklärung 2023

Hinweis

Bis einschließlich der USt-Erklärung 2017 erfolgten die nachfolgenden Eintragungen in Abschnitt E der Anlage UR[386].

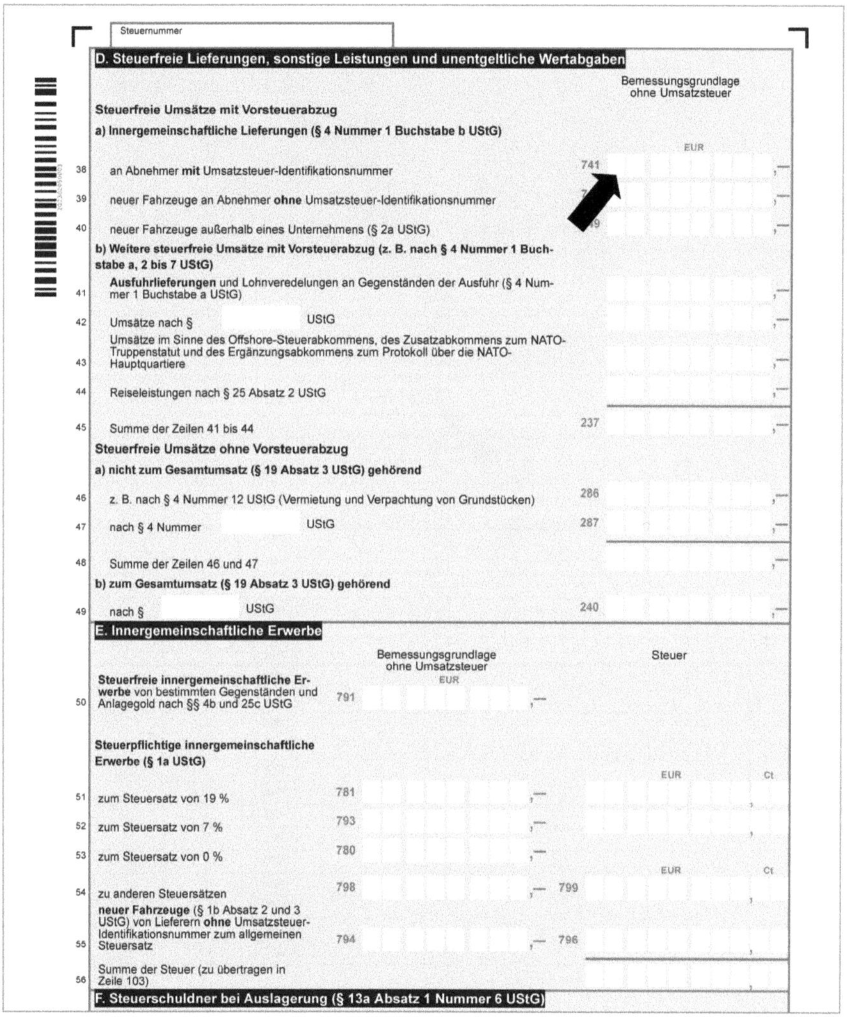

Steuernummer

D. Steuerfreie Lieferungen, sonstige Leistungen und unentgeltliche Wertabgaben

Bemessungsgrundlage ohne Umsatzsteuer

Steuerfreie Umsätze mit Vorsteuerabzug

a) Innergemeinschaftliche Lieferungen (§ 4 Nummer 1 Buchstabe b UStG)

EUR

38 an Abnehmer **mit** Umsatzsteuer-Identifikationsnummer — 741 ,—

39 neuer Fahrzeuge an Abnehmer **ohne** Umsatzsteuer-Identifikationsnummer — 7 ,—

40 neuer Fahrzeuge außerhalb eines Unternehmens (§ 2a UStG) — 9 ,—

b) Weitere steuerfreie Umsätze mit Vorsteuerabzug (z. B. nach § 4 Nummer 1 Buchstabe a, 2 bis 7 UStG)

41 **Ausfuhrlieferungen** und Lohnveredelungen an Gegenständen der Ausfuhr (§ 4 Nummer 1 Buchstabe a UStG) ,—

42 Umsätze nach § UStG ,—

43 Umsätze im Sinne des Offshore-Steuerabkommens, des Zusatzabkommens zum NATO-Truppenstatut und des Ergänzungsabkommens zum Protokoll über die NATO-Hauptquartiere ,—

44 Reiseleistungen nach § 25 Absatz 2 UStG ,—

45 Summe der Zeilen 41 bis 44 — 237 ,—

Steuerfreie Umsätze ohne Vorsteuerabzug

a) nicht zum Gesamtumsatz (§ 19 Absatz 3 UStG) gehörend

46 z. B. nach § 4 Nummer 12 UStG (Vermietung und Verpachtung von Grundstücken) — 286 ,—

47 nach § 4 Nummer UStG — 287 ,—

48 Summe der Zeilen 46 und 47 ,—

b) zum Gesamtumsatz (§ 19 Absatz 3 UStG) gehörend

49 nach § UStG — 240 ,—

E. Innergemeinschaftliche Erwerbe

		Bemessungsgrundlage ohne Umsatzsteuer (EUR)		Steuer (EUR Ct)
50	**Steuerfreie innergemeinschaftliche Erwerbe** von bestimmten Gegenständen und Anlagegold nach §§ 4b und 25c UStG	791 ,—		
	Steuerpflichtige innergemeinschaftliche Erwerbe (§ 1a UStG)			
51	zum Steuersatz von 19 %	781 ,—		,
52	zum Steuersatz von 7 %	793 ,—		,
53	zum Steuersatz von 0 %	780 ,—		
54	zu anderen Steuersätzen	798 ,—	799	,
55	**neuer Fahrzeuge** (§ 1b Absatz 2 und 3 UStG) von Lieferern **ohne** Umsatzsteuer-Identifikationsnummer zum allgemeinen Steuersatz	794 ,—	796	,
56	Summe der Steuer (zu übertragen in Zeile 103)			,

F. Steuerschuldner bei Auslagerung (§ 13a Absatz 1 Nummer 6 UStG)

Formular: 2023USt2A503

386 Vgl. dazu *Weimann*, Umsatzsteuer in der Praxis, 19. Auflage 2021, Kapitel 67.1.2.1.

55.1.3 Zusammenfassende Meldung im Jahr 2024

Einlagebogen Nr. | | **zur Zusammenfassenden Meldung für den Meldezeitraum**

02 | 20

Umsatzsteuer-Identifikationsnummer (USt-IdNr.) Bitte 9 Ziffern eintragen

01 | D | E | | | | | | | | |

Jan.	April	Juli	Okt.
Feb.	Mai	Aug.	Nov.
März	Juni	Sept.	Dez.
Jan/Feb	April/Mai	Juli/Aug	Okt/Nov
1. Quart.	2. Quart.	3. Quart.	4. Quart.

Kalenderjahr

Berichtigung (falls JA, bitte "x" eintragen) 03

Meldung der Warenlieferungen vom Inland in das übrige Gemeinschaftsgebiet (§ 18a Abs. 7 Nr. 1 u. 2 UStG), der sonstigen Leistungen (§ 18a Abs. 7 Satz 1 Nr. 3 UStG) und der Lieferungen i.S.d. § 25b Abs. 2 UStG im Rahmen innergemeinschaftlicher Dreiecksgeschäfte (§ 18a Abs. 7 Satz 1 Nr. 4 UStG)

Bitte beachten!

Sonstige Leistungen bzw. Dreiecksgeschäfte sind in Spalte 3 jeweils durch Eintragung der Ziffer "1" oder "2" entsprechend zu kennzeichnen. Wurden sowohl Warenlieferungen, sonstige Leistungen und/oder Dreiecksgeschäfte an denselben Unternehmer erbracht, sind diese in getrennten Zeilen anzugeben.

	1		2		3
Zeile	Länder-kenn-zeichen	USt-IdNr. des Erwerbers/ Unternehmers in einem anderen EU-Mitgliedstaat	Summe der Bemessungsgrundlagen volle EUR	Ct	Sonstige Leistungen (falls JA, bitte 1 eintragen) ---------------- Dreiecksgeschäfte (falls JA, bitte 2 eintragen)
1					
2					
3					
4					
5					
6					
7					
8					
9					
10					
11					
12					
13					
14					
15					
16					
17					
18					
19					
20					
21					
22					
23					
24					
25					

Formular: ZM-Formular Vordruckmuster, https://www.bzst.de

55.2 Innergemeinschaftliche Lieferung/Sonderfall

Lieferung von Neufahrzeugen durch einen deutschen Händler an EU-»Privatkunden« (= Nichtunternehmer)

Hinweis

Umsatzsteuerliche Basics ➲ Kapitel 45.5.3

55.2.1 UStVA 2024

	Unternehmer – ggf. abweichende Firmenbezeichnung – Anschrift – Telefon – E-Mail-Adresse				
3					
4					
5					
	Voranmeldungszeitraum				
	bei **monatlicher** Abgabe bitte hier ankreuzen			bei **vierteljährlicher** Abgabe bitte hier ankreuzen	
6	Januar	Mai	September	I. Kalendervierteljahr	
7	Februar	Juni	Oktober	II. Kalendervierteljahr	
8	März	Juli	November	III. Kalendervierteljahr	
9	April	August	Dezember	IV. Kalendervierteljahr	
10	**Berichtigte Anmeldung**			10	1 = Ja
11	**Belege** (z. B. Verträge, Rechnungen) sind beigefügt bzw. werden gesondert eingereicht			22	1 = Ja

		Bemessungsgrundlage ohne Umsatzsteuer EUR		Steuer EUR Ct
	A. Steuerpflichtige Lieferungen, sonstige Leistungen und unentgeltliche Wertabgaben			
	Steuerpflichtige Umsätze			
12	zum Steuersatz von 19 %	81		
13	zum Steuersatz von 7 %	86		
14	zum Steuersatz von 0 %	87		
15	zu anderen Steuersätzen	35	36	
16	Lieferungen land- und forstwirtschaftlicher Betriebe nach § 24 UStG an Abnehmer **mit** Umsatzsteuer-Identifikationsnummer	77		
17	Umsätze, für die eine Steuer nach § 24 UStG zu entrichten ist (Sägewerkserzeugnisse, Getränke und alkoholische Flüssigkeiten, z. B. Wein)	76	80	
	B. Steuerfreie Lieferungen, sonstige Leistungen und unentgeltliche Wertabgaben			
	Steuerfreie Umsätze mit Vorsteuerabzug			
	Innergemeinschaftliche Lieferungen (§ 4 Nummer 1 Buchstabe b UStG)			
18	an Abnehmer **mit** Umsatzsteuer-Identifikationsnummer	41		
19	neuer Fahrzeuge an Abnehmer **ohne** Umsatzsteuer-Identifikationsnummer	44		

2024USt1A561 - September 2023 - 2024USt1A561

Formular: 2024USt1561

55.2.2 USt-Erklärung 2023

Hinweis

Bis einschließlich der USt-Erklärung 2017 erfolgten die nachfolgenden Eintragungen in Abschnitt E der Anlage UR[387].

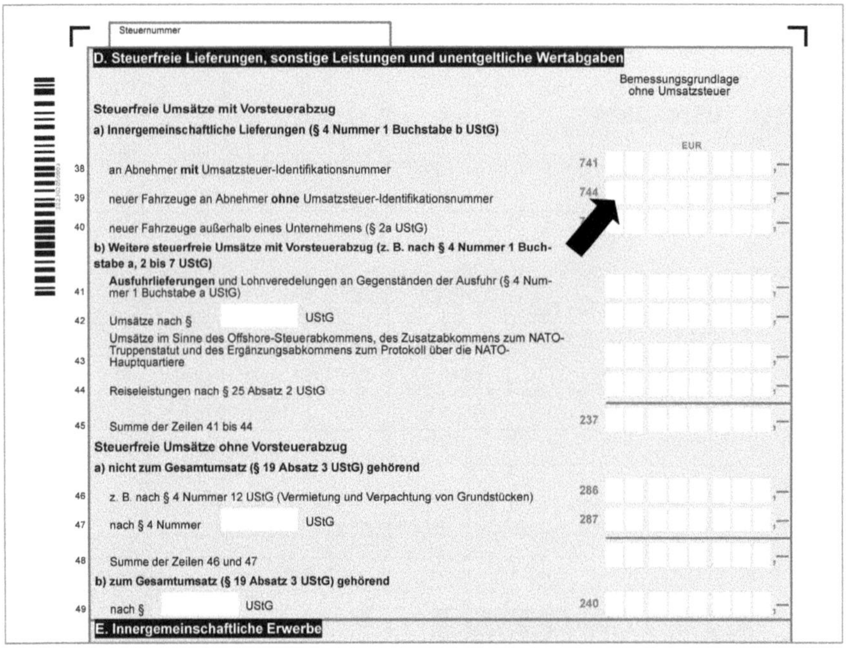

Steuernummer

D. Steuerfreie Lieferungen, sonstige Leistungen und unentgeltliche Wertabgaben

Zeile		Kz	Bemessungsgrundlage ohne Umsatzsteuer EUR
	Steuerfreie Umsätze mit Vorsteuerabzug		
	a) Innergemeinschaftliche Lieferungen (§ 4 Nummer 1 Buchstabe b UStG)		
38	an Abnehmer **mit** Umsatzsteuer-Identifikationsnummer	741	,–
39	neuer Fahrzeuge an Abnehmer **ohne** Umsatzsteuer-Identifikationsnummer	744	,–
40	neuer Fahrzeuge außerhalb eines Unternehmens (§ 2a UStG)		,–
	b) Weitere steuerfreie Umsätze mit Vorsteuerabzug (z. B. nach § 4 Nummer 1 Buchstabe a, 2 bis 7 UStG)		
41	**Ausfuhrlieferungen** und Lohnveredelungen an Gegenständen der Ausfuhr (§ 4 Nummer 1 Buchstabe a UStG)		,–
42	Umsätze nach § UStG		,–
43	Umsätze im Sinne des Offshore-Steuerabkommens, des Zusatzabkommens zum NATO-Truppenstatut und des Ergänzungsabkommens zum Protokoll über die NATO-Hauptquartiere		,–
44	Reiseleistungen nach § 25 Absatz 2 UStG		,–
45	Summe der Zeilen 41 bis 44	237	,–
	Steuerfreie Umsätze ohne Vorsteuerabzug		
	a) nicht zum Gesamtumsatz (§ 19 Absatz 3 UStG) gehörend		
46	z. B. nach § 4 Nummer 12 UStG (Vermietung und Verpachtung von Grundstücken)	286	,–
47	nach § 4 Nummer UStG	287	,–
48	Summe der Zeilen 46 und 47		,–
	b) zum Gesamtumsatz (§ 19 Absatz 3 UStG) gehörend		
49	nach § UStG	240	,–

E. Innergemeinschaftliche Erwerbe

Formular: 2023USt2A503

55.2.3 Zusammenfassende Meldung im Jahr 2024

Keine Eintragung, dafür aber Meldung nach der Fahrzeuglieferungs-Meldepflichtverordnung ➲ Kapitel 45.7.

55.2.4 Meldungen nach der FzgLiefgMeldV

Hinweis

➲ Kapitel 45.7

387 Vgl. dazu *Weimann*, Umsatzsteuer in der Praxis, 19. Auflage 2021, Kapitel 67.2.2.1.

55.3 Innergemeinschaftliche Lieferung/Sonderfall

Lieferung von Neufahrzeugen *durch* »Privatleute« (= Nichtunternehmer) an EU-Käufer

Hinweis

Umsatzsteuerliche Basics ➲ Kapitel 45.5.5

55.3.1 UStVA 2024

Steuernummer

- 2 -

Zeile		Bemessungsgrundlage ohne Umsatzsteuer EUR	Steuer EUR Ct
20	neuer Fahrzeuge außerhalb eines Unternehmens (§ 2a UStG)	49	
21	**Weitere steuerfreie Umsätze mit Vorsteuerabzug** z. B. **Ausfuhrlieferungen**, Umsätze nach § 4 Nummer 2 bis 7 UStG		
22	**Steuerfreie Umsätze ohne Vorsteuerabzug** z. B. Umsätze nach § 4 Nummer 8 bis 29 UStG	48	
	C. Innergemeinschaftliche Erwerbe		
23	**Steuerfreie innergemeinschaftliche Erwerbe** von bestimmten Gegenständen und Anlagegold (§§ 4b und 25c UStG)	91	
24	**Steuerpflichtige innergemeinschaftliche Erwerbe** zum Steuersatz von 19 %	89	
25	zum Steuersatz von 7 %	93	
26	zum Steuersatz von 0 %	90	
27	zu anderen Steuersätzen	95	98
28	**neuer Fahrzeuge** (§ 1b Absatz 2 und 3 UStG) von Lieferern **ohne** Umsatzsteuer-Identifikationsnummer zum allgemeinen Steuersatz	94	96
	D. Leistungsempfänger als Steuerschuldner (§ 13b UStG)		
29	Sonstige Leistungen nach § 3a Absatz 2 UStG eines im übrigen Gemeinschaftsgebiet ansässigen Unternehmers (§ 13b Absatz 1 UStG)	46	47
30	Umsätze, die unter das GrEStG fallen (§ 13b Absatz 2 Nummer 3 UStG)	73	74
31	Andere Leistungen (§ 13b Absatz 2 Nummer 1, 2, 4 bis 12 UStG)	84	85
	E. Ergänzende Angaben zu Umsätzen		
32	Lieferungen des ersten Abnehmers bei **innergemeinschaftlichen Dreiecksgeschäften** (§ 25b UStG)	42	
33	Steuerpflichtige Umsätze des leistenden Unternehmers, für die der **Leistungsempfänger** die **Steuer nach § 13b Absatz 5 UStG schuldet**	60	
34	**Nicht steuerbare sonstige Leistungen** gemäß § 18b Satz 1 Nummer 2 UStG	21	
35	**Übrige nicht steuerbare Umsätze** (Leistungsort nicht im Inland)	45	
36	**Umsatzsteuer (Summe der Zeilen 12 bis 17 und 24 bis 31)**		
	F. Abziehbare Vorsteuerbeträge und Berichtigung des Vorsteuerabzugs		
37	Vorsteuerbeträge aus Rechnungen von anderen Unternehmern (§ 15 Absatz 1 Satz 1 Nummer 1 UStG), aus Leistungen im Sinne des § 13a Absatz 1 Nummer 6 UStG (§ 15 Absatz 1 Satz 1 Nummer 5 UStG) und aus innergemeinschaftlichen Dreiecksgeschäften (§ 25b Absatz 5 UStG)		66
38	Vorsteuerbeträge aus dem innergemeinschaftlichen Erwerb von Gegenständen (§ 15 Absatz 1 Satz 1 Nummer 3 UStG)		61

Formular: 2024USt1A562

55.3.2 USt-Erklärung 2023

Hinweis

Bis einschließlich der USt-Erklärung 2017 erfolgten die nachfolgenden Eintragungen in Abschnitt E der Anlage UR[388].

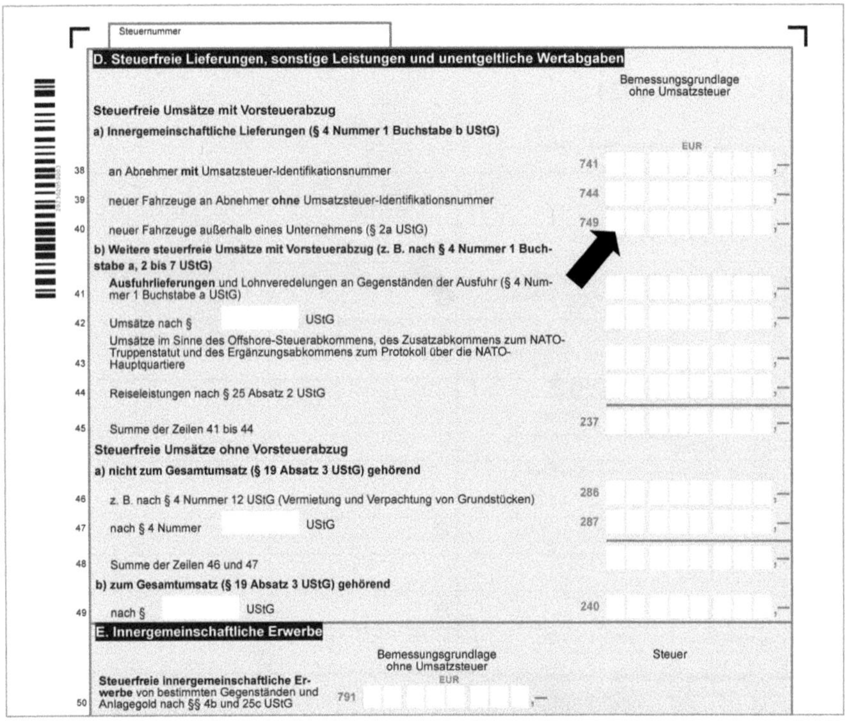

Steuernummer

D. Steuerfreie Lieferungen, sonstige Leistungen und unentgeltliche Wertabgaben

Bemessungsgrundlage ohne Umsatzsteuer

Steuerfreie Umsätze mit Vorsteuerabzug

a) Innergemeinschaftliche Lieferungen (§ 4 Nummer 1 Buchstabe b UStG)

EUR

38 an Abnehmer **mit** Umsatzsteuer-Identifikationsnummer 741 ,—

39 neuer Fahrzeuge an Abnehmer **ohne** Umsatzsteuer-Identifikationsnummer 744 ,—

40 neuer Fahrzeuge außerhalb eines Unternehmens (§ 2a UStG) 749 ,—

b) Weitere steuerfreie Umsätze mit Vorsteuerabzug (z. B. nach § 4 Nummer 1 Buchstabe a, 2 bis 7 UStG)

41 **Ausfuhrlieferungen** und Lohnveredelungen an Gegenständen der Ausfuhr (§ 4 Nummer 1 Buchstabe a UStG) ,—

42 Umsätze nach § UStG ,—

43 Umsätze im Sinne des Offshore-Steuerabkommens, des Zusatzabkommens zum NATO-Truppenstatut und des Ergänzungsabkommens zum Protokoll über die NATO-Hauptquartiere ,—

44 Reiseleistungen nach § 25 Absatz 2 UStG ,—

45 Summe der Zeilen 41 bis 44 237 ,—

Steuerfreie Umsätze ohne Vorsteuerabzug

a) nicht zum Gesamtumsatz (§ 19 Absatz 3 UStG) gehörend

46 z. B. nach § 4 Nummer 12 UStG (Vermietung und Verpachtung von Grundstücken) 286 ,—

47 nach § 4 Nummer UStG 287 ,—

48 Summe der Zeilen 46 und 47 ,—

b) zum Gesamtumsatz (§ 19 Absatz 3 UStG) gehörend

49 nach § UStG 240 ,—

E. Innergemeinschaftliche Erwerbe

Bemessungsgrundlage ohne Umsatzsteuer | Steuer

EUR

50 **Steuerfreie innergemeinschaftliche Erwerbe** von bestimmten Gegenständen und Anlagegold nach §§ 4b und 25c UStG 791 ,—

Formular: 2023USt2A503

55.3.3 Zusammenfassende Meldung im Jahr 2024

Keine Eintragung, dafür aber Meldung nach der Fahrzeuglieferungs-Meldepflichtverordnung ➲ Kapitel 45.7.

55.3.4 Meldungen nach der FzgLiefgMeldV

Hinweis

➲ Kapitel 45.7

388 Vgl. dazu *Weimann*, Umsatzsteuer in der Praxis, 19. Auflage 2021, Kapitel 67.3.2.1.

55.4 Ausfuhrlieferung

Hinweis

Umsatzsteuerliche Basics ➲ Kapitel 26 ff.

55.4.1 UStVA 2024

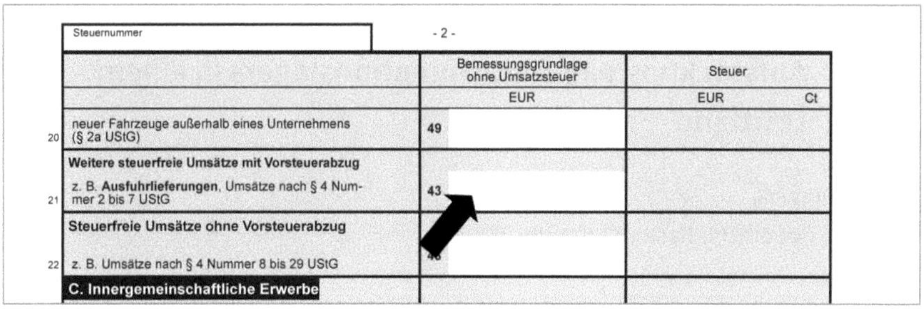

Steuernummer — - 2 -

		Bemessungsgrundlage ohne Umsatzsteuer	Steuer
		EUR	EUR Ct
20	neuer Fahrzeuge außerhalb eines Unternehmens (§ 2a UStG)	49	
	Weitere steuerfreie Umsätze mit Vorsteuerabzug		
21	z. B. **Ausfuhrlieferungen**, Umsätze nach § 4 Nummer 2 bis 7 UStG	43	
	Steuerfreie Umsätze ohne Vorsteuerabzug		
22	z. B. Umsätze nach § 4 Nummer 8 bis 29 UStG	[illegible]	
	C. Innergemeinschaftliche Erwerbe		

Formular: 2024USt1A562

55.4.2 USt-Erklärung 2023

Hinweis

Bis einschließlich der USt-Erklärung 2017 erfolgten die nachfolgenden Eintragungen in Abschnitt E der Anlage UR[389].

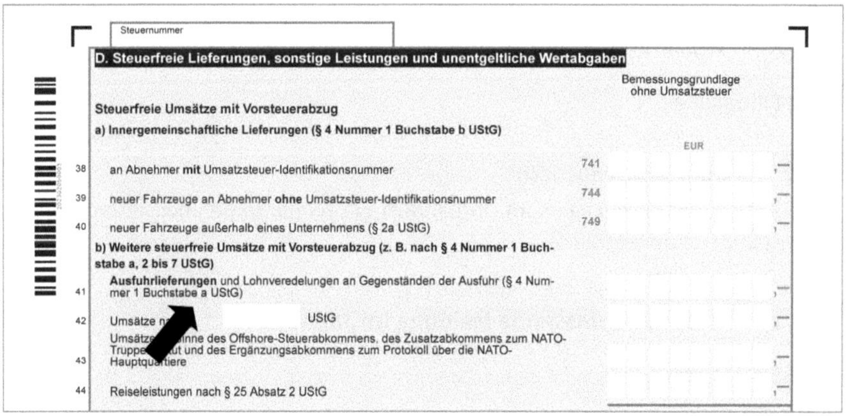

Steuernummer

D. Steuerfreie Lieferungen, sonstige Leistungen und unentgeltliche Wertabgaben

			Bemessungsgrundlage ohne Umsatzsteuer
	Steuerfreie Umsätze mit Vorsteuerabzug		
	a) Innergemeinschaftliche Lieferungen (§ 4 Nummer 1 Buchstabe b UStG)		EUR
38	an Abnehmer **mit** Umsatzsteuer-Identifikationsnummer	741	,—
39	neuer Fahrzeuge an Abnehmer **ohne** Umsatzsteuer-Identifikationsnummer	744	,—
40	neuer Fahrzeuge außerhalb eines Unternehmens (§ 2a UStG)	749	,—
	b) Weitere steuerfreie Umsätze mit Vorsteuerabzug (z. B. nach § 4 Nummer 1 Buchstabe a, 2 bis 7 UStG)		
41	**Ausfuhrlieferungen** und Lohnveredelungen an Gegenständen der Ausfuhr (§ 4 Nummer 1 Buchstabe a UStG)		,—
42	Umsätze n[illegible] UStG		,—
43	Umsätze [illegible]inne des Offshore-Steuerabkommens, des Zusatzabkommens zum NATO-Truppe[illegible]ut und des Ergänzungsabkommens zum Protokoll über die NATO-Hauptqu[illegible]tiere		,—
44	Reiseleistungen nach § 25 Absatz 2 UStG		,—

Formular: 2023USt2A503

55.4.3 Zusammenfassende Meldung im Jahr 2024

Keine Eintragung!

389 Vgl. dazu *Weimann*, Umsatzsteuer in der Praxis, 19. Auflage 2021, Kapitel 67.4.2.1.

55.5 Aufstockung eines Konsignationslagers im EU-Ausland

Hinweis

- Umsatzsteuerliche Basics ➲ Kapitel 37
- **Bis 31.12.2019** ➲ Kapitel 67.5 der 18. Auflage von »Umsatzsteuer in der Praxis«[390]
- **Ab 1.1.2020** ➲ Kapitel 37, Neuregelung durch die Quick Fixes

55.6 Aufstockung eines Konsignationslagers in einem Drittland

Hinweis

Umsatzsteuerliche Basics ➲ Kapitel 37

55.6.1 UStVA 2024

Keine Eintragung!

Beratungskonsequenzen

Das Aufstocken eines Lagers im Drittland ist ein rein unternehmensinterner Vorgang: die Ware verbleibt im Unternehmen und wird lediglich an eine andere Stelle verbracht. Es kommt daher nicht zu einer Ausfuhr!

55.6.2 USt-Erklärung 2023

Keine Eintragung!

Beratungskonsequenzen

Das Aufstocken eines Lagers im Drittland ist ein rein unternehmensinterner Vorgang (➲ s. o., Kapitel 55.6.1).

55.6.3 Zusammenfassende Meldung im Jahr 2024

Keine Eintragung!

Beratungskonsequenzen

Die ZM erfasst ausschließlich Geschäftsvorfälle des EU-Binnenmarkts.

390 *Weimann*, Umsatzsteuer in der Praxis, 18. Auflage 2020.

55.7 Lieferung aus einem Konsignationslager im EU-Ausland

Hinweis

- Umsatzsteuerliche Basics ➲ Kapitel 37
- **Bis 31.12.2019** ➲ Kapitel 67.5 der 18. Auflage 2020 von »Umsatzsteuer in der Praxis«[391]
- **Ab 1.1.2020** ➲ Kapitel 37, Neuregelung durch die Quick Fixes

55.8 Lieferungen in einem anderen Land/aus einem Konsignationslager im Drittland

Hinweis

Umsatzsteuerliche Basics ➲ Kapitel 37

55.8.1 UStVA 2024

	D. Leistungsempfänger als Steuerschuldner (§ 13b UStG)		
29	Sonstige Leistungen nach § 3a Absatz 2 UStG eines im übrigen Gemeinschaftsgebiet ansässigen Unternehmers (§ 13b Absatz 1 UStG)	46	47
30	Umsätze, die unter das GrEStG fallen (§ 13b Absatz 2 Nummer 3 UStG)	73	74
31	Andere Leistungen (§ 13b Absatz 2 Nummer 1, 2, 4 bis 12 UStG)	84	85
	E. Ergänzende Angaben zu Umsätzen		
32	Lieferungen des ersten Abnehmers bei **innergemeinschaftlichen Dreiecksgeschäften** (§ 25b UStG)	42	
33	Steuerpflichtige Umsätze des leistenden Unternehmers, für die der **Leistungsempfänger** die **Steuer nach § 13b Absatz 5 UStG schuldet**	60	
34	**Nicht steuerbare sonstige Leistungen** gemäß § 18b Satz 1 Nummer 2 UStG	21	
35	**Übrige nicht steuerbare Umsätze** (Leistungsort nicht im Inland)	45	
36	**Umsatzsteuer (Summe der Zeilen 12 bis 17 und 24 bis 31)**		
	F. Abziehbare Vorsteuerbeträge und Berichtigung des Vorsteuerabzugs		
37	Vorsteuerbeträge aus Rechnungen von anderen Unternehmern (§ 15 Absatz 1 Satz 1 Nummer 1 UStG), aus Leistungen im Sinne des § 13a Absatz 1 Nummer 6 UStG (§ 15 Absatz 1 Satz 1 Nummer 5 UStG) und aus innergemeinschaftlichen Dreiecksgeschäften (§ 25b Absatz 5 UStG)		66
38	Vorsteuerbeträge aus dem innergemeinschaftlichen Erwerb von Gegenständen (§ 15 Absatz 1 Satz 1 Nummer 3 UStG)		61
39	Entstandene Einfuhrumsatzsteuer (§ 15 Absatz 1 Satz 1 Nummer 2 UStG)		62
40	Vorsteuerbeträge aus Leistungen im Sinne des § 13b UStG (§ 15 Absatz 1 Satz 1 Nummer 4 UStG)		67

2024USt1A562 2024USt1A562

Formular: 2024USt1A562

391 *Weimann*, Umsatzsteuer in der Praxis, 18. Auflage 2020.

55.8.2 USt-Erklärung 2023

Hinweis

Bis einschließlich der USt-Erklärung 2017 erfolgte die nachfolgende Eintragung in Abschnitt F der Anlage UR[392].

Steuernummer

G. Innergemeinschaftliche Dreiecksgeschäfte (§ 25b UStG)

Zeile		Kz	Bemessungsgrundlage ohne Umsatzsteuer EUR	Kz	Steuer EUR Ct
59	Lieferungen des **ersten Abnehmers**	742	,—		
	Lieferungen, für die der letzte Abnehmer die Umsatzsteuer schuldet				
60	zum Steuersatz von 19 %	751	,—		,
61	zum Steuersatz von 7 %	746	,—		,
62	zum Steuersatz von 0 %	750	,—		
63	zu anderen Steuersätzen	747	,—	748	,
64	Summe der Steuer (zu übertragen in Zeile 105)				,

H. Leistungsempfänger als Steuerschuldner (§ 13b UStG)

Zeile		Kz	Bemessungsgrundlage ohne Umsatzsteuer EUR	Kz	Steuer EUR Ct
65	Sonstige Leistungen nach § 3a Absatz 2 UStG eines im übrigen Gemeinschaftsgebiet ansässigen Unternehmers (§ 13b Absatz 1 UStG)	846	,—	847	,
66	Umsätze, die unter das GrEStG fallen (§ 13b Absatz 2 Nummer 3 UStG)	873	,—	874	,
67	Andere Leistungen (§ 13b Absatz 2 Nummer 1, 2, 4 bis 12 UStG)	877	,—	878	,
68	Summe der Steuer (zu übertragen in Zeile 106)				,

I. Ergänzende Angaben zu Umsätzen

Zeile		Kz	Betrag EUR
69	Umsätze, die auf Grund eines Verzichts auf Steuerbefreiung (§ 9 UStG) als steuerpflichtig behandelt worden sind (in Abschnitt C enthalten)		,—
70	Steuerpflichtige Umsätze des leistenden Unternehmers, für die der Leistungsempfänger die Steuer nach § 13b Absatz 5 UStG schuldet	209	,—
71	**Telekommunikations-, Rundfunk- und Fernsehdienstleistungen** sowie **auf elektronischem Weg erbrachte sonstige Leistungen** an im übrigen Gemeinschaftsgebiet ansässige Nichtunternehmer sowie **innergemeinschaftliche Fernverkäufe** in das übrige Gemeinschaftsgebiet unter der Voraussetzung des § 3a Absatz 5 Sätze 3 und 4 UStG und § 3c Absatz 4 Sätze 1 und 2 UStG (in Abschnitt B oder C enthalten)	213	,—
72	**Telekommunikations-, Rundfunk- und Fernsehdienstleistungen** sowie **auf elektronischem Weg erbrachte sonstige Leistungen** an im übrigen Gemeinschaftsgebiet ansässige Nichtunternehmer sowie **innergemeinschaftliche Fernverkäufe** in das übrige Gemeinschaftsgebiet unter der Voraussetzung des § 3a Absatz 5 Sätze 3 und 4 UStG und § 3c Absatz 4 Sätze 1 und 2 UStG (in anderen EU-Mitgliedstaaten zu versteuern)	214	,—
73	Nicht steuerbare Geschäftsveräußerung im Ganzen gemäß § 1 Absatz 1a UStG	211	,—
74	Nicht steuerbare sonstige Leistungen gemäß § 18b Satz 1 Nummer 2 UStG	721	,—
75	Übrige nicht steuerbare Umsätze (Leistungsort nicht im Inland)	205	,—
76	In den Zeilen 72, 74 und 75 enthaltene Umsätze, die nach § 15 Absatz 2 und 3 UStG den Vorsteuerabzug ausschließen	[illegible]	,—
77	Auf den inländischen Streckenanteil entfallende Umsätze grenzüberschreitender Personenbeförderungen im Luftverkehr (§ 26 Absatz 3 UStG)	[illegible]	,—
78	Minderung der Bemessungsgrundlage nach § 17 Absatz 1 Satz 1 in Verbindung mit Absatz 2 Nummer 1 Satz 1 UStG (in Abschnitt B oder C enthalten)	650	,—

Formular: 2023USt2A504

55.8.3 Zusammenfassende Meldung im Jahr 2024

Keine Eintragung!

392 Vgl. dazu *Weimann*, Umsatzsteuer in der Praxis, 19. Auflage 2021, Kapitel 67.8.2.1.

55.9 Innergemeinschaftlicher Erwerb – Regelfall des § 3d Satz 1 UStG

Hinweis

Umsatzsteuerliche Basics ➲ Kapitel 6

55.9.1 UStVA 2024

55.9.1.1 Erwerbsteuer

Steuernummer - 2 -

Zeile			Bemessungsgrundlage ohne Umsatzsteuer		Steuer
			EUR		EUR Ct
20	neuer Fahrzeuge außerhalb eines Unternehmens (§ 2a UStG)	49			
21	**Weitere steuerfreie Umsätze mit Vorsteuerabzug** z. B. **Ausfuhrlieferungen**, Umsätze nach § 4 Nummer 2 bis 7 UStG	43			
	Steuerfreie Umsätze ohne Vorsteuerabzug z. B. Umsätze nach § 4 Nummer 8 bis 29 UStG	48			
	C. Innergemeinschaftliche Erwerbe				
23	**Steuerfreie innergemeinschaftliche Erwerbe** von bestimmten Gegenständen und Anlagegold (§§ 4b und 25c UStG)	91			
24	**Steuerpflichtige innergemeinschaftliche Erwerbe** zum Steuersatz von 19 %	89			
25	zum Steuersatz von 7 %	93			
26	zum Steuersatz von 0 %	90			
27	zu anderen Steuersätzen	95		98	
28	**neuer Fahrzeuge** (§ 1b Absatz 2 und 3 UStG) von Lieferern **ohne** Umsatzsteuer-Identifikationsnummer zum allgemeinen Steuersatz	94		96	
	D. Leistungsempfänger als Steuerschuldner (§ 13b UStG)				

Formular: 2024USt1A562

55.9.1.2 Korrespondierende Vorsteuer

Zeile					
36	**Umsatzsteuer (Summe der Zeilen 12 bis 17 und 24 bis 31)**				
	F. Abziehbare Vorsteuerbeträge und Berichti gung des Vorsteuerabzugs				
37	Vorsteuerbeträge aus Rechnungen von anderen Unternehmern (§ 15 Absatz 1 Satz 1 Nummer 1 UStG), aus Leistungen im Sinne des § 13a Absatz 1 Nummer 6 UStG (§ 15 Absatz 1 Satz 1 Nummer 5 UStG) und aus innergemeinschaftlichen Dreiecksgeschäften (§ 25b Absatz 5 UStG)			66	
38	Vorsteuerbeträge aus dem innergemeinschaftlichen Erwerb von Gegenständen (§ 15 Absatz 1 Satz 1 Nummer 3 UStG)			61	
39	Entstandene Einfuhrumsatzsteuer (§ 15 Absatz 1 Satz 1 Nummer 2 UStG)				
40	Vorsteuerbeträge aus Leistungen im Sinne des § 13b UStG (§ 15 Absatz 1 Satz 1 Nummer 4 UStG)			67	

2024USt1A562 2024USt1A562

Formular: 2024USt1A562

55.9.2 USt-Erklärung 2023

Hinweis

Bis einschließlich der USt-Erklärung 2017 erfolgten die nachfolgenden Eintragungen zunächst in Abschnitt A der Anlage UR und wurden von dort im Hauptvordruck USt 2A in die Steuerberechnung übernommen[393].

55.9.2.1 Berechnung der Erwerbsteuer in Abschnitt E

Zeile		Kz	Bemessungsgrundlage	Kz	Steuer
46	z. B. nach § 4 Nummer 12 UStG (Vermietung und Verpachtung von Grundstücken)	286	,–		
47	nach § 4 Nummer UStG	287	,–		
48	Summe der Zeilen 46 und 47		,–		
	zum Gesamtumsatz (§ 19 Absatz 3 UStG) gehörend				
49	nach § UStG	240	,–		

E. Innergemeinschaftliche Erwerbe

Zeile		Kz	Bemessungsgrundlage ohne Umsatzsteuer EUR	Kz	Steuer EUR Ct
50	**Steuerfreie innergemeinschaftliche Erwerbe** von bestimmten Gegenständen und Anlagegold nach §§ 4b und 25c UStG	791	,–		
	Steuerpflichtige innergemeinschaftliche Erwerbe (§ 1a UStG)				
51	zum Steuersatz von 19 %	781	,–		,
52	zum Steuersatz von 7 %	793	,–		,
53	zum Steuersatz von 0 %	780	,–		
54	zu anderen Steuersätzen	798	,–	799	,
55	**neuer Fahrzeuge** (§ 1b Absatz 2 und 3 UStG) von Lieferern **ohne** Umsatzsteuer-Identifikationsnummer zum allgemeinen Steuersatz	794	,–	796	,
56	Summe der Steuer (zu übertragen in Zeile 103)				,

F. Steuerschuldner bei Auslagerung (§ 13a Absatz 1 Nummer 6 UStG)

Formular: 2023USt2A503

55.9.2.2 Übernahme der Erwerbsteuer in die Steuerberechnung

Steuernummer

L. Berechnung der zu entrichtenden Umsatzsteuer

Zeile		Steuer EUR Ct
102	**Umsatzsteuer auf steuerpflichtige Lieferungen, sonstige Leistungen und unentgeltliche Wertabgaben** (aus Zeile 37)	,
103	**Umsatzsteuer auf innergemeinschaftliche Erwerbe** (aus Zeile 56)	,
104	Umsatzsteuer, die vom Auslagerer oder Lagerhalter geschuldet wird (§ 13a Absatz 1 Nummer 6 UStG) (aus Zeile 58)	,
105	Umsatzsteuer, die vom letzten Abnehmer im innergemeinschaftlichen Dreiecksgeschäft geschuldet wird (§ 25b Absatz 2 UStG) (aus Zeile 64)	,
106	Umsatzsteuer, die vom Leistungsempfänger nach § 13b UStG geschuldet wird (aus Zeile 68)	,
107	Zwischensumme	,
108	**Abziehbare Vorsteuerbeträge** (aus Zeile 87)	,
109	Vorsteuerbeträge, die auf Grund des § 15a UStG nachträglich abziehbar sind (aus Zeile 101)	,
110	Verbleibender Betrag	,

Formular: 2023USt2A506

393 Vgl. dazu *Weimann*, Umsatzsteuer in der Praxis, 19. Auflage 2021, Kapitel 67.9.2.1.

55.9.2.3 Korrespondierende Vorsteuer

Steuernummer

J. Abziehbare Vorsteuerbeträge
(ohne die Berichtigung nach § 15a UStG)

Zeile		Kz	Steuer EUR	Ct
79	Vorsteuerbeträge aus Rechnungen von anderen Unternehmern (§ 15 Absatz 1 Satz 1 Nummer 1 UStG)	320		
80	Vorsteuerbeträge aus innergemeinschaftlichen Erwerben von Gegenständen (§ 15 Absatz 1 Satz 1 Nummer 3 UStG)	761		
81	Entstandene Einfuhrumsatzsteuer (§ 15 Absatz 1 Satz 1 Nummer 2 UStG)			
82	Vorsteuerabzug für die Steuer, die der Abnehmer als Auslagerer nach § 13a Absatz 1 Nummer 6 UStG schuldet (§ 15 Absatz 1 Satz 1 Nummer 5 UStG)	..6		
83	Vorsteuerbeträge aus Leistungen im Sinne des § 13b UStG (§ 15 Absatz 1 Satz 1 Nummer 4 UStG)	467		
84	Vorsteuerbeträge nach dem Durchschnittssatz für bestimmte Körperschaften, Personenvereinigungen und Vermögensmassen (§ 23a UStG)	334		
85	Vorsteuerabzug für innergemeinschaftliche Lieferungen **neuer Fahrzeuge** außerhalb eines Unternehmens (§ 2a UStG) sowie von Kleinunternehmern im Sinne des § 19 Absatz 1 UStG (§ 15 Absatz 4a UStG)	759		
86	Vorsteuerbeträge aus innergemeinschaftlichen Dreiecksgeschäften (§ 25b Absatz 5 UStG)	760		
87	Summe der Vorsteuerbeträge (zu übertragen in Zeile 108)			
	Ergänzende Angabe			
88	Minderung der abziehbaren Vorsteuerbeträge nach § 17 Absatz 1 Satz 2 in Verbindung mit Absatz 2 Nummer 1 Satz 1 UStG (in den Zeilen 79, 84 und 85 enthalten)	637		

K. Berichtigung des Vorsteuerabzugs (§ 15a UStG)

89 Sind im Kalenderjahr 2023 Grundstücke, Grundstücksteile, Gebäude oder Gebäudeteile, für die Vorsteuer abgezogen worden ist, erstmals tatsächlich verwendet worden? 370 1 = Ja

(Geben Sie bitte auf einem besonderem Blatt für jedes Grundstück oder Gebäude gesondert an: Lage, Zeitpunkt der erstmaligen tatsächlichen Verwendung, Art und Umfang der Verwendung im Erstjahr, insgesamt angefallene Vorsteuer, in den Vorjahren – Investitionsphase – bereits abgezogene Vorsteuer)

Haben sich im Jahr 2023 die für den ursprünglichen Vorsteuerabzug maßgebenden Verhältnisse geändert bei

90 1. **Grundstücken, Grundstücksteilen, Gebäuden** oder **Gebäudeteilen**, die innerhalb der letzten 10 Jahre erstmals tatsächlich und **nicht nur einmalig** zur Ausführung von Umsätzen verwendet worden sind? 371 1 = Ja

91 2. **anderen Wirtschaftsgütern und sonstigen Leistungen**, die innerhalb der letzten 5 Jahre erstmals tatsächlich und **nicht nur einmalig** zur Ausführung von Umsätzen verwendet worden sind? 372 1 = Ja

92 3. **Wirtschaftsgütern und sonstigen Leistungen**, die **nur einmalig** zur Ausführung von Umsätzen verwendet worden sind? 369 1 = Ja

Die Verhältnisse, die ursprünglich für die Beurteilung des Vorsteuerabzugs maßgebend waren, haben sich seitdem geändert durch:

93 Veräußerung – Lieferung im Sinne des § 3 Absatz 1b UStG – Wechsel der Besteuerungsform, § 15a Absatz 7 UStG

94 Nutzungsänderung, und zwar

95 Übergang von steuerpflichtiger zu steuerfreier Vermietung oder umgekehrt beziehungsweise Änderung des Verwendungsschlüssels bei gemischt genutzten Grundstücken (insbesondere bei Mieterwechsel),

96 steuerfreie Vermietung bisher eigengewerblich genutzter Räume oder umgekehrt; Übergang von einer Vermietung für NATO- oder ähnliche Zwecke zu einer nach § 4 Nummer 12 UStG steuerfreien Vermietung.

97

Vorsteuerberichtigungsbeträge

Zeile		Kz	nachträglich abziehbar EUR	Ct	Kz	zurückzuzahlen EUR	Ct
98	zu 1. (z. B. Grundstücke, § 15a Absatz 1 Satz 2 UStG)						
99	zu 2. (z. B. andere Wirtschaftsgüter, § 15a Absatz 1 Satz 1 UStG)						
100	zu 3. (z. B. Wirtschaftsgüter, § 15a Absatz 2 UStG)						
101	Summe	357			359		
			zu übertragen in Zeile 109			zu übertragen in Zeile 111	

2023USt2A505 2023USt2A505

Formular: 2023USt2A505

55.9.3 Zusammenfassende Meldung im Jahr 2024

Keine Eintragung!

55.10 Innergemeinschaftlicher Erwerb – Ausnahmefall des § 3d Satz 2 UStG

Hinweis

Umsatzsteuerliche Basics ➲ Kapitel 6

55.10.1 UStVA 2024

55.10.1.1 Erwerbsteuer

Steuernummer — - 2 -

Zeile		Kz	Bemessungsgrundlage ohne Umsatzsteuer EUR	Kz	Steuer EUR Ct
20	neuer Fahrzeuge außerhalb eines Unternehmens (§ 2a UStG)	49			
21	**Weitere steuerfreie Umsätze mit Vorsteuerabzug** z. B. **Ausfuhrlieferungen**, Umsätze nach § 4 Nummer 2 bis 7 UStG	43			
22	**Steuerfreie Umsätze ohne Vorsteuerabzug** z. B. Umsätze nach § 4 Nummer 8 bis 29 UStG	48			
	C. Innergemeinschaftliche Erwerbe				
23	**Steuerfreie innergemeinschaftliche Erwerbe** von bestimmten Gegenständen und Anlagegold (§§ 4b und 25c UStG)	91			
24	**Steuerpflichtige innergemeinschaftliche Erwerbe** zum Steuersatz von 19 %	89			
25	zum Steuersatz von 7 %				
26	zum Steuersatz von 0 %	90			
27	zu anderen Steuersätzen	95		98	
28	**neuer Fahrzeuge** (§ 1b Absatz 2 und 3 UStG) von Lieferern **ohne** Umsatzsteuer-Identifikationsnummer zum allgemeinen Steuersatz	94		96	
	D. Leistungsempfänger als Steuerschuldner (§ 13b UStG)				
29	Sonstige Leistungen nach § 3a Absatz 2 UStG eines im übrigen Gemeinschaftsgebiet ansässigen Unternehmers (§ 13b Absatz 1 UStG)	46		47	
30	Umsätze, die unter das GrEStG fallen (§ 13b Absatz 2 Nummer 3 UStG)	73		74	
31	Andere Leistungen (§ 13b Absatz 2 Nummer 1, 2, 4 bis 12 UStG)	84		85	
	E. Ergänzende Angaben zu Umsätzen				
32	Lieferungen des ersten Abnehmers bei **innergemeinschaftlichen Dreiecksgeschäften** (§ 25b UStG)	42			
33	Steuerpflichtige Umsätze des leistenden Unternehmers, für die der **Leistungsempfänger** die **Steuer nach § 13b Absatz 5 UStG schuldet**	60			
34	**Nicht steuerbare sonstige Leistungen** gemäß § 18b Satz 1 Nummer 2 UStG	21			
35	**Übrige nicht steuerbare Umsätze** (Leistungsort nicht im Inland)	45			
36	**Umsatzsteuer (Summe der Zeilen 12 bis 17 und 24 bis 31)**				

Formular: 2024USt1A562

55.10.1.2 Korrespondierende Vorsteuer

Kein Vorsteuerabzug möglich!

55.10.2 USt-Erklärung 2023

Hinweis

Bis einschließlich der USt-Erklärung 2017 erfolgten die nachfolgenden Eintragungen zunächst in Abschnitt A der Anlage UR und wurden von dort im Hauptvordruck USt 2A in die Steuerberechnung übernommen[394].

55.10.2.1 Berechnung der Erwerbsteuer in Abschnitt E

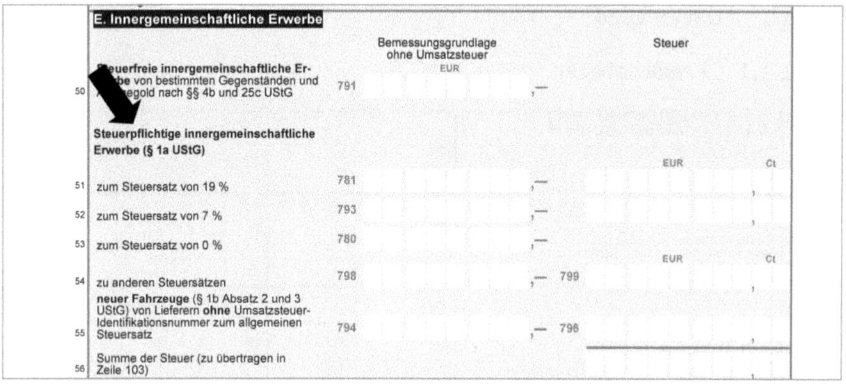

E. Innergemeinschaftliche Erwerbe

Zeile		Kz	Bemessungsgrundlage ohne Umsatzsteuer EUR	Kz	Steuer EUR Ct
50	**…euerfreie innergemeinschaftliche Er-…be** von bestimmten Gegenständen und …egold nach §§ 4b und 25c UStG	791	,—		
	Steuerpflichtige innergemeinschaftliche Erwerbe (§ 1a UStG)				
51	zum Steuersatz von 19 %	781	,—		,
52	zum Steuersatz von 7 %	793	,—		,
53	zum Steuersatz von 0 %	780	,—		
54	zu anderen Steuersätzen	798	,—	799	,
55	**neuer Fahrzeuge** (§ 1b Absatz 2 und 3 UStG) von Lieferern **ohne** Umsatzsteuer-Identifikationsnummer zum allgemeinen Steuersatz	794	,—	796	,
56	Summe der Steuer (zu übertragen in Zeile 103)				,

Formular: 2023USt2A503

55.10.2.2 Übernahme der Erwerbsteuer in die Steuerberechnung

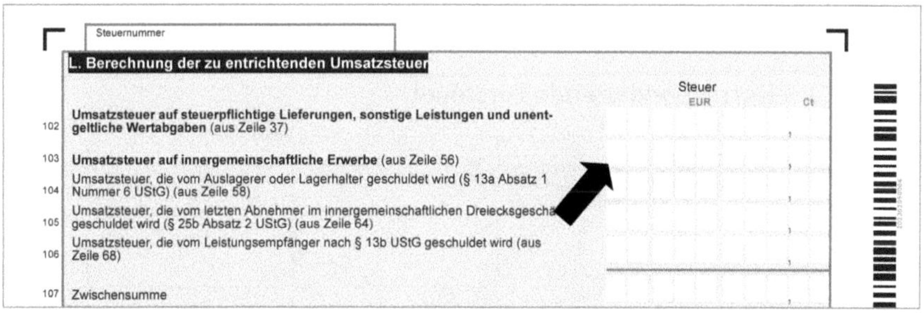

Steuernummer

L. Berechnung der zu entrichtenden Umsatzsteuer

Zeile		Steuer EUR Ct
102	**Umsatzsteuer auf steuerpflichtige Lieferungen, sonstige Leistungen und unentgeltliche Wertabgaben** (aus Zeile 37)	,
103	**Umsatzsteuer auf innergemeinschaftliche Erwerbe** (aus Zeile 56)	,
104	Umsatzsteuer, die vom Auslagerer oder Lagerhalter geschuldet wird (§ 13a Absatz 1 Nummer 6 UStG) (aus Zeile 58)	,
105	Umsatzsteuer, die vom letzten Abnehmer im innergemeinschaftlichen Dreiecksgesch… geschuldet wird (§ 25b Absatz 2 UStG) (aus Zeile 64)	,
106	Umsatzsteuer, die vom Leistungsempfänger nach § 13b UStG geschuldet wird (aus Zeile 68)	,
107	Zwischensumme	,

Formular: 2023USt2A506

55.10.2.3 Korrespondierende Vorsteuer

Kein Vorsteuerabzug möglich!

55.10.3 Zusammenfassende Meldung im Jahr 2024

Keine Eintragung!

394 Vgl. dazu *Weimann*, Umsatzsteuer in der Praxis, 19. Auflage 2021, Kapitel 67.10.2.1.

55.11 Innergemeinschaftlicher Erwerb – Sonderfall

Fahrzeugankauf des deutschen Kfz-Händlers von einem (nichtunternehmerischen) »Fahrzeuglieferer«

> **Hinweis**
> Umsatzsteuerliche Basics ➲ Kapitel 45.5.4

55.11.1 UStVA 2024

55.11.1.1 Erwerbsteuer

Zeile					
	C. Innergemeinschaftliche Erwerbe				
	Steuerfreie innergemeinschaftliche Erwerbe				
23	von bestimmten Gegenständen und Anlagegold (§§ 4b und 25c UStG)	91			
	Steuerpflichtige innergemeinschaftliche Erwerbe				
24	zum Steuersatz von 19 %	89			
25	zum Steuersatz von 7 %	93			
26	zum Steuersatz von 0 %	90			
27	zu anderen Steuersätzen	95		98	
28	**neuer Fahrzeuge** (§ 1b Absatz 2 und 3 UStG) von Lieferern **ohne** Umsatzsteuer-Identifikationsnummer zum allgemeinen Steuersatz	94		96	
	D. Leistungsempfänger als Steuerschuldner (§ 13b UStG)				
29	Sonstige Leistungen nach § 3a Absatz 2 UStG eines im übrigen Gemeinschaftsgebiet ansässigen Unternehmers (§ 13b Absatz 1 UStG)	46		47	

Formular: 2024USt1A562

55.11.1.2 Korrespondierende Vorsteuer

Zeile					
36	**Umsatzsteuer (Summe der Zeilen 12 bis 17 und 24 bis 31)**				
	F. Abziehbare Vorsteuerbeträge und Berichtigung des Vorsteuerabzugs				
37	Vorsteuerbeträge aus Rechnungen von anderen Unternehmern (§ 15 Absatz 1 Satz 1 Nummer 1 UStG), aus Leistungen im Sinne des § 13a Absatz 1 Nummer 6 UStG (§ 15 Absatz 1 Satz 1 Nummer 5 UStG) und aus innergemeinschaftlichen Dreiecksgeschäften (§ 25b Absatz 5 UStG)			66	
38	Vorsteuerbeträge aus dem innergemeinschaftlichen Erwerb von Gegenständen (§ 15 Absatz 1 Satz 1 Nummer 3 UStG)			61	
39	Entstandene Einfuhrumsatzsteuer (§ 15 Absatz 1 Satz 1 Nummer 2 UStG)				
40	Vorsteuerbeträge aus Leistungen im Sinne des § 13b UStG (§ 15 Absatz 1 Satz 1 Nummer 4 UStG)			67	

2024USt1A562 2024USt1A562

Formular: 2024USt1A562

> **Hinweis**
> **Keine** Eintragung der Vorsteuerbeträge in Kz. 59!
> Letztere erfasst lediglich den Vorsteuerabzug der Fahrzeuglieferer (also eigentlich von »Privatiers«, § 2a UStG) und Kleinunternehmer.

55.11.2 USt-Erklärung 2023

Hinweis

Bis einschließlich der USt-Erklärung 2017 erfolgten die nachfolgenden Eintragungen zunächst in Abschnitt A der Anlage UR und wurden von dort im Hauptvordruck USt 2A in die Steuerberechnung übernommen[395].

55.11.2.1 Berechnung der Erwerbsteuer in Abschnitt E

Zeile		Kz	Bemessungsgrundlage EUR	Kz	Steuer EUR, Ct
50	**Steuerfreie innergemeinschaftliche Erwerbe** von bestimmten Gegenständen und Anlagegold nach §§ 4b und 25c UStG	791	,—		
	Steuerpflichtige innergemeinschaftliche Erwerbe (§ 1a UStG)				
51	zum Steuersatz von 19 %	781	,—		,
52	zum Steuersatz von 7 %	793	,—		,
53	zum Steuersatz von 0 %	780	,—		
54	zu anderen Steuersätzen	798	,—	799	,
55	**neuer Fahrzeuge** (§ 1b Absatz 2 und 3 UStG) von Lieferern **ohne** Umsatzsteuer-Identifikationsnummer zum allgemeinen Steuersatz	794	,—	796	,
56	Summe der Steuer (zu übertragen in Zeile 103)				,
	F. Steuerschuldner bei Auslagerung (§ 13a Absatz 1 Nummer 6 UStG)		Bemessungsgrundlage ohne Umsatzsteuer EUR		Steuer EUR, Ct
57	Lieferungen, die der Auslagerung vorangegangen sind (§ 4 Nummer 4a Satz 1 Buchstabe a Satz 2 UStG)	852	,—	853	,
58	Summe der Steuer (zu übertragen in Zeile 104)				,

Formular: 2023USt2A503

55.11.2.2 Übernahme der Erwerbsteuer in die Steuerberechnung

Steuernummer

L. Berechnung der zu entrichtenden Umsatzsteuer

Zeile		Kz	Steuer EUR, Ct
102	**Umsatzsteuer auf steuerpflichtige Lieferungen, sonstige Leistungen und unentgeltliche Wertabgaben** (aus Zeile 37)		,
103	**Umsatzsteuer auf innergemeinschaftliche Erwerbe** (aus Zeile 56)		,
104	Umsatzsteuer, die vom Auslagerer oder Lagerhalter geschuldet wird (§ 13a Absatz 1 Nummer 6 UStG) (aus Zeile 58)		,
105	Umsatzsteuer, die vom letzten Abnehmer im innergemeinschaftlichen Dreiecksgeschäft geschuldet wird (§ 25b Absatz 2 UStG) (aus Zeile 64)		,
106	Umsatzsteuer, die vom Leistungsempfänger nach § 13b UStG geschuldet wird (aus Zeile 68)		,
107	Zwischensumme		,
108	**Abziehbare Vorsteuerbeträge** (aus Zeile 87)		,
109	Vorsteuerbeträge, die auf Grund des § 15a UStG nachträglich abziehbar sind (aus Zeile 101)		,
110	Verbleibender Betrag		,
111	Vorsteuerbeträge, die auf Grund des § 15a UStG zurückzuzahlen sind (aus Zeile 101)		,
112	In Rechnungen unrichtig oder unberechtigt ausgewiesene Steuerbeträge (§ 14c UStG) sowie Steuerbeträge, die nach § 6a Absatz 4 Satz 2 UStG geschuldet werden	318	,
113	Steuerbeträge, die nach § 17 Absatz 1 Satz 7 UStG geschuldet werden	331	,

Formular: 2023USt2A506

395 Vgl. dazu *Weimann*, Umsatzsteuer in der Praxis, 19. Auflage 2021, Kapitel 67.11.2.1.

55.11.2.3 Korrespondierende Vorsteuer

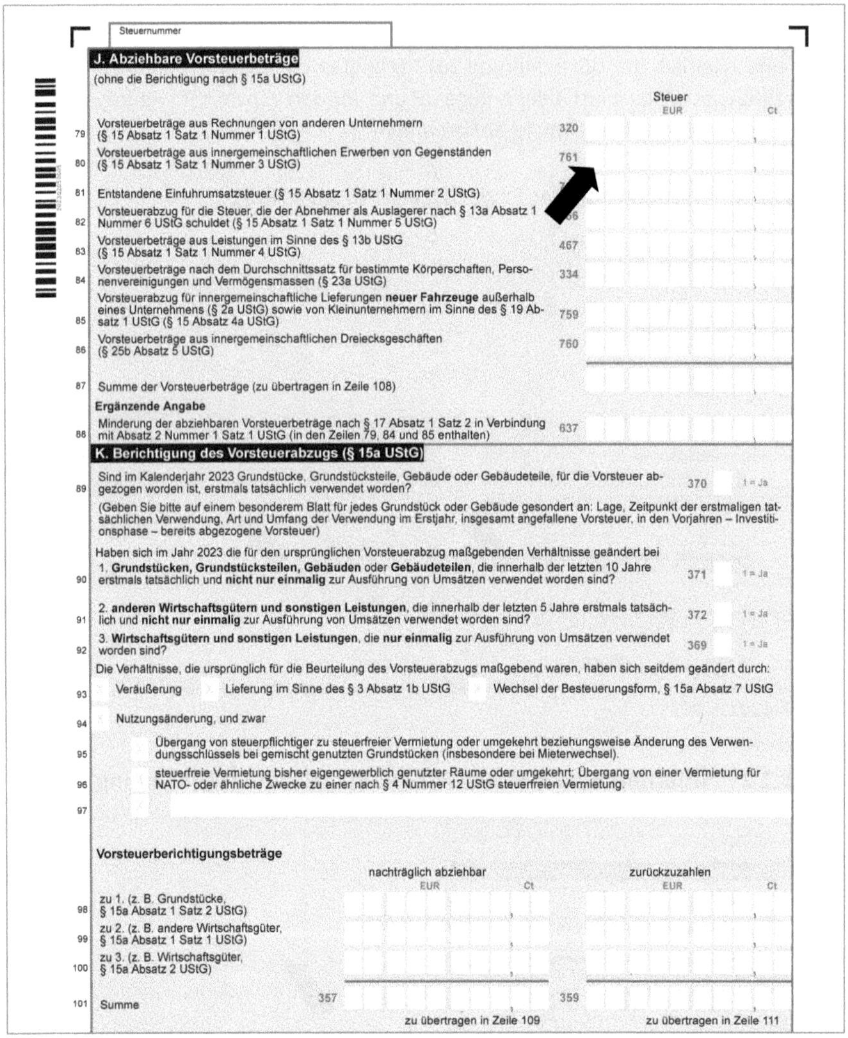

Steuernummer

J. Abziehbare Vorsteuerbeträge

(ohne die Berichtigung nach § 15a UStG)

Zeile		Kz.	Steuer EUR Ct
79	Vorsteuerbeträge aus Rechnungen von anderen Unternehmern (§ 15 Absatz 1 Satz 1 Nummer 1 UStG)	320	
80	Vorsteuerbeträge aus innergemeinschaftlichen Erwerben von Gegenständen (§ 15 Absatz 1 Satz 1 Nummer 3 UStG)	761	
81	Entstandene Einfuhrumsatzsteuer (§ 15 Absatz 1 Satz 1 Nummer 2 UStG)		
82	Vorsteuerabzug für die Steuer, die der Abnehmer als Auslagerer nach § 13a Absatz 1 Nummer 6 UStG schuldet (§ 15 Absatz 1 Satz 1 Nummer 5 UStG)		
83	Vorsteuerbeträge aus Leistungen im Sinne des § 13b UStG (§ 15 Absatz 1 Satz 1 Nummer 4 UStG)	467	
84	Vorsteuerbeträge nach dem Durchschnittssatz für bestimmte Körperschaften, Personenvereinigungen und Vermögensmassen (§ 23a UStG)	334	
85	Vorsteuerabzug für innergemeinschaftliche Lieferungen **neuer Fahrzeuge** außerhalb eines Unternehmens (§ 2a UStG) sowie von Kleinunternehmern im Sinne des § 19 Absatz 1 UStG (§ 15 Absatz 4a UStG)	759	
86	Vorsteuerbeträge aus innergemeinschaftlichen Dreiecksgeschäften (§ 25b Absatz 5 UStG)	760	
87	Summe der Vorsteuerbeträge (zu übertragen in Zeile 108)		
	Ergänzende Angabe		
88	Minderung der abziehbaren Vorsteuerbeträge nach § 17 Absatz 1 Satz 2 in Verbindung mit Absatz 2 Nummer 1 Satz 1 UStG (in den Zeilen 79, 84 und 85 enthalten)	637	

K. Berichtigung des Vorsteuerabzugs (§ 15a UStG)

89 Sind im Kalenderjahr 2023 Grundstücke, Grundstücksteile, Gebäude oder Gebäudeteile, für die Vorsteuer abgezogen worden ist, erstmals tatsächlich verwendet worden? 370 1 = Ja

(Geben Sie bitte auf einem besonderem Blatt für jedes Grundstück oder Gebäude gesondert an: Lage, Zeitpunkt der erstmaligen tatsächlichen Verwendung, Art und Umfang der Verwendung im Erstjahr, insgesamt angefallene Vorsteuer, in den Vorjahren – Investitionsphase – bereits abgezogene Vorsteuer)

Haben sich im Jahr 2023 die für den ursprünglichen Vorsteuerabzug maßgebenden Verhältnisse geändert bei

90 1. **Grundstücken, Grundstücksteilen, Gebäuden** oder **Gebäudeteilen**, die innerhalb der letzten 10 Jahre erstmals tatsächlich und **nicht nur einmalig** zur Ausführung von Umsätzen verwendet worden sind? 371 1 = Ja

91 2. **anderen Wirtschaftsgütern und sonstigen Leistungen**, die innerhalb der letzten 5 Jahre erstmals tatsächlich und **nicht nur einmalig** zur Ausführung von Umsätzen verwendet worden sind? 372 1 = Ja

92 3. **Wirtschaftsgütern und sonstigen Leistungen**, die **nur einmalig** zur Ausführung von Umsätzen verwendet worden sind? 369 1 = Ja

Die Verhältnisse, die ursprünglich für die Beurteilung des Vorsteuerabzugs maßgebend waren, haben sich seitdem geändert durch:

93 Veräußerung – Lieferung im Sinne des § 3 Absatz 1b UStG – Wechsel der Besteuerungsform, § 15a Absatz 7 UStG

94 Nutzungsänderung, und zwar

95 Übergang von steuerpflichtiger zu steuerfreier Vermietung oder umgekehrt beziehungsweise Änderung des Verwendungsschlüssels bei gemischt genutzten Grundstücken (insbesondere bei Mieterwechsel).

96 steuerfreie Vermietung bisher eigengewerblich genutzter Räume oder umgekehrt; Übergang von einer Vermietung für NATO- oder ähnliche Zwecke zu einer nach § 4 Nummer 12 UStG steuerfreien Vermietung.

97

Vorsteuerberichtigungsbeträge

Zeile		nachträglich abziehbar EUR Ct	zurückzuzahlen EUR Ct
98	zu 1. (z. B. Grundstücke, § 15a Absatz 1 Satz 2 UStG)		
99	zu 2. (z. B. andere Wirtschaftsgüter, § 15a Absatz 1 Satz 1 UStG)		
100	zu 3. (z. B. Wirtschaftsgüter, § 15a Absatz 2 UStG)		
101	Summe	357 – zu übertragen in Zeile 109	359 – zu übertragen in Zeile 111

Formular: 2023USt2A505

Hinweis

Keine Eintragung der Vorsteuerbeträge in Kz. 759!
Letztere erfasst lediglich den Vorsteuerabzug von Fahrzeuglieferern (also eigentlich von »Privatiers«, § 2a UStG) und Kleinunternehmern.

55.11.3 Zusammenfassende Meldung im Jahr 2024

Keine Eintragung!

55.12 Übergang der Steuerschuld

55.12.1 UStVA 2024

55.12.1.1 Übergegangene Steuerschuld

	C. Innergemeinschaftliche Erwerbe		
	Steuerfreie innergemeinschaftliche Erwerbe		
23	von bestimmten Gegenständen und Anlagegold (§§ 4b und 25c UStG)	91	
	Steuerpflichtige innergemeinschaftliche Erwerbe		
24	zum Steuersatz von 19 %	89	
25	zum Steuersatz von 7 %	93	
26	zum Steuersatz von 0 %	90	
	zu anderen Steuersätzen	95	98
28	**neuer Fahrzeuge** (§ 1b Absatz 2 und 3 UStG) von Lieferern ohne Umsatzsteuer-Identifikationsnummer zum allgemeinen Steuersatz	94	96
	D. Leistungsempfänger als Steuerschuldner (§ 13b UStG)		
29	Sonstige Leistungen nach § 3a Absatz 2 UStG eines im übrigen Gemeinschaftsgebiet ansässigen Unternehmers (§ 13b Absatz 1 UStG)	46	47
30	Umsätze, die unter das GrEStG fallen (§ 13b Absatz 2 Nummer 3 UStG)	73	74
31	Andere Leistungen (§ 13b Absatz 2 Nummer 1, 2, 4 bis 12 UStG)	84	85
	E. Ergänzende Angaben zu Umsätzen		

Formular: 2024USt1A562

55.12.1.2 Korrespondierende Vorsteuer

31	Andere Leistungen (§ 13b Absatz 2 Nummer 1, 2, 4 bis 12 UStG)	84	85
	E. Ergänzende Angaben zu Umsätzen		
32	Lieferungen des ersten Abnehmers bei **innergemeinschaftlichen Dreiecksgeschäften** (§ 25b UStG)	42	
33	Steuerpflichtige Umsätze des leistenden Unternehmers, für die der **Leistungsempfänger** die **Steuer nach § 13b Absatz 5 UStG schuldet**	60	
34	**Nicht steuerbare sonstige Leistungen** gemäß § 18b Satz 1 Nummer 2 UStG	21	
35	**Übrige nicht steuerbare Umsätze** (Leistungsort nicht im Inland)	45	
36	**Umsatzsteuer (Summe der Zeilen 12 bis 17 und 24 bis 31)**		
	F. Abziehbare Vorsteuerbeträge und Berichtigung des Vorsteuerabzugs		
37	Vorsteuerbeträge aus Rechnungen von anderen Unternehmern (§ 15 Absatz 1 Satz 1 Nummer 1 UStG), aus Leistungen im Sinne des § 13a Absatz 1 Nummer 6 UStG (§ 15 Absatz 1 Satz 1 Nummer 5 UStG) und aus innergemeinschaftlichen Dreiecksgeschäften (§ 25b Absatz 5 UStG)		66
38	Vorsteuerbeträge aus dem innergemeinschaftlichen Erwerb von Gegenständen (§ 15 Absatz 1 Satz 1 Nummer 3 UStG)		61
39	Entstandene Einfuhrumsatzsteuer (§ 15 Absatz 1 Satz 1 Nummer 2 UStG)		62
40	Vorsteuerbeträge aus Leistungen im Sinne des § 13b UStG (§ 15 Absatz 1 Satz 1 Nummer 4 UStG)		67

2024USt1A562 **2024USt1A562**

Formular: 2024USt1A562

55.12.2 USt-Erklärung 2023

Hinweis

Bis einschließlich der USt-Erklärung 2017 erfolgten die nachfolgenden Eintragungen zunächst in Abschnitt C der Anlage UR und wurden von dort im Hauptvordruck USt 2A in die Steuerberechnung übernommen[396].

55.12.2.1 Berechnung der übergegangenen Steuerschuld in Abschnitt H

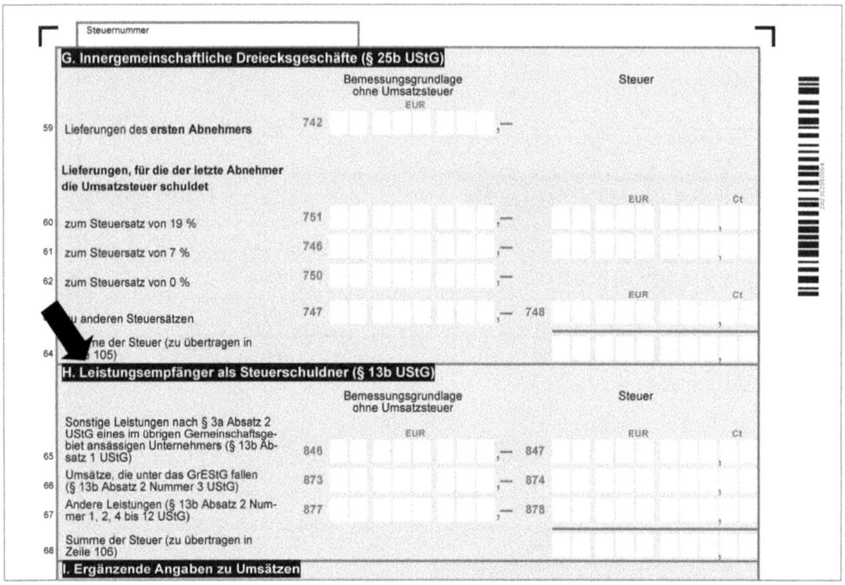

Steuernummer

G. Innergemeinschaftliche Dreiecksgeschäfte (§ 25b UStG)

Zeile		Kz	Bemessungsgrundlage ohne Umsatzsteuer EUR	Kz	Steuer EUR Ct
59	Lieferungen des **ersten Abnehmers**	742	,–		
	Lieferungen, für die der letzte Abnehmer die Umsatzsteuer schuldet				
60	zum Steuersatz von 19 %	751	,–		,
61	zum Steuersatz von 7 %	746	,–		,
62	zum Steuersatz von 0 %	750	,–		
63	zu anderen Steuersätzen	747	,–	748	,
64	Summe der Steuer (zu übertragen in Zeile 105)				,

H. Leistungsempfänger als Steuerschuldner (§ 13b UStG)

Zeile		Kz	Bemessungsgrundlage ohne Umsatzsteuer EUR	Kz	Steuer EUR Ct
65	Sonstige Leistungen nach § 3a Absatz 2 UStG eines im übrigen Gemeinschaftsgebiet ansässigen Unternehmers (§ 13b Absatz 1 UStG)	846	,–	847	,
66	Umsätze, die unter das GrEStG fallen (§ 13b Absatz 2 Nummer 3 UStG)	873	,–	874	,
67	Andere Leistungen (§ 13b Absatz 2 Nummer 1, 2, 4 bis 12 UStG)	877	,–	878	,
68	Summe der Steuer (zu übertragen in Zeile 106)				,

I. Ergänzende Angaben zu Umsätzen

Formular: 2023USt2A504

55.12.2.2 Übernahme der Steuerschuld in die Steuerberechnung

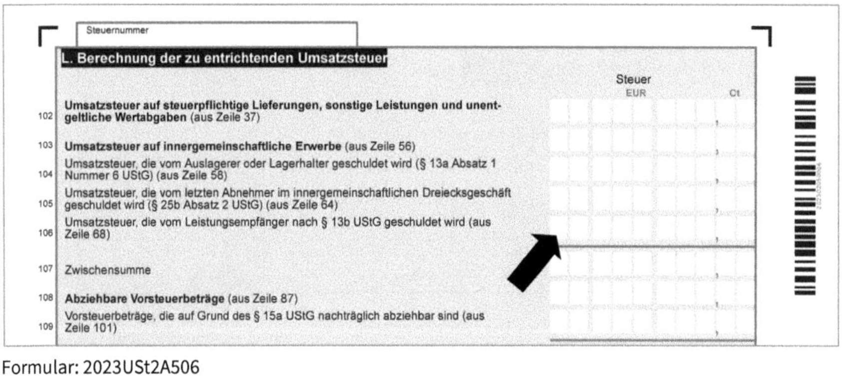

Steuernummer

L. Berechnung der zu entrichtenden Umsatzsteuer

Zeile		Steuer EUR Ct
102	**Umsatzsteuer auf steuerpflichtige Lieferungen, sonstige Leistungen und unentgeltliche Wertabgaben** (aus Zeile 37)	,
103	**Umsatzsteuer auf innergemeinschaftliche Erwerbe** (aus Zeile 56)	,
104	Umsatzsteuer, die vom Auslagerer oder Lagerhalter geschuldet wird (§ 13a Absatz 1 Nummer 6 UStG) (aus Zeile 58)	,
105	Umsatzsteuer, die vom letzten Abnehmer im innergemeinschaftlichen Dreiecksgeschäft geschuldet wird (§ 25b Absatz 2 UStG) (aus Zeile 64)	,
106	Umsatzsteuer, die vom Leistungsempfänger nach § 13b UStG geschuldet wird (aus Zeile 68)	,
107	Zwischensumme	,
108	**Abziehbare Vorsteuerbeträge** (aus Zeile 87)	,
109	Vorsteuerbeträge, die auf Grund des § 15a UStG nachträglich abziehbar sind (aus Zeile 101)	,

Formular: 2023USt2A506

396 Vgl. dazu *Weimann*, Umsatzsteuer in der Praxis, 19. Auflage 2021, Kapitel 67.12.2.1.

55.12.2.3 Korrespondierende Vorsteuer

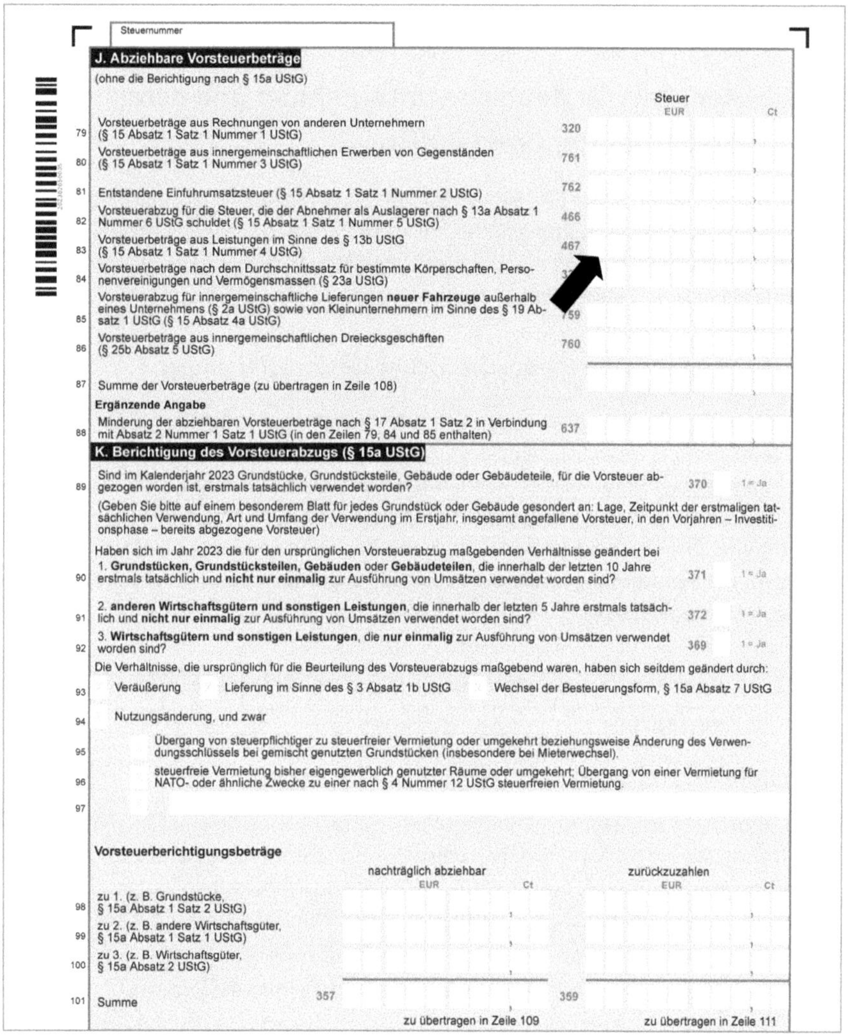

Steuernummer

J. Abziehbare Vorsteuerbeträge

(ohne die Berichtigung nach § 15a UStG)

Zeile		Kz	Steuer EUR Ct
79	Vorsteuerbeträge aus Rechnungen von anderen Unternehmern (§ 15 Absatz 1 Satz 1 Nummer 1 UStG)	320	
80	Vorsteuerbeträge aus innergemeinschaftlichen Erwerben von Gegenständen (§ 15 Absatz 1 Satz 1 Nummer 3 UStG)	761	
81	Entstandene Einfuhrumsatzsteuer (§ 15 Absatz 1 Satz 1 Nummer 2 UStG)	762	
82	Vorsteuerabzug für die Steuer, die der Abnehmer als Auslagerer nach § 13a Absatz 1 Nummer 6 UStG schuldet (§ 15 Absatz 1 Satz 1 Nummer 5 UStG)	466	
83	Vorsteuerbeträge aus Leistungen im Sinne des § 13b UStG (§ 15 Absatz 1 Satz 1 Nummer 4 UStG)	467	
84	Vorsteuerbeträge nach dem Durchschnittssatz für bestimmte Körperschaften, Personenvereinigungen und Vermögensmassen (§ 23a UStG)	3[illegible]	
85	Vorsteuerabzug für innergemeinschaftliche Lieferungen **neuer Fahrzeuge** außerhalb eines Unternehmens (§ 2a UStG) sowie von Kleinunternehmern im Sinne des § 19 Absatz 1 UStG (§ 15 Absatz 4a UStG)	759	
86	Vorsteuerbeträge aus innergemeinschaftlichen Dreiecksgeschäften (§ 25b Absatz 5 UStG)	760	
87	Summe der Vorsteuerbeträge (zu übertragen in Zeile 108)		
	Ergänzende Angabe		
88	Minderung der abziehbaren Vorsteuerbeträge nach § 17 Absatz 1 Satz 2 in Verbindung mit Absatz 2 Nummer 1 Satz 1 UStG (in den Zeilen 79, 84 und 85 enthalten)	637	

K. Berichtigung des Vorsteuerabzugs (§ 15a UStG)

89 Sind im Kalenderjahr 2023 Grundstücke, Grundstücksteile, Gebäude oder Gebäudeteile, für die Vorsteuer abgezogen worden ist, erstmals tatsächlich verwendet worden? 370 1 = Ja

(Geben Sie bitte auf einem besonderem Blatt für jedes Grundstück oder Gebäude gesondert an: Lage, Zeitpunkt der erstmaligen tatsächlichen Verwendung, Art und Umfang der Verwendung im Erstjahr, insgesamt angefallene Vorsteuer, in den Vorjahren – Investitionsphase – bereits abgezogene Vorsteuer)

Haben sich im Jahr 2023 die für den ursprünglichen Vorsteuerabzug maßgebenden Verhältnisse geändert bei

90 1. **Grundstücken, Grundstücksteilen, Gebäuden** oder **Gebäudeteilen**, die innerhalb der letzten 10 Jahre erstmals tatsächlich und **nicht nur einmalig** zur Ausführung von Umsätzen verwendet worden sind? 371 1 = Ja

91 2. **anderen Wirtschaftsgütern und sonstigen Leistungen**, die innerhalb der letzten 5 Jahre erstmals tatsächlich und **nicht nur einmalig** zur Ausführung von Umsätzen verwendet worden sind? 372 1 = Ja

92 3. **Wirtschaftsgütern und sonstigen Leistungen**, die **nur einmalig** zur Ausführung von Umsätzen verwendet worden sind? 369 1 = Ja

Die Verhältnisse, die ursprünglich für die Beurteilung des Vorsteuerabzugs maßgebend waren, haben sich seitdem geändert durch:

93 Veräußerung – Lieferung im Sinne des § 3 Absatz 1b UStG – Wechsel der Besteuerungsform, § 15a Absatz 7 UStG

94 Nutzungsänderung, und zwar

95 Übergang von steuerpflichtiger zu steuerfreier Vermietung oder umgekehrt beziehungsweise Änderung des Verwendungsschlüssels bei gemischt genutzten Grundstücken (insbesondere bei Mieterwechsel).

96 steuerfreie Vermietung bisher eigengewerblich genutzter Räume oder umgekehrt; Übergang von einer Vermietung für NATO- oder ähnliche Zwecke zu einer nach § 4 Nummer 12 UStG steuerfreien Vermietung.

97

Vorsteuerberichtigungsbeträge

Zeile		nachträglich abziehbar EUR Ct	zurückzuzahlen EUR Ct
98	zu 1. (z. B. Grundstücke, § 15a Absatz 1 Satz 2 UStG)		
99	zu 2. (z. B. andere Wirtschaftsgüter, § 15a Absatz 1 Satz 1 UStG)		
100	zu 3. (z. B. Wirtschaftsgüter, § 15a Absatz 2 UStG)		
101	Summe	357 – zu übertragen in Zeile 109	359 – zu übertragen in Zeile 111

Formular: 2023USt2A505

55.12.3 Zusammenfassende Meldung im Jahr 2024

Keine Eintragung!

55.13 Innergemeinschaftliche Dreiecksgeschäfte

Hinweis

➲ Kapitel 35.8.2, Kapitel 35.8.3 und Kapitel 35.9

56 Internationales Umsatzsteuerrecht

56.1 Umsatzsteuerrecht der anderen EU-Mitgliedstaaten

Kenntnis für deutsche Unternehmer und deren Steuerberater unerlässlich

Das Umsatzsteuerrecht der EU-Mitgliedstaaten ist weitgehend harmonisiert (➲ Kapitel 1.2). Kompetente und haftungsfreie Umsatzsteuerberatung setzt neben der umfassenden Kenntnis des jeweiligen nationalen Umsatzsteuerrechts daher immer auch die Kenntnis der europarechtlichen Rahmenbedingungen voraus[397].

56.1.1 Kenntnis der EU-ausländischen Gesetzesfassungen

Wer die MwStSystRL anwendet, muss sich – wie allgemein bei der Anwendung von Gemeinschaftsrecht – bewusst sein, dass ihr Inhalt **nicht allein durch die deutsche Sprachfassung** bestimmt werden kann. Nach ständiger EuGH-Rechtsprechung verbietet es die Notwendigkeit einer einheitlichen Auslegung des Gemeinschaftsrechts, eine Bestimmung für sich allein zu betrachten. Der Rechtsanwender ist vielmehr dazu **gezwungen, die Bestimmung unter Berücksichtigung ihrer Fassungen in den anderen Amtssprachen auszulegen**[398].

56.1.2 Kenntnis der aus dem EU-Ausland anhängigen EuGH-Verfahren

Unabdingbar ist auch die Kenntnis der EuGH-Verfahren.

Dabei ist zu beachten, dass nicht nur Verfahren betrachtet werden dürfen, die das deutsche Umsatzsteuerrecht unmittelbar betreffen, sondern **auch solche zum ausländischen Umsatzsteuerrecht**, bei denen Gegenstand der Prüfung Regelungen sind, die in identischer oder sehr ähnlicher Form auch in Deutschland zur Anwendung gelangen[399].

56.1.3 Besonderheiten des Verfahrensrechts innerhalb der EU

Hinzuweisen ist noch einmal auf die besonderen Gefahren, die sich aus dem auch weiterhin **unterschiedlichen Verfahrensrecht der einzelnen EU-Mitgliedstaaten** ergeben. So hält es der EuGH für grundsätzlich zulässig, dass das italienische Steuerrecht für die Umsatzsteuerschuld eine längere Verjährung als für den dazu gehörenden Vorsteueranspruch vorsieht[400].

---

397 *Weimann* in UNI, Einführung UStG, Rz. 29..

398 *Weimann* in UNI, Einführung UStG, Rz. 30 f.

399 *Weimann* in UNI, in UNI, Einführung UStG, Rz. 32 ff.

400 Vgl. EuGH, Urteil vom 8.5.2008, Rs. C-95/07 und 96/07, Ecotrade SpA, UR 2008, 512; dazu Anmerkungen von *Weimann,* PIStB 2008, 257.

Beratungskonsequenzen

Das Urteil zeigt, wie vorsichtig man als Steuerberater sein muss mit Empfehlungen zum angeblich »überall gleichen Umsatzsteuerrecht«; Abweichungen können sich – noch einmal – insbesondere auch aus dem nationalen Verfahrensrecht ergeben.

56.2 Vorsicht bei Drittlandsfragen!

Das Umsatzsteuerrecht kennt keine Doppelbesteuerungsabkommen; **jedes Land der Welt regelt seine Umsatzsteuerfragen damit grundsätzlich autark** (➲ Kapitel 1.1).

Viele Drittstaaten haben sich aber – ob der Vorteile des Vorsteuerabzugs (Arbeitsteilung bleibt unbesteuert!) – bei der Gestaltung ihres eigenen Umsatzsteuerrechts an den Grundsätzen und Leitlinien des europäischen Umsatzsteuerrechts orientiert und dieses weitestgehend transformiert; so spricht z. B. die Schweiz von einem EU-harmonierten Umsatzsteuerrecht.

Dadurch entsteht für deutsche Unternehmer und deren Berater der oft **trügerische Schein, auch im Drittlandsumsatzsteuerrecht »zu Hause zu sein«**. Hier ist Vorsicht geboten; der Teufel steckt im Detail!

Beratungskonsequenzen

1. Der **Steuerberater** wird dabei aber immer die **Grenzen seines Beratungsauftrags** zu beachten haben; diese ergeben sich natürlich rein faktisch auch aus dem Umfang des durch seine **Berufshaftpflichtversicherung** abgedeckten Risikos. Bei der Klärung von Drittlandsumsatzsteuerfragen sollte der Berater den Mandanten daher im Zweifel allenfalls unterstützen (Kontakte herstellen etc. Hinweis auf ➲ nachfolgendes Kapitel 56.3), aber keine Haftung übernehmen.
2. **Unternehmern** wiederum ist zu empfehlen, wirklich wichtige Fragen von ihrem Steuerberater/Wirtschaftsprüfer **ausschließlich schriftlich** klären zu lassen. Der Schriftlichkeit kommt im Hinblick auf sich im Fall einer Fehlberatung stellende Haftungsfragen besondere Bedeutung zu.

Ist eine Drittlandsberatung unerwünscht – weil etwa die dadurch zu erwartenden Kosten zu hoch wären oder aber, was gerade im Bereich des Anlagenbaus immer wieder vorkommt, der (größere) Kunde dem (kleineren) Anlagenbauer den Vertrag weitgehend »diktiert« –, sollte der leistende Unternehmer/Mandant zivilrechtlich zumindest über eine »**salvatorische Klausel**« abgesichert werden (Stichwort »vergessene Umsatzsteuer«):

Musterformulierung

»Die Vertragsparteien gehen **einvernehmlich** davon aus, dass das Geschäft in keinem Land der Welt einer Umsatzsteuer/Mehrwertsteuer oder einer ähnlichen Steuer unterliegt.

Für den Fall, dass diese Annahme falsch sein sollte und die Zahlung einer solchen Steuer vom Vertragspartner zu § ... (Verkäufer, Dienstleister, Anlagenbauer) verlangt wird, **schuldet der Vertragspartner zu § ... (Käufer, Mandant, Kunde) diese Steuer zusätzlich** zu dem in § ... verlangten Kaufpreis.«

56.3 Informationsbeschaffung

56.3.1 Auslandshandelskammern

Zumindest erste verlässliche Informationen können in der Regel über die Auslandshandelskammern (AHK) bezogen werden. Das deutsche Auslandshandelskammernetz umfasste im Jahr 2020 140 Büros (Auslandshandelskammern, Delegiertenbüros und Repräsentanten der deutschen Wirtschaft) in 92 Ländern weltweit. Kernaufgabe des Auslandshandelskammernetzes ist die Förderung der bilateralen Wirtschaftsbeziehungen. Eine der Aufgaben ist der direkte Auskunfts-, Beratungs- und Organisationsdienst für die am bilateralen Wirtschaftsverkehr beteiligten Unternehmen und Organisationen. Damit steht das Netz der deutschen Wirtschaft auch für Umsatzsteuerfragen der jeweiligen Länder zur Verfügung.

56.3.2 Germany Trade and Invest

»Germany Trade and Invest« – nachfolgend kurz »GTaI« – ist die neue **Wirtschaftsförderungsgesellschaft der Bundesrepublik Deutschland.** Die GTaI ist am 1.1.2009 durch die Zusammenführung der **Bundesagentur für Außenwirtschaft (bfai) mit der Invest in Germany GmbH** entstanden. Sie bündelt damit die Kompetenzen beider Vorgängerorganisationen mit dem Ziel, durch eine breit angelegte Wissensbasis die deutsche Außenwirtschaft zu fördern und stärken. Durch die Gründungsgeschichte der Gesellschaft erklären sich deren beide Geschäftsbereiche:

- **Der Geschäftsbereich Außenwirtschaft (Trade)** fokussiert die Beschaffung und Verbreitung von Informationen über ausländische Märkte. Hier sieht die GTaI den Schwerpunkt ihrer Tätigkeit. Weltweit eingesetzte Auslandsmitarbeiter recherchieren vor Ort. Darüber hinaus wird die **enge Zusammenarbeit mit den deutschen AHKs** ausgebaut, um Unternehmern und deren Beratern künftig im Ausland unter dem Dach der AHKs eine zentrale Anlaufstelle mit Informationen und gezielter Beratung zu bieten.
- **Der Geschäftsbereich Investieren (Invest)** unterstützt durch Standortmarketing für den Wirtschafts- und Investitionsstandort Deutschland die Ansiedlung ausländischer Unternehmen in Deutschland.

Von vorrangigem Interesse für deutsche Unternehmen und Steuerberater wird der Geschäftsbereich Außenwirtschaft sein. Gilt es, einen ersten Einstieg in **internationale Umsatzsteuerfälle** zu finden, dürfte zukünftig auch ein Blick auf die neue Homepage der GTaI weiterhelfen. Darstellungen zu länderspezifischen Umsatzsteuerproblemen finden Sie dort unter Außenwirtschaft/Recht/ Steuerrecht/Umsatzsteuer.

Beratungskonsequenzen

Der Geschäftsbereich Außenwirtschaft hat die vorrangige Aufgabe, deutsche Unternehmen, die ausländische Märkte für sich erschließen wollen, zu beraten und zu unterstützen. Als deutscher Unternehmer/Steuerberater wird man also auch bei der Lösung individueller internationaler Umsatzsteuerprobleme zukünftig die GTaI mit »auf der Agenda« haben müssen.

56.4 Zuständigkeit der deutschen Finanzämter für ausländische Unternehmen

Sonderregeln

Die örtliche Zuständigkeit der Finanzämter bei Umsatzsteuerfragen für **in Deutschland steuerpflichtige ausländische Unternehmer**[401] richtet sich nach der »Verordnung über die örtliche Zuständigkeit für die Umsatzsteuer im Ausland ansässiger Unternehmer«[402]:

Rechtsgrundlagen

Verordnung über die örtliche Zuständigkeit für die Umsatzsteuer im Ausland ansässiger Unternehmer

§ 1

(1) Für die Umsatzsteuer der Unternehmer im Sinne des § 21 Abs. 1 Satz 2 der Abgabenordnung sind folgende Finanzämter örtlich zuständig:

3. das Finanzamt Trier für im Königreich Belgien ansässige Unternehmer,
4. das Finanzamt Neuwied für in der Republik Bulgarien ansässige Unternehmer,
5. das Finanzamt Flensburg für im Königreich Dänemark ansässige Unternehmer,
6. das Finanzamt Rostock für in der Republik Estland ansässige Unternehmer,
7. das Finanzamt Bremen für in der Republik Finnland ansässige Unternehmer,
8. das Finanzamt Offenburg für in der Französischen Republik und im Fürstentum Monaco ansässige Unternehmer,
9. das Finanzamt Hannover-Nord für im Vereinigten Königreich Großbritannien und Nordirland sowie auf der Insel Man ansässige Unternehmer,
10. das Finanzamt Berlin Neukölln für in der Griechischen Republik ansässige Unternehmer,

401 § 21 Abs. 1 Satz 2 AO.

402 Kurz: »Umsatzsteuer-Zuständigkeitsverordnung«, zuletzt geändert durch Art. 2 der VO vom 19.12.2022, BGBl I 2022, 2432.

11. das Finanzamt Hamburg-Nord für in der Republik Irland ansässige Unternehmer,
12. das Finanzamt München für in der Italienischen Republik ansässige Unternehmer,
13. das Finanzamt Kassel für in der Republik Kroatien ansässige Unternehmer,
14. das Finanzamt Bremen für in der Republik Lettland ansässige Unternehmer,
15. das Finanzamt Konstanz für im Fürstentum Liechtenstein ansässige Unternehmer,
16. das Finanzamt Mühlhausen für in der Republik Litauen ansässige Unternehmer,
17. das Finanzamt Saarbrücken Am Stadtgraben für im Großherzogtum Luxemburg ansässige Unternehmer,
18. das Finanzamt Berlin Neukölln für in der Republik Nordmazedonien ansässige Unternehmer,
19. das Finanzamt Kleve für im Königreich der Niederlande ansässige Unternehmer,
20. das Finanzamt Bremen für im Königreich Norwegen ansässige Unternehmer,
21. das Finanzamt München für in der Republik Österreich ansässige Unternehmer,
22. für in der Republik Polen ansässige Unternehmer
    a) das Finanzamt Hameln, wenn der Nachname oder der Firmenname des Unternehmers mit den Buchstaben A bis G beginnt;
    b) das Finanzamt Oranienburg, wenn der Nachname oder der Firmenname des Unternehmers mit den Buchstaben H bis l beginnt;
    c) das Finanzamt Cottbus, wenn der Nachname oder der Firmenname des Unternehmers mit den Buchstaben M bis R beginnt;
    d) das Finanzamt Nördlingen, wenn der Nachname oder der Firmenname des Unternehmers mit den Buchstaben S bis Z beginnt;
    e) ungeachtet der Regelungen in den Buchstaben a bis d das Finanzamt Cottbus für alle Unternehmer, auf die das Verfahren nach § 18 Absatz 4e des Umsatzsteuergesetzes anzuwenden ist,

    ab 1.7.2021:

    e) ungeachtet der Regelungen in den Buchstaben a bis d das Finanzamt Cottbus für alle Unternehmer, auf die das Verfahren nach § 18 Absatz 4e, § 18i oder § 18k des Umsatzsteuergesetzes anzuwenden ist,
23. das Finanzamt Kassel für in der Portugiesischen Republik ansässige Unternehmer,
24. das Finanzamt Chemnitz-Süd für in Rumänien ansässige Unternehmer,
25. das Finanzamt Magdeburg für in der Russischen Föderation ansässige Unternehmer,
26. das Finanzamt Hamburg-Nord für im Königreich Schweden ansässige Unternehmer,
27. das Finanzamt Konstanz für in der Schweizerischen Eidgenossenschaft ansässige Unternehmer,

28. das Finanzamt Chemnitz-Süd für in der Slowakischen Republik ansässige Unternehmer,
29. das Finanzamt Kassel für im Königreich Spanien ansässige Unternehmer,
30. das Finanzamt Oranienburg für in der Republik Slowenien ansässige Unternehmer,
31. das Finanzamt Chemnitz-Süd für in der Tschechischen Republik ansässige Unternehmer,
32. das Finanzamt Dortmund-Unna für in der Republik Türkei ansässige Unternehmer,
33. das Finanzamt Magdeburg für in der Ukraine ansässige Unternehmer,
34. das Zentralfinanzamt Nürnberg für in der Republik Ungarn ansässige Unternehmer,
35. das Finanzamt Magdeburg für in der Republik Weißrussland ansässige Unternehmer,
36. das Finanzamt Bonn-Innenstadt für in den Vereinigten Staaten von Amerika ansässige Unternehmer.

[2]Die örtliche Zuständigkeit nach Satz 1 gilt für Außengebiete, Überseegebiete und Selbstverwaltungsgebiete der in Satz 1 genannten Staaten entsprechend[403].

(2) Für die Umsatzsteuer der Unternehmer im Sinne des § 21 Abs. 1 Satz 2 der Abgabenordnung, die nicht von Absatz 1 erfasst werden, ist das Finanzamt Berlin Neukölln zuständig.

(2a) Abweichend von den Absätzen 1 und 2 ist für die Unternehmer, die von § 18 Abs. 4c des Umsatzsteuergesetzes Gebrauch machen, das Bundeszentralamt für Steuern zuständig.

(2b) Für die Unternehmer mit Sitz außerhalb des Gemeinschaftsgebiets (§ 1 Absatz 2a des Umsatzsteuergesetzes), die im Gemeinschaftsgebiet weder ihre Geschäftsleitung noch eine umsatzsteuerliche Betriebsstätte haben und die in einem anderen Mitgliedstaat der Europäischen Union die Teilnahme an dem Verfahren im Sinne des § 18j des Umsatzsteuergesetzes angezeigt haben, sind die Absätze 1 und 2 für Zwecke der Durchführung des Verfahrens im Sinne des § 18j des Umsatzsteuergesetzes mit der Maßgabe anzuwenden, dass der Unternehmer in dem Mitgliedstaat als ansässig zu behandeln ist, in dem die Teilnahme angezeigt wurde.

(3) Die örtliche Zuständigkeit nach § 61 Abs. 1 Satz 1und § 61a Abs. 1 der Umsatzsteuer-Durchführungsverordnung für die Vergütung der abziehbaren Vorsteuerbeträge an im Ausland ansässige Unternehmer bleibt unberührt.

§ 2

Diese Verordnung tritt am Tage nach ihrer Verkündung in Kraft.

403 Eingefügt durch das Jahressteuergesetz 2020 (JStG 2020) vom 21.12.2020, BStBl. I 2020, 3096.

Stichwortverzeichnis

C

D

E

F

G

I

K

L

M

N

P

Q

R

S

T

U

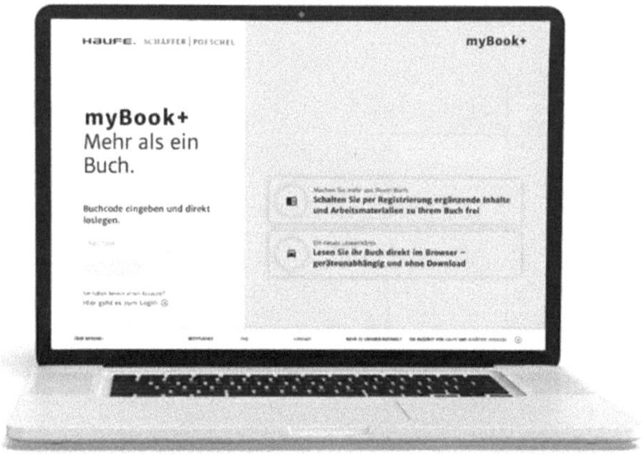

Ihre Online-Inhalte zum Buch: Exklusiv für Buchkäuferinnen und Buchkäufer!

- **https://mybookplus.de**
- Buchcode: ASD-27634

PI1 380 528 0
9838686